対ソ国交回復交渉の軌跡

戦後日本の政治風土

佐 瀬 昌 盛 著

南 窓 社

対ソ国交回復交渉の軌跡——戦後日本の政治風土　目次

第一部　時代の諸相

目次

第二部　日独の対ソ国交回復交渉を比較する

――「安保研報告」連載、二〇〇六年八月号―二〇〇九年六月号――

対ソ国交回復交渉の軌跡

――戦後日本の政治風土

末次一郎氏のことども

戦後初期

末次一郎氏は一九二二年十月一日に佐賀県に生まれた。戌どし生まれである。私は一回りしたの一九三四年に生まれている。同じく戌どしである。末次氏は一九二二年の戌どし生まれ組を集めて「ワンワン会」というグループをつくっていた。そしてわれわれ三四年組を「チビワン会」と呼んでくれた。そういうユーモアの持ち主だった。

戦中に陸軍中野学校二俣分校を卒業し、戦後には青年の健全な育成をライフワークの一つとし、一九四九年八月には日本健青会の設立に指導的役割を演じた。これは後年(一九六六年)創成された社団法人・青少年育成国民会議の母体となった組織である。しかし末次氏が青少年育成に寄せる情熱はそれだけにとどまらなかった。私ら「安全保障問題研究会」(略称・安保研)の若いメンバーに問わず語りに語ったところでは敗戦直後の時代に、上野のガード下で、戦災孤児たちを集めてはともに靴磨きに励んだという。自立性の養成を重視したのであり、さながら菊田一夫原作の「鐘の鳴る丘」に似た光景であった。

さらに忘れてはならないものに末次氏のBC級戦犯の減刑、釈放を求めての活動がある。A級戦犯の場合は、良かれ悪しかれ世間の関心を集め、マスメディアも大きな紙面を割く。他方、BC級は人びとの関心を惹くことが少ない。末次氏自身、九州で軍務に就いていたとき、身辺にBC級戦犯の罪を問われかねない上官が沢山いた。誰もが米軍による戦犯狩りに怯えた。そこで末次氏は、自分が一切の罪を引き受けるからといって、北海道の原野に籠り、ただ一人で炭焼きに励んだという。

やがて米軍による戦犯狩りも一段落を告げると、末次氏は東京に舞い戻り、巣鴨詣でが始まった。そこに多くのBC級戦犯が服役していたからである。その延長線上にフィリピンでの戦争受刑者の釈放を求める運動があった。ルソン島・モンテンルパ監獄には戦後七年を経てもなお多数の日本人服役者がいたからである。そのモンテンルパ服役囚をめぐっては、歌手の渡辺はま子さんの絶唱「あゝモンテンルパの夜は更けて」の記憶を新たにする年配者も多いだろう。渡辺はま子さんの話が出るのは、きまって末次氏のご機嫌のいいときだった。

フィリピンに寄せる関心は長く続いた。その結実が、陸軍中野学校二俣分校で同期だったはずの小野田寛郎少尉の発見、そして帰国である。同少尉はルソン島で「残置諜者」として戦後二十九年、投降をよしとしなかった。その小野田少尉発見に成功し、帰国するよう説得したのは鈴木紀夫青年である。が、実質的にそのレールを敷いたのは末次氏だった。と言うのも、祖国の敗戦を信じようとはしない「残置諜者」の猜疑心をほぐすため、日本の実情を物語るさまざまな文書資料類を原野に残して置いたのは末次氏たちであった。帰国直後の小野田寛郎氏は暫くの間、東京・永田町にあった末次事務所の居候に近かった。そこには安全保障問題研究所の事務所もおかれていて、後述する論客たちも頻繁に出入りするのでさながら梁山泊の趣を呈したのだが、その実、場所柄とは程遠いあばらやであった。後年、末次氏は小野田氏と夫人の縁結びもしている。こうして二人の中野学校出身者は固い友情で結ばれていた。

「基地研」と若泉敬氏の功名心

ＢＣ級戦犯問題もそうだが、末次氏が重視したのは第二次大戦の残した諸問題にきちんとした後始末をつけることであった。その見地からすると、沖縄返還問題と北方領土問題とが国民にとっての最大関心事だったことは疑いない。本稿では後者に重点を置くが、両者は後年、不思議なドッキングを遂げる。

まず、沖縄問題に関しては、一九六八年に末次氏は「沖縄基地問題研究会」を組織した。戦後日本の最長期政権・佐藤栄作総理の最盛期に当る。右の研究会は「基地研」と略称された。末次氏は実質的には推進役を務めたが、黒子役に徹したと言える。右研究会のメンバーは末次氏を含めて十四名で、列挙すると次の人びとである（所属はいずれも発足時点でのもの）。

久住忠男（軍事評論家）、林修三（元内閣法制局長官）、中村菊男（慶大教授）、佐伯喜一（野村総合研究所所長）、永井陽之助（東工大教授）、岸田純之助（朝日新聞論説委員）、三好修（毎日新聞論説委員）、小宮山千秋（讀賣新聞国際情勢調査会幹事）、衛藤瀋吉（東大教授）、若泉敬（京都産大教授）、神谷不二（大阪市大教授）、高坂正堯（京大教授）

無論、この人選は実は末次氏が行なったに違いないが、配合の妙を得ている。と言うのも、『朝日』、『毎日』、『讀賣』の三大紙から各一名が参加しているからである。当時すでに三大紙の沖縄返還問題をめぐるスタンスには微妙な差があった。しかし、問題は別のところにあった。

若泉敬氏である。同氏は一九六六年まで防衛庁（当時）防衛研修所所員であったが退職して、京都に新しく設立された京都産業大学法学部で教鞭を取ることになった。「基地研」メンバーの中でより年少なのは京大の高坂教授だけである。しかし、若泉氏は功名心の強い人物だったと見える。その証拠に翌六七年には佐藤栄作首相に接近し始める。佐藤総理は未解決の沖縄の祖国復帰に自分の政治生命を託しているようなところがあった。

他方、学者であるはずの若泉氏には政治家、大物政治家好みのところがあった。そこで、一国の総理と一介の学者とは沖縄問題を媒介として六七年七月二十六日、首相官邸で「昼食をともにしながら二時間近く話をした」(1)。結局、それが機縁となって若泉氏は、沖縄問題で佐藤首相の密使役を演じることになる。若泉氏の大著『他策ナカリシヲ信ゼムト欲ス』の帯には「知っているのは四人だけ――ニクソン、佐藤栄作、キッシンジャー、若泉」と書かれている。同書を読むと、それが偽りでないことは判る。ところがニクソン、佐藤栄作はそれぞれ一国の指導者。キッシンジャーは学者であったが、ほどなくニクソン大統領に懇請されて大統領特別補佐官となり、後年、国務長官に就任した。他方、若泉氏はいかに国外での著名政治家たちとの親交があったにせよ、一介の学者、研究者である。大物政治家好みというこの性癖は同氏の晩年に至るまで変わることがなかった。

沖縄問題が一段落すると、末次氏は「基地研」に集った学者集団を別の目的に活用することを考えるようになった。その結果誕生したのが「安全保障問題研究会」である。構成メンバーは「基地研」と殆んど変化がなかった。ところが、不思議なことが起こった。ソ連が「安保研」に関心を示し始めたのである。「基地研」のもつ建策能力、日本政府に対する影響力にモスクワが強い印象を受けたものと思われる。

それまでの末次氏にはモスクワとの接点はないに等しかった。他面、シベリア抑留者の早期帰国問題に打ち込んだ同氏には「狸穴」、つまり在京ソ連大使館との間に少なからぬ接点があった。と言っても、紳士的な接触ではなく、末次氏らが設立していた「健青会」の若人たちと大使館前で座り込みをやったのである。このころのシベリア引揚者問題やソ連大使館前での抗議活動については、末次氏の著書『「戦後」への挑戦』(オール出版、昭和五十六年)、七六ページ以下に詳しい。

ここで若泉問題に戻る。

「狸穴」ではなく「モスクワ」が関心を示しはじめたので、一九七三年「日ソ専門家会議」がスタートする。日本側の参加団体は無論、衣更えして間もない「安全保障問題研究会」、ソ連側からは後述する科学アカデミー傘下のエリート研究所であり、一年半間隔で両国持ち回りの開催となった。私はその二回目から——後述するように末次氏の推挙で——「安保研」メンバーとなった。この日ソ間対話がわが国で注目を惹いたのは、その第四回（モスクワで開催）で、このときソ連側は、コスイギン首相が日本側参会者十二名とクレムリンで会談するという破格の待遇を示した。無論、若泉氏も参加していた。しかも、令夫人ひなをさんを同伴して。なお、「ひなを」さんは普通、「ひな」と自称していた。

若泉氏は長年、東京都杉並区に住んでいて、同じく杉並区成田東の住民だった私とは近かったこともあり、幾度か若泉家を訪ねたことがあった。しかし、そうこうするうちに若泉氏は福井県・鯖江に転居した。ただ同氏はいつごろからかとみに人間嫌い——と言っても「日本人嫌い」という意味だが——となり、末次氏以外との接触を避けるようになった。電話にも出ない。ただ私は米国の政界、言論界に知己の多い若泉氏から経験談を聴きたく思い、二度、鯖江まで足を運んだ。けれども、初回は若泉氏が不在だったので、ひな夫人に「いずれまた参上します」と伝言しておいた。

二度目の若泉邸訪問時には、敬氏は在宅だった。しかし、会ってはもらえなかった。仕方なしに令夫人と雑談するにとどまったが、若泉家の鯖江暮らしについてはあれこれと話しを聞かせてもらった。なかで驚いたのは、日ソ専門家会議でソ連側メンバーが来日すると、会議終了後に若泉氏が主要参会者を自宅に招き、個人レヴェルで接待していた旨を知ったことである。

若泉邸は鯖江の小高い丘陵地帯にある豪邸であった。敬氏は一介の私大教授であったから、その収入ではかくも立派な邸宅をもてるはずがない。それは、弁護士資格をもち、大手筋の顧問弁護士でもあったひな夫人の「内助の功」だったに違いない。

ひな夫人の語るところによると、日ソ対話の相手側であるエフゲニー・プリマコフ世界経済・国際関係研究所（略称「ＩＭＥＭＯ＝イメモ」）所長やアメリカ・カナダ研究所（ＩＳＫＲＡＮ）のゲオルギー・アルバートフ所長を自宅に招いたときには、わざわざ金沢市の有名料理人の出張料理でもてなした由であった。なおプリマコフ所長は、ソ連崩壊後にエリツィン・ロシア体制が生まれると、政界に転じて、首相に就任した大物である。

吹浦氏の見る末次一郎氏と若泉敬氏

吹浦忠正氏といえば、世界の国旗に通じていることで有名な人物である。一九六四年の東京オリンピックでは、早稲田大学大学院で学びながら、大会組織委員会で国旗問題を担当した。また、難民問題でも造詣が深い。現在では「ユーラシア21研究所」理事長でもある。なお、吹浦氏は末次事務所が千代田区永田町一―一七―五にあった頃、事務局方として一切を取り仕切っていた。

その吹浦氏が若泉敬著『他策ナカリシヲ信ゼムト欲ス』（文藝春秋、一九九四年）について、ブログにこう書いている。長くなるが引用する。

若泉先生が文藝春秋社から『他策ナカリシヲ信ゼムト欲ス』を出されたときの末次先生の失望の大きさを私は、身近にいたものとしてよく知っているし、そのことはＮＨＫのディレクターにはっきりとお話した。

若泉先生が沖縄に「はまった」のは末次先生の誘導ないし、指導によったのが最初である。そしてお二人は私には本当に同志という関係に見えたのであった。

東京の学界でいささか孤立した感のある若泉先生が出身地である福井県鯖江に隠遁のような形で戻られてからも、主として若泉先生からの電話で、お二人は少なくとも週一日は何時間も話し合っていた。

（中略）

ところが、若泉先生がこの書を、何の前触れや連絡もなく、「大著に取り組んでいるので…」と私に伝えたまま、上梓されたのはこれだった。末次先生と仕える私は、てっきり初の大論文でも執筆しているのではないかと話をし、期待もし、そう思い込んでいた。

「沖縄のことはあの世に持ってゆく。キミにも全部は語らせない。恕せ。密なることは密をもって成り立つのだ」。

これが末次先生から私への言い方だった。

また別のブログで吹浦氏はこうも書いている。

わが師・末次一郎先生は、若泉先生の人生に最も大きな影響をもたらした先輩である。

（以下、敬称略）

沖縄に初めてお連れしたのも末次であり、佐藤総理に引き合わせたのも末次である。

「密約」は世界で四人（佐藤、若泉、ニクソン、キッシンジャー）しか知らなかった秘密と番組でまとめられていたが、それはいささかムチャな表現である（「番組」とは二〇一一年二月二十一日にＴＢＳで放映された二時間番組を指す＝佐瀬）。

末次と若泉は、少なくとも三日に一回は数時間に及ぶ長電話で情報や意見を交換し合い、肝胆相照らす仲であったが「密約」を公表するかどうかで決定的に意見が分かれたのであった。

また、末次は自己を抹消して国に尽くしたのであり、それゆえに、いっさい表に出ず、それでいながら、死後、沖縄返還のための功績を第一に、まったくの民間人でありながら破格の勲二等瑞宝章を与えられたのであった。

「密使」について、もちろん知っていた。

だから、これを著作にして公表しようという若泉の著作には、ほんのわずかしか末次のことは触れられていない、末次が嫌がったのである。

（中略）

末次なら、少くとも、自決しようというときに、カメラマンや弁護士を伴って沖縄の慰霊碑の前に額づいて、そこで…とは考えない。

（中略）

その後も「若泉にはいささか私心がある」ということも末次は言っておられた。

二人とも間違いなく国士だったが、終生、借家住まいの末次、鯖江に豪邸を構えた若泉…

自らの功績を日本語と英語で書物にして遺す若泉、自らの功績を語らず、書かなかった末次…


確かに吹浦氏が書いているように、若泉氏は沖縄返還に大きな功績のあった末次氏を無視しているわけではない。その著『他策ナカリシヲ…』には次の記述がある。一九六九年九月のことだ。

「戦争の後仕事を青年の手で」という信条に基づき敗戦後の混迷のなかでまっとうな青年運動を指導してきた末次氏は、日本健青会の会長であると同時に、南方同胞援護会の評議員でもあった。彼は、敗戦後一貫して、民間人の立場から沖縄返還運動を推進してきた数少ない日本人の一人である。彼とは私が学生のころから交友関係があり、その変わらざる無私の愛国の情と、卓抜した行動力とには、いつも敬意を表してきたものであった。(2)

他方、末次一郎氏はその著『温故創新』(文藝春秋社、二〇〇二年)でこう書いている。なお、「温故創新」とは私の誤記ではない。末次氏が「温故知新」をもじって造った言葉である。

彼(若泉氏を指す)は二年前に沖縄返還交渉の裏の歴史を綴った『他策ナカリシヲ信ゼムト欲ス』(文藝春秋)という大著を世に出したが、そもそも彼に沖縄問題を結びつけたのは私だった。私が既に沖縄返還運動に取り組み、頻繁に沖縄を往来していたことを知っていた彼が、国際政治の専門家として基地の島沖縄に関心を持ちはじめたからであった。これをきっかけに彼は沖縄問題にのめり込んだが、逆に私が返還交渉のためにたびたび渡米するようになった時には、彼がその豊かなアメリカの人脈を辿って紹介してくれるなど、便宜を図ってくれた。そのおかげで、私は存分に飛び廻ることができた(文中挿入は佐瀬)。

なんのことはない。若泉敬氏に「沖縄問題を結びつけたのは」末次氏だったのである。それなくしては大著『他策ナカリシヲ…』は書かれなかったであろう。主客転倒もいいところ。しかし、末次一郎氏は幾冊もある著書の中で若泉氏の行き過ぎた功名心を一度も批判したことがなかった。

ただ、吹浦氏が語っているのと同じように、個人的には私もまた末次一郎氏の若泉批判を聴いたことがある。「若泉君はニクソン政権との密約については一切、公けにすべきではなかった。彼は陰気な性格のくせに妙に日の当る場所に出たがるきらいがある」と。「他策ナカリシヲ…」を繙くと、内外の著名政治家が目白押しで登場する。

いわく、佐藤栄作、岸信介、福田赳夫、愛知揆一、そしてリチャード・ニクソン、ヘンリー・キッシンジャー、ウォルト・ロストウ（リンドン・ジョンソン大統領の特別補佐官）、駐日大使だったエドウィン・ライシャワー。

他方、わが国での若泉氏の評判は必ずしも芳しくはなかった。特に防衛研修所の元同僚の間には同氏を毛嫌いする人が少なくなかった。例えば桃井真氏や小谷豪治郎氏がそれである。いずれも若泉氏よりかなり年上の同僚であった。桃井真氏の米国人脈は若泉氏のそれに優るとも劣るものではなかった。特にキッシンジャーとの親交は世間でもよく知られていた。小谷豪治郎氏に至っては防研でも京産大でも若泉氏の先輩であった。その小谷氏は私にこんなことを言った。「なに。若泉？　あれはバカ泉だよ」。

驚きのモスクワ初体験

「安保研」の表向きの代表（座長）は海軍出身の久住忠男氏であり、副代表格が佐伯喜一氏（野村総研）と猪木正道氏（当時は京大法学部教授、のち防衛大学校長）であった。けれども実際に手綱を握っていたのは末次一郎氏である。「安保研」の前身である「基地問題研究会」はもっぱら日米対話に専念していた。しかし、その京都会議の成果が評判になるにつれて、先述のように、「狸穴」ではなくモスクワがこのグループに強い関心を示すようになった。その結果、ソ連側が日本側との対話を求めるようになった。

ソ連側で日ソ間対話に強い関心を示したのは、前述のように「世界経済・国際関係研究所」（略称「イメモ」）と「アメリカ・カナダ研究所」である。いずれもソ連科学アカデミーに属するエリート研究機関であった。日ソ間対話の第三回目はモスクワで開かれ、私はそれに加わった。初めてのソ連体験である。驚きの連鎖だった。

会議は「イメモ」で開かれた。のちにこの特権的研究機関は堂々たる近代建築に陣取ることになったが、われわれが訪れたのは古ぼけ、かつみすぼらしい五、六階の建物であった。果たせるかな、エレヴェーターがなかった。「安保研」一行はそこに宿泊したのだが、一階の食堂に行って驚いた。給食掛りが一人しかいないのである。数十人の宿泊客がいたのだが、これでは非能率このうえない。階段近くまで行列ができる。

ただ末次氏は割り切っていた。「万事、経験するのがいい。観光旅行みたいに、いいところだけ見るのでは、この国が分かるはずはない」と。「イメモ」の本部を訪問した際にもビックリ仰天したことがある。研究所の手洗いにはトイレット・ペーパーがなかった。しかも、用を足したあとの汚物つきの新聞紙があたり一面に捨て放題。『プラウダ』と『イズヴェスチヤ』以外に新聞らしい新聞はない世界とのことだが、新聞紙の利用方法にもいろいろあるなと感心することしきりだった。

当時のソ連は国家予算を惜し気もなく国防支出に注ぎ込み、民生を顧みることがなかった。西側世界からの旅行者は浴槽の栓代りにゴルフ・ボールを持参する必要があった。あるべき栓がないので、ゴルフ・ボールで代用しなければならなかったのだ。

私は恩師・竹山道雄氏が「モスクワには地図がない」と書いて、物議を醸した件を思い出さずにはおれなかった。あの軍事強国がこと国民生活となると、三等国以下というほかなかった。しかし、「百聞は一見にしかず」と言う。この体たらくで西の横綱として東の横綱・米国と張り合っていけるはずがなかった。

そういうソ連を観察できたことは、願ってもない好運であった。何回か日ソ対話を重ねていくにつれて、ソ連が米国と張り合ってゆけるはずはないというのが私の確信となっていった。やがて、東欧のワルシャワ条約機構諸国に対するモスクワのグリップが利かなくなっていく。一九九〇年代前半には東欧諸国のソ連ばなれが隠しようもなく進行する。なかでも注目すべきは、ポーランドと東ドイツのそれである。前者は落第生として名をはせ、後者は逆に東の世界での優等生として尊大になる。このうち東ドイツについては、「安保研」としての経験を後に記すことにする。

イノゼムツェフ、ヤコブレフ、プリマコフ

「安保研」の主たる対話相手であった「イメモ」、「アメリカ・カナダ研究所」は、疑いもなく特権機関であった。もうひとつ、「東洋学研究所」も重要な対話パートナーだったが、これまた優るとも劣らぬ特権的存在であった。そもそも、これらの研究機関を束ねる「ソ連科学アカデミー」が一般国民の目からすれば、雲の上の存在と言うほかなかった。

われわれが日ソ対話を始めたころの「世界経済・国際関係研究所」を率いていたのは、ニコライ・イノゼムツェフ所長であった。末次一郎氏はこの人物と深い親交を結んでいた。ただ、イノゼムツェフは六十一歳という若さで一九八二年八月にこの世を去った。末次氏の悲嘆は大きかった。そして写経に励んだのである。次回に訪ソしたとき、「安保研」のわれわれはイノゼムツェフ家を訪ねた。私にとってそれは二度目の訪問だったが、特権階級が住む団地の同家を訪ねると、イノゼムツェフ夫人であるマクシモヴァさんが応待してくれた。

応接間に通されて、われわれは驚いた。なんと末次直筆の写経がそこにあるではないか。無論、マクシモヴァさんにそれが読めるわけはない。けれども、死者を悼んでの写経という仏教徒のよき習慣は、ロシアでも理解される。そのように末次氏の心情はスラブ世界でも人びとを動かしたのである。

のちにゴルバチョフ・ソ連共産党書記長と組んでペレストロイカ路線を進めることとなるアレクサンドル・ヤコブレフは、ブレジネフ体制下でカナダ大使へと追いやられていた。しかし、ゴルバチョフ体制下でモスクワへの復帰がなると、イノゼムツェフの後継所長だったプリマコフの次の「イメモ」所長となった。プリマコフとい

い、ヤコブレフといい、末次氏との間には真情のこもった交友関係が生まれていた。

とくにプリマコフはのちにエリツィン体制の下で首相という顕職にあった人物だが、二〇〇六年五月に訪日した際には早稲田の龍善寺にある末次氏の墓前に献花している。吹浦氏がそのときの写真をブログに掲載しているので、それをここに紹介する。末次・プリマコフ関係は、吹浦氏が言うように、文字どおり「肝胆相照らす仲」であった。しかし、それは末次・イノゼムツェフ関係を凌ぐものではなかった。後年、プリマコフが、ロシア首相に就任したとき、末次氏は「イノゼムツェフがいてくれたらなあ」と無念の言葉を語ることしきりであった。イノゼムツェフ時代にモスクワの前掲三研究所と「安保研」との対話の礎石が設けられたからであった。

いずれにせよ、われわれが驚いたのはソ連科学アカデミー傘下の有力研究所がクレムリンに直結していることだった。ヤコブレフはゴルバチョフ体制の大黒柱であったし、プリマコフはプリマコフでエリツィン指導部の下、ロシア首相の重責を担った。しかも余りに大衆的人気が高かったので、エリツィン大統領の警戒心を掻き立ててしまい、その在任期間は意外に短かったのである。

故末次一郎氏のお墓参りをするエフゲニー・プリマコフ元ロシア首相

対外関係面での末次氏の功績は、一に沖縄返還であり、二に北方領土問題をめぐる日ソ対話の推進であった。ただ、沖縄問題については佐藤栄作首相をはじめ、福田赳夫、愛知揆一といった政治家たちが動いた。北方領土問題はそうではなかった。「北方領土問題の鬼」と呼ばれたのは、末次一郎氏ただ一人であった。また、ソ連科学アカデミー傘下の有力研究所との対話を通じて、その所長たちとの間に人間的信頼関係を築き上げたことも、末次氏の大きな功績であった。

先述したように、イノゼムツェフ家にマクシモヴァ夫人を訪ねたとき、それを知った日本大使館の面々がソ連社会の超エリートの住む団地の模様や、イノゼムツェフ家の間取りについて根掘り葉掘り聴き出したがったものだ。彼らにはそこへのアクセスが許されなかったからである。

しかも、右に述べたように、末次氏が対話相手としたヤコブレフやプリマコフはクレムリンに直結していた。そして時期至れば彼らは実際にクレムリンのナンバー・2となったのである。ゴルバチョフの「ペレストロイカ」路線はヤコブレフの発案であった。他方、プリマコフは国民的人気の高さのゆえに、エリツィン大統領に疎まれたのである。しかもプリマコフは訪日の際、末次氏の墓前に花を手向けたのだった。

これほどロシア人の心をつかんだ人物を私は知らない。


ここで予告どおりに、「安全保障問題研究会」と東ドイツの関係にふれてみたい。東ベルリンに「国際政治経済研究所」(略称IPW)を名乗る研究機関があった。その末期はともかく、東ドイツは長い期間、東側世界の優等生たることを自認していた。従って、科学アカデミーに関しても、ソ連の小型版よろしきものを備えていた。IPWはそのひとつであった。

ソ連を真似ることでは人後に落ちるのを嫌った東ドイツは、「国際政治経済研究所」をやはりエリート研究機関に仕立て上げていた。そしてどこから聴いたのやら、ソ連科学アカデミーの前記三研究所と同じように、「安保研」との交流を希望してきた。われわれとしては共産主義諸国の代表的研究団体との間にパイプを構築することに異存がなかったので、それに応じた。

やがて招待状が舞い込んだのでモスクワ経由で東ベルリンへ出掛けてみると、われわれを歓迎してくれたのは前記研究所のマックス・シュミット所長であった。正式名称では「ドイツ民主共和国（DDR）」と呼ばれるこの国では、ソ連と違って共産党一党制ではなく、形の上では複数政党制を採っていて、名称上は西ドイツのそれと区別のつかない「キリスト教民主同盟（CDU）」とか「ドイツ自由民主党（LDPD）」とかを名乗る政党もあった。けれども、「ドイツ社会主義統一党（SED）」なる共産主義政党が絶対的な独裁政党であることは疑いがなかった。

マックス・シュミット所長は無論、SED党員であり、モスクワ留学のあと教授資格を取得、一九七三年以後は東ドイツが消滅する九〇年まで「IPW」所長の任にあった。共著に『戦争路線上の米国軍事政策』（一九八四年）があり、研究所紀要に「体制対決の下での帝国主義の戦略と政治」（一九八五年）などがある。本人は今日も健在のようであるが、その動静ははっきりしない。

「安保研」と「IPW」の対話がいつ、どこで何回おこなわれたかは、私の手許に記録がないのではっきりしない。ただ、忘れ難いのは、われわれが東ベルリンを訪れたついでに、とある建設現場を見たとき、若い労働者が吐いた言葉である。末次氏が「貴国の将来をどう見ているかね」と訊ねたのを私が通訳すると、戻ってきたのは「アッハ、クヴァッチュ！」であった。「糞ったれ！」というわけである。

私は共産主義諸国の国民が自国の体制にどの程度満足しているかを判断するのに、都会での行列の長さを尺度にすることにしていた。いちばん非道かったのは、疑いもなくポーランドであった。とりわけ一九八〇年にレフ・ワレサ指導の下に「連帯《ソリダルノスチ》」が台頭したときには、市民生活は悲惨をきわめた。一日に三時間程度を行列の中で過ごすのはごく普通ということだった。次に目を覆いたくなるのはモスクワの行列の長さだったろう。ルーマニアのブカレストではチャウシェスク政権の末期には行列ができなかった。物資が潤沢だったからではない。並んでも、買うべき商品がなかったからである。

東ドイツでは行列がまるでなかった。共産圏の中では消費物資が最も潤沢に出回っていたからだろう。それでも青年は「糞ったれ！」と体制を罵ったのである。表面だけを観察するのでは真実は分からないのだろう。

「ＩＰＷ」との対話が何回、どこで行なわれたかについては記憶がはっきりしない。東京で会議が開かれたときには、在京の東独大使館がシュミット以下の代表団にヘイコラしていた。なにせ「ＩＰＷ」は党中央に直結する存在だったからであろう。なお東ドイツが崩壊した一九八九年に現在の日本大使館（当時は日本文化センター）で旧「ＩＰＷ」メンバーとの間に行なわれた研究会議には私は個人で参加したが、相手側はケロリとしたもので、共産主義の共の字も持ち出さなかった。

ソ連および東独のエリート研究機関との対話を経験して、つくづく思うのは、東ベルリンの自尊心の強さである。計画経済ひとつをとっても、モスクワでは生活物資不足から市内に長蛇の列ができる。東ドイツではそれがない。無論、それは両国の人口差（一九八九年のソ連は二億八千六百万強、一九九〇年の東独は百六十一万強）からくるところが大きいだろう。図体が大きいと仕事が雑になる。他方、コンパクトな国家であれば神経がすみずみまで行きとどく。

しかし、根底にあったのは東ドイツのソ連に対する誤てる優越意識であった。東ベルリンの権力者たちは、自国をソ連以下の東側諸国としか比較しなかった。そして自己満足したのである。すぐ後に見るように、彼らは自国を西側世界と比較することを怠っていた。

その観点から、われわれが接触したハンス・モドロウに触れておきたい。

モドロウは東ドイツ最後の閣僚会議議長、つまりは首相だった。その就任は一九八九年十一月十三日だったから、東ドイツの寿命は終わろうとしていた。この国の顕職にあった人びとは例外なく「ドイツ社会主義統一党（ＳＥＤ）」に属していたから、モドロウも同党党員だった。違ったのは、彼が党中央から疎んじられていた点である。

ために彼はドレスデン地区第一書記のポストへと追いやられていた。

「安保研」はマックス・シュミットの「ＩＰＷ」と東ベルリンでセミナーをやったあと、東独各地を見て回り、ドレスデンでモドロウを表敬訪問した。そのころにはこの人物に格別の印象は受けなかったが、のちに東ドイツがぐらつき出すなかで首相の印綬を帯びると、注目せざるを得なくなった。というのも、「社会主義統一党（ＳＥＤ）」第一書記のホネカー政権が一九八九年十月十八日には退陣に追い込まれていたからである。

しかし、誕生したモドロウ内閣を待ち受けていたのは茨の道であった。十一月九日には「ベルリンの壁」が崩壊し、東ベルリン市民は歓呼とともに西へ駆け込んだ。それは「社会主義国」東ドイツの終焉であった。

考えてみれば、ホネカー体制下の東ドイツは高慢な国であった。折から東ベルリンを訪問したソ連のゴルバチョフ書記長はホネカー以下、ＳＥＤ指導部メンバーとの最後の会談で、自らがはじめたペレストロイカの経験を語りながら、「遅れてくる者は、現実によって罰せられる」と忠告したけれども、空しかった。ホネカー政権と、同政権退陣後に登場したクレンツ政権とは、自国をソ連支配下にあった東側諸国としか比較せず、西側、分けても西ドイツを見ようとはしなかったのである。

確かに東側世界では、東ドイツ国民は最高の生活水準を享受していた。ところが自国民の眼は西側を見ていた。ホネカー書記長はその二年前（一九八七年九月）、西ドイツを公式訪問した機会に生れ故郷（ノインキルヘン）に足を延ばし、東西両ドイツ間の人物往来を提案、その結果、一九八八年には東から西の親戚を訪問した国民は五人に一人程度に達した。その結果、彼らは西の生活の豊かさを知ったのである。

ホネカー政権は自国民に善政を施したと考えたらしいが、いったん西の生活を知った人びとは西側への旅行でなく、合法的な移住申請を求めだしたのだった。ホネカーの善意は裏をかかれたのである。だから、その改革構想を抱いて登場したモドロウ首相には打つ手がなくなっていた。

私は一度、カール・マルクス大通り《アレー》に住んでいたモドロウ家を訪ねたことがある。この大通りはスターリンの命令で建設されたものだが、あちこちでタイルがはがれてみすぼらしい姿を曝していた。要するにうわべだけが立派だったに過ぎない。それでも東ベルリンの看板通りに住んでいたのならモドロウも特権階級の一人だったのではないか、と異論が出るかもしれない。が、それは当たっていない。党要人たちはパンコウという特権的居住区に住んでいた。エゴン・クレンツがそうである。

東西ドイツ統一実現直後に、産経新聞記者とクレンツ家を訪ねて、驚いた経験がある。インタヴューが終わると、いやしくも一国の指導者だった男が謝礼を要求したからである。確かに東ドイツの消費生活は東側陣営では最も良かったけれども中身は腐っていた。

モドロウは、末次氏の招きで一度、東京へやってきた。そのとき彼は素浪人だった。祖国が消滅してしまったからである。末次氏はモドロウと私を、とある銀座のバーに招いてくれた。予約席には黒・赤・金の三色の縦帯に麦、分度器《ディヴァイダー》、槌《ハンマー》をあしらった東ドイツ国旗が飾られていた。私は気付かなかったのだが、それは東ドイツ消滅一周年記念日?!の前夜である一九九一年十月二日のことだった。席に着くと、末次氏は周囲の客にハンス・モドロウ「前首相」を紹介した。この厚情にモドロウの目には光るものがあった。

末次氏との出会い

つぎに、末次氏と私がどこで、どうして出会ったかを記しておきたい。

私は一九六一年夏の終わりから三年間、西ベルリン自由大学に留学した。今日とは違って航空運賃は高かったので、貧乏学生だった私は英国客船ヒマラヤ丸で渡欧した。途中、インド洋を航海中に、「ベルリンにウォール

1963年６月26日、ケネディ米大統領は西独訪問の最後にベルリンで演説し、市民たちによる大歓迎を受けた。（著者撮影）

が出現」との張り紙がでた。なんのことやら皆目見当がつかなかったが、ナポリに着いてから、それがかの「ベルリンの壁」であることを知った。日本でも大騒ぎになったらしい。

その一年後、末次氏は「ベルリン問題懇談会」なるものを率いてベルリンにやってきた。名目上の団長は和歌森太郎・東京教育大学（現・筑波大学）教授、副団長格が大島康正・同大教授、ほかに文化学院の戸川エマさんがいた。民社党の代議士・加藤鐐造氏令夫人も団員だった。

傑作だったのは、全学連の闘士が二人、参加していたことである。当時、西ベルリン市民は駄目だが、われわれ外国人は検問さえ受ければ、難なく東ベルリンに出入りできた。バスで東に入ると、この二人、「壁」に向かってやにわに何やらわめき立てた。警備に当たっていた「人民《フォルクス》」警察官《ポリツァイ》がすっ飛んできて、それを制止した。当時ベルリンに音楽留学していた神西敦子さんが通訳として協力してくれたが、彼女と私は肝を冷やした。が、ことなきを得た。

「ベルリン問題懇談会」はその翌年、山形の寒河江善

1963年６月26日のケネディ米大統領による西ベルリン訪問時のウィリー・ブラント西ベルリン市長。ブラントは1972年12月に西ドイツ首相に就任した。

秋氏に率いられてもう一度、西ベルリンにやってきた。その頃には「壁」のベルリンは日常化してしまっていて、世間の関心は冷めてしまっていた。ただ、全ベルリンが興奮した事件があった。ジョン・F・ケネディ大統領の西ベルリン訪問である。一九六三年六月二十六日、ケネディは西ベルリン・シェーネベルク市役所のバルコニーから、「私はベルリン市民である(Ich bin ein Berliner)」と叫んで、広場を埋め尽くした西ベルリン市民からやんやの喝采を浴びた。もっともそれはひどいヤンキーなまりで、「イッケ・ビン・エーン・バーリナー」と聴こえたので、そのご愛嬌料も喝采中には含まれていたはずである。

この日、私は学業をほうり出して、愛用のニコンに望遠レンズをつけ、現場に馳せ付けた。さいわい、カメラだけは立派だったので、警察は私をてっきりプレスと勘違いしたらしい。至近距離からシャッターを切ることができた。ケネディ大統領だけでなく、アデナウアー西独首相、ウィリー・ブラント西ベルリン市長が被写体のうちに含まれている。わが青春の記録として、そのうちの数葉を本書に掲載する。

さて、一九六四年秋の帰国後一年ほどして、私は国会図書館に行くため地下鉄・国会議事堂前駅で下車し、階段の途中でばったり末次氏と出会った。暑い夏の日だった。ベルリン以来の再会を喜び、あの梁山泊のような末次事務所を訪ねた。相変わらず末次氏は国事に奔走していたのだが、当時はクルマを使っていなかった。

そのくせ、活動費はかさむので、大手を振って官邸やら政党事務所を訪ねて「カネを無心」して回った。誰もが末次氏の私心のなさを知っていたので、快く寄金したという。末次氏はまた、細かい気配りのきく人だった。私は二年前、防衛庁長官時代の坂田道太氏を扱った一書を出したとき、熊本県、八代の坂田家を訪ね、山ほどのナマの資料を調べた。その中には末次氏の手書き文書が何点か含まれていた。「安保研」による日ソ対話の記録が、達筆で残されていた。それはいま、国会図書館の「坂田文書」中に含まれている。

達筆もさることながら、末次氏は素晴らしい絵心の持ち主でもあった。そのいくつかは著書「『戦後』への挑戦」（オール出版、昭和五十六年）に掲載されている。ところが、そのスケッチの速いこと、速いこと。モスクワの街頭でも、ものの四、五分で描き上がってしまうのである。

戦時の軍籍にあった時代を除いては、末次氏は給料なるものを受け取らなかったはずである。その私心のなさに惚れ込んだ人びとは、喜んで寄付に応じた。だからその葬儀委員長を務めたのは、わが国の総理大臣の任にあった中曽根康弘氏である。

注

（1）若泉敬『他策ナカリシヲ信ゼムト欲ス』（文藝春秋、一九九四年、一二三ページ）。

（2）同右、一二八ページ。

（3）Detlef Nakath / Gert-Rüdiger Stephan : *Countdown zur deutschen Einheit — Eine dokumentierte Geschichte der deutsch-deutschen Beziehungen 1987-1990*. Dietz Verlag, Berlin 1996.

第一部　時代の諸相

イラク危機についての私見

二〇〇二年十一月下旬に執筆した「一年を回顧して」の末尾で、「水平線上にはイラク問題が大きく浮上してきている」と書いた。その直後、国連安保理決議一四四一に基づいて、国連の査察チームがイラクに入り、査察活動が開始された。年末から年始にかけては新聞の国際面はこの問題で持ち切りになるだろうと予想されたが、十二月には北朝鮮が「電力生産を確保するため」と称して、核施設の稼動再開を宣言した。「電力確保」は口実であって、真のメッセージが「核開発の再開だぞ、いいか」であるとする点で、万人の理解は一致している。大晦日まであと十日ほど、イラクの大量兵器査察問題と並んで、北朝鮮の動向からも目が離せないこととなった。ただ、前回にイラク問題を論じるのは「次回に譲る」としておいたので、今回はイラク問題についてだけ私見を述べる。

安保理決議一四四一をどう見るかについては、別掲の拙稿（『讀賣』、十一月二十日付「論点」欄）をお読み願いたい。紙幅の制約でそこでは十分には書き込めなかったのだが、同決議をどういう文面にするかをめぐっては安保理で五常任理事会の間で、とりわけ米英を一方とし、仏露を他方とする間でしたたかな駆け引きがあった。その結果、査察過程で決議違反があると即武力行使が許されるのか、即武力行使の自動容認ではないと読むのかでは、曖昧さを残す表現となった。にも拘らず見逃されてはならないのは、同決議の原型が米国によって作られたという事実である。このことから米国には、同決議を米国流に読み、米国流に結論を引き出すべきだとする動機が強く働いていて不思議ではない。だから私は、時間のかかりすぎる査察結果の判明を待たずして、米国が査察へのイラクの非協力行為そのものを「重大な違反」とし、対イラク武力行使に踏み込もうとする可能性大なり、と判断する。

問題は、そうなった場合、わが国がどう行動するかである。それが日米安保条約の事態でないことは明白であるが、同盟国である米国が日本に同盟国たるに適した言動を期待することも、これまた異論の余地がない。他方、米国が英国との「共同の単独武力行動」をとるに際して、いかに安保理決議一四四一に依拠する旨を力説しても、わが国が平成十三年製の「テロ対策特措法」を根拠に米英支援の行動を取ることは、法理上無理である。なぜなら同法は安保理決議一三六八の事態にかかわるものとして制定されたものだからである。では、決議一四四一にかかわる新法をもう一本、急遽準備すべきなのか。もしその準備作業中に米国が若干翻意して、安保理でもう一本決議をつくろうという事態になったら、どうするのか。

と考えると、急迫する事態に直接役には立たないが、つぎの教訓が出てくる。周辺事態安全確保法、テロ対策特措法、さらには性格は異なるにせよ武力攻撃事態対処法(案)にさえ当てはまることだが、問題浮上ごとに一本ずつ法律を作って対処するというやり方は、もはや適切とは言えない。やはり安全保障基本法のような基本的な法的枠組みを用意し、自衛隊をどう使うかについて総合的な見地を示しておくべきであって、新事態のたびごとに振り出しから議論を始めるという非生産性的なやり方に別れを告げるべきである。それが、日米の信頼関係を高める道であろう。

さはさりながら、今回のイラク事態でわが国の言動をどうするかの問題は残る。私見はこうである。わが国はまず、安保理の全会一致で成立した決議一四四一の基本的意義を強調すべきである。換言すると、査察へのイラクの非協力行為をも含めてバクダッドの「重大な違反」が「重大な結果」を招くとの論旨を強く支持すべきである。そのうえで、現実に米英主体の対イラク武力行使事態となるあかつきには正直に、法治国家たる日本の安全保障関連立法の立ち遅れと制約とから、現状では後衛としてでも共同行動に直接にはかかわれない、と告白するほかない。しかし同時に、国連決議違反国たるイラクに対する武力行使については、明確な政治的連帯を表明する必要がある。さらに国際テロ・ネットワークに対する戦いでは、既存の立法(テロ対策特措法)の限度いっぱいまでの参加決意を再度、闡明することである。

そういう主張を対米追随だと批判する声が国中にある。しかし、そういう批判は何か勘違いしている。第一に、安保理決議一四四一はいくら米国の主導で生まれたとはいえ、英国はいわずもがな仏露中の三国、さらには非常任理事国十カ国もその成立に力を貸したのであり、これらの国ぐには——たとえもう一本決議が必要だと主張するにしても——イラクの違反が確認されると武力行使が必要となる事態を否定しているわけではない。仏露にしても、常任理事国としての存在感を示す必要から米国に対して一言物申す癖はあっても、その立場は米国とイラクの中間にあるのでもない。米国との距離がそれほど大きいわけではない。上述の私の主張が親米的であることは否定しないが、それよりも私は、自分の考えは大枠では主要諸国および国際社会との協調行動ということなのだと言いたい。

第二に、米英の対イラク軍事行動を間接的に支援したり、政治的に是認したりすると、わが国が国際テロ・ネットワークによる攻撃対象になるから危険だという批判も、やはりおかしい。なぜなら、そういう批判を唱える人に限って、イラクとアルカーイダには繋がりがあるとの米国の主張は根拠薄弱だと言っているからである。一方でイラクとアルカーイダが結ばれている証拠は十分でないと言いながら、他方で日本がイラク制裁に思想的にせよ加担すると、アルカーイダが必ず対日報復すると言い募るのは、自家撞着である。アルカーイダは実際、わが国を狙うかもしれない。それならそれで、イラクとアルカーイダが同じボートに乗り合わせていることの証だと言えよう。

わが国が対イラク武力行使に政治的にさえ一切かかわりを持たないことで国際テロ・ネットワークによる直接攻撃の標的になることを避けようという議論は、上に述べた理由からしてすでにおかしい。だが、もっと不可解なのは、直接攻撃目標にならなければ安心といった思考がそこに潜んでいることである。なるほど、東京なり大阪なりが直接攻撃されるより、されない方がいい。だが考えても見るがいい。九・一一のニューヨークでは三十人を超す邦人がテロの犠牲となった。今日、日本人は地球上のいたるところで働き、生活している。テロによる無差別殺人は、他国が直接標的になる場合でも日本人だけを特別扱いしたりはしない。この点を重視したからこそ、九・一一後の安保理決議一三六八は全会一致でテロ攻撃を厳しく非難したのである。きたるべきイラク危機でわが国がこうもりを決め込むならば、鳥の勢力からもけだものの勢力からも等距離の安全圏で暮らせると考えるのは、間違っている。

第三に指摘したいのは、わが国は対米追随をするなと主張する人びとの多くが日米関係のもつ重大な意味を軽視していると見られる点である。今日、この種の嫌米派は冷戦時代とは違って、怨念にこり固まった旧左翼と、口達者な保守民族派の一部の双方に見出すことができる。なかで日ごろ、米国批判の舌鋒が最も鋭いのは石原慎太郎都知事だが、石原氏の場合、冷戦時代から日ごろは米国を批判しても――あるいは、批判するからこそ――究極の事態では米国の側に立つと明言していた。だから、対米批判を繰り返す石原氏は、米国との間で不思議な信頼関係で結ばれている。フランスの故ド・ゴール大統領と同様の現象である。だが、究極の信頼感で繋がれている対米批判派がいったいいく人いるのか。

日本と米国を結んでいる要素は、政治的基本価値、安全保障、経済、文化、学術、風俗、国際結婚による混血など信じられぬほど多岐にわたる。明治以来、わが国がこれほどの緊密さでもって結ばれた国は他にはない。それは、数学者にして随筆家の藤原正彦氏が「偏りすぎ」と評するほどである。その論評にはもっともなところがあるが、しかし他面、現にあるその緊密な繋がりをないがしろにしてよいことにはならない。地道に日米関係が積み上げられてきたからこそ、石原氏の米国批判の言説も魅力をもつのだと言うべきだろう。ところで、信頼関係の積み上げげには時間がかかるが、信頼関係の破壊にはそれほどの手間ひまを要しない。米国がイラク問題でどうみても間違った道を歩むというのならとも角、これまでのところブッシュ政権は口吻の勇ましさ、身振りの仰々しさの割に行動はけっして軽はずみではない。である以上、イラク問題を契機にわが国が日米信頼関係の取り崩しに行き着くような行動に出てはならない。

繰り返して言う。法治国家たる日本は、たとえその気があっても現在の法的枠組みの下では対イラク武力行使に加わることはできない。他方、一九九〇年のクウェート進攻以来のイラクの行状と、安保理決議一四四一の趣旨とを勘案して、米軍主体の対イラク武力行使のあかつきには、わが国はそれへの政治的支持を明言すべきである。同時にテロ対策特措法という法的枠組みが存在する領域、すなわち国際テロ・ネットワークとの戦いについては法的限度いっぱいまでの貢献を果たすべきである。

他山の石がある。過熱した総選挙戦中の発言だったとはいえ、ドイツのシュレーダー政権はイラク問題でこうもりを決め込もうとした。ところが安保理決議一四四一の成立と米国でのドイツ非難の沸騰とに色を失い、こうもり路線を放棄しつつある。この軽挙によって、米独間の信頼関係は大いに損なわれた。

(平成十四年十二月)

「武力攻撃事態対処法」の成立に想う

二〇〇三年六月六日、有事関連三法が成立した。武力攻撃事態対処法、改正自衛隊法、改正安全保障会議設置法がそれである。いわゆる三矢事件騒動以来のとは言わぬまでも、「法制化を前提としない」との妙な断り書きつきで福田赳夫内閣時代に有事の際の国内法制上の問題点「研究」に着手(昭和五十二年)して以来の、二十六年の長きにわたった宿題に、一応の答えが書かれたわけだ。長すぎる時間が費やされたとの思いはあるが、しかし、有事法制が与党三党だけでなく、野党である民主党、自由党の賛成をも得て、衆議院で九割、参議院で八割超の圧倒的多数をもって可決されたことを、まずは素直に喜びたい。

それを機会に、私は『フォーサイト』誌(新潮社)の企画で民主党の前原誠司議員と対談した。そのきっかけとなったのは、五月十三日付『産経』の「正論」欄に掲載された拙稿「有事に思想の自由『絶対保障』は不適切」である。この拙稿は二〇〇三年五月号の「安保研報告」に収録されている。そこで私は、民主党の有事法制対案が前原議員の筆によるものであることを承知のうえで、また、同議員が党内の旧社会党系議員の有事法制嫌いにも一定の配慮を払わざるを得ない事情をも理解したうえで、民主党案に批判を加えたのだった。それが『フォーサイト』編集部の目にとまり、上記の対談企画となったのである。「前原議員との対談」だというので、私は「やりましょう」と即答した。

前原議員は民主党「ネクスト・キャビネット」の「安全保障相」であり、今回の衆議院特別委員会で野党側筆頭理事を務め、与党側との合意形成で牽引車的な役割を演じた人物である。それだけではない。同議員は政府提出の武力攻撃事態対処法案に対する民主党修正案を作ったし、さらに政府与党提出法案への対案として民主党独自の「緊急事態対処基本法」案をも作成、提出した。そのため、上記特別委員会では与党側の質問に対して答弁にも立ったわけだ。

こんな光景を、二十六年前の昭和五十二年には想像することだにできなかった。「二十六年前」を力説するには理由がある。当時、「安保研」は前身の「基地研」から脱皮して数年、私も参加していたが、故高坂正堯・京大教授が「基地研」時代からの有力メンバーだった。前原誠司議員はその高坂ゼミの出身なのである。私はかねてから同議員に注目してきたが、今回の対談を通じて改めてその捕われない思考に強い印象を受けた。目の前にいるのが野党議員だという意識は、まったく働かなかった。と言って、与党議員と取り違えたわけでもない。与野党の枠組みは問題ではなく、わが国の安全保障政策のあるべき姿を真剣に論じると、おのずからこうなるといった雰囲気に包まれた対談になった、と思う。

その意味で、前原議員は流石に高坂教授によって鍛えられただけのことはある。ところが、計算してみると、福田政権下での有事「研究」開始当時には同議員はまだ十五歳か十六歳の「前原誠司少年」であって、高坂教授と出会ってもいないのである。前原議員はそれほど若いと言うべきか、それとも、わが国の有事法制難産史はそれほど長く古いと言うべきなのか。いずれにせよ、私のような年配の人間は「歳月」という言葉の意味を噛みしめる昨今である。

今回、公明党は与党勢力の一翼を担い、だから無論、有事関連三法には賛成票を投じた。ただ、前原議員が自民党の久間章生筆頭理事との間での有事の際の「自由・人権」尊重文言に関する最終修正調整作業で脚光を浴びたこともあって、公明党にはやや嫉妬心が働いたように見受けられた。無理もない。同党は今日でこそ現実主義的安保政策を支持しているけれども、長い間、「平和」の党であり、「平和」と「安保」とは相容れないかのような錯覚に捕われてきた時代があったからである。この点についても、私にはつぎのような思い出がある。

故末次一郎安保研代表は公明党との間にも人脈があった。だから、末次時代には安保研有志と野党たる公明党安保関心派との間にときおり会合の機会があった。ある会合のあと、私が「公明党も案外いけるじゃないの」と口走ったところ、末次氏は言った。「公明党が安保問題に関心を持つようになったのは安保研とつき合ったおかげだと言うのが、市川雄一議員の口癖だ」と。その市川議員も今期限りで衆議院生活を閉じると伝えられる。市川議員としても、自党が与党の一員として有事法制可決に自明のごとく賛成票を投じた光景には、感無量のものがあるであろう。と言うのも、市川時代に公明党が現実主義的安保政策を理解するようになりつつあったとは言っても、同党の路線は自公ではなく、まだ社公を志向していたからである。

社公と言うと、私は故江田三郎氏の社公民への執着を想い出す。この場合の「民」とは当時の民主党を指す。社会党内では干されていた江田氏は、党本部の社共路線に対抗して公明、民社との提携を模索したのである。だから、江田氏の言う「社公民」とは「江公民」のことだとの揶揄が絶えなかった。私は防衛大学校へ移籍する前年（昭和四十八年）、江田氏の誘いで二人きりで西ドイツ（当時）の社民党と英国労働党を訪れる旅に出たことがある。旅行中、青二才の私はこの練達の政治家に何回か外交安保論争を挑んだ。私は党本部の社会主義革命路線に異を唱える江田氏を尊敬していたが、同氏の外安保観がもう一つよく分からなかったからである。ところが、この点では私はがっかりした。江田氏が「非武装・中立」は間違いだと明言しようとはせず、日米安保体制を重視しなかったからである。江田氏にしてこれでは、社会党はどうしようもないなと思わずにはいられなかった。

ただ、江田氏の名誉のため言っておく。私が防大に転じて数年、江田氏は歴史的と言われた社会党訪米団を率いた。成果は大したことはなかったが、社会党の訪米団を率いることのできる人物は、江田三郎を措いてはいなかったのである。江田氏はその後、社会党そのものを離れた。その社会党自体が今日では消滅している。その残党とも言うべき社民党は有事法制に反対票を投じ、成立した法律は「戦争するための法律だ」と迷言を吐いている。

私は「武力攻撃事態対処法」にも問題点を感じている。だが、その成立が記念すべき第一歩であることは間違いがない。なにより評価すべきは、野党中に現実主義的安全保障政策に立つ勢力が育ってきたことである。与党は自己満足に耽っているときではない。

（平成十五年六月）

中曽根康弘元総理の国会議員引退に想う

中曽根元総理が、自らの意思に反して衆議院議員選挙への立候補を断念、国会議員としては引退された。自民党執行部による引退勧告――要請？――の理由は、「高齢」というにあった。この理由づけの当否についての私見は当然あるが、それはここでは書かない。

平成十五年十月三十日付で元総理より議員引退決意後の心境と今後についての考えを綴った挨拶状が届いた。相変わらずの右上りの雄勁な筆づかいだ。一読、中曽根氏をめぐるいくつもの情景が、走馬灯のように私の頭を駆け巡った。ここではそれを記す。

どうしても忘れられないのは、昭和四十五年一月に佐藤栄作首相によって防衛庁長官に起用された中曽根氏が、テレビのお茶の間番組に登場したときの光景である。それは、いまは故人である大女優・高峰三枝子さんの持ち番組でのことだったが、大勢の女性の「ギャラリー」の前で議論が熱しはじめると、中曽根長官はやおら、「上着を脱がせてもらいます」と言って、背広の上着をとり、いわば仕事スタイルになって話しはじめた。スタジオではざわめきが起こった。そんな挙動に出る政治家に誰も馴染んでいなかったからだ。いわんや歴代の防衛庁長官で、就任早々に自分の抱負、経綸を語りはじめるような政治家を、世間は経験したことがなかった。咄嗟に私は、この人物は本気だと感じた。

中曽根長官はやがて、猪木正道京都大学教授を三代目の防衛大学校長に任命した。これが思いつきであるはずはなかった。狙ったところに白羽の矢を立てる方もさるものながら、それを受ける方も流石だった。当時、はっきり言うと自衛隊は日本社会の日蔭者的存在であって、世間的名声が確立している代表的政治学者がそんな地位を引き受ける必要なぞ、あろうはずがなかったからだ。しかし、これを境に、防衛庁、自衛隊、防大を見る世間の眼は、ゆっくりとだが変わりはじめた。そう断言できるのは、私のつぎのような個人的事情もあってのことである。

当時、私は都内のある私立大学で教鞭を取っていた。中曽根長官、猪木防大校長には注目していたが、所詮、それは私の居場所とは関係がないはなしのはずだった。ところが、その四年後、なんとしたことか私は猪木先生のお誘いを受け、防大に転じることになった。中曽根長官(当時はすでに長官卒業者であったが)、猪木学校長なくしては、私が防大で教壇に立つことになるシナリオなぞ、絶対にあり得なかった。防大の人間となって、私は日本の社会が防衛庁、自衛隊、防大をどう見ているかを常時観察しつづけた。中曽根長官、猪木学校長の登場で世間の眼がゆっくりと、だが確実に変わりはじめたという私の結論は、そのような観察からきている。

もう一度、中曽根長官時代に戻る。中曽根長官が一私学教員の私に強烈な印象を残したもう一つの業績は、昭和四十五年にわが国初の防衛白書が刊行されたことである。第二十五代目(!!)の中曽根長官にして防衛庁は初めて自らの手で自らの存在を社会に対し説明するようになった。防衛庁・自衛隊を国民の資産たらしめんとする点で、中曽根長官はやはり本気であった。もっとも、この開拓者的業績は直ちには継承されず、第二回目の防衛白書刊行は、四年後の坂田道太長官(第三十二代!!)の登場を待たなければならなかった。

回想ビデオを早送りしよう。昭和五十七年十一月に中曽根内閣が誕生した。国鉄民営化への突破口を開くなど、同政権の内政面での業績も小さくはないが、私が指摘したいのはやはり、わが国の安全保障政策面での中曽根首相の——ほとんど個人的とも言える——功績である。その面では前任者が頼りのない存在だったので、日米関係には曇りが生じていた。しかも、国際的大気象状況は、ソ連の新世代中距離核ＳＳ20の増強によって暴風雨直前と言えるものだった。そもそも中曽根首相の前々任、前々任の二人の首相時代にすでにＳＳ20問題が西側各国指導者にとり共通の頭痛の種だったのだが、この二人の総理はそもそも「ＳＳ20ってなあに？」という極楽トンボぶりを西側首脳の前で直接に曝け出していた。そのままでいくと、ソ連中距離核は欧州部から撤去されるが、極東——つまりは日本——照準のものは残り、しかも増強されるという事態が避けられそうになかった。

　中曽根首相はレーガン米大統領と組んで、一九八三年のウィリアムズバーグ・サミットで、「ソ連ＳＳ20が欧州部からアジア部へ移されるだけであってはならない」との主張を貫き、中距離核問題のグローバル・ゼロ解決への道を拓いた。国際場裡における中曽根首相の不朽の功績である。これなくしては、冷戦末期の全般的な核軍縮交渉の進展、ひいてはソ連の冷戦継続意思の急速な衰退があったかどうかは、すこぶる疑わしい。大派閥の長ではなかった中曽根首相を「ボロ御輿を担ぐ」とか酷評しつつも支えた後藤田正晴元官房長官が先日、新聞紙上での中曽根政権回想文中で、憲法問題等での元総理との見解の違いに言及しながらも、ＳＳ20問題での中曽根首相外交を高く評価していたのは、まことに印象的だった。

　私は一九八〇年代の米ソ間、東西間の核問題を正面から見据えようとし、多くの方面に向かって論争を挑んだ。そのこともあって、当時、世界の安全保障・戦略問題で国際的に通用する議論がやれる日本の政治家は、中曽根首相しかいないというのが、私の確信となった。私は当時、安保研の若手メンバーの一人だった。すでに安保研は、のちにロシア首相となるプリマコフ科学アカデミー会員らをはじめとするソ連の学者（？）たちとの間の日ソ専門家会議を何回か重ねていた。だが、いくら思い出そうとしても、中曽根首相と安保研が対ソ政策で語り合ったという記憶がない。故末次一郎氏は戦後ほどなくから中曽根代議士と付き合っていたから、両者間には対ソ外交での意見交換はあっただろう。そういう経緯は、いまとなっては吹浦忠正安保研事務局長に訊ねるほかあるまい。だが、間違いなく言えるのは、中曽根内閣当時にはクレムリンの姿勢が極端に硬直化しており、日本の対ソ政策も、「西側の一員」に徹して突っぱねるよりほかなかったという事実である。たとえ中曽根首相と安保研が対ソ外交をめぐって意見交換してみても、めぼしい収穫があったとは考えにくい。時代が違っていたのである。

私は一年前、国際安全保障学会(旧・防衛学会)の会長ポストを神谷不二会長から引き継ぐことになった。そのときの年次(研究)大会の特別講演を中曽根元総理にお願いした。無論、快諾だった。この学会の特徴で、会員には自衛官、元自衛官が多い。その人びとにはまるで、「われらが防衛庁長官」、「われらが総理」の言葉に聴き入るとでもいった表情が読みとれた。世間はあまり気づいていないが、防衛庁長官経験者でのちに総理の座にまで登りつめたのは、二人しかいない。その一人、しかも最初の人物が中曽根康弘元総理である。もう一人の人物は長官在任が短かかったうえ、何年かのちに——本人も驚くかたちで——首相の印綬を帯びたものの、不幸にして女性スキャンダルが原因で記録的短時日で不名誉な退陣に追い込まれた。防衛庁長官として、首相としてそれぞれ本気で仕事をして、自衛官たちからその両面につきしっかりと記憶されている政治家は、いまのところ中曽根康弘という人物ひとりである。そういう人物が、今後の日本に出るかどうか。

日本の政治家には珍しく、中曽根元総理は自分の内閣の記録を世間に向けて公刊した。全五巻の『中曽根内閣史』(編集・発行は世界平和研究所)がそれである。そのこともあって、政治学者や外交史家の間では中曽根「政権」研究はある程度、進んだ。ただ、「政治家・中曽根康弘」研究の動きは、いまのところまだ見えない。それは必要である。本来ならば、首相退任後の「大勲位」との親交の深かった佐藤誠三郎教授がその最適任者だったのだろうが、同教授が故人となったいま、それを望むべくもない。気鋭の次世代を待つべきなのだろう。だが、それを目指す人士に忠告しておこう。先日、元総理から頂戴した挨拶状には、中曽根康弘人生劇場の「国会篇」は終わったが、「自由人篇」が始まり、「政治活動を継続」すると明記されてある。憲法改正と二十一世紀日本の「あるべき国家像の確立」がまだ宿題だというのである。この「自由人・中曽根康弘」の政治活動にも十分な注意を払わなければ、「政治家・中曽根康弘」研究は不完全なものたらざるを得ないだろう。

（平成十五年十一月）

国際安全保障学会年次大会での経験

自衛隊のイラク派遣の是非をめぐって、サダム・フセイン拘束後も国会、論壇、マスコミでは議論が錯綜している。野党は、派遣先で自衛隊が攻撃を受けた場合、これに対して応戦すると「武力行使」することにならないか、それは憲法違反だろう、と政府を攻める。小泉首相は、「自衛隊は戦争するためにイラクに行くのではない」と切り返す。いずれも、「平和憲法」の日本でしか聴けない科白である。それにつけても、という思いで、最近の経験を書く。

平成十五年十一月二十九、三十日の両日、国際安全保障学会の二〇〇三年度年次大会が大阪大学大学院豊中キャンパスで開かれた。私は一年前、その会長ポストを神谷不二先生から引き継いだ。この学会は以前は防衛学会を名乗っていた。二年前に改称、改組が決まったのだが、その歴史よりして防衛庁、自衛隊関係者の会員を多く擁している。他方、いわゆるアカデミズム、とくに国立大学系の研究者で学会加入をよしとする人は、正直言って少なかった。だから、なんとかアカデミズムの世界の研究者にももっと加入してもらおうというのが学会名称変更の一つの動機だった。その願いは徐々に叶えられつつある。

それにしても、一年数カ月前、大阪大学大学院国際公共政策研究科のロバート・D・エルドリッヂ助教授から、同の二〇〇三年度大会を阪大で引き受けたいとの希望が学会理事会に伝えられたとき、私は強く懐疑的だった。同助教授はこの学会の活動にきわめて熱心だが、大学側がはたして年次大会開催校となることを受け入れるのだろうかと疑ったからである。途中の経過はすべて省略する。結果として、阪大での開催は実現した。しかも、研究発表の内容面でも大会の運営面でも、それは近年稀な成功例となった。

まず運営面では、星野俊也教授とのコンビでエルドリッヂ助教授は素晴らしいロジスティクスを提供してくれた。大学院学生が甲斐甲斐しく働いてくれたし、(私は個々人に挨拶しそびれたが)同助教授の友人、知己と覚しき米国人留学生(?)、研究者数人が地味な下働きに専念してくれた。泣きたくなるような雨天を除けば、申し分のない大会運営だった。この場を借りて協力者一同に改めてお礼を申し述べる。

それはさて措き、私が書きたいのは国立大学にいまなお残る安全保障・防衛アレルギーのことである。阪大ではそれはなかった。今回の大会では部会「自衛隊の将来」には陸海空の自衛隊から制服の代表的論客三名が報告者として参加し、それ以外にも分科会「沖縄問題と日本の安全保障政策」で陸自の制服一名が報告者として登壇した。無論、いずれも制服姿である。日ごろ、制服とはあまり接触する機会のないアカデミズムからの大学参加者は、そういう稀なチャンスが開かれたのを喜んでいる気配だった。初日夕刻の懇親会の空気がそれを証明していた。

阪大ではアカデミズムの自衛隊アレルギーを克服するため、日ごろからの努力があった。今回の分科会での制服報告者はすでに一九九六年に阪大修士課程に入学、さらに社会人学生の資格で博士後期課程でも学んだ人物だった。そのことを私は、大会会場で配られた阪大国際公共政策研究科の紹介パンフレットに載っている当人の経験談から知った。そこにはこうある。「自衛官を受け入れてくれるOSIPP(国際公共政策研究科)の懐の深さにはびっくりした。偏見なく接してくれる先生方、学生さんらには本当に敬意を表したい」。

ではアカデミズムの防衛アレルギーは克服されつつあるのか。一概には言えない。今回の大会でも、旧知の防衛研究所の有力研究者から休憩時間中にこんな話をきいた。この人物は朝鮮半島問題の研究者としてよく知られた存在なので、京都大学から講演の依頼を受けた。珍しいことだと思って応諾の返事をしたところ、それを知った一部の学生たち(?)が騒ぎだした。いわゆる立看とヘルメット姿で、防衛庁関係者が講演することへの反対を唱えだしたというのである。問題は、そこからの大学側の対応である。騒ぎの拡大を懸念したらしく、大学側からは「お願いした講演を取り止めたい」旨の連絡がきた、とのこと。

京都大学の教授の中には名うての国家主義的な論客もいるから、こういう騒ぎがあることを訝る読者も少なくないかもしれない。しかし、それとこれとでは話が違うのである。数人の有名論客が教授陣中にいても、機関または組織としての大学は四、五十年来の防衛庁・自衛隊アレルギーを引きずっている。ヘルメット姿の反対派が京大学生であるのか、いわゆる「外人部隊」であるのかも定かではないが、とにかくこの種の問答無用の反対運動が出ると、国立大学アカデミズムは極端に腰が引ける。その癖はいまだに強く残っている。

コップに水が半分入っている。それを「半分しか」と見るか、「半分も」と見るか。国立大学アカデミズムの安全保障・防衛アレルギーという問題は、まさにそれである。全面的アレルギーの時代は過ぎた。とは言え、それはまだ随分、残っている。その克服のためには、必要とあらば米国人研究者の力も借りなければならぬ。エルドリッヂ助教授はその一人である。同助教授は大著『沖縄問題の起源』(名古屋大学出版会)に続けて先般、『奄美返還と日米関係』(南方新社)を出した。それは、日本の学界に衝撃を与えつつある。

国立大学アカデミズムの防衛アレルギーが克服されていくにつれて、「平和憲法」と聞けば思考停止に陥る日本人のビョーキも下火に向かうであろう。現在のところ、自衛隊イラク派遣をめぐって国会、論壇、マスコミで展開されている議論は、大半が病的な規範論でしかない。規範論を突き抜けるときが、いつくるか。

(平成十五年十二月)

髙坂正堯氏指摘の「詭弁」は存続している

京都大学で国際政治を講じた髙坂正堯氏が世を去って、はやくも八年の歳月が過ぎた。髙坂氏はかつて安保研のメンバーだった。安保研がソ連との間で「日ソ専門家会議」を始めて数年、同氏は安保研の有力メンバーだった。私は日ソ間の「会議」が発足した直後に安保研の一員となったのだが、その第四回目あたりまでは、髙坂氏の会議発言にすっかり魅惑された。その後、髙坂氏の「会議」参加は稀になり、一九八〇年代半ばにはメンバーリストに名前は並んでいても、出席はなくなった。私は「会議」以外の場で同氏としばしば会ったし、故末次一郎氏もそうだった。だから、髙坂氏がなぜ「会議」に関心を失ったのかを訊こうと思えば直接に訊けたのだが、訊くことをしなかった。なんとなく分かる気がしたからである。

というのも、あるとき、末次氏と話していて、「髙坂君はソ連の連中と正面衝突するような議論をガンガンやることに、あまり意味を見出していないんだ」という言葉を聴かされたからである。髙坂氏には確かにそのような《好み》が働いていた。同氏が世を去って、いわば遺言のようなかたちで『外交フォーラム』緊急増刊号「日本の安全保障」(一九九六年、通巻九十四号)に掲載された髙坂論文を読んだとき、私は故人にそのような《好み》があったことを、改めて納得した。

「二十一世紀の国際政治と安全保障の基本問題」と題された「遺稿」で髙坂氏は、「原理的対立があるのを知っていて、それを強調するよりはぼかし、あたかも原理的対立が存在しないかのように処理するのは貴重な知恵であり、重要な技術である」と述べている。さらに、「原理を明白な言葉で語るのは、鬨の声を上げるのにも似て、気持ちは高揚するだろう」が、その半面、問題なしとしない。他方、「小さい声であっても妥当なことを述べ続けるのも、長い目で見れば一つの信用につながる」とある。高坂氏はこれを「日ソ専門家会議」との関連で述べているわけではないけれども、氏が「会議」から遠ざかった理由は、ここにあったように思われる。なにせ、当時の「会議」は原理原則論激突の場であったのだから。

ところで、本稿は高坂氏のそういう《好み》を語るためのものではない。高坂氏の「遺稿」には、そういう《好み》が横溢している半面、もう一つ別の、人をどきりとさせるような烈しい言葉が登場する。その側面にいま一度(と言うのも、「遺稿」一読当時、すでにそのことに触れた記憶があるからだが)言及するのが、この拙文の役目である。高坂氏はこう書き遺した。

…日米同盟運営のために、言い抜け、詭弁の類が積み重なって、ストレイト・トークがおよそ不可能に近い状況だと言ってよい。常識的に言えば日米は共同防衛を行なっているのだが、日本には集団的自衛権はあっても行使はできないという類の議論はその最たるものである。こうした言葉を聞くとき、私は室町以降の〝公卿〟の言葉を連想する。それは行動する世界の人々の言葉とほとんどなんの関係もない。

高坂氏はさらに続けている。日米関係は東アジア地域の安定性に寄与しており、多くの国がそのことを認めている。「そうであれば、われわれはもっと自信を持って日米関係を語ってもよいのに、なぜ詭弁と言い訳なのか。昔の習慣はなかなか死なないとは言うけれども、あまりにも長く続きすぎてきた、と私は思う」。

高坂氏は若くして吉田茂研究を手がけたこともあって、吉田の流れを汲む宏池会から随分頼りにされた。当時のいわゆる「保守本流」からの信頼である。そのことが多分にあずかって、髙坂氏は大平正芳総理時代に設けられた「総合安全保障研究グループ」報告作成の中心的役割を担った。それを読むと誰もが納得するが、激しい言葉は概して同氏の採らないところだった。諄々と説くのが髙坂氏のスタイルだった。その髙坂氏が死の直前になると、当時ようやく世間的には議論の的となりはじめた集団的自衛権の政府解釈に関して、それは「言い抜け、詭弁の類」の「最たるもの」だと、それまでにない厳しい叱りの言葉を発したのである。みずからの死期を前にして同氏は、日本外交のそういう悪癖は「あまりにも長く続きすぎてきた」と歎いた。

髙坂氏の他界から八年、氏が指摘した「言い抜け、詭弁の類」はなお続いている。イラク・サマワ派遣の自衛隊が、今後は国連安保理決議一五四六を根拠に「多国籍軍」の一員として活動を続けることになった。その旨を決定した政府方針も、その土台をなす「イラク人道復興支援特措法」が上述の集団的自衛権政府解釈の縛りを受けているので、やはり同じ縛りの下にある。自衛隊の活動が「他国の武力行使と一体化することはない」というのが、それだ。これで、「集団的自衛権は国際法上保有、だが憲法上行使不可」の詭弁は、今回も守り抜くことができるというわけである。この言い草を聞けば、髙坂氏は何と言うだろう。

しかし、問題の真の深刻さは、「言い抜け、詭弁の類」が髙坂氏の死から八年後になってもまだ続いているという点にあるのではない。そのこと自体、十分に深刻なのだが、より重大なのは、この八年間にわが国の安保防衛関連法制が一方で同じ「言い抜け、詭弁の類」を立てながら、他方で実態的に前へ前へと進んでいることにある。周辺事態安全確保法、テロ対策特措法、イラク特措法、および今回の同法手直しといった法制ラッシュが、そのことを物語っている。同種の平板な事例に出会うごとに同じ「言い抜け、詭弁の類」を用いるというのではなく、別種の、そのつど「画期的」と呼ばれた新事態に直面しても、やはり同じ念仏で切り抜けようというのだ。むかし習い覚えたこの念仏は、時代が変わっても、まるでどのような症状にも効く万能薬の観を呈している。しかし、安全保障政策の諸相に超時代的に効く万能薬なぞ、ありはしない。それでも無神経にそれを使い続けるとは、それが効かなくなる危うさに目を閉ざさずしてできることではない。

実は、「わが国は集団的自衛権を国際法上は保有するが、憲法上、その行使は許されない」との政府解釈に欠陥があることは、外相、防衛庁長官経験者のほとんど誰もが知っている。だから彼らは閣僚在任中にはこの念仏を合唱しても、閣外に出ると「詭弁」を棄てる。そのこともあって、平成十四年三月（衆参議員を対象）および平成十六年三月（衆院議員を対象）に実施された『讀賣』アンケートでは、「国権の最高機関」のメンバーの大半が、程度の差こそあれわが国は集団的自衛権を行使できると考えを改めるべきだとの意見であることが判明している。

この過程を逆に言えば、政治家個々人の私語で語られる本音が、閣僚としての政治的公語となると「詭弁の建前」に化けてしまうという現象である。政治においては「建前」と「本音」の乖離はある程度まで不可避だということを、私は認める。だが、責任感ある政治指導者たるものは、この乖離をなるべく小さくすることに努めるべきであろう。現実には、サマワに派遣された自衛隊が、そこに人道復興支援活動もが含まれているとはいえ、安保理決議にもとづく多国籍軍の一員となるところまで、事態は進んできた。昭和五十一年に今日の集団的自衛権に関する「詭弁」的な政府見解が固まったとき、このような事態は全く予想されていなかった。だから、乖離はすでに限界まできている。誰かが、蛮勇を振るって、「詭弁」に引導を渡すことによりこの乖離の進行を止めることに挺身しなければならない。

（平成十六年六月）

ある決断

平成十六年も暮れようとしている。今年、安保研のわれわれは、大きな決断を下した。末次時代からとか、昭和の時代からとか、あるいはソ連の時代からとか、いろいろな言い方があるが、三十年以上にわたって継続してきた「日ロ専門家会議」(当初は「日ソ専門家会議」)を第二十二回で打ち切り、きたるべき年に「『新しい日露関係』第一回専門家対話」を発足させる、との決断である。その趣旨については、後掲の「開催概要」をご覧いただきたい。ここでは、この決断を下すにいたった背景を語っておきたい。

決断の第一の理由は、二〇〇五(平成十七)年が日露にとり特別の意味をもつ年だということにある。両国が国家として初めて交わした条約、つまり「日本国魯西亜国通好条約」から百五十年、「樺太千島交換条約」から百三十年、日露戦争集結の「ポーツマス条約」から百年、そしてなにより「北方領土問題」が生まれた第二次大戦終結から六十年という、「節目の年」だと言えば、その意味は明らかだろう。「節目の年」に心機一転、懸案の日露間領土問題を解決して「新しい日露関係」を築くための、新しい「対話」を開始しようというのである。

決断の第二の理由は、これまでの「専門家会議」の内部事情とかかわっている。故末次一郎は「専門家会議」を日本側の安保研、ロシア(ソ連)側の科学アカデミー・世界経済・国際関係研究所(IMEMO)——およびアメリカ・カナダ研究所(ISKRAN)、東洋学研究所(IVRAN)——による共同開催という方式を定着させた。これは、ソ連時代にこれらの研究所がクレムリンに密接し、特権的地位を享受していたことに照らして、きわめて意味のある方式だった。会議を非公開とし、たとえ一部なりとも会議の内容を直接引用して一般に発表することを慎むという相互了解の下、本音の議論を促し、双方の政府・外交当局の参考に資することができたからである。しかし、時代は変わった。ロシア側の上記研究機関は昔日の特権的地位を失い、財政不如意に加えて、政権中枢へのその影響力も大きく後退した。他面、ロシアの言論は多彩化し、日露関係についても硬軟さまざまの議論が「専門家会議」の外でもいくらでも聴けるようになった。会議参加者の範囲を狭く限ることは、適切とは言えなくなった。

決断の第三の理由は、「対話」ないし「会議」の狙いどころを改める必要がでてきているという安保研側の認識にある。「対話」参加者の枠を安保研およびＩＭＥＭＯ中心に限ることは、いまや時代適合的と言えなくなった。この枠組みでは、双方が相手をほぼ知りつくしていて、新しい議論があまり期待できなくなった。マンネリ現象と言ってもよい。より重要なのは、いままで日露関係で「専門家」的意見を述べたわけではないが広い見識と対社会影響力を有する人材に「対話」への参加を求め、その関心を刺激し、ひいては日露両国社会に向けての発信力を強化することである。われわれは無論、今後「対話」で得る新しい重要知見を政府・外交当局に向けて入力する仕事を止めるわけではない。だが、それと同時に、対社会への働きかけがそれに劣らず重要だと考える。いわば、対政府、対社会の双方向をにらんでの「対話」作業としたいのである。とりわけ、ロシア側でもそういう認識を育てる必要があると判断している。

以上のような理由から、われわれは「対話」参加者の範囲を大幅に広げる。安保理はいわば呼びかけ役に当たる。きたる一月二十八―二十九日の「第一回対話」への参加を要請したところ、別掲名簿に明らかなように、万障繰り合せてでも出席するとの回答を多数頂戴したことに、われわれは勇気づけられている。開催時期が原因で、ロシア側には多少の不安材料がなくもなかったが、この点はわが袴田茂樹座長の八面六臂の活躍で、いい参加者が確保されている。同教授は青山学院大学の休暇年を活用して、夏の終わりまでのロシア――だけではないが――滞在中、信じ難いほどの人脈づくりに励んだ。それが活かされる。袴田教授の労を多とするとともに、「第一回専門家対話」の発足に際し、物心両面での励ましを惜しまれなかった各位、諸機関に心から御礼を申し上げる。

安保研援助会員の皆様には、別掲の東京財団「虎ノ門ＤＯＪＯ」での企画へのご参加を期待する。吹浦忠正安保研事務局長が、当日は同財団常務理事としてコーディネーター役を務める。当日のロシア側の出席者(予定)にとっては、いずれも「日本での初出演」となるはずである。

「新しい日露関係」第一回専門家対話　開催要項

二〇〇四年十二月
安全保障問題研究会

趣　旨

安全保障問題研究会(安保研、佐瀬昌盛会長)は、ロシア科学アカデミー世界経済国際関係研究所(ＩＭＥＭＯ、ノダリ・シモニア所長)とともに、一九七三(昭和四十八)年以来、二十二回にわたり日ロ(日ソ)専門家会議を開催してきた。この会議は、トラックⅡレベルで積極的にロシアとの対話を進めることで、日露間の相互理解を深め、領土問題を解決して平和条約を締結するという外交課題の達成に寄与すべく、継続されてきたものである。ソ連時代、日ソ間にほとんど交流のパイプが存在せず、またソ連が領土問題の存在そのものを認めていなかった当時から、この会議は、両国の学者・専門家を中心に、政治家や軍関係者なども含む有識者たちが、率直に意見交換する場として、その役割を果たしてきた。会議のこの性格は、日露時代を迎えても変わることがなかった。

しかし、九・一一テロ、イラク戦争などを経て、時代が大きく変容していく中、こうした会議が持つ意味や、果たすべき役割も変わってきている。現在、世界は緊迫する中東情勢や北朝鮮問題、頻発する国際テロリズムなど、新旧さまざまな脅威と向き合っており、日露両国も自国の安全保障や国際貢献のあり方などを、あらためて問い直されている。

こうした新しい情勢を踏まえ、安保研は、すでに二十二回に及んだ専門家会議を発展的に解消し、今日の国際情勢の中で、日露両国が今後に進むべき方途を探るべく、この度「新しい日露関係」第一回対話を開催することとした。この対話では、日露双方の会議参加者についても、従来の専門家会議の枠を超える幅広い人材に呼びかけ、会議内容もより拡大される。

特に、二〇〇五年春にはプーチン大統領の訪日が予定されるなど、日露関係はひとつの大きな局面を迎える。この対話は、プーチン大統領の訪日前の段階で、領土問題を含め日露間の多くの問題に関し率直に議論し、両国関係の新たな展開について提言を行うことを目的としている。

対話の開催概要は下記の通りである。

記

会議概要

主　催　安全保障問題研究会（佐瀬昌盛会長）
協　賛　世界経済・国際関係研究所（ノダリ・シモニア所長）
と　き　二〇〇五年一月二十八日（金）、二十九日（土）
ところ　日本財団ビル二F会議室（港区赤坂一―二―二）
形　式　会議は非公開で、日露同時通訳によって行われる。
テーマ　新しい日露関係のために
（Ⅰ）アジア太平洋地域における戦略的情勢の展開
（Ⅱ）日露の経済・文化協力
（Ⅲ）日露平和条約締結のための諸課題

会議出席者（順不同）

日本側

佐瀬　昌盛　安全保障問題研究会会長、拓殖大学海外事情研究所長
木村　汎　安全保障問題研究会座長、拓殖大学海外事情研究所教授
袴田　茂樹　安全保障問題研究会座長、青山学院大学国際政経学部教授
吹浦　忠正　安全保障問題研究会事務局長、前埼玉県立大学教授
西原　正　防衛大学校校長
田中　明彦　東京大学東洋文化研究所所長
伊藤　憲一　日本国際フォーラム理事長、青山学院大学国際政経学部教授
櫻井よしこ　ジャーナリスト
佐藤　行雄　日本国際問題研究所理事長、前国連大使
枝村　純郎　元駐露大使、住友商事株式会社顧問
丹波　實　（財）日本エネルギー経済研究所顧問、前駐露大使
兵藤　長雄　元欧亜局長、元ベルギー大使、東京経済大学現代法学部教授
塙　章次　東京電力株式会社顧問
坂戸　勝　国際交流基金企画部長
山口　昇　陸上自衛隊研究本部総合研究部長、陸将補
安倍　晋三　衆議院議員、自民党幹事長代理
石破　茂　衆議院議員、自民党、前防衛庁長官
武見　敬三　参議院議員、自民党
前原　誠司　衆議院議員、民主党「次の内閣」ネクスト防衛庁長官
斎藤　勉　産経新聞正論調査室長
伊奈　久喜　日経新聞論説委員兼編集委員
その他学者、専門家、政治家、ジャーナリストなど数名

ロシア側

ノダリ・シモニア　アフリカ諸国首脳との関係に関するロシア大統領特別代表、世界経済国際関係研究所所長、ロシア科学アカデミー会員

レオニード・ドラチェフスキー　株式会社統一エネルギーシステム副社長、前シベリア連邦管区大統領全権代表

ヴィクトル・イシャーエフ　ハバロフスク州知事

ゲオルギー・クナーゼ　ロシア人権全権委員機関副委員長

ヴラジーミル・ニキーシン　ロシア国防省国際条約局次長、少将

ヴャチェスラフ・ニコノフ　政治基金所長

ヴァシーリー・サプリン　ロシア外務省第一アジア局次長

ゲンナージー・チュフリン　世界経済国際関係研究所副所長、ロシア科学アカデミー準会員

（平成十六年十二月）

十一月ごろには…

長いあいだ懸案だったプーチン露大統領の訪日日程が、ようやく決まった。Ｇ８首脳会議に出席のため英国グレンイーグルズを訪問した小泉首相とプーチン大統領が同地で会談して、二〇〇五年十一月二十日から二十二日までという訪日日程で合意したものである。のびのびになってきた公式訪日の場での実り多い会議成果を目指して、両国の外務当局にとっては、準備に暑い汗をかく日が当分続く。

日本としては待ちくたびれた思いがしないでもない。そのため、十一月二十日にばかり目が向きそうな気配である。だからこそ言っておきたいが、十一月の日露首脳会談を取り囲む国際的、国内的環境は現在のそれと大差がないだろうとは考えない方がいい。そこに至るまでにはいくつもの扉があり、それらを順に開けていくと、十一月中旬ごろの光景は今日のそれとは随分と違って見える可能性がある。

扉の一つは国連安保理改革問題である。グレンイーグルズでプーチン大統領は小泉首相に対し、日本の安保理常任理事国入りを支持する旨、表明した。この支持表明は、わが国で好感されている。しかし、現在の全体的状勢では、日本の願いは文字どおり「悲願」に終わるだろうと見なければならない。いずれにせよ、露大統領の訪日時点ではこの問題での結果は出てしまっている。この問題では日本にしらけムードが漂っているだろう。そのころ、北方領土問題、平和条約問題でどう臨むかでも、プーチン大統領の腹はおおむね固まっているはずであり、事前報道のいかんによっては官邸や霞ヶ関はともかく、世論は日露関係についてもしらけているかもしれない。散々くり延べた挙句の訪日なのに、これでは一体なんの意味があったのかと、プーチン大統領自身が内心、ぼやくことだってあり得る。そうしないためには、十一月までになにをすべきか。露大統領には分かっているものと信じたい。

　後悔しないような訪日にすることは、プーチン大統領にとって別の文脈でも実はすこぶる重要である。十一月までにロシアと欧米主要国との関係の大きな様変りが避けられないだろうからである。第一に指摘すべきは、九月下旬のドイツ選挙戦で社会民主党と「緑の党」の連立政権がほぼ間違いなく敗北するだろうということである。現在のシュレーダー独首相との間に、プーチン大統領は特別な個人的信頼の関係を築き上げてきた。シュレーダー首相は第二次大戦後のドイツ歴代政権中で突出した対米批判外交を進めるうえで、シラク仏大統領と露大統領とを一種の後楯として使ってきたと言えるが、これに呼応したプーチン大統領には、通訳を介することなく――ドイツ語で――意思疎通が図れるという事情があった。この利点を活かして両国指導者は親交を深めたが、ロシア側はいざしらず、ドイツの報道界にはこのような特別な個人的関係に批判的な声が少なくなかった。

　その親交の相手をプーチン大統領は失う。ドイツの新首相に就任するであろうアンゲラ・メルケル女史はベルリンの外交政策をかなり顕著に変更する。一言に約せば、親仏（親シラク）、親露（親プーチン）、親中から親米へと基本的な方向が変わる。それだけでもプーチン政権にとっては嬉しくないが、もう一点、見逃してはならない要素がある。それは、メルケル女史が旧東ドイツの出身で、しかも十五年前までは東ドイツの反体制派寄りだったことだ。少なくとも体制派、すなわちソ連追随派ではなかった。この政治的出自は、青年期に西ドイツの反体制派だったシュレーダー首相とは対照的である。メルケル女史は、旧東ドイツ時代にソ連の情報要員としてドレスデンで勤務したプーチン大統領とは、当時は少なくとも心理的にらみ合っていたのである。この過去が九月のドイツ総選挙以降の独露指導者関係に影響しないはずがない。独露関係は現在の両国指導者間の熱愛状態を脱して、少なくとも冷静なものとなろう。ロシアの内外政策であまりの強権性、あるいは抑圧性の姿勢が目立つ場合には、ドイツの新指導者がそれを公然批判するといった光景も出てこよう。

イラク戦争以後に露仏関係も親密化したし、ロシア・EU関係も順調といえば順調だった。これらは、シュレーダー政権の橋渡し的な役割に負うところが少なくなかった。しかし、シュレーダー政権は九月にこける。シラク仏大統領は過般のEU憲法条約承認投票に失敗して失速した。同大統領は「レイム・ダック」、すなわち「足萎えアヒル」と評される。いや、「すでに死んだアヒル」だとの酷評さえある。EUは混迷期に入った。その中でEUにもNATO（北大西洋条約機構）にも加盟したバルト三国とロシアの関係、とくにラトヴィア・ロシア関係がきしみはじめた。評論の余裕はないが、原因は「歴史問題」と「国境画定批准問題」とである。エストニア・ロシア関係でもきしみが聞える。EUもNATOも無関心をきめ込むことはできない。とくにNATOは四年前に「NATO・ロシア二十カ国理事会」（今日では「二十七カ国理事会」）を設けてロシアを特別待遇することにしたが、今日のロシアの姿を見て当時のNATO側の思い入れは冷めてしまっている。

かつてロシアはNATOの軍事同盟色を批判し、OSCE（欧州安全保障協力機構、その前身はCSCE＝欧州安全保障協力会議）の方を大いに持ちあげたが、いまではOSCEの方が煙たい存在になってしまった。なぜなら、OSCEは「加盟国」の報道の自由と選挙監視に力点を置くようになり、ロシア、グルジア、ウクライナ、モルドヴァの選挙のたびごとに監視の目を光らせ続けてきたからである。ロシア以外のこれらの諸国でロシア離れ、親西政権誕生といった背後では、OSCE派遣の選挙監視団の果たした役割を見逃すことはできない。OSCEがこの面での活動に力を入れるようになった原因の一つは、脱ソ連、脱共産化した旧東側諸国がこの活動を特に重視していることにある。OSCEの目はいま、「欧州における最後の独裁国」ベラルーシに向けられている。

以上に指摘した事柄は、十一月二十日のプーチン大統領の訪日までにすべてがすべて動き出すといった性質のものではない。しかし、ドイツの総選挙といった扉が開かれると、そのあとどのような扉があり、それらを順に開くとどういう光景が展開するかを予測するヒントにはなり得る。一般的見取り図として言えば、先進主要国中でロシアの旗色は悪くなる。イラク開戦で、およびイラク戦後にロシアとは立場を異にした米国のブッシュ政権、英国のブレア政権は、それぞれ国内的に人気低下を経験しているにしても、「足萎え」状態からほど遠く、健在である。こういう国際的気象図の下、来年初夏にはプーチン・ロシアが初めてG8サミットの開催国となる。前兆は吉か凶か。

おっと、十一月のプーチン訪日に先だつ時期にもう一つ大きな変化の可能性があると指摘するのを、すんでのところで忘れるところだった。ほかならぬ日本情勢である。わが国でも秋口に総選挙があるのか。なければないで、あればあったで、十一月二十日の日露首脳会談に臨む日本側の陣立てはどうなるのか。今後の国内政治の成りゆきを注意ぶかく見守るほかないが、待ちくたびれた感のあるプーチン大統領訪日を日本側の政権事情でしらけたものとするような事態だけは、絶対に避けなければならない。

（平成十七年七月）

やがてプーチン大統領が来るが…

予測不可能な事態がここ二、三週間ほどの間に起こらなければ、やがてプーチン大統領が日本にやってくる。ところが、それに先立ちここ数カ月ほど、北方領土問題でロシアから飛んでくる牽制球のなんと多いことよ。駐日ロシア公使から始まって、プーチン大統領本人にいたるまで、「第二次大戦の結果」として四島のロシア帰属は決定していると言う。しかし、われわれは三年前、七年前、十年前、十五年前に、いや二十年前、そして三十年前にモスクワからどんな声が聴こえてきたかを知っている。なにせ安保研は三十年以上も前からこの問題でモスクワとの間で議論を続けてきたのだから。そういう経験を踏まえて言うなら、「モスクワさん、ソ連が消滅してロシアになって以降、この問題でのご意見はくるくるとよく変わりますな。なにかわけでもおありですか？」となる。無論、わけありなのだろう。

くるくる変わるモスクワ側の言い分に、こちらがあまり一喜一憂しない方がよい。なぜなら、「四島の帰属の問題を解決して平和条件を結ぶ」という基本線についてはわが国の言い分は変わらないのであるし、また、いかに執拗に牽制球が飛んでこようと、牽制球でわが国を沈黙させることはできないからだ。牽制球でわが国を黙らせることができるとモスクワが考えているなら、それは思い違いも甚だしい。訪日するプーチン大統領に向かって小泉首相が言うべきことを言うだろうと期待して、ここでは別のことを語ろう。

アレクサンドル・ヤコブレフ氏が十月十八日、還らぬ人となった。安保研は同氏とは少なからぬ接触を持った。ソ連時代、ソ連科学アカデミー「世界経済・国際関係研究所（ＩＭＥＭＯ）」を率いたニコライ・イノゼムツェフ所長（科学アカデミー幹部会員）が、思いがけなく一九八二年に世を去ったあと、ヤコブレフ氏が翌年からその後継となり、一時期、安保研との「日ソ専門家会議」（当時）のソ連側議長を務めたからである。もっとも、同氏はほどなくゴルバチョフ・ソ連共産党書記長の要請で八五年には党政治局員に就いたので、ＩＭＥＭＯ所長の職にあった歳月は短かった。私は一九八三年、末次一郎氏のお伴をして吹浦忠正氏と三人で、所長職に就いたばかりのヤコブレフ氏をＩＭＥＭＯに訪ねたことがある。その後、ゴルバチョフ大統領のペレストロイカ路線を担った政治局員時代の同氏は多忙を極めたので、私としてもパーティー以外の場での接触の機会はなかったが、エリツィン大統領のロシア時代になると、また意見交換のチャンスにも恵まれることになった。場所はおおむねモスクワのゴルバチョフ財団だった。安保研でヤコブレフ氏と最も頻繁に接触したのは無論、末次一郎、吹浦忠正の両氏であり、特に吹浦氏は難聴ぎみのヤコブレフ氏から日本のどの補聴器がよいかなどといった日常生活レベルでの相談にいたるまで、よく応じていた。

ゴルバチョフ書記長の差金で駐カナダ大使のポストからモスクワに戻ったばかりのヤコブレフ氏に初めて会ったとき、末次一郎以下われわれ三人はこの人物がどういう人材なのかについて、ほとんど何の情報ももっていなかった。ＩＭＥＭＯの所員たちだって当時はほとんど同じことだっただろう。ただ、初対面のこの人物に私は強い印象を受けた。それは、初対面であろうがなかろうが大音声で威嚇気味に自説をまくし立てるロシア人が多いのに（その好例は、ソ連外務次官を務め、のちに科学アカデミー「東洋学研究所長」となったカーピッツァ氏である）、それとは違ってヤコブレフ氏はわれわれの言うことに落ち着きをもって傾聴したことである。それだけに、そのあとに続くヤコブレフ氏の意見表明にはおのずから思慮が感じられた。後年のゴルバチョフ財団での会見の際にも、これは同じことだった。

人のはなしを静かに聴くというだけでなく、ヤコブレフ氏は事物の流れの省察につとめた人物なのであろう。さもなくばあのソ連で、人の逆をやってみるとどうなるのかといった思考実験、つまり、ペレストロイカの思考実験など、思いつくはずがあるまい。かねがねヤコブレフ氏につきそんな思いを抱いていたので、同氏の訃報を耳にした途端、私の頭をよぎったのは、最早、「プーチン大統領のロシア」についてのヤコブレフ氏の論評を聞けなくなった残念さであった。なぜなら、プーチン大統領およびプーチン・ロシアは――日本との間の北方領土問題での言い分がくるくる変わるだけでなく――確固たる対外的スタンスを欠く国となっており、目先の利益や利権を追うことに躍起になっていると思われるからである。対米関係しかり、対NATO関係しかり。調子が良かったのはイラク開戦反対で個人的トリオを組んだ独（シュレーダー）、仏（シラク）との「枢軸」くらいのものだった。だが、シュレーダー退陣、シラク「死に体」の今日、プーチン大統領にとりこの個人的「枢軸」の継続は無理となった。ベルリンやパリとの関係も変化に曝される。

こういうプーチン流「猫の目」外交をヤコブレフ氏はどう評したことであろうか。もう一つ、ヤコブレフ氏の見解を聴いてみたかったものに、最近の対中国関係がある。最近の極東での中露合同軍事演習にも象徴されるように、中露関係は一見、三十五、六年前には激しい国境紛争まで戦った中ソ時代がウソと思えるほど呼吸が合っている。確かにいくつかの面で、目先の利権は得ているのだろう。だが、昔日のモスクワと北京の兄弟関係は無惨なまでに逆転している。両国関係がそういうかたちで持続的に安定するとは考えにくい。また、原油高で目先、ロシアの財布はふくらんでいる。その状態はなおも続くだろう。だが、そのことがロシアを心身ともに健康体にするかどうかは、すこぶる疑問である。なぜなら、「ぬれ手に粟」で外貨獲得が可能な状態では、歯を喰いしばってでも自己鍛錬に励む厳しさはかえって生まれようがないからである。この意味では、国際的な原油・ガス価格の高騰は、ロシアという糖尿病患者に砂糖水を与えるに似た、天の悪戯ではないのか。ロシアにとり本当に必要な内政外交面での政策は、実は克己心なしではあり得ない。

　だが、第二次世界大戦後から六十年、久方ぶりで戦勝国気分が高揚した今年のロシアは、われわれのそういう声に耳を傾ける気配を示していない。先方に聞く耳がないのなら、「敗戦国」日本が「このままでは糖尿病が悪化しますよ」と、お説教をすることなぞ止めよう。ただ、このままでいくと、来年二月、ロシアにとって浮かぬ気分の日が巡ってくることだけは予言しておきたい。今日は「偉大な戦争指導者」スターリンがもてはやされた年であったが、来年二月はあのソ連共産党第二十回大会から五十年目に当たる。神格化されたスターリンの犯罪がフルシチョフ第一書記の秘密報告で厳しく糾弾された、あの党大会である。長い物差しで測れば、折角始まった非スターリン化が中途半端に終わったことがソ連消滅の原因ともなったことは明瞭である。無論、ロシアはソ連ではない。だが、ソ連時代の不徹底な非スターリン化という忌わしい記憶を五十年後の今日になっても依然として糊塗するだけであっては、ロシアも民主主義の初級テストに合格したとは言えないであろう。

（平成十七年十月）

半世紀前、一九五六年という年

(1)

いまから半世紀前、つまり一九五六年は、私が大学二年生から三年生だった年である。一九五五年も、五六年も、五七年も国際政治面でさまざまな動きがあった。だから、当時は、一九五六年が他の年とは比較にならない激動の年、重大な年だと実感したわけではない。しかし、のちに国際政治史、とりわけ第二次大戦後の冷戦史と深く取り組むことになって、そのことを強く意識するようになった。

『フォーサイト』二〇〇六年二月号掲載の拙稿を参照してもらっても、その意味の一端はご理解いただけると思うが、五六年の国際的激動の一因となったのは、この年の二月にモスクワで開かれたソ連共産党第二十回大会である。もっとも、この党大会の終了直後には、その衝撃力のほどは十分には感知されなかった。なぜなら、党大会最終日——と言うか、党大会明けの日というか——の二月二十五日未明に行なわれたフルシチョフ・ソ連共産党第一書記によるスターリン批判演説は、非公開会合での秘密報告だったからである。その事実、および秘密報告の内容を外の世界が知るにいたるまでには、なお三カ月余の時間が必要だった。

フルシチョフ秘密報告の内容が米国務省によって発表されると、世界は騒然となった。ソ連の指導者スターリンは五三年三月に死去していた。けれども、党大会開催直前までソ連の国民、党員一般、いや党大会代議員、党中央委員会メンバーの大多数にいたるまでもが、「全能の天才」とされたスターリンをこともあろうに党第一書記が厳しく批判するなぞとは夢想だにしなかった。が、党大会後も表面上、ソ連自体は騒然とはならなかった。なぜなら、スターリンを批判するにしても、「レーニンに立ち戻って」党の支配は確保されなければならなかったからである。ただ、秘密報告を聴いた党大会代議員や後日に秘密報告文を読まされた若手エリート党員――たとえば、のちのゴルバチョフ・ソ連大統領や、先日逝去したアレクサンドル・ヤコブレフ元政治局員たち――は、個人的には脳天をハンマーでぶんなぐられたような衝撃を受けた。とにかく、これ以後、ソ連には非スターリン化という問題が、複雑な色合いを帯びて潜在することになった。

しかし、フルシチョフ秘密演説がより深刻な意味をもったのは、第二次大戦終了後にスターリンが据えた傀儡政権の下の東欧諸国においてだった。なかんずく、ポーランドとハンガリーは政治的激動の季節を迎えた。下手をすると、それぞれの共産党(労働者党)支配が、したがってまたソ連の東欧支配が崩壊する。それを回避するためにはクレムリンは何をすべきか。『フォーサイト』二月号に概略は記したので繰り返すことはしないが、ソ連が思いつく方法は、東欧諸国の自立・自律傾向を軍事力で封じることでしかなかった。実際、ハンガリーでは国民の蜂起はソ連軍により徹底的に叩き潰された。ポーランドでは間一髪、ソ連は武力行使を思いとどまった。が、モスクワにより許容された民族共産主義者ゴムルカの政権は、クレムリンのこの体質を骨の髄まで思い知らされた。だから、歳月の経過につれてゴムルカ政権も、結局はソ連に恭順を示すようになった。

つまり、一九五六年はソ連の東欧支配が危機に曝された年であった。と同時に、ソ連圏を維持するには、軍事力に依拠する以外に方策はあり得ないことが、万人の目に明らかになった年でもあった。軍事力への依拠という条件をはずせばソ連圏なるものが存続し得ないことは、その三十三年後に「ベルリンの壁」と東独が消滅したことによって立証された。

中ソ関連にとっても、一九五六年は重大な年だった。その一端も前掲拙稿に書いたが、当時はそのことが外部世界で直ちに広く察知されたわけではなかった。フルシチョフ報告そのものが「秘密演説」だったし、その内容を知った北京もこの秘密性にそれなりの配慮を忘れなかったからである。しかし、ソ連党大会を論じた『人民日報』の長文論説(一九五六年四月五日)は、スターリン評価問題では中国共産党がクレムリンに全面賛同ではなく、全面反対でもなく、要するに不同意であることを隠微に告げていた。もう少し詳細に言えば、読書界で最近大評判のユン・チアン『マオ――誰も知らなかった毛沢東』(講談社)が記述しているように、中国共産党内部でもフルシチョフ「秘密報告」についての評価は割れたものの、毛沢東がフルシチョフの権威への挑戦という線を押し通したと言うのが真相のようである。いずれにせよ、一枚岩でない中露関係は、注意ぶかい観察者にとっては一九五六年にはすでに可視となっていた。

(2)

一九五六年は「スエズ危機」の年でもあった。同年七月下旬、すでにモスクワ寄りの外交姿勢を見せていたナセル・エジプト大統領はスエズ運河の接収と万国スエズ運河会社の国有化を宣言した。英仏の権益にとっては大打撃を意味する。そこで英仏両国はイスラエルと語らい、反撃を画策した。ソ連がハンガリーで泥沼に落ちていると見られたので、十月下旬、まずイスラエル軍がシナイ半島のエジプト領に侵入(第二次イスラエル・アラブ戦争)、ついで十一月五日、ナセル大統領の停戦受諾の拒否を待って、英仏軍が地中海からエジプトに対する軍事行動を開始した。英仏、イスラエルの三国には、ここでソ連は動けまいし、米国は三国の行動を黙認するだろうとの読みがあった。

が、この目算は外れた。米国のアイゼンハワー政権は三国の行動をむしろ戦争政策として非難したのである。

米国と英仏の間には亀裂が走った。それを見たソ連は、ハンガリーでの事態に手を焼きながらも、英仏を強く牽制するイチかバチかの策に出た。十一月五日、ソ連のブルガーニン首相名の書簡が英仏に送られた。それは、そもそも英仏両国は、「あらゆる種類の近代的破壊兵器を保有する、より強大な国から攻撃を受ける」ような事態を考えたことがあるのか、というものだった。つまりは、英仏に対するソ連の核恫喝だった。英仏は腰砕けになった。ソ連の面子は保たれた。

冷戦期の世界が、とりわけ東西両陣営の諸国が核戦争の恐怖の下で生きたのは事実であるが、しかし、核を持つ大国——当時、「核超大国」という述語は国際政治にまだ登場していなかった——が、他国に対し「俺には核兵器とミサイルがあるのだぞ。そのことを忘れるな」と凄んでみせたケースは、後にも先にもこの一回きりである。一九五六年とは、そういう年であった。ソ連は、国内的には非スターリン化を試みようとして、それが東の陣営内に動揺と離反を誘発することを思い知らされ、窮地に陥りつつあった。英仏は中東で、いわばその虚を衝く冒険に出たわけだが、そのときにモスクワはロンドンとパリが予想だにしなかった差し手に出たのである。かりに英仏がこの脅しにひるむことなく猪突していたら、モスクワが脅しどおりの行動に出たかどうか。それは分からない。残されたのは、五十年前の一九五六年がそういう稀有の年だったという事実である。

この過程を、英仏がソ連の核恫喝に屈したものとしてだけ理解するのは、単純すぎるし、不適切である。そこには冷戦期の国際政治、いや、そもそも一般的に国際政治なるものの本質を考えるうえで、貴重なヒントがいくつも隠されている。第一には、こうである。米英仏はソ連に対抗して西側陣営に結集していた。前述のフルシチョフ「秘密演説」を三カ月あまりで素っぱ抜き、米国が対ソ情報戦で大得点を挙げた事例が示すように、米国のダレス外交はソ連への対抗、ソ連封じ込めを第一義的に重視した。が、それは味方の行動ならばなんでも大目に見るということを意味しなかった。また、米国は当時、核戦力ではまだ対ソ優位にあったけれども、それでもソ連の核戦力を見くびることはできなかった。「戦争瀬戸際戦略」と渾名されても、米国にとり核戦争は回避されるべきものであった。米国の外交はやはり、内外のいくつもの要素を眼中に置き、それらの間には当然ながら優先劣後序列を設けていたのである。

第二、国際政治上の重要問題では、それが重大であればあるほど関与諸国間の関係は変わりにくいと考えられがちである。だが、にも拘らず、なんらかのきっかけでその潮目は大きく変わり得る。五六年の「スエズ危機」はまさにそれを教える。イスラエルは前述のフルシチョフ「秘密演説」の素っぱ抜きの過程で、米国ＣＩＡに大きく恩を売ったつもりだった。が、「スエズ危機」でアイゼンハワー米政権はイスラエルの行動を是認しなかった。当てが外れたのである。イスラエルの驚愕は大きかった。自国生存のためには英仏を直接の後楯にし、その背後に米国が座ってくれていると単純に思い込むわけにはいかなくなった。結局、イスラエルはこの「スエズ危機」での苦い経験を教訓として、英仏ではなく米国を自国安全保障の後楯とする方向を探るようになる。イスラエルをめぐる中東問題は今日の世界で難問中の難問であるが、一九五六年はその難問の潮目が変わりはじめた年として記憶されなければならない。

このように一九五六年という年には——中華人民共和国はまだ国連には迎え入れられてはいなかったものの——米、ソ、英、仏、中の五大国が揃って冷戦期国際政治の凄まじさを味わったのである。このような一年は冷戦期において後にも先にもなかったと断じて過言ではあるまい。

(3)

さて、日本にとっても一九五六年は重要な意味をもっていた。この年の十月十九日、「日ソ共同宣言」がモスクワで署名された。また、その第四項で謳われたように、ソ連は日本の国連加盟の申請を支持する旨を約束したので、同年十二月、わが国の国連加盟が決定した。つまり、日ソ間の法的な「戦争状態」には終止符が打たれ、両国間には「外交及び領事関係が回復」されたし、日本は国連加盟の悲願を達成することによって、晴れて国際社会の一員となったのである。このうち、「日ソ共同宣言」、とりわけその第九項(「平和条約の締結に関する交渉」、「歯舞群島及び色丹島」の対日「引き渡し」)の問題に関しては、五十年後の今日なお日露間で見解一致、したがって問題解決の目途が立っていないことは周知のとおりである。ただ、ここではいまになお残されている領土問題、平和条約交渉問題を直接に論じることは控える。代わって、小稿を「半世紀前、一九五六年という年」と題したので、その枠組みで五十年前の日ソ交渉についての私見を述べるにとどめる。日ソ国交回復交渉を論じたものは多いが、それらのほとんどでは、本稿で延べたような国際政治の大文脈との関係は視界外に置かれているからである。

一九五六年に鳩山一郎内閣が手掛けた日ソ交渉は、日本外交に取り大事案であった。それは、一九五〇年代初頭に吉田茂内閣が手掛けたサンフランシスコ平和条約交渉、日米(旧)安保条約交渉とは違って、東西冷戦のさなかで、日米とは厳しく対立する共産陣営の首魁国家との交渉という、それまでの日本外交が経験したことのない性格の外交交渉だった。この交渉が進行しているとき、相手側には二月のフルシチョフ「秘密報告」にはじまる国内的変革ないし驚愕の伝播という予感が働いていたし、それが東欧圏に予期せざる波紋を呼んだので、モスクワは対応に苦慮してもいた。そういった動きの深部はともかく、事象としてはそれらは外部世界にも可視だった。

ところが、日ソ交渉を決意し、かつそれを手掛けた鳩山内閣、および交渉実務を担当した外交陣は、国際政治のそのような大気象図にはほとんど無頓着に、二国間交渉に没頭した。一九五六年は私の大学の二、三年次に当たる。無論、二十歳そこそこの私が日ソ交渉と国際政治大気象図の変化とを両にらみで観察していたなぞと大それたことは言わない。が、私の目の前でこの両過程が展開していたことは事実である。そして、後年になってこの時期を調べてみて、私は鳩山内閣およびわが外交陣がいわば残余の事象への「雑念を去って」、日ソ二国間交渉に没入した光景を知り、いささか驚いたのである。いや、「没入した」と言うのは正確でないかもしれない。鳩山内閣にはその動向が気になって仕方のない二種の牽制勢力があった。一つは、前年に保守大合同（いわゆる五五年体制）が実現していたとは言え、吉田茂派からのなお深刻だった牽制であり、もう一つは、吉田派との関係はよく、鳩山派の対ソ外交には警戒的であったダレス米外交からの牽制であった。だから、この二つの牽制勢力に対する鳩山政権の神経の使い方は大変なものだった。が、その他の国際的大気象図はほとんど眼中になかった。

当時の鳩山内閣および外交陣が抱いた問題意識がどういうものであったかを知るうえで必読の文献は、『鳩山一郎回顧録』（文藝春秋社、昭和三十二年）と松本俊一『モスクワにかける虹』（朝日新聞社、昭和四十一年）である。この両書を読んでみるがいい。松本全権および——不自由な身体をも顧みずモスクワへと赴いた——鳩山首相の交渉にかけた真摯さは疑うわけにはいかない。しかし、日ソ交渉と吉田派の動向とダレス外交からの風当り以外の要素には目もくれずという、当時の鳩山政権の外交姿勢を知ると、怪訝な思いに駆られる読者は、私だけではあるまい。

(4)

実は鳩山訪ソのほぼ一年前の一九五五年九月中旬、第二次大戦のもう一つの主要な敗戦国である（西）ドイツのアデナウアー首相が訪ソした。ドイツは分裂国家であり、クレムリンは東ドイツを擁立していたので、日本のようにソ連との講和条約を目指すといった状況ではなかった。だが、アデナウアー政権はソ連との国交樹立交渉には応じ、翌一九五六年一月には両国間の国交樹立が実現した。その結果、ドイツ人捕虜のソ連からの帰国の道も開かれた。これらはフルシチョフ「秘密報告」前のことであり、ソ連国内での激震、東欧圏の動揺なぞまだ予知すべくもなかったのだが、アデナウアー首相は鳩山内閣とは対照的に国際的大気象図を懸命に読むことを怠らなかった。私は三十年以上前に『アデナウアー回顧録』の翻訳を手掛けたことがあるので、その事情には通じている。と同時に、当時の国際的大気象図に関心の希薄だった鳩山内閣に奇異の念を抱いたのも、その経験からである。

鳩山内閣が当時の国際政治の諸相にもっと目配りをしていたなら、一九五六年「日ソ共同宣言」の内容、分けても第九項の内容が日本にとりより有利なものになっていただろうというような、軽率なことを主張するつもりは、私にはまったくない。その場合でも、結果は同じであったかもしれない。外交はやり直しがきかないから、出た結果を受け入れるほかない。また、当時の日本と(西)ドイツが置かれていた国際環境は大きく違い、分断国家の指導者アデナウアー首相が鳩山内閣以上に熱心に国際政治大気象図の解読に励まなければならなかった事情も、考慮しなければならない。だが、それらのことをすべて認めたうえでなお強調したいのは、往時の日本政府と外交当局とはもっと貪欲に国際政治の諸相をにらむべきだっただろうということである。

鳩山訪ソと「日ソ共同宣言」とから五十年後の今日、往時を回顧しての活発な日露交流を図ろうとするいくつもの動きが見られる。与野党政治家レヴェルでもそれが見られる。だから、私は一九五六年について右に述べたばかりの事柄を、二〇〇六年の今日についても繰り返したい。いま、善意の回顧感情だけから動いてはならない。それは、先方により巧妙に利用、いや悪用される可能性がきわめて強い。なぜなら、今日のプーチン政権の対外行動様式は二年ほど前までのそれとは大きく違っており、ポスト九・一一に見られた対米、対米欧(対NATO)協調、いや、対欧(対EU)協調の路線にさえ背を向けているからである。無論、それはプーチン政権の内政スタンスとも関連している。

昨年、つまり第二次大戦終結から六十年目の五月、同政権は世界の多数国首脳の参列を得てモスクワで「戦勝六十周年」を大々的に祝賀した。スターリンは少なくとも部分的に、つまり戦争指導者としては再評価されることになった。昨年から今年にかけて、ロシア社会にはスターリンへの郷愁が復活し、逆にスターリンを批判した五十年前のフルシチョフ「秘密報告」はむしろ忘却されようとしている。だからと言って、私はプーチン政権がスターリン主義化しそうだなぞと考えているわけでは無論ない。が、ポスト・イラク戦争期のロシアが一面で非民主主義諸国(代表は中国)、あるいは反米欧勢力(代表はイラン)との提携やパイプの強化に熱心であり、他面で脱ソ連化したうえで、脱ロシア依存と民主主義的自立とを目指す隣接諸国に対しむしろ強圧的態度に出ていることは紛れもない事実である。ロシア国内の自由な言論活動や、人権活動に対する政権による締め付けが強まっていることは明白であり、あまりにも親プーチンだったドイツのシュレーダー政権が退場した今日、G8を構成する米欧六カ国でこのようなプーチン政権の体質に警戒の色を示していない国はない。日本はどうなのか。

日露政治交流を手掛ける与野党の国会議員は、五十年、いや六十年に及ぶ日ソ、日露の戦後関係史についての正確な事実知識、ロシア側との議論に備えての理論武装、かてくわえてロシアをめぐる国際政治状況の全般についての概観的知見を備えていることが必要である。さもなくば、善意に発する交流が裏目に出るであろう。

(平成十八年一月)

国後への「長期少人数」訪問団を率いて

二〇〇六年六月十三日から二十一日まで、八泊九日の日程で国後島を訪問してきた。国後島訪問は私にとり三度目の経験だが、今回の訪問団は「北方四島交流事業」――つまり、いわゆるヴィザなし交流――でも初めての試みである「長期少人数」という枠組みの下での、新しい構成のものだった。参加者の主体は全国から選ばれた七名の大学生(院生を含む)で、その多くは昨年の根室「北方領土セミナー」に参加したり、各都道府県民会議の四島返還運動に関わるなど、要するに問題意識をもつ若人だった。宿泊には「友好の家」が使われた。滞在中はひどく寒く、島の住民たちも「例年より寒い」と言っていたが、事故もなく帰国できたことを喜んでいる。

「長期」滞在中のプログラムはすこぶる多彩、かつ盛り沢山で、せいぜい二日しか割けない通常の訪問団では望むべくもない体験を積むことができた。日本側の派遣機関である北方領土問題対策協会(北対協)の綿密な企画と、それに応じてくれた島側の受入れ関係筋の配慮に対して、改めて感謝申し上げる。

訪問は、当初に設定した目標に照らしてかなり高い合格点のつく成功と評価してよいだろう。訪問団の第一義的な役割は、国後との関係では交流を通じて島民との友好を深めることにある。しかし、無原則にただ島側との友好が深まればよいというものではない。日露両国の政府間で、未解決の領土問題が真剣に話し合われ、平和条約交渉が進められる必要があるということを、ロシア人島民に理解してもらわなければならない。それを直言の側面と言ってよいだろう。友好と直言の両側面があるわけだ。

　この後者の側面は、ロシア人が必ずしも歓迎するところではない。だから、下手にそれをやると、友好に悪影響しかねない。若い学生にとり、この兼ね合いを図るのはかなり難しかったようで、先方の歓迎ムードもこれあり、放置すると「友好バンザイ」だけで終わりかねない気配もあった。私の役割は、第一義的な訪問目的は交流を通じての友好の増進にあるのだが、同時に機会を捉えての直言の必要を忘れるなと学生に説くことであった。

　国後島の住民の側からは、政治の問題に触れる発言はまるでなかったと言ってよい。これは四島交流事業の当初の雰囲気とは大きく異なるところである。政治問題は両国政府間で取り扱われるべき事柄だとの認識が、今日では彼らの間でほぼ定着するに至ったのだろう。ただ、そうでない一瞬があった。それは滞在二日目、郷土博物館を訪問したときのことだ。歓迎の挨拶とともに、二点のパンフレットが配られた。一つは島の自然を扱ったものだったが、もう一つには日露両語でカラー印刷された政治文書である。もっとも先方はそれが如何なる内容のものかも承知しないまま、いずこからかの指示どおりに、ただ配ったというだけだったようだ。展示物を見て回りながら私は急いでざっと目を通し、(1)その筆者、作成主体（機関）が不明であること、(2)その日本語文がいたるところ理解不能と言ってよいほどお粗末であること、(3)そのくせ末尾のページで日本の四島返還要求を「報復主義」と呼んでいること、を確認した。この三つの点に照らして、それがモスクワでもなく、いわんや国後島でもなく、別の場所で作られたパンフレットであることは疑いない。

　ほぼ全スケジュールをこなしたところで、私は国後島で発行されている『ナ・ルベジェー（国境にて）』紙のインタヴューに応じた。同紙に掲載された全文の翻訳を収録しておく。私の発言がかなりよく——好意的に——要約されており（全体では通訳を入れて九十分の長いインタヴューとなった）、注意して読めば、上記の色刷りパンフレットの印刷場所がどこであり、いかなる種類の人物たちがその筆者であるかも推測できる仕組みになっている。しかし、ここではこれ以上のことは書かない。諒とされよ。

国後島を視察して感じた問題のかずかずは、『国境にて』紙インタヴューで率直に語っておいた。それは、短縮されてはいるが、歪曲なしに取り次がれているので、そちらをお読みいただきたい(二〇〇六年七月二十三日)。
※別掲の国後紙インタヴュー記事の末尾近くで言及されている『ロシアと日本の国境』なるパンフレットの日本語版は、『ロシアと日本の国家国境』という妙な表現になっている。一事が万事だが、本文の日本語文はもっとひどい。インタヴュー記事の翻訳(日本側でつくった)では『ロシアと日本の国境』と、まともな日本語で紹介されている。

『ナ・ルベジェー(国境にて)』(二〇〇六年六月二十一日発行)より、インタヴュー記事の翻訳

クリルの住民の居住環境は悪くなっている、と日本の教授

すでに前号で報じたとおり、国後島には日本人学生と著名な日本人学者佐瀬昌盛氏からなる訪問団が訪れている。この国後訪問の報告書はまとめられ、北方領土対策問題協会、及びその他の機関へと提出されることになっている。
佐瀬昌盛氏　一九三四年生まれ。拓殖大学海外事情研究所所長を歴任し、今年の三月に年金生活に入った。佐瀬氏は長い間防衛大学校で教鞭をとっていた。佐瀬昌盛教授は日本の著名な国際関係・国際政治学の専門家である。世界三十カ国以上を訪れ、国後島には六年前にビザ無し訪問団の団員として訪問。ビザ無し交流にはその当初から関係を持っている。教授は地元テレビ局と新聞社『国境にて』のインタビューに答えてくれた。

この一週間の国後島滞在の印象はいかがですか?

私は今回、日本の様々な大学の学生たちとともに「長期少人数」と呼ばれる訪問団としてやってきました。この形はビザ無し交流の新しい枠組みです。

私たちにはとても内容の濃いプログラムが提供されました。様々な機関を訪れ、南クリルの住民の家庭を訪問し、地元島民との対話集会を行い、治安機関職員、議員、環境保全責任者との対話を行いました。また、ロシアの教育制度、就学前教育にも触れ、郷土博物館、地区図書館を視察し、国後島の様々な景勝地も訪れました。

はい、この六年間で古釜布には大きな変化があったと思います。クリルの住民の生活は豊かになったと思いますが、その一方で、それとは逆の側面も見られるのです。つまり、居住環境は悪くなっており、処理されないゴミが多くあるということです。我々は、古釜布港に入港の際、海岸沿いに多くの廃船が放置されているのを目にし、島の様々な場所で錆びた第一世代の自動車が捨てられているのを見てきました。クリルの住民はすでに第二世代の自動車に乗っているとはいえ、第一世代の自動車が処理されずに放置されているのはよくない。我々は、日本人墓地を参拝した際にその近辺のゴミ拾いをしたのですが、そこで集めたゴミの三分の二が日本製のビニール袋や缶などでした。住民のモラルがこのように低いのは残念なことです。島の人々の生活ではある一面、嬉しい変化が起こっていますが、一方、別な側面が私たちを悲しませています。我々がそちらの環境専門家と懇談した際に、この数年間、日本の環境及びその他の分野の専門家たちとの協力がうまく行われているということを聞きました。しかし、居住区のゴミは減っていない。見ての通り、単発的な清掃活動では意味がありません。これでは笊で水をすくうようなものです。必要なのは単発の事業ではなく、抜本的な対策なのです。

政府間のプロジェクトであるビザ無し交流についてどう思われますか?　これからも続いていくでしょうか?

このビザ無し交流というものを始めるにあたって、両国の政治家たちが合同で大きな仕事をしました。その中でも大きな貢献をしたのが、ゴルバチョフ元大統領です。日本にとってクリルの四島は特殊な領土であり、日ロ関係においても政府は特別な配慮をしています。

一九九二年に始まったビザ無し交流は、今年で十五年目を迎えています。その経緯としくみを詳しく研究してみますと、その主催団体に対して高い評価を与えることができるでしょう。

この共同プロジェクトの初期のころを思い出してみて下さい。ロシア人にとって日本とは近いけれども、全く何も知らない謎の隣人でした。多くのクリルの住民は日本人と聞いて非好意的なサムライを連想していました。そして、日本人もまた、最初のロシア側の訪問団受入れの際には、ある程度の緊張感を持ってロシア人に接していました。ですから、今日、日本の人々が、老いも若きも関係なく、クリル三島の住民からこのように歓待を受けていることは、たいへん喜ばしいことです。日本人もまた、ロシア人に対して慣れてきました。というのも、この十四年間でクリルの住民は日本の都道府県の半数を訪れているのです。もちろん、北海道の人の方がロシア人についてよく知っています。南の都府県ではあまり知られていないというのが現実です。まだ受入れを行っていない府県が二十あります。

この数年間、私は『サハリン・フォーラム』と呼ばれるものに参加しています。もうすでに日本とユジノ・サハリンスクで六回行われています。主な議題は両国間の善隣関係の発展と、特にサハリン州と日本に相互利益をもたらすような経済関係の発展についてです。しかし、残念ながら、このフォーラムでよく耳にする意見に、ビザ無し交流の枠をサハリンの住民全体にまで広げるべきだというものがあります。これは完全に間違った考え方です。クリルの四島は特殊な領土として認められており、二国の政府によって確認されている現在のビザ無し交流の枠組み内では、サハリン全体の住民がこれに参加するということは現段階では不可能なのです。

ビザ無し交流が両国民の相互理解と善隣関係の発展に大きな貢献をしていることは間違いありません。このビザ無し交流は今後も続いていくでしょう。残念ながら、私は年を取ってしまいましたけれども、今後このビザ無し交流にどのような変化が必要なのかという意見は持っています。今回、私と一緒に若者がやってきたのは偶然ではないのです。彼らは日本の様々な大学の学生たちです。そして、彼ら若者こそが、日本住民とクリル住民のビザ無し交流という重要な活動の形と方向性を決めていくのです。

この後、教授は色鮮やかで高級紙に刷られたパンフレットを見せた。ロシア語で『ロシアと日本の国境』と題された、日本語訳つきのものであり、郷土博物館で団員全員に配られたものである。佐瀬昌盛教授は驚きとともに落胆し、このようなプロパガンダ的書物は両国の善隣関係を害する以外のなにものでもないと嘆いた。このパンフレットの作者はその内容に責任を持つことを怖れたのであろう。パンフレットには発行日も発行者名も記されていなかった。書かれている内容はロシア語の知識無しには理解できないほどに日本語訳が悪いものである。

しかし、このパンフレットも長引く悪天候も国後訪問団員の気分や好印象を台無しにするものではなかったようだ。

（平成十八年七月）

「政治と新聞」徒然草

(1)

新聞は一面では便利なもの、いや、私なぞにとっては不可欠なものであるが、他面、きわめて厄介な存在でもある。新聞の記述が正確でない場合、往々にして後者の性格が出てくる。そのことを痛感した最近の事例としては、二〇〇六年十二月十三日にもちあがった麻生太郎外相のいわゆる「北方領土面積二等分」論をめぐる騒動がある。

この問題では安保研メンバー中でも袴田茂樹教授がすでに二、三回見解を発表しているし、私もおおむね同教授の主張に同意しているので、ここで自説を書くつもりはない。が、一言に約せば、民主党の前原誠二議員の質問に対する麻生外相の国会答弁に関する新聞の報道ぶりは、正確さを欠いていた。そのため、騒ぎは不必要に大きくなった。さらに、ロシアの通信社等がその不正確報道になお若干の着色を施して報じたので、わが国にとってはこの騒ぎはすこぶる後味の悪いものとなった。

麻生外相はなにも「四島面積二等分」による北方領土問題の解決を示唆したのではない。しかし、「面積二等分」だと、歯舞、色丹、国後三島になお択捉の何分の一かを加えてようやく二等分したことになるという、一部の学者がひけらかす博識(?)をなぞったため、外相自身が「面積二等分解決」論に傾斜しているかのような記事を書かれてしまったのである。外相は十五日の外務省記者会見で、政府部内では新聞報道のような面積二等分方式が検討されている事実は一切ない旨を明言した。

とは言え、外相も外務省も自身の新聞をもっているわけではない。外相と外務省の事後説明、つまりは新聞の不正確報道に対する反論ないし釈明は、迫力の点で新聞報道そのものよりも数段劣る。世間では、前原議員と外相の正確な発言記録に当たり直してみようというような正確至上主義者は暁天の星のような、微々たる存在でしかない。要するに、こういう場合は「書かれ損」なのである。

「書かれ損」にならないためにはどうすればよいか。新聞というものの性格、とりわけわが国の新聞の性格をよく弁え、「書かれ損」にならないよう常日頃から自衛心を養う以外にない。新聞は表向き「正確な報道」への信奉を語るが、正確さと話題性とでは、あるいは正確さと速報性とでは、いずれを選ぶかとなると、正確さを忘れて話題性、速報性に傾くものなのである。麻生外相発言騒動の場合は、その典型例であった。「新聞があんな書き方をするとは思わなかった」とは、百戦錬磨の政治家が語るにふさわしい言葉ではない。

(2)

安倍晋三首相についての私の知識は、新聞、雑誌などの活字メディアおよびTV、ラジオなど電波メディアが提供してくれるもの、そして首相就任以前に出版された同首相の著書から得たものでほぼ尽きている。「ほぼ」と書いたのは、すぐに後述する一件を除けば、過去に私が務めた国際安全保障学会会長、拓殖大学海外事情研究所長、あるいはいまだにその任にある安保研会長として、外国からの賓客の表敬訪問に同行したり、特別講演を依頼したりの機会に複数の人間とともに安倍氏と同席、または若干の会話を交わしたことが何回かあるため、念を入れたまでのこと。それらの機会には当然、安倍「官房副長官」、「幹事長代理」、「官房長官」について私なりのある種の印象を得た。しかし、それらが安倍首相についての私の知識をいささかも増やすことにはならなかった。

ところが新聞はやってくれるものだ。昨年九月、安倍政権が誕生すると、『朝日新聞』は三回連載の「安倍政権研究」の二回目で集団的自衛権問題を扱った。そして電話取材のあと、私の名前を出し、「33年前を原点とする2人（＝安倍と佐瀬）の『共闘関係』が一つの実を結んだのが、29日の所信表明演説だった」と書いた（平成十八年十月一日付）。「33年前の原点」とか、「共闘関係」とか、この新聞は当の私が言いもしないし、知りもしない事実を知っているらしい。とにかく、プレイ・アップもいいところ。おかげで、「そうだったのか」と感心（?!）する旧友や昔の教え子の声がいくつも聴こえてきた。しかし、こういう記事はもっぱら話題性追求の産物でしかない。大袈裟に書かれた本人が恥ずかしくなる。

その記事の冒頭にあるように、私は三十三年前に成蹊大学で成蹊高校から進学する受験生の面接試験を分担させられ、たまたま安倍晋三少年を面接した。その直後、私は防衛大学校に転じ、ずっと後になって集団的自衛権の研究に打ち込むことになった。安倍少年がどんな道に進んだのか長年関心がなかったが、やがて父、安倍晋太郎の後を継ぎ、国会議員になっていることを知った。その安倍晋三議員が岸信介内閣当時の集団的自衛権解釈を国会質問中で取り上げたことを、私は自著『集団的自衛権』（PHP新書、二〇〇一年）で扱った。この間、二人は完全没交渉。ただし、翌二〇〇二年、岡崎久彦氏の呼び掛けで集団的自衛権問題の研究をやろうということになり、一夕、鍋を囲んだ。

このとき、安倍官房副長官は職務のため大きく遅刻、座につくなり私に「初めまして」と挨拶した。私はニヤリとして、「私にとっては初めてではありません。あなたの面接をやりましたから」と答えた。そのあと、一同で談論風発、集団的自衛権問題に特に深入りはしなかった。それは次回以降のことだろうと私は考えた。が、会合は少なくとも私に関する限りこれ一回きり。それでよいと思っている。

と言うのも、安倍、岡崎共著『この国を守る決意』(扶桑社、二〇〇四年)で安倍「幹事長」は前掲拙著に言及、拙論への共感を語っているからである。以来、首相就任後の安倍氏とは没交渉。それだけに、『朝日』の報道は読み物としては面白かろうが、事実性の見地からはひどい代物と言わざるを得ない。安倍・佐瀬の「共闘関係」とか、その「33年前の原点」とかはフィクションである。

もっとひどいのは、まるで「33年前」から佐瀬が集団的自衛権に関する内閣法制局見解への批判を秘めていたかのような記事仕立てになっている点である。念のために言うが、現行の内閣法制局見解は一九八一年の誕生であって、いまから二十六年前のものでしかない。だから、安倍・佐瀬の「共闘関係」なるものの「33年前の原点」なぞ、鉦と太鼓で探しても見付かるはずがない。そんなことは、わが国の集団的自衛権問題の故事来歴を少し沈潜して調べてみれば分かることなのに、話題性に走るわが国の代表紙にはその性癖がないらしい。

(3)

しかし、わが国の大新聞をけなし続けるのが本稿の主旨ではない。わが国の新聞には他の先進国の新聞にはできないある種の事実報道の特技がある。「安部首相の一日」(『讀賣』)、「首相動静」(『朝日』)、「安倍日誌」(『産経』)など、要するに首相と総理執務室の動静をコメント抜き、分単位の時刻入りで報じる欄がそれである。コメントがないうえに、各社が競って設けている欄だけに、脚色のしようがなく、来訪者、首相の出席先など単純な事実しか記載されない。しかし、その事実のみの羅列を分析してみていると、時の政権の性格が浮かびあがるとは、政治研究者がつとに指摘してきたところである。

安倍政権になって気づくのは、この欄が歴代政権に比べて長めになっているのではないかということだ。つまり、総理執務室への出入り（主として官邸メンバーだが）、および首相の外出機会が多いということを意味する。このこと自体は、首相が精力的に執務しているということのあかしと言えよう。ところが、一月二十日付各紙紙面では、前日十九日の夕刻からの動静がつぎのようになっている。ここでは『産経』を使うが、私が自宅購読する『朝日』『讀賣』でもほぼ同じである。と言うことは、それらが事実に即していると見るべきだろう。

「（6時）9分、官邸発。10分、公邸着。作家の猪瀬直樹氏、作曲家の三枝成彰氏らと会食。7時57分公邸発。8時3分、東京紀尾井町のホテルニューオータニ・ガーデンコート着。同ホテル内の日本料理屋『千羽鶴』で尾身幸次財務相、衆院予算委の金子一義委員長、与党理事らと会食。31分、同ホテル発、36分、公邸着」。

つまり、この日は安倍首相は午後六時以降に二度「会食」している。常識的に両方とも夕食であろう。無論、そのつど安倍首相ががつがつ食べているはずはない。実態的にはそのどちらかは箸をつけないに近い状態だろう。だが、こういう日程が組まれること自体、問題ではないか。国民に対する責任を考えると、このスケデュール、この働きすぎは問題ではないか。

政治指導者が仕事師でないよりは、仕事師である方が望ましいことは、いまさら論を俟たない。が、安倍首相のように自らはっきりと長期政権たることを目標にしている指導者は、たんなる仕事師であってはなるまい。ばりばり仕事をするかたわら、沈思黙考の時間を確保してほしいと思う。その時間は確保されているのかもしれない。首相動静欄には「沈思黙考」「思索」の時間なぞは記載されないからである。せいぜいのところで「公邸で書類整理」程度の記述からそれが窺えるにすぎない。ただ一般論としては、動きが多彩だと「沈思黙考」タイムは削られがちになると言える。だから、安倍首相の場合、それが気になる。

吉田茂、佐藤栄作、中曽根康弘、小泉純一郎といったわが国の長期政権担当者は、いずれもかなりの孤独癖の持ち主であった。「沈思黙考」癖、孤独癖と長期政権性との間には、いわくいいがたい相関性があるように思える。

なかで、中曽根氏を孤独癖の持ち主と言えば奇異に思う人がいるかもしれないが、同氏の回想録類に目を通すと、意識的に「沈思黙考」を心掛けた人物だということがよく分かる。なによりも同氏には句作という、孤独でなければできない時間の使い方があった。

先人を真似てみても、空しいかもしれぬ。安倍首相には安倍晋三流の「沈思黙考」があってしかるべきだろう。それこそは新聞、TVの刃の届かない完全に自分だけの領域なのだから、好きなように自己流が通せるはずである。

（平成十九年一月）

ＮＨＫ番組の集団的自衛権論議

Ⅰ　不自然、かつ信じ難い「世論調査」結果

平成十九年の終戦記念日の夜、ＮＨＫは長時間のＴＶ番組「日本のこれから――考えてみませんか？　憲法九条」を放映した。新聞のＴＶ番組案内欄には「市民と論客が徹底討論」とあり、第Ⅰ部と第Ⅱ部を合わせると合計三時間。いくつかの角度から憲法第九条が論じられたが、そこで展開された議論は、いかに激突気味の場合であっても、私にとってはおおむね「事前の想定の範囲内」のものであった。

ただ一点、「想定外」であり、したがって驚かされた議論があった。それは、第Ⅱ部の「日米同盟の行方と集団的自衛権を憲法九条で議論」のくだりであった。私の驚きはいくつかの部分から構成されている。最初に挙げたいのは、「あなたは集団的自衛権の意味を知っていますか」とのＮＨＫの問いに対する視聴者層の回答ぶりであった。調査方法が説明されたわけではないが、多分、無作為抽出という通常の方法で、対象者数も通例の二千人程度であったのだろう。

パネルに示されたのは、その意味を「知っている」が四四％、「知らない」が四九％という数字である。「知っている」が四四％もいるんだって？　これがまず私の驚きであった。ところが、司会のアナウンサーはそれを、「二人に一人は知らない」という「エッという結果」だ、とコメントした。それに同調して「怖ろしい」と驚いてみ

せた論者もいた。私とはまるで逆の評価である。そのことに私は驚いた。

と同時に、「知っている」「知らない」の合計が九三％に達していることに私は驚いた。というより、怪訝な思いがした。抽象的な概念をあげて、その意味を知っているかと問うことは、具体的に人気歌手の名をあげて「○○さんを知っていますか？」と訊ねるのとはわけが違う。後者ならば「知っている」「知らない」は明確に答えられようが、前者のような場合、つまり「どちらとも言えない」という「知っているような、知らないような」、いずれにせよ自信のない曖昧な答え方があると想定してかかるのは、この種の意識調査を手掛ける場合の常識である。しかも、抽象的問題に関しては、曖昧な答え方が明快な回答と肩を並べるケースが多いのは、重要な経験則の一つである。ところが、ＮＨＫはそんなことに無頓着だったようだ。

上記調査の場合、残された七％の回答がいかなる色合いのものだったかは、全く説明がない。そのすべてが「どちらとも言えない」だったと仮定しても。「知っている」＝四四％、「知らない」＝四九％、「どちらとも言えない」＝七％である。これは一般的な経験則に反する驚異的な明快度というほかない。そんなことがあり得るだろうか。

次に私が怪訝に思ったのは、「集団的自衛権の意味を知っていますか」という設問の乱暴さと、それに対する回答の意味を吟味しようとはしなかったＮＨＫと出席「論客」連の無神経さとである。「知らない」は本当に「知らない」と見てよいだろうが、「知っている」という四四％の回答は本当に額面どおりに受け取れるのか。多少なりとも立ち入って訊ねてみると、「集団的自衛権の意味を知っています」と分類してはならない回答が四四％中にかなり混入していることが判明するのではないか。

私は二〇〇一年五月に『集団的自衛権――論争のために』（ＰＨＰ新書）を発表した。それ以前にも、それ以後にも、この問題で論稿をいくつも書き、したがってあちこちで口頭での私見開陳をも求められた。そういった機会に質疑応答を交すことによって、私は「その意味を知っている」人々の比率がよくて三割程度ではあるまいかと見ている。それは何も「正確な知識をもっている」という意味合いではなく、「そのおおよその意味を摑んでいる」という採点基準にもとづいてのはなしである。

Ⅱ　ＮＨＫ「集団的自衛権」解説の問題点――国連憲章無視

さて、「市民と論客」による議論が展開されると、またまた不思議な光景が現われた。まず、議論の前提として「集団的自衛権」についての説明がなされた。ここでも私は二種類の驚きを経験した。一つには、個別的自衛権と対比するかたちで、実質的に日本の政府見解だけを手掛りに集団的自衛権が説明され、司会者としては「一生懸命、分かりやすく」説明したのだが、「けっこう難解な感じ」だと述べたことであった。その説明とは、「国際法上、国家は、集団的自衛権、すなわち、自国と密接な関係にある外国に対する武力攻撃を、自国が直接攻撃されていないにもかかわらず、実力をもって阻止する権利を有しているものとされている」という、あの一九八一(昭和五十六)年政府見解を、図示を伴い、もう少し柔らかい表現をまじえて試みたものであった。

仮に、国民の四四％もが「その意味を知っている」のが事実であるとすれば、この程度の説明をするのに、司会者が「一生懸命、分かりやすく」とか、「けっこう難解な感じ」とか言い訳がましい物言いをする必要がどこにあるか。司会者がこういう言い訳をしたのは、実は前掲のＮＨＫ「世論調査」の数字が――私の言う意味で――怪しいと感じていたからではないのか。実際、みずから希望して討論の場に出てきたはずの、したがって一家言あり気な討論参加「市民」の甲論乙駁にさえ、司会者の説明をもってしては集団的自衛権なる概念は難解すぎたらしい形跡がありありしていた。

もう一種類の驚きは、ＮＨＫの集団的自衛権説明がもっぱら上記の日本政府見解の紹介に尽きていて、国連憲章の規定を完全に無視していたことであった。ために、展開された甲論乙駁でも国連憲章規定へのまともな言及はないに等しかった（それにほぼ正しく言及した「論客」は、経済同友会で憲法問題論議を取りまとめた髙坂節三氏だけだった）。むしろ、逆の例はあった。つまり、血相を変えて国連憲章規定に言及してみせながら、その実、憲章第五十一条を土足で踏みにじるような発言を残した一人の発言者がそれだ。それについては後述する。

集団的自衛権という表現は、国連憲章第五十一条に史上初登場した。しかも、登場回数は一回きり。ゆえに、集団的自衛権の説明のためには、同条規定への言及が必須である。それは決して難解なものではない。ポイントは四点。すなわち、⑴すべての国際連合加盟国（今日ではすべての国家）は「個別的又は（及び）集団的自衛の固有の権利」をもつ。⑵国連加盟国に対して武力攻撃が発生した場合には、この「固有の権利」の行使が、いわば時間限定的に認められる。⑶時間限定的とは、武力攻撃が発生すると、「安全保障理事会が国際の平和及び安全の維持に必要な措置をとるまでの間」のことである。⑷加盟国はこの自衛権行使に当たってとった措置を、「直ちに」安保理に報告しなければならない。

NHK番組でこの四点がきちんと説明されていたならば、そしてそれが討論参加者によって理解されたならば、集団的自衛権をめぐる番組中の延々たる議論はうんと短縮され、かつ、はるかに有意義なものとなったことであろう。番組では、今日の政府見解が禁じている集団的自衛権の行使を可とすべきか、それとも今までどおり不可としておくべきかで激突があったわけだが、一面で国連憲章第五十一条の上記四点が無視され、他面で日米安保条約と日本政府の一九八一年解釈との関係という枠組みだけで論じられたばかりに、議論の多くは正直言って不毛、かつ不要なものとなった。早いはなし、憲章第五十一条の上記四点の一つにでも言及した発言は、皆無であった。

Ⅲ　さまざまな謬論

その結果、「専門家」として出席した「論客」によってさえ、乱暴な主張がなされることになった。一橋大学大学院の渡辺治教授は、二〇〇一年九・一一のあとの米国によるアフガニスタンでの武力行使が「自衛戦争」と呼ばれたことを「ひどいはなし」だと断じ、そのあと引き続いて「ＮＡＴＯ軍」が集団的自衛権を名目にアフガニスタン攻撃に出た、と主張した。そうなれば、集団的自衛権の名の下に「なんでもあり」になるという。が、これは乱暴な議論である。なぜなら、米軍のアフガニスタンでの軍事行動に先んじて、まず九・一一の「テロリスト・アタック」があった。それが憲章第五十一条に言う古典的な「武力攻撃（アームド・アタック）」でないことは明白であったが、即座に招集された安保理は「テロ攻撃」を「武力攻撃」と見做して、これを「自衛権」マターだと認める決議一三六八を全会一致で採択していたのだからである。

そもそも、「個別的・集団的な自衛権」とは、安保理が――上述のように――「必要な措置をとるまでの間」、つまりは安保理が意思決定に手間どっている間に国家によってとられる緊急の反撃権である。だから、その行使には原理的に安保理によるお墨付きを必要としない。にも拘らず、ことが古典的な「武力攻撃」でなく「テロ攻撃」だったために、「自衛権」マターだとの認定だけは欲しいと米国は望み、安保理は全会一致でそれを認めた。こういう因果関係を見ないで米国が一方的に「自衛戦争」を始めたかのような主張を展開するのは、乱暴すぎる。

それのみならず、渡辺教授は「ＮＡＴＯ軍」までもが集団的自衛権を名目にアフガニスタン攻撃に出た、と主張した。こうなってくると、当時のＮＡＴＯ決議をご存じか、国連憲章第五十一条の意味はお分かりか、と訊ねたくなる。前述のように自衛権は国家がもつ「固有の権利」であって、国家間の同盟がそういう権利をもつわけではない。だから、同盟が自衛権を発動できるわけがない。ただ、NATO条約は——日米安保条約同様に——加盟国が個々にもつ「個別的・集団的自衛権」を根拠に共同防衛体制を組んでいる。NATO条約第五条がそれに当たる。そこで九・一一の直後、NATOはことが第五条事態であると認定した。するとやがて、英、仏、独、伊、加といった主要同盟国は個々に「自衛権行使の措置」に踏み切り、その旨を国連安保理に通報したのである。いずれも、同盟としてではなく、個々の国家として、である。「専門家」であるなら、そういう事実関係を冷静、かつ正確に見なければならない。

私は集団的自衛権行使を違憲とする一九八一(昭和五十六)年政府見解を年来批判してきた人間であるが、では「その行使を可とすべし」の議論であれば内容を問わずすべて賛成するかといえば、そうではない。議論の質が問題である。今回のNHK番組では元自衛官の「市民」がわが国による集団的自衛権行使を容認する立場から日米安保条約第五条に言及しつつ、集団的自衛権とは「同盟関係にある国においてはじめて成り立つ権利」だと力説したが、私はこの発言にも大きな違和感をもつ。なぜなら、これも国連憲章第五十一条を無視する議論だからである。先述のように、「個別的・集団的自衛権」は同盟関係の有無とは関係なしに、すべての国家がもつ「固有の権利」であり、前掲の四点に合致すればその行使は法理上は認められる。そもそも、国連憲章の効力発生は一九四五年十月、NATO条約の締結は一九四九年四月、日米旧安保条約締結は一九五一年九月、現行日米安保条約締結は一九六〇年一月。かりに上述の元自衛官の言が正しいとすれば、それらの条約参加国は各条約発効の日まで僚国に対する集団的自衛権を保有しておらず、条約発効の瞬間、その権利を獲得したことになる。そんな滑稽なことはない。これは明らかに謬説である。

高坂氏以外にもう一人だけ、集団的自衛権問題で国連憲章に言及したNGOメンバーの「市民」がいた。憲章下で自衛権行使としての武力行使は「例外的」でなければならないとした限りで、その主張は正しい。しかし、その勢いが赴くところ、当事国は自衛権行使を控えて、国際連合による「紛争の仲裁」に委ねるべきだと主張が拡大してしまうと、もう一度第五十一条を読み直すべきでしょうと忠告したくなる。紛争の発生に対して国連が常に間髪をいれずに反応できるのであれば、第五十一条規定はそもそも不必要であった。が、そういう楽観論に立てなかったからこそ、憲章制定の最終段階で第五十一条規定が誕生したのである。安保理が「国際の平和及び安全の維持に必要な措置をとるまでの間」をどうするかとなると、その間は自衛権行使でしのぐという以外の名案は出されたためしがない。

Ⅳ　謬論続出の原因

なぜＮＨＫのＴＶ番組は集団的自衛権問題を論じるのに日本国憲法と日米安保体制ばかりに依拠し、肝心の国連憲章を完全無視してしまったのであろう。厳しい言い方になるが、「あなたは集団的自衛権の意味を知っていますか」の問いを、番組制作者はまず自分に投げかけるべきではなかったか。その場合、番組制作者たちは、「はい、知っています」と答え、得々と政府見解を取り継ぐのだろう。政府見解を取り継ぐのをいけないとは言わない。しかし、他面で憲章第五十一条を完全無視する場合、その「知っています」はよくて一知半解でしかない。

一九八一（昭和五十六）年の日本政府見解は、平成十九年三月二十二日付『産経』の「正論」欄掲載の拙稿「『行使不可』で『不利益はない』のか――集団的自衛権政府見解の是正を求む」にほぼ全文、そのまま引用されている。一読にして明らかなように、それは国連憲章にはまったく言及せず、集団的自衛権をもっぱら「自国と密接な関係にある外国に対する武力攻撃」との関係、つまり同盟関係でしか定義していない。憲章への言及が欠けているから、第五十一条に含まれる上述の四種の制約規定は、この政府見解からは全然、見えてこない。そのうえで、憲法解釈として集団的自衛権の行使は「必要最小限度の範囲」を超える自衛権行使だから違憲だとされる。政府解釈のこのような構造に照らせば、いったん政府解釈が集団的自衛権「行使合憲」に転ずると、その行使には制約や制限がなくなるのではないかと懸念する声が生まれてくるのも、あながち不思議だとは言えない。事実、ＮＨＫのＴＶ番組でも、いったん「行使合憲」説が採られると、あとは歯どめが失われ、「米国の始める戦争」に際限なく付き合わされるといった趣旨の発言が繰り返された。そういう懸念が生まれる原因の少なくとも一半は、もともと国連憲章自体が個別的・集団的自衛権の行使に厳しい制約を課しているという事実が、政府見解では隠れてしまっていることにある。ＴＶ番組から判断するかぎり、普通の市井人のみならず、ＮＨＫ番組制作者にとってさえ、その点が見えていないことは明らかなのだから。

と見てくれば、私に幾重もの驚きを提供したＮＨＫ番組そのものが、無意識のうちに一九八一年政府見解の悪影響の下にあったと言うべきであろう。その意味では、番組制作者たちも被害者なのかもしれない。政府見解の罪は小さくない。政府見解の「是正」が必要というのが私の年来の主張であるが、ここではそれを繰り返さない。

ただ、なお一点だけは付言する。

安倍首相の下で生まれた「防衛法制懇」では、四つの類型について従来からの法解釈、したがってその下での実際措置が、日米安保体制下のわが国の防衛政策として適切であるか否かが議論されている。私もこの懇談会の一員であるが、四類型中の二つ、つまり、(1)日本近辺の公海上で日米両国艦艇が並走中、米艦艇が武力攻撃を受けた場合、日本艦艇は攻撃者に反撃できるか（＝してよいか）、(2)わが国領域を飛び越え、米国に向かう北朝鮮のミサイルを、わが国のミサイル防衛システムは迎撃できるか（してよいか）、はまさに集団的自衛権行使の是否を問うものである。「不可」というのが、これまでの内閣法制局見解であった。だが、ぎりぎりこの程度の集団的自衛権行使さえもが「不可」であるなら、現実にそのような事態が起きると、日米安保体制はもたなくなるというのが安倍首相の懸念である。

この実際例が示すように、かりに政府見解が「集団的自衛権行使合憲」論に転じるとしても、その行使にはわが国自身の意志で強い抑制、厳しい制限が課せられるであろうことは疑いがない。それは多分、具体的法制によって明定されるであろう。わが国は法治国家なのだから。その点を私は懸念しない。懸念するのは、「集団的自衛権行使違憲」の堰がいったん切れたら日本は米国とともに戦争にのめりこんでいくという類の、ためにする議論に政府が不感症であり続けること、言い換えると、政府が集団的自衛権についての冷静、かつ正確な知識の普及に乗り出さず、本稿冒頭にみたような不自然極まりない「世論」を放置しておくことの方である。

（平成十九年八月）

小沢一郎の国際政治観を論じる

I　米国観――「親米」なのか、「反米」なのか

小沢一郎民主党代表がまだ自民党の幹事長だった平成五年五月に発表した著書『日本改造計画』（講談社）に、こういう記述がある。「外交に関する私の一つの信念は、アメリカとの緊密な同盟関係を堅持することである。もし、アメリカが国際社会に嫌気がさし、孤立の道を歩むことになれば、それは、日本の政策が失敗したときだと考えている」（一三二ページ）。

また、こうも述べられている。「アメリカとの共同歩調こそ、日本が世界平和に貢献するための最も合理的かつ効果的な方策なのである」（一一七ページ）。

こういった認識は一九九〇／九一年の湾岸危機および湾岸戦争時の小沢の外交的苦闘によって固まったものだが、以降、小沢には「アメリカべったり」、「米国追随」のレッテルが貼られることになった（以下、同様に人名に敬称を略す。ただし、役職名を付することはある）。それでも小沢はこの主張を変えなかった。たとえば、九六年刊の『語る・小沢一郎』（文藝春秋）で新進党党首たる小沢一郎は、こう述べた。「諸外国との関係の中でもいちばん大事なのが日米関係です。…そのアメリカが弱くなってきて、いろいろ注文をつけている。その全部が正しいわけじゃないけど、今度は日本が協力すべきです。日本が世界の国々と、そしてアメリカと仲良くしていくという

ことが、日本の生存のための前提条件である以上、可能な限り、要求に応えるべきだと思うね。それを『従米』というなら、じゃあ日本が平和に豊かに生きていくのには、他にどんな方法があるというんですか」(五五ページ)。

　小沢流のこのような「親米」言辞に対する批判は数多くあったが、そのうちで最も厳しいものの一つは、一九九九年十月号の雑誌『文藝春秋』に掲載された鳩山由紀夫・民主党幹事長代理(当時)のつぎの言葉だった。いわく、「アメリカに魂まで抜かれた小沢(自由党)党首の論理は日本の戦後を引きずったままです」(傍点およびカッコ内補記は佐瀬、以下、同じ)。

　注釈が必要だろう。当時、鳩山と小沢は所属政党を異にしていた。小沢はその一カ月前の『文藝春秋』、つまり九月号に「日本国憲法改正試案」を発表、グローバリゼーションへの日本の対応を論じつつ、「アメリカと手を切ることは、日本が鎖国するということに等しい。それでいい、それこそが真の幸せだと確信できるのであれば、それも一つの生き方であり哲学だと私は思う。しかし、物質的豊かさは人一倍享受したいと願っているくせに、口先だけそんな事(＝グローバリゼイション原理批判)を言うのは、日本的〝アマッタレ〟以外の何物でもない」、と書いていた。鳩山が小沢批判論文「ニューリベラル改憲論――自衛隊を軍隊と認めよ」で嚙みついたのは、まさにこのくだりだった。それから七年後に同じ民主党で党代表と党幹事長のコンビを組むことになるなぞ、当時の両人は夢にも思わなかったに違いない。

　今日、米国――のみでなく日本の多くの友好国――の困惑をよそに、小沢民主党が自公連立政権の「テロ対策特措法」延長にも、代替策としての「新テロ法」案にも反対の姿勢を固めているので、小沢代表にも民主党そのものにも逆に「反米」のレッテルを貼る向きも珍しくはなくなった。とくに去る八月八日、シーファー米駐日大使の要請を容れて党本部で会見に応じた小沢代表が、同大使をかなりの時間待たせたうえ、マスコミの面前での公開の対決的会談という異例の対応を示したため、「反米の小沢」説はわが国や米国のみならず、洋上給油継続問題に関心のある西側主要国にも急速に拡まった。
小沢民主党代表は一体、「親米」なのか「反米」なのか。

Ⅱ 「診断」と「処方」との関係

平成十八年六月に、小沢が五百旗頭真(前防衛大学校長)らの質問に答えた『小沢一郎・政権奪取論』が朝日新聞社から出た。さらに過般の参院選での民主党(現・民進党)大勝後、小沢代表は雑誌『世界』十一月号に論文「自衛隊洋上給油活動――どう考えるべきか」を、川端清隆・国連本部政治局政務官宛の公開返書のかたちで発表した。これらに目を通して結論できるところ、前掲の諸論考に見られた「米国べったり」的言辞は消えている。かわって、「米国への苛立ち」と要約できそうな言葉が増えている。では、やはり世評どおり、小沢代表は「親米」から「反米」に転じたのだろうか。ただ、そう訊ねられると同代表は直ちに、「オレは何も変わっていない。変わったとみられるとすれば、その原因は米国にある」と答えるに違いない。私見では、この答えは正しくもあり、正しくもない。それはどういうことか。

小沢の今日の国際政治観は冷戦の終焉(一九八九年)、および同時期のイラクによるクウェート侵攻のいわゆる湾岸危機を誕生期としている。この時期に小沢は四十七歳の若き自民党幹事長として外交的難局に立ち向かい、それが小沢流国際政治観形成の原体験となった。冷戦期については、日本が無責任に終始した――できた――という以外、小沢には見るべき見解の表明がない。ところが、湾岸危機・戦争を契機に小沢は国際政治の潮流に関し、また、米国の世界戦略に関して、にわかに能弁になる。とくにポスト湾岸戦争期に登場したクリントン政権について、明るく大きな期待を語った。

同政権は世界最強国家の地位を維持しつつ、「冷戦後の地域紛争に対応が可能な『国連緊急展開軍』の創設も考えているようだ」し、「これまでの『世界の警察官』としての役割を減らし、冷戦後の国際社会の実情を踏まえて『国連重視の平和戦略』ともいうべき歴史的な転換を図るのではないかと私は思う」、と小沢は見た。それだけではまだ言い足りないのか、小沢はアメリカが「地域紛争の処理に積極的にかかわっていく決意をしているだけでなく、国連の集団安全保障機能の強化、すなわち国連主導の新世界秩序システムの構築を考えていることは間違いない」とまで力説した（『日本改造計画』、平成五年、講談社、一一六ページ）。

だから、国連中心主義を掲げ、国連憲章の精神を体した「日本国憲法」をもつ日本としては、「国連を中心としたアメリカの平和維持活動に積極的に協力しなければならない」し、日本は「アメリカ重視政策と国連中心主義を矛盾なく両立させることができる」（同上、一三〇ページ）。これが小沢説であった。そのためには日本は米国にも国連にも言訳に終始するのでなく、「普通の国家」たるべきだ、という有名な小沢語録が展開される。

この米国「診断」の当否は、いまは問わない。ただ、ここで小沢説の診断と処方箋とを区別しておこう。ポスト冷戦期の米国がどう動くか。まず小沢はそれを診断する。同時に小沢は、それをにらんで日本がどう行動すべきかを論じる。処方箋である。『日本改造計画』時代の小沢は、一方で米国が「徹頭徹尾、国連とともに活動する」可能性を排除せず、他方で日本があるべき国連中心主義を実践するなら、「世界の平和と繁栄のためにも、それが理想的な姿」なのだ、と説いた。「診断」と「処方」とは、楽天的な調和関係に置かれたのである。

残念ながら、米国の動向についての小沢の診断は当たらなかった。同じクリントン政権の下でも米国は国連重視の姿勢を深めるのではなく、小沢の感じでは、ひょっとすると孤立主義的傾向を強めるおそれなしとは言えなくなった。そこで新進党党首時代の小沢は『語る』では一転、「絶対にアメリカを孤立主義に陥らせてはいけない」と叫ぶ（五三ページ）。さもなくば、日本の安全保障そのものが揺らぎかねない。ゆえに日米関係が――先述のように――「いちばん大事」であり、そのためには、「国連が完全でないことなぞ百も承知」のうえで、「日本は国連をいま以上に完全なものにするように、率先して大きな役割を果たすべきだ。国連の平和維持活動だって、他の国が忌避するようなことでも日本だけはやる、というぐらいの気概」が必要だ。と説明される（六七ページ）。それこそが、米国の孤立主義傾斜を防ぐ道だというわけである。前著との比較で言えば、米国の戦略動向に関する小沢診断は悲観化したが、日本がとるべき対処については「同じ処方箋が書かれた」と要約できる。

同じクリントン政権時代であったが、一九九九年九月号の前掲『文藝春秋』論文では、小沢の対米「診断」は九六年著書とはやや別の意味でグルーミーである。が、日本がどうすべきかの「処方箋」は基本的に同じ。その関係は、こう記述された。「…国連に常備軍を設けるべきであるというのが私の主張である。日本は国際協調によらなければ生きていけないのだから、日本が積極的にこの常備軍創設を呼びかけるべきだ。アメリカはこの考えに賛成ではないが、日本はその説得に当ると同時に、経済的にも軍事的にもその力の備わった有力な国々に積極的に提唱し、それを率先して実行する姿勢を示すべきである」。

かくて米国が国連常備軍構想の先頭に立ちそうだとの九三年の診断は消えたが、それでも日本は米国説得を断念すべきではなく、「アメリカと手を切ること」は愚かだというのであった。鳩山由紀夫は先述のように、この小沢論文中の日米関係関連部分を酷評したが、それは積年の小沢の「診断」と「処方」を分析した結果では毛頭なく、単に目前の小沢『文藝春秋』論文中の片言隻句に反発しただけのことに過ぎない。先に私が、「自分はなにも変わっていない。変わったとみえるとすれば、その原因は米国にある」と小沢の気持ちを忖度し、その言い分は「正しくもあり、正しくもない」と書いたのは、小沢の「診断」と「処方」のこの関係を頭に入れてのことである。湾岸危機・戦争からクリントン政権の一九九九年前半までの米国についての小沢医師の「診断」は、随分と変わった。他面、その主任介護者たるべき日本に手渡された「処方箋」はなんら変わっていなかった。小沢自身、自分が書いた「診断」と「処方」のこの不思議な関係に気付いていたかどうか。

小沢のクリントン政権に対する当初の共感は次第に冷めたが、それでも同政権を批判することはなかった(そのことは誠に重大なのだが、詳しくは後述する)。が、つぎに登場したブッシュ政権が二〇〇一年九・一一のあとアフガニスタンで「自衛権行使(=武力行使)」に踏み切り、それにも増して、二〇〇三年三月にイラク戦争を始めたことで、対米言辞は激変する。ただ、アフガニスタン関連でより厳しい批判を浴びせられたのは、米国というより日本政府の方だった。なぜなら、日本国憲法に照らして日本は米国の「自衛権行使」にアフガニスタン、いやインド洋のような遠隔の地でおつき合いをしてはならないのに、「テロ対策特措法」でそれをやってしまったから、というのであった。他方、イラク戦争との関連では米国が、より正確に言えばブッシュ大統領が批判、いや非難の正面に据えられた。イラク戦争は「国際社会つまり国連の合意なしでアメリカが始めた『アメリカの戦争』です。そしてその結果、アメリカはイラクでも失敗した」。それは、国際社会の多数意志を尊重する気のない「ブッシュ大統領のやり方があまりにも高慢ちきだったから」だ、というのである(『政権奪取論』、一八五―一八六ページ)。同趣旨の主張は、前掲『世界』論文でも、また、先述のシーファー大使との会談でも、小沢代表自身によって繰り返された(後者の書き取りテクストは、http://abirur.iza.ne.jp/blog/entry/262184/allcmt/)。

これによって「反米の小沢」がクローズアップされた。ただ、「小沢は反米」と断定すれば、本人は怒るだろう。「オレは反ブッシュだが、反米ではない」と言うだろう。そういう小沢を、私はある意味では理解できる。というのも、二〇〇六年刊の『政権奪取論』で小沢は質問者の「それは、日本の姿勢次第では、国連とアメリカの対応を一致させることができるということですか」との問いに、言下に「そう。できる」と答えているからである(一九〇ページ)。小沢は、日本次第で、つまり日本が国連憲章と日本国憲法に共通する国際社会の合意尊重の精神に従い、国際社会の平和のため率先・積極貢献する「普通の国」たり得るならば、米国を国際的合意尊重に向けて説得可能だと、いまなお信じている。

Ⅲ　第一の大きな疑問——米国「自衛権行使」は「国際安全保障の原則」背馳か

小沢代表はかつての「親米」から今日では「反米」に変わったのかと問われると、「オレは何も変わっていない。変わったかに判断されるのは、アメリカの方が変わったという事情の結果だ」と答えるだろう、と先に私は書いた。小沢が実際にそう言うとすれば、小沢の米国「診断」と日本の対米政策「処方箋」とを以上のように概観した結果、小沢の言い分に次のような解釈の下でほぼ同意することができる。自分の「診断」は常に正しく、その「診断」が変わるのは米国が変わるからであり、自分の責任ではない。自分が責任を負う日本用「処方箋」は変わってはいない。これが小沢の理屈だ。ただ、私は小沢の主張に賛同するわけではない。いやむしろ、その主張にはいくつもの疑問を感じている。うち今回は、大きなものを二点のみ述べる。

大きな疑問の第一は、直近の小沢『世界』論文が「今こそ国際安全保障の原則確立を」と題されていることとの関連で。この表題は雑誌編集部によるものと思われるが、論文内容によく則しているし、小沢も満足していることだろう。その冒頭に近いところでは小沢は、「米国のブッシュ大統領は、『これは米国の戦争、自衛戦争だ。したがって国連の決議はいらない』と啖呵を切ってアフガン戦争を始めました。しかし、実際には、当然ながら、米国単独では収められず、国際社会に助けを求めているのが現実ではないでしょうか」と書いている。この主張には首をかしげる。そこで大疑問を二つの付随疑問に分解する。

付随疑問の第一は、米国のアフガニスタンでの武力行使が「自衛権行使」として説明されたのは事実だが、小沢語録には、それがなにか「国際安全保障の原則」に背馳する行為であるかのような考えが潜んでいると思われる点にある。これはおかしい。自衛権はことの本質上、国連憲章第五十一条にみるように、「安全保障理事会が国際の平和及び安全の維持に必要な措置をとるまでの間」、緊急の反撃権としてその行使が認められているものであるから、そもそも法理上、先行の安保理決議を必要としない。また、ある国の自衛権行使に一刻も早く終止符を打たせるためには、安保理決議の早期採択が望ましいのだが、九・一一から丸六年、いまだに安保理は、持ち上がった国際テロという難題に対して、「国際の平和及び安全の維持に必要な措置」をどう講じていいのか、答えを出せていないのである。強いて言えば、責任は米国側にというよりは、むしろ安保理の側にある。補足すると、九・一一の翌日、安保理は決議一三六八を採択、その前文第三段ではなぜか国連加盟国の「個別的・集団的自衛の国有の権利」をわざわざ認知した。法理上、行使に先立つそのような事前承認は必要でないにもかかわらず。つまり、同決議成立を主導した米国は、必要以上のステップを踏んで「自衛権行使」に入ったとさえ言える。それをしも、「ブッシュの啖呵」という小沢語録はいかがなものか。

付随疑問の第二は、ブッシュ大統領がえらそうな啖呵を切って米国単独のアフガニスタン戦争を始めてみたものの、「当然ながら、米国単独では収められず」と小沢が書いている点である。裏を返すと、「米国単独だからダメで、国際合意を踏まえていればなんとかなったのに」とのニュアンスのようだが、この言い草はどうみてもおかしい。もし国際合意による妙案があるのならば、多少遅れても安保理がそれを討議、かつ可決すればよいのだが、安保理にはその種の国際テロ対策妙案がないのである。だからこそ、米国およびその僚国による自衛権行使状態には終止符が打たれていないのだ。「米国単独だからダメで、国際合意を踏まえればなんとか」というのが小沢の見解であれば、後者の側面の可能性を検証しないままの、かなり無責任な空論に近い。

そもそも、個別的・集団的自衛権が憲章第五十一条の規定に背反しないで行使される場合、それは、小沢論文表題に言うところの「国際安全保障の原則」に合致する。ただし、国連の「集団安全保障の原則」には合致しない。後者の場合の武力行使は安保理決議に基づかなければならないからだ。「国際社会の合意」至上論者である小沢には、それを踏まえない「国家による武力行使(=自衛権行使)」、わけても「集団的自衛権行使」を好まない表情がありありとしている。その意味で小沢は国連ファンダメンタリストであり、その心情は私にはよく理解できる。かたわら小沢に求めたいのは、つぎの事実の認識である。すなわち、「国際社会による武力行使」のみを是とし、「国家による武力行使(自衛権行使)」を排斥していたならば、そもそも国連は誕生しなかった。また、半世紀近くに及んだ冷戦期に国連安保理が機能しない中、国際社会が新しい大戦という破局をなんとか回避し、わが国をも含めて世界の主要国が安全を享受し得たのは、憲章第五十一条の自衛権規定と第八章の「地域的取極」とを組み合わせての「同盟」結成という妙案が、事後的に採られたことの賜物だった。「同盟」は、「集団安全保障原則」に照らせば例外的逸脱と呼ばれるかもしれぬが、「国際の平和及び安全の維持」のためには最重要な装置であった。小沢がいまなお重視する日本安保体制がその実例であることは論を待たない。だとすれば、小沢には、冷戦という国連受難期につき、包容性ある理解をもつよう望みたい。

Ⅳ　第二の大きな疑問――クリントンのコソヴォ開戦をなぜ論じないのか

第二の大きな疑問は、小沢代表が国際社会の意向を無視したブッシュ政権の行動を厳しく糾弾する一方で、それ以前の米国政権のポスト冷戦期行動を実質的に不問に付している理由が分からないことである。この点につき、まず二点の事前注釈が必要である。第一、小沢はブッシュ父親政権の湾岸危機・戦争時の対国連姿勢について触れ、これを肯定的に評価している。なぜなら、同政権が多国籍軍の先頭に立ってイラクに対する湾岸戦争という武力行使に踏み切った際には、我慢強く国連での合意形成に努め、安保理決議により自らの軍事行動をオーソライズしていたからである（「私はお父さんブッシュ大統領の時に、自民党の幹事長を湾岸戦争時にしていた。お父さんは国連決議があるまで開戦しなかった」と小沢はシーファー米大使に語っている。出所は前出）。この点では、小沢はブッシュ息子政権以前の米国の対国連政策への目配りを全く欠いているわけではない。第二、これまで私が指摘したように、小沢の米国「診断」は、(イ)国連尊重（国連常備軍構想の先頭走者）、(ロ)孤立主義台頭の可能性、(ハ)国連常備軍構想に「賛成でない」と変化した。その意味で、小沢はポスト冷戦期米国政権の対国連姿勢の変化を大づかみに述べているとは言える。だが、それはあまりにも概括的、抽象的であって、「国際安全保障の原則」を精密に論じるうえでの材料として十分ではない。

私の「第二の大きな疑問」をより具体的に述べる。小沢は、クリントン第二期政権が一九九九年三月、NATOを率いて、国連安保理を迂回、つまり安保理決議欠如のまま、「コソヴォ戦争」を開始した事実を、なぜ見過ごすのか。国連の「集団安全保障原則」に背いたという意味では、「コソヴォ戦争」と「イラク戦争」の開戦経緯は同性質であるのに、前者が不問、後者が厳しい糾弾の対象というのは、片寄りすぎてはいないか。

両戦争の開戦過程を比較しながら眺め直すことからは、多くの教訓が得られる。まず、二〇〇一年のイラク戦争開戦以前、ブッシュ政権はほとんどぎりぎりまで、武力行使を是認する安保理決議を取りつけるべく画策した。それに較べると、コソヴォ戦争の場合、米国およびNATOは驚くほど早々と武力行使に向けて見切り発車方針を決め、開戦直前の安保理は無聊をかこった。なぜこの違いがでたか。コソヴォ戦争の場合、セルビア国内（新ユーゴスラヴィア連邦）の民族紛争への外部からの「人道的介入」という考えに、中露が同意するはずがなかった。中露両国の複雑な国内民族問題を想起すれば、それがなぜかは自明である。米国およびNATO勢が問題を安保理に持ち出すならば、中露が人道介入名目の武力行使案を拒否権をもって葬ることは、かなり早い段階で明瞭に読めた。他方、対イラク開戦前、米英が安保理による明文的な授権を断念したのは、仏独露が猛反対し、直前には仏露が拒否権行使方針を公言するに至ったことに大きな原因があった。私は今日、ブッシュ政権のイラク戦争政策の全体を弁護する気持ちはない。が、見切り発車方針はけしからぬと言うのであれば、それを早々と決めたクリントン政権の方が、より罪深き存在なのである。

イラク、コソヴォ両戦争開戦事情の比較は、別のことも教えてくれる。後者は米国の力に大きく依存したが、名目的にＮＡＴＯの戦争だった。イラク戦争にこの性格はない。仏独——だけではないが——がイラク戦争反対であり、ＮＡＴＯは政治的に内部分裂していた。そこから、シラク仏政権とシュレーダー独政権は米英とは違って、国際社会合意尊重勢力として華々しい脚光を浴びた。しかし、その同じシラク大統領もシュレーダー首相も、四年前の一九九九年春には安保理による授権を欠いた「ＮＡＴＯのコソヴォ戦争」に賛成、内外に向けて自分たちの決断を誇り、軍事的貢献度の高低はともかくＮＡＴＯの作戦に堂々と参加したのである。つまり、仏独両国指導者の言動には、国際法上の性格が共通するコソヴォとイラクの両事例で天と地ほどの開きがあった。

とくに注目すべきは、コソヴォ・ケースでのシュレーダー独政権の言動だった。ドイツでは九八年十一月の総選挙で実に十六年政権の座にあったコール首相が敗れ、社民党と「緑」の新しい連立政権が誕生したばかりであった。そのうえ、日本と似た事情から連邦軍を国外やＮＡＴＯ領域外に出し、いわんや武力行使にも至りかねない事態に付き合うことを極度に嫌う空気が国内に充満していた。そのせいで、コール政権時代の湾岸戦争当時には、安保理のお墨付きがあったとはいえ多国籍軍への連邦軍の参加なぞ論外とされた。結果、ドイツはＮＡＴＯ僚国から猛烈なバッシングを受けた。その教訓からコール政権は「連邦軍は国外およびＮＡＴＯ領域外には出せない」とした憲法解釈を改め、同盟の忠実な一員となろうとする姿勢を示すようになった。が、コール首相はコソヴォ危機尖鋭化のさなかで退陣した。

歴史に照らせば、新登場の社民・緑の連立政権は「平和愛好」政権のはずだった。いわんやコソヴォでのＮＡ

TOによる「人道的武力介入」方針には、安保理による是認が欠けている。新政権がNATOの方針に同調する可能性はないのではないかとの観測がしきりだった。ところが、「緑」から入閣したフィッシャー外相は、セルビアのミロシェヴィッチ政権のコソヴォ・アルバニア人に対する追放・殲滅政策に対しては、安保理授権欠如のままでもNATOの「人道的武力介入」への参加がドイツにとっての大義だと力説、党大会で反対派の乱暴行為で怪我をしながらも、同盟の方針を守ったのである。これで、米国をはじめとするNATO僚国のドイツを見る目は一変したし、とくにフィッシャー外相は国際的名声を博する政治家となった。

同じ指導者に率いられる仏独の政権が、四年後のイラク戦争時には「安保理による明文的是認の欠如」を理由に開戦に猛反対した。形式上、明らかに首尾一貫性がない。これはどういうことなのか。こう説明できる。シラク大統領もシュレーダー首相もフィッシャー外相も、信条としてはわが小沢代表同様、「国際社会の合意」原則の重視論者であったことは明白である。ただ彼らは、実際行動の決定に当たってはこの信条以外にもあり得る他の価値要素をも考慮に入れる。自国の利益(国益)、同盟の連帯、国連憲章誕生時には気付かれていなかった新価値(人道的介入、内政不干渉原則の制限など)といった要素がそれである。だから、概括的に言えば、実際行動の決定は「ケース・バイ・ケース」で異なり得る。それは定見なき日和見でないかと批判されれば、彼らは「定見はある。だが、政治的決定は諸価値の複合体への目配りによって下されるのであって、定見の独占物なのではない」と答えるのではあるまいか。

V　NATOの「ケース・バイ・ケース」論

湾岸戦争もそうだが、その十二年後のイラク戦争でも、NATOの盟主・米国はNATOを使わなかった。もしくは、使えなかった。特に前者の場合、武力行使をも含む行動のお墨付きが国連安保理によって与えられていたにもかかわらず、ＮＡＴＯを使えなかった。これは冷戦時代、ＮＡＴＯ領域の防衛が同盟の任務と考えられていて、湾岸という「領域外」に出ることにつき同盟内の合意はまだ形成されていなかったからだ。しかし、ポスト冷戦期に「領域外」危機の連鎖現象に直面すると、米国のみならずＮＡＴＯ全体が——特殊な憲法解釈をもっていたドイツをも含めて——発想の転換に踏み切った。要約すると、実態的には「領域外」危機への対応をＮＡＴＯの主要な任務とするということである。「新しいＮＡＴＯ」の時代だ。

ところが、旧ユーゴスラヴィア連邦の崩壊にはじまるバルカン半島西岸の危機がコソヴォ危機まで行きつくと、ＮＡＴＯは一つの難問を予想せざるを得なくなった。米国は当初、一連の危機は確かに「領域外」で起こっているが、それでもそれは「欧州内」の事態なので、「これはオレたちが扱う」という英仏勢に委ね、関与に気乗り薄だった。が、危機は南下、拡大し、欧州勢だけの手には負えなくなったし、武力行使をも辞さずの姿勢を見せなければ、ミロシェヴィッチ・セルビア政権の暴走にストップをかける目算は立たなくなった。クリントンの米国は主役としての関与を決断する。ただ、先述したような理由から、安保理による武力行使是認決議は望むべくもない、ディレンマである。どうするか。

折からＮＡＴＯは北大西洋条約（ＮＡＴＯ条約）締結五十周年を迎えようとしていた。その機会にＮＡＴＯの基本文書『同盟の戦略概念』を発表することになっていた。上述のディレンマにどう対応するかは、この文書で扱われた。要旨を述べると、安保理決議があれば問題はないが、それが欠ける場合、ＮＡＴＯは「ケース・バイ・ケース」で武力行使の判断をも下す、というのである。ことと次第でＮＡＴＯは武力行使の「自己委任」をも辞さない。五十周年記念式典で『戦略概念』が発表されたのは、ＮＡＴＯの対セルビア巡航ミサイル攻撃が開始された九九年三月二十三日からちょうど一カ月後のことであった。因みに、ＮＡＴＯ首脳会議の主要文書は、全加盟国首脳の同意がなければあり得ない。つまり、「ケース・バイ・ケース」でNATOが武力行使を「自己委任」することもあり得るというのは、NATO加盟諸国の総意なのである。

形式上、NATOのこの主張と実際行動は国連憲章違反である。果たせるかな、中露はその論理を振りかざして、反NATOキャンペーンに励んだ。なかんずく北京の反発は、拡大するNATO空爆で在ベオグラード中国大使館が「正確に誤爆」されるという事態もあったため、猛烈を極めた。また、ミロシェヴィッチ政権は五月、NATOの空爆は国連憲章違反だとして問題を国際司法裁判所へ持ち出した。その際、法廷で(新)ユーゴ側弁護人を務めたのは、英国オックスフォード大教授で、国連法の世界的権威であるイアン・ブラウンリーであった。NATOの行動は憲章違反だとするその主張は、きわめて鋭利であった。

念のために言う。小沢が『文藝春秋』一九九九年九月号に論文を発表した頃、同年三月のNATOによる対セルビア武力行使が国連憲章違反であるか、それとも、「人道的武力介入」と是認されてよいかの議論は、国際的にもわが国の国内的にも、なんら下火になっていなかった。とくにそれは、結成後ちょうど五十年にしてNATOが踏み切った初の武力行使行動だったものだから、「NATOの正体見たり」式の議論がずい分と盛んだった。純粋に議論だけのレヴェルで見れば、「国連憲章違反」説を粉砕することはとてもできなかった。

ところが、いかなる事情があってか、まさにこの時期に書かれた『文藝春秋』論文で、小沢はクリントン政権が主導したこの「コソヴォ戦争」の事例についての考えを全く述べなかった。叙上の小沢説から推測すると、少なくとも形式的には、国連安保理による承認なしの武力行使に踏み切ったブッシュ(息子)大統領とクリントン大統領は同罪、いや、他のNATO諸国首脳も同罪、ということになるであろう。それでこそ小沢の主張には一貫性があると言うべきだろう。遅ればせながら小沢が今日、そう主張するのならば、それはそれでよい。だが、もう一つ問題にしたい事柄がある。それは、国連にとりNATOとはいかなる存在なのか、である。安保理が機能しない場合、「ケース・バイ・ケース」で武力行使をも自己委任するとの立場を表明したＮＡＴＯは、国連にとり許し難い存在なのではあるまいか。なにしろ、ＮＡＴＯは「ケース・バイ・ケース」方式を言明した基本文書を取り消してはいないのだから。

だが、ことは複雑微妙である。二〇〇四年十一月、ＮＡＴＯのデ・ホープ・スケッフェル事務総長は安保理に招かれ、スピーチを行なうという特別の機会に恵まれた。無論、ＮＡＴＯ史上初のできごとである。言うまでもなく、ＮＡＴＯという軍事同盟は国連の加盟機関でも下部機構でもない。だのに、このような機会が設けられたのは、国連事務総長および安保理にはＮＡＴＯに対する暗黙の評価があるからだ、と考えざるを得ない。確かに、ＮＡＴＯによる対セルビア武力行使は形式上、国連憲章違反であった。だが、安保理では武力行使容認決議が不可能なのだから、眼前のコソヴォ危機に国連はなにもできない。ぶつぶつ言いながら、ミロシェヴィッチ政権の蛮行の拡大を傍観するしかない。国連がそういう窮地に陥るのを免れたのは、ＮＡＴＯの「憲章違反」行動のおかげだった。

かくて、建前上はとも角、実質的に国連はＮＡＴＯしかもち得ぬ軍事的能力ないし危機管理能力を必要に応じて、それこそ「ケース・バイ・ケース」で黙示的にあるいは明示的に活用する道も考えることとなった。小沢はアフガニスタンでの米国の「自衛戦争」を愚行と見做すかたわら、安保理決議一三八六に基づくアフガニスタンでのＩＳＡＦ（国際治安支援部隊）の意義を高く評価し、わが国の参加があってもいいとの見解である。いわく、「私が政権をとって外交・安保政策を決定する立場になれば、ＩＳＡＦへの参加を実現したいと思っています」（前出の『世界』掲載論文。ただし、民主党内の動顛をみて、小沢はトーン・ダウンに転じた模様）。そのＩＳＡＦの主役は、周知のようにＮＡＴＯなのである。ここにも、ことと次第で国連がＮＡＴＯにも依存せざるを得ない実態が窺われる。

国連ファンダメンタリストであり、かつ国連常備軍必要論者の小沢には、肝心の国連までもがそのように現実との妥協を余儀なくされていること自体が歯がゆい限りであるかもしれない。しかし、現実を忘れるファンダメンタリズムは、現実による報復を受ける。歴史にその実例を求めるならば、第一次大戦に参戦し、戦後世界では「外交の公開」、「民族自決」を新しい国際政治の原則にしようと提唱した「国際聯盟の父」、ウッドロー・ウィルソン米大統領の理想主義がそれである。そのファンダメンタリズムは、実現不能であることを思い知らされたり、逆用されたりして（ヒトラーは「敗戦ドイツ国民の民族自決権」を呼号して、第二次大戦への道を歩んだ）、悲運に泣いた。私は小沢が国際政治観を披瀝するものを読むたび、ウィルソンを連想する、小沢が「国際社会の合意」最重視を説くのはよいが、和製ウィルソンであってはならない。

小沢の所論を読むと、部分的には賛成できるところが私には少なくない。わけても、国連集団安全保障原則と自衛権解釈とを峻別しない内閣法制局見解、また、とくに前者につながる国連平和維持・創出活動へのわが国の参加に課せられる制約に関する政府説明を小沢が不満としているところには、共感さえ覚える。しかし、今回はその面については触れなかった。機会があれば、その面についても私見を述べたい。

（平成十九年十一月）

注目を要するＤＫ層低減傾向

（1）

今日の政治は世論の動向によって大きく影響される。その世論の動向なるものは、世論調査によっておおよそ捉えることができると考えられている。だから、行政府も立法府（与野党）も、頻繁に行なわれる世論調査の結果に鈍感たり得ない。とくに政党は、いわゆる政党支持率の変動に一喜一憂する。

ところが、政治、経済、社会の分野での近年の世論調査結果を眺めていると、専門家の間でもまだあまり指摘されていないが、ある注目すべき現象の進行が顕著になりつつある。ＤＫ層の縮小傾向がそれだ。言うまでもなくＤＫ層とは、「かくかくしかじかをどう思いますか？」と質問されて、「分かりません」と答える層、つまり“I don't know.”と答える層のことである。もう少し厳密に言うと、「分かりません」以外にも、該当質問に無回答という反応もあり、両者は微妙に違うと見ることができる。が、ＤＫ層という場合、普通は「分かりません」と「無回答」の両方が一括されている。両者が一括されるというこの習慣自体、世論調査で重視されるのは「明解な回答」の部分なのであって、ＤＫ層は別段意味のある存在とは見做されてこなかったことを暗示している。

だが、そのような惰性で世論調査結果と付き合いつづけていいだろうか。そう問題提起する理由を述べる。

平成二十年一月十六日付『讀賣』紙には、面接方式で行われた全国世論調査の結果が掲載された。恒例の内閣支持率、政党支持率のほか、時局性の強いいくつかの問題について世論の反応が探られた。新テロ対策特別措置法の成立自体をどう見るか、また、とくに「衆議院三分の二以上の賛成」による同法の「再可決」をどう見るかが、その一例である。新テロ特措法成立を「大いに評価」、あるいは「多少は評価」するとした回答は、合わせて四七・四％。「あまり」、あるいは「全く評価しない」は、合わせて四三・九％である。これら「明確な回答」を合算すると九一・三％に達する。他方、「答えない」(と『讀賣』は要約しているが、多分、「分からない」をも含んでのことだろう)は八・八％。全体合算が一〇〇％ちょうどにならないのは、各項の小数点以下が多少丸められているからである(以下同じ)。つぎに「衆議院三分の二」を使っての「再可決」については、「適切だ」が四一・四％、「適切でない」が四五・七％。「明確な回答」と「無回答」の比率は、八七・一％に対し一二・九％である。

この二種の質問に対する「無回答」率は、つまりＤＫ層率は、高いのか、低いのか。世論の動向を気にする政府、与・野党の面々はそのことを気にせず、もっぱら「明確な回答」の優劣ばかりを凝視しているように思える。いや、与・野党のみならず、世論調査を実施するマスメディアさえもが同じことだが、私見では、質問対象となった問題の政策的複雑さを考えると、この「明確な回答」率はひどく高く、「無回答」率は驚くほど低い。なぜそう言えるか。

周知のように、旧テロ特措法延長問題、新テロ特措法の「再議決」問題は、単純化して言えば「政府(自公)」対「民主」(現「民進」)、もっと単純化すれば「自公」対「小沢」の勝負だった(「小沢」自身は本会議での票決には加わらなかったが)。民主党は国会対策上は挙党的結束を示したが、政策判断のレベルでは「国益」の見地から旧テロ特措法の延長さえ是とする声を党内にかなり抱えていた。それはつまり、民主党という政党にとってさえ問題はけっして単純明快に答えることができるような性質のものではなく、政策的事情に通じていればいるほど「迷い」を振りきれない性質のものであることを暗示している。ところが、『讀賣』調査の質問に答えた市井の回答者たちの十人中九人までは「迷い」の表情もなく、「評価」「不評価」、あるいは「適切」「不適切」のいずれかで「明確な回答」を与えたのである。

実はこの『讀賣』調査では、これ以外にも政策的判断が絡む問題である(イ)「年金の記録漏れ問題」、(ロ)薬害C型肝炎被害者の救済法の問題、(ハ)いわゆるガソリン税「上乗せ」を認めている現行法の延長問題などについても、世論の反応が探られた。この三種の問題についても「明確な回答」対「無回答」の比率は、上に見た「旧テロ特措法」、「新テロ特措法」問題の場合と同様の傾向を示している。いや、(イ)や(ロ)の場合の「無回答」率は、はるかに、はるかに低い(無回答率は(イ)で四・七％、(ロ)で二・七％)。だが、『讀賣』調査のこれ以上の吟味は止めよう。と言うのも、今年二月五日付『朝日』紙面にこれらの問題での同種の調査結果が発表されているからである。観察をこの『朝日』世論調査結果の方へ切り換える。

『朝日』調査は、『讀賣』のように無作為・面接聴取方式でなく、コンピューターによる無作為・電話番号抽出による電話方式で行われた。経験則では、面接方式よりも電話方式の方がＤＫ層(「無回答」率)が大きく出ることが知られている。だから、同種の問題を扱っても『讀賣』調査よりも『朝日』調査の方が「無回答」率は若干高く出ている。とは言え、これは「無回答」率の高低あるいは昇降に注目する私だから指摘することであって、『朝日』調査結果では「質問文と回答は一部省略」されている。換言すると、「無回答」率は紙面には直接記載されていない。『朝日』調査の「無回答」率は、私自身が一〇〇％から「明確な回答」率を差し引いて出した数字である。このように「無回答」率が直接記載されていないこと自体、『朝日』が、あるいは同紙読者層が「無回答」率の問題にいかに無関心であるかを示しているように思えて、苦笑を禁じ得ない。

それはさて措き、上記(イ)と同じ「年金記録問題」での福田内閣の取り組みについては、「評価する」(三二％)とも「評価しない」(五五％)とも答えない「無回答」率は一二％ということになる。低い数字だ。次に(ハ)に関連するガソリン税問題および道路整備特定財源問題では、『朝日』の設問は、世論調査での──しかも電話方式での──質問としては、驚くほど微に入り細を穿っている。その最初の質問は発表紙面ではこうだ。「ガソリン税は本来一リットルあたり二十九円ですが、道路整備を進めるため、二十五円上乗せされて五十四円になっています。この上乗せ分が今年三月末で期限切れになります。期限が切れれば、ガソリン代が安くなる一方、道路特定財源はほぼ半分になります。道路整備のために二十五円の上乗せを続けるべきだと思いますか。やめるべきだと思いますか」。電話口で少なくともこれだけ一方的に述べたてられて、答える側としては訊ね返すことはできない。いわば問答無用で、求められているのは「回答」だけなのだ。結果は「続けるべきだ」が二七%、「やめるべきだ」が六〇%、「明確な回答」率は八七%。ゆえに「無回答」率は一三%となる。「明確な回答」に関する限り政府与党は顔面蒼白、野党陣営はほくそ笑むだろう。だが、「無回答」率の異常な──と私は敢えて言う──低さには誰も関心を払わない。

以下、ガソリン税上乗せ継続の是非に関連する設問が、いずれもかなりの長文でなお四問並んでいるが、詳論はここでは避ける。要するに、そのいずれについても「明確な回答」の合算は八八─九一%に達し、「無回答」率は九─一二%の低さなのである。

(2)

以上、最近の『讀賣』、『朝日』の世論調査結果を眺めて、私は政策的判断の絡む問題についての「無回答」率が低いことにもっと注意を向ける必要があると考える。「低い」と判断する根拠は、第一には先述したように、国民の選良の集団である特定の政党内部においてさえ該当問題をめぐって甲論乙駁状態が見られ、本音レヴェルで一義的に「明確な回答」があるのかどうなのかが怪しいという事実があるからだが、無論、それだけではない。

そもそも政治・経済・社会関連の世論調査の対象として選ばれる問題は、有権者の反応が知りたいからこそ採り上げられるのであるから、有権者の判断の存在を前提にしていることは言うまでもない。にも拘らず、質問事項によっては広範なDK層が存在することは長年、世論調査にとっては不可避の宿命だと考えられてきた。

ところが、近年の傾向として指摘できるのは、質問事項の性質と「無回答」率との相関関係がそれほどはっきりとはせず、どんな性質の質問についてもほぼ近似する低い「無回答」率が見られるという事実である。実例で言えば「福田内閣を支持しますか、支持しませんか」に答えるのに、さほどの政策的判断は必要ない。極論すれば、「好き、嫌い」で答えればよい。他方、ガソリン税の上乗せ制延長問題での賛否を訊ねられると、そうはいかない。答えるためには、最低限、なにが問題であるのか、なにが政治的争点であるのかが理解されなければならない。だからこそ、前掲の『讀賣』『朝日』の両調査においても、ガソリン税問題では世論調査の設問つぃては長々とした前口上、つまり説明が付されているのである。若干でも事柄の説明なしで賛否を問うことは無理、と考えられているのだ。

だと言うのに、『讀賣』『朝日』両調査結果が示すように、「福田内閣支持・不支持」問題と「ガソリン税」問題とで「無回答」率はほぼ同水準なのである。念のために数字を挙げると、「福田内閣支持・不支持」での「無回答」率は『讀賣』で九・三％（「その他」が三・五％、両者合算で一二・八％）、『朝日』で一九％（前述のように、一〇〇％から「明確な回答」率を引き算したもの）である。「ガソリン税」問題では道路整備目的の「上乗せ」制継続への賛否を問われると、「無回答」率は『讀賣』で九％、『朝日』で一三％である。つまり、「福田内閣支持・不支持」と「ガソリン税制継続の是非」とでは、「無回答」率は『讀』、『朝』ともに、より複雑な問題であるはずの後者の場合の方がむしろ低いのである。これは、一般に漠然と予想されているところとは逆ではあるまいか。

もう一つ、別の視点がある。「ガソリン税」問題はわずか一年前には政治的争点として、まだ浮上していなかった。それは今国会においてにわかに争点化した。そして、そのことにより世論調査の対象項目となった。だから、上述の「無回答」率自体は、厳密に言うと高いとも低いともまだ断定すべきでないかもしれない。しかし、世の中には同じ事項での質問が長年にわたり繰り返されてきたケースもある。実例を挙げると、総理府あるいは内閣府による「自衛隊・防衛問題に関する世論調査」のなかのいくつかの質問事項がそれである。その一つに「防衛費の規模」を妥当と見るか見ないかの質問がある。「増額した方がよい」「今の程度でよい」「減額した方がよい」の各回答肢については調査年度によってそれぞれ増減がある。そのような「明確な回答」率の変動はそれなりに重要と言うべきだが、より注目すべきは、「無回答」率が——多少の凹凸を伴いながら——長期的に低減傾向を示してきたことである。三十数年も前にはＤＫ層が二〇％を超え、四分の一になんなんとしたものである。が、近年では二〇〇二年の一六・六％がやや異例の高い数値である(この設問は平成十八年調査で消失)。

類似の傾向は、「自衛隊の防衛力」増強への賛否を質問しても確認できる。これはむしろポスト冷戦期になって登場した設問であるが、平成三年から平成十四年までの五回の調査でＤＫ層はつねに一〇％台前半という低い水準で動いてきた。そして最近年の平成十八年調査でついに八・三％という最低率を記録するに至った。このように、多少なりとも政策的判断を必要とする種類の同じ質問が長い年月にわたって繰り返された結果として、「無回答」率の長期低減傾向が確認されるのである。

(3)

なぜ私は世論調査におけるＤＫ層の低減傾向を注目を要する現象だと考えるか。

質問されて「わからない」と答える回答者、あるいは「無回答」の人びとが減少しつつあることは、言うまでもないが、それをそのまま、質問事項に関する世間一般の知識や理解度が高まりつつあることの結果だと解釈するわけにはいかない。むしろそれは、事前には関心も知識も希薄であった問題ではあっても、質問に付された、たかだか四行か五行の概略説明を読んだり聴いたりしただけで「迷い」なく「明確な回答」を出すタイプの人間が増えたことの結果だと見るべきではないか。と言うのも、近年に政治争点化した問題は、年金問題、「テロ特措法」延長問題(あるいは「新テロ特措法」再議決問題)、ガソリン税制継続問題のいずれにしても問題の根を辿ればかなり長い年月を遡るわけだが、積年の忘却ないし無関心ののち、ある時点で唐突に表面化し、にわかに世論の反応が探られるというのが実情なのだからである。

安倍晋三政権は一年しかもたなかったが、同政権の登場時点でどの政党が、どのマスメディアが「テロ特措法」問題が同政権にとり最大の難関となると読んだか。いや、同政権退場の段階で、誰がガソリン税問題こそは後継政権にとっての天王山になると明言していたか。それらは長い伏線ののち、唐突に表面化した。こういった現象は政治の常態だと言えなくもない。だが、私が指摘したいのは、予期せずして浮上した問題について事前理解が欠けていても、インスタントな説明を聴いただけでインスタントに「明確な回答」を返す社会的意識構造がまざまざと見えるようになったという点なのである。その問題はいま聞かされたばかりだから、もう少し考えてみないと答えられないというのではなく、いま知った問題だが私の答えはこうだと迷わず即答する層、つまり「迷いなき明確な回答」者層がDK層を圧倒する傾向が強まりつつあるのだ。

DK層の低減傾向はなにによってもたらされたか。教育のあり方、マスメディアの行動様式、変化する社会的風潮などの複合作用の結果と言うべきだろう。かつては、そんな面倒な問題の判断と処理に当たってくれるためにこそ、われわれは「選良」を選び、「公僕」を抱えているのではないかという理由から、人びとはDK層たることを平気で自認した、が、いまや「選良」とか「公僕」とかは実質的に死語に近い。かわって、たとえインスタントであろうと「明確な回答」を出すようになった世論の前で、「選良」と「公僕」は右往左往している。この傾向を嘆いてみてもいまさら始まらない。今日の政治はこの傾向を念頭に置いて行なわなければならない。

そこで最後にもう一点、私の診立てを述べる。世論調査で示されるインスタント性の強い「明確な回答」率が全体として上昇傾向にあるという事実は、概して政権側に不利に働くとか、野党側に有利だとかと一義的に言えるものではない。本稿で「明確な回答」と一括してきた世論の反応は、実際には具体的政策問題での賛成論、反対論から成る。両論間に圧倒的な優劣があればともかく、両論が拮抗している場合、ことはデリケートである、かつては二〇％と踏むのが常識であったＤＫ層が一〇％程度に低減するならば、換言すると、有権者の一〇％程度が脱ＤＫ層化＝インスタントな「明確な回答」派（現実にはインスタントな賛成派、あるいはインスタントな反対派）化するならば、それは賛成、反対両論の勝敗に決定的影響をもつ。事前にさほど争点視されなかった事態が総選挙直前に立ち現われると、単一争点選挙傾向（二〇〇五年の小泉「郵政」衆院選、二〇〇七年の「年金」参院選）が強まりつつある今日、与野党間の勢力関係には劇的な変動が生じ得る。

半年前の参院選で大勝した民主党は、この「直近の民意」を尊重せよと、ことあるたびに政府に迫っている。「直近の民意」とは言い得て妙である。が、民主党が主張する意味においてではない。それはおそらくはきわめて短命であろうという意味において、である。なぜ短命か。総選挙の一点争点化傾向の下、総選挙のたびごとに主要争点がクルクル変わり、そのつど、有権者の一〇％程度が過去の投票行動との脈絡をもたないインスタントな判断で票を投じる場合、「直近の民意」はすぐに色褪せる。いかなる新しい単一争点が、いかなるタイミングで浮上し、それが与野党やマスコミによっていかなる装いの下、有権者の前に提示されるかが、重大な岐路となろう。私は自分にそれを「政治の刹那《せつな》化現象」だと説明している。それはＤＫ層の長期低減傾向の裏側の面だろうと私は考える。

（平成二十年二月）

外交における「言うべきこと」について

（1）

『産経』平成二十年五月十四日付の「正論」欄で村田晃嗣氏（同志社大学教授）が、「外交という営み」を考えるうえで見逃せない議論を展開していた。きっかけとなったのは、中国の胡錦濤国家主席の訪日に際してのわが福田康夫首相の対応をめぐり、日本国内で――当然のことだが――評価が割れたことがあった。と言っても、私が見るところ、実際には絶賛論とケチョンケチョン論とに二分されたわけではなく、百点満点で七十五点をつけるか五十点をつけるかといった程度の評価差だった。村田氏自身はとくに両国首脳の共同声明に着目し、それは現下の諸事情の下では「率直に言って…予想を超えるもの」との点数をつけた。だが、私の関心は村田氏のこの評点そのものにあるのではない。

村田氏自身にしても、胡主席の帰国直後に発生した四川大地震が北京政権に与えた衝撃、この事態への日本政府の対応、中国に兆すかもしれない対日世論の変化といった新しい要素を加味して、「共同声明」につけた上述の評点をいまでは修正――多分、上方修正――するかもしれない。また、村田氏は「共同声明」に対する自分の好意的な評価とは裏腹に、福田外交の「世論対策やメディア対策がお粗末」であり、これに対応して中国側の「（外交）センスの悪さ」が目立ったことをも指摘している。この面でも四川大地震後の今日、村田氏には加筆したい衝動が働いているかもしれない。だから、繰り返すが私は胡主席訪日にかかわる村田氏の評価そのものを本稿で論評することは控える。

私が関心をそそられたのは、村田氏が「外交という営み」についてこう述べている点である。「『日本は中国に対して、言うべきことを毅然として言うべきだ』といった類の議論は、控えめに言っても愚昧である」。と言うのも、中国に対して「言うべきこと」のコンセンサスが日本国内で明確であるわけではないし、かりにそれがあるとしても、「『言うべきこと』をどのようなマナーでどのようなタイミングに言うのが最も効果的なのか――それを考慮することこそ、外交という営みだ」と村田氏は主張する。村田氏のこの主張に私は、コンセンサスうんぬんのくだりを除いて、賛成である。まずこの点に関して私見を二つ。

第一、村田氏はこの主張を『産経』に発表した。同紙は、わけても中国やロシアに対して「日本は言うべきことを毅然として言うべきだ」とする傾向で知られている。その新聞への、「正論」執筆陣の一員としての寄稿で、その種の議論は「控えめに言っても愚昧」と言い切ったのは、いい度胸である。『産経』は「正論」執筆メンバーに自社の論調への同調を求めているわけではないが、それだけに『産経』としての村田見解への感想を聞きたく思う。

第二、中国に対して「言うべきこと」について、日本国内のコンセンサスの存否に言及するとは、村田氏ともあろう論客が変な迷路に陥ったものである。以下。この第二点につき、いささか詳しく私見を述べる。

(2)

重要な相手国との外交問題で国内コンセンサスの明確な存在を「言うべきこと」の必要条件とするなら、村田氏の言う「外交という営み」はほとんど成り立つまい。あるいは、日本外交には、「言うべきこと」が一切なくなってしまいかねない。なぜなら、村田氏の論述をいくど読み返しても、それは、コンセンサスがあれば「言うべきこと」はいわばおのずから定まるし、そういう場合、日本政府はそれを上手に言えばよいのだ、との主張だと判断せざるを得ないからである。

コンセンサスの定義にもよるが、ここではそれをやや甘く、「大きな異論のない状態」という程度にしておいてもよい。重要な外交相手国に対してそのような国内状態があり得るだろうか。第二次世界大戦後の日本外交の歩みを辿れば、答えは明瞭である。対中のみならず、対米、対ソ(対露)、対韓といった重要な外交相手国との関係で、国内コンセンサスを踏まえて具体的問題処理の交渉がおこなわれたためしはなかったと言っても言い過ぎではあるまい。

いわゆる「戦後日本」は、外交路線をめぐる深刻な国論二分を、いや、政権与党内の賛否両論までもを特徴としてきた。講和、日米安保、日ソ国交回復、日韓条約、中華人民共和国承認などの大問題の度毎にそうであった。国内コンセンサスなぞ、望むべくもなかった。にも拘らず、一九五六年の日ソ国交回復の事例をやや例外として、日本政府は相手国に対して政府(指導者)の考える「言うべきこと」をかなりはっきりと主張し、それぞれ然るべき成果を上げてきた。

それらの時期に比べると、上記のいずれの国に対しても今日の国内世論の分裂傾向が往時より深刻化しているとは言えない。分裂状態はあり、対中関係ひとつをとっても、コンセンサスがあるとは言えない。とくに、村田氏が挙げる靖国問題などはそうだろう。だが、国内コンセンサス欠如の状態は、対中、対米、対露、対韓、対朝のいずれについても、概して近過去におけるほど深刻だとは言えない。しかも、いくつかの具体的事例では当事国双方が——時の作用の結果——立場の相互微調整を手掛けた結果、不一致度の緩和傾向さえ看て取れる。これはなにも、福田内閣誕生以後の傾向ではない。にも拘らず村田氏は、これ以上のコンセンサスの存否が「言うべきこと」を言うか言わないかを判断するうえでの前提だと主張するのだろうか。

もしそうだとするなら、日本外交は相手国に対して何も言えなくなる可能性だってないとは言えない。ややマンガチックで恐縮だが、相手国が村田氏の「コンセンサス必要論」を学習して、交渉の場で「そんなこと言っても、貴国にはコンセンサスが欠けているのではないか」と言い出したらどうなる。相手側がずる賢ければ、別働隊を使って日本国内でコンセンサス不成立の工作をやりかねない。冷戦初期にはそういう事例がいくつもあった。

外交当局者にとって、国内コンセンサスの存在が基本的には追い風であることは疑いない。が、追い風頼みの外交が好首尾に繋がる保証はない。と同時に、向かい風(つまりコンセンサス欠如)だからこの帆走はダメと決めてかかるのでは、ヨットマンとして落第である。潮目と波をよく読み、向かい風に逆らってもゴールを目指すのがヨット術である。外交はヨット術に似ている、と私は考えている。

(3)

以上のことは、日本だけに限らない。他国の場合にも妥当することだ。全体主義国家ならいざ知らず、複数主義的民主主義国家の場合、他国との重要な外交案件に関して国内コンセンサスが欠けている事例はいくらでもある。いやむしろ、それが常態だと考えるべきだろう。ではそういう場合、「言うべきこと」が抑制されるか。「イエス」とは言えない。ただ、念のために言うが、それは、抑制されることもあり、抑制されないこともあるという意味である。黄金律の問題なのではない。それを外交の黄金律としてしまえば、複数主義的民主主義国家の外交は無惨であろう。国内にある程度の反対論があれば、「言うべきこと」が言えなくなるからである。しかし、孤立無援と思われた環境の下、指導者がおのれの信念を貫き、しかも外交的成功を収めたという事例は、国際政治史上いくつも発見できる。

たとえば（西）ドイツのコール首相が一九九〇年代初頭に達成したドイツ統一作業がそれだ。一九四〇年代にはドイツ人の大半が「統一は幻想」と考えていた。ソ連がそれを許すはずはなく、しかも、一九七〇年前半のブラント首相の「東方外交」で西ドイツ・ソ連関係は著しく改善され（ブラントはそれでノーベル平和賞を受けた）。「二つのドイツ」は国内的にも国際的にもほぼ受け入れられていた。八〇年代末期に東独が不安定化し、コール首相が「統一」に拘ったとき、ミッテラン仏大統領はそれを阻もうとした。サッチャー英首相でさえ、統一ドイツの出現を懸念した。東西の周辺諸国は全部、そうだった。ゴルバチョフ・ソ連政権が当初、ドイツ統一など論外としていたことは、言うまでもない。事態が進展するなかでコール首相に塩を送ったのは、米国ブッシュ（父）政権だけだった。

相手国と対立する問題で「言うべきこと」を言うか言わないかは、結局、外交に責任を負う者の信念と外交技倆の問題である。ここに外交技倆と言う場合、そこには外交的知恵ないし叡智、洞察力、読心術といったものが含まれる。村田氏がフランスの外交家タレイランの言葉を引いたのにあやかれば、やはり、帝政ドイツの大宰相ビスマルクの「政治とは可能なるものの術である」が想起されるべきであろう（この言葉は、「可能性の芸術」と訳されることが多いが、適訳ではない）。ビスマルクのこの言葉は外交にも適用されるものであって、「外交とは可能なるものの術」なのである。実は村田氏は、コンセンサスうんぬんのくだりを除けば、ほとんどそのことを言っているはずである。だから私は、コンセンサスうんぬんを除けば村田氏の所説に賛同するのである。

かつて一九七二年九月、日中国交正常化のため北京に赴いていた田中角栄首相と大平正芳外相とは、日中双方の「言うべきこと」があまりにもかけ離れているのに苦悶した。結果的には妥協によって、「日中共同声明」が生まれたが、その過程で日本側は、とりわけ同行した高島益郎外務省条約局長が、日本として「言うべきこと」を毅然、かつはっきりと主張した。それが原因で高島条約局長は周恩来首相から「法匪」呼ばわりされたが、妥協なって毛沢東の私邸のある北京の中南海を訪ねた田中首相、大平外相に向かって毛沢東が「もう喧嘩はすみましたか。喧嘩は避けられないものですよ」と語りかけたことは、よく知られている。日中関係史上のこの先例は、「言うべきことを毅然として言うべきだ」との議論が必ずしも「愚昧」とは限らないこと、かと言って、「言うべきこと」しか言えない知恵不足の外交では成果を期待し得べくもないことを教えてくれる。

最後に福田首相に苦言をひとつ。内政面で苦境にありながら、胡主席訪日への対応はご苦労さんでした。その労をねぎらいたい。が、かつて、靖国参拝するかしないかと訊ねられて、同首相は「人のいやがることはしない」と答えた。それが福田康夫個人のモットーであるとしても（それはそれとして尊重するにやぶさかではない）、いまや痩せても枯れても一国の指導者であるのだから、そんな発言を軽々に残してはならない。理由は二つある。第一、福田首相が「いやがること」を北京の指導者がしてきた場合、「オレがいやがることをするな」と切り返すのか。切り返すなら、それはほとんど外交ではないし、切り返さないなら、日本国民の対中反感と福田不信は不必要なまでに高まりかねない。第二、今回、かりに上記モットーどおりに福田首相が胡主席に対応したとするなら、論理的には、「言うべきこと」をなんら主張しなかったからこそ今回の共同声明はまとまったとの曲解さえもが可能であろう。今回の東京での日中首脳会談の細部までは現段階では明らかではないが、そうではなかったのだと私は信じたい。

（平成二十年五月）

政治が正視を避けてはならない事柄

(1)

安倍晋三政権の下での参議院選挙(平成十九年)に自民が大敗、民主党(現・民進党以下同じ)が大勝してから一年あまりが過ぎた。それが自民党および連立与党たる公明党にとり重苦しい一年であったことは、疑う余地がない。が、「きたるべき次回衆議院選挙で勝利して政権交代を」と揚言する昨今の民主党にとっても快適な一年ではなかったことも、ほぼ間違いない。そのことは、昨年十一月はじめ、安倍退陣のあとの福田首相との「大連立」協議に、民主党の小沢代表が自党に相談もせずに応じたこと、それが党内に大騒動を引き起こしたことひとつを見ても、よく分かる。昨今の民主党は、そんな大騒ぎがまるでなかったかのように振る舞っているが、この振る舞い自体、民主党にはなにか正視したくない事柄があるという事情を如実に物語っている。

内閣改造をやっても、各種の世論調査結果が示すように、福田首相および福田内閣の人気ははかばかしくない。だから、福田首相がどの時期に衆議院解散に打ってでようとも、民主党が自民党に代わって第一党となる公算、したがって政権交代が起きる可能性は、小さいとは言えない。少なくともその可能性は、現在の民主党の発足以降では最も大きい。民主党はいま、その一点だけを凝視し、自公政権の失策や不手際を有権者に印象づけるべく躍起となっている。そういう民主党が正視を避けようとしているのは、自党の政権担当能力のあやしさである。

民主党の政権担当能力のあやしさこそは、実は小沢代表が昨秋に福田首相との密談に応じた主要動機にほかならなかった。

当時、福田首相との党首会談に応じたことを党内から激しく批判されると、小沢代表は代表辞任の意向を表明して逆に自党を驚倒させたが、その際の新聞記者会見で大要こう語った。民主党はいまだ様々な面で力量が不足しており、国民は、自民党はダメだが、民主党にも本当に政権担当能力があるのかと疑問視している、と。国民のこの疑念を正視しているのは自分だけだ、と言わんばかりであった。だが、全党的に翻意を懇請されて辞意を撤回すると、小沢氏は一転、自党の政権担当能力のあやしさには再言及しなくなった。もともと民主党内には、自分たちの政権担当能力はあやしいとの声がなかったのだから、これで騒動は静まった。以後、この問題を正視すべしとの声は、民主党内からは消えた。

他方、自民党政権の日常的な国政運営能力は著しく劣化したし、なお劣化しつつある。いちいち挙げることはしないが、昨秋の参院選挙戦で唯一、かつ最大の争点となった観のある年金・社会保険庁問題、その後の不祥事続発だった防衛省問題、特定省庁に偏らない公務員の綱紀弛緩(「居酒屋タクシー」)などは、そのつどかさにかかった報道の効果もこれあり、有権者の瞬発的、生理的嫌悪感を連続刺激、かつ増幅してきた。一九九〇年代の衆参両院の選挙法改正がそれまでの自民党の集票メカニズムの機能を低下させたという側面もあるが、基本的には自民党が政権の座にある期間が長過ぎ、国政運営に緊張感が働かなくなった結果、この現状が生まれたと言うべきであろう。

自民党は一九九〇年代中期の細川、羽田、両政権からは排除されたが、この両政権時代は合計しても一年に満たず、自民党にとりある意味ではそれは一時休暇期だったと意識されている。社会党(当時、現・社民党)の村山富一首相を担いでこの一時休暇から政権に戻った自民党は、いずれもが連立政権であったとはいえ橋本内閣から数えてもすでに十二年間以上、政権党である。わが国ではそういう認識は希薄かもしれないが、十二年というだけでも議会制民主主義、ないし大統領制民主主義の先進主要国中では長期政権なのだ。

内外を問わず、総じて長期政権なるものには、政治の運営姿勢が保守化するという特徴がある。この場合の「保守」とは、わが国で長らく政党の色分け用語として使用されてきた「保守」対「革新」の意味での「保守」ではなく、政治という業務の運営姿勢を形容するものである。きのうはほどほどにうまく行ったのだから、きょうもきのうの仕事姿勢を続ける。明日もきょうの仕事姿勢を続ければよい。かくて政治の運営に緊張感は失われる。そういう歳月が続いた。

その結果、全体としてみれば自民党政権には、本来は政治が正視しなければならないものから目をそらす習性が募った。それを簡潔に言うと、政治用語で言う「ハイポリティクス」とか「グローセ・ポリティーク」(「大きな政治」のドイツ語)の領域から目をそらすようになった。私はこの問題を自民大敗、民主大勝という結果をもたらした昨年七月末の参院選後に『産経新聞』「正論」欄で論じた。今日では当時の私の見解を一部修正する必要もあるので、以下、この問題を論じる。

(2)

「正論」大要、拙稿で私はこう書いた。

欧米諸国には、ハイポリティクスとかグローセ・ポリティーク(大きな政治)とか呼ばれる観念がある。国の防衛、安全保障、外交など対外関係、あるいは国の基本的骨格、つまりは憲法秩序の領域がそれに当たる。ハイとかグロースとか呼ばれるのは、それらが「高過ぎ」たり「大き過ぎ」て市井の人の目には入りにくいからだ。だから、この種の論点を持ち出すのは選挙戦法として割が悪い。

その「割が悪い」論点を安倍首相は参議院選挙戦で敢えて持ち出すつもりであった。だが、小沢民主党が「年金」「格差(社会)」という「身近か」な問題に的を絞り、そのうえ、平仄を合わせたように社会保険庁の杜撰さが明るみに出たため、安倍首相は「高い」「大きな」論点を有権者の前に示すことすらなく敗北した。かりに安倍首相が防衛、安保、外交、そして憲法といった論点を参院選挙戦に持ち込んだとして、それでも、自民敗北、民主大勝という結果が出たということもあり得ただろう。ただ、その場合と現実の結果との違いは、ハイポリティクス領域の問題が示されていたのにそうなったか、示されもしないままそうなったか、である。明らかに有権者は、その領域の問題を正視するよう促されることもないまま、投票所に向かったのであった。

上掲拙稿執筆の段階では安倍政権の存続が私にとっても、わが国の報道機関にとってもまだいわば疑いようのない前提だった。だから拙論中で私は、安倍政権下で行なわれるはずの次の衆議院選挙戦ではハイポリティクス領域の問題が争点にならざるを得ないだろうと予想した。

現時点で言えば、私の当時のこの予想はほぼ外れるであろうと思われる。なぜなら、まず第一に安倍首相が、拙論発表からほぼ一カ月の時点で突如、辞任した。第二に、代わって政権を担うことになった福田康夫首相は人柄と政治思考の面で前任者とはまるで違うタイプであり、ハイポリティクス領域を正視しようと有権者に呼びかけはしないだろうからである。第三の理由もある。昨夏の参院選での手法に味をしめた民主党が同じ戦法の再活用に出るだろうことである。その気で探せば、後期高齢者医療費問題、ガソリン、食料品の価格高騰、食品安全問題など、「身近」な領域で政府攻撃に使える争点はいくらでも見出せる。「国民の生活が第一」という小沢民主党代表の大号令は、次期総選挙においても轟くであろう。

ここで一点、注釈しておこう。三年前、郵政民営化一本槍で衆議院選挙に圧勝した小泉政権の前例は、いかなる意味をもつか、である。あの小泉圧勝は小泉流の「劇場型」選挙戦法によるところ大であるが、劣らず重要なのは、それがハイポリティクス領域隠しの選挙戦だったことである。郵政改革自体はいかに重要な内政問題であったにせよ、それは国の憲法秩序や防衛、安保、外交といった領域の問題ではなく、国民の日常生活領域の問題である。と見てくると、わが国では小泉政権以降、いやそれどころか、自民党が一時休暇ののち政権に復帰した橋本内閣以降、政治がハイポリティクス領域の正視を有権者に呼びかけて行われた選挙戦は、まるでないことに気付く。

(3)

無論、この間、ハイポリティクスの領域でわが国に何の動きもなかったというわけではない。自衛隊が海外で活動することは、いまや珍しくはなくなった。武力攻撃事態法も周辺事態法も、さらには国民保護法も成立した。ただ、それらの立法は、選挙戦での重要論点とすることなく、換言すれば、ハイポリティクス領域を正視しようと有権者に呼びかけることなく、国会だけを舞台として実現した。だから、国民の対外的安全に関わるはずの国民保護法に対する国民の認知度は、国民の間で驚くほど低い。

平成十九年夏の参院選を民主党は「マニフェスト」を掲げて戦ったが、この「マニフェスト」にはハイポリティクス領域への言及が皆無だといって過言ではない。それで大勝を博したのだから、きたるべき衆院選用「マニフェスト」でも同様であろう。対するに福田首相は、内閣改造後の自分の政権をいみじくも「安心実現内閣」と呼ぶ。福田首相の手で解散、総選挙が行われる場合、その「安心」とは、「消費者重視」や「生活者の目線」により「実現」される。つまり、「日常生活の安心」である。ならば、民主党に似て、これまたハイポリティクス領域に国民の目を向けさせようとはしない選挙戦法を選ぶであろう。

この予想の根拠となるのは、私も加わった「安保法制懇」(正式には「安全保障の法的基盤の再構築に関する懇談会」)の提出した報告書に対する福田首相の対応ぶりである。同懇談会は安倍首相の意向で設けられたものだが、安倍退陣後、平成二十年夏前にまとまった報告書を、福田首相は懇談会座長から自身では受け取ろうとはしなかった。それは「官邸」に提出されたのに、である。

かくて、次の総選挙戦が福田首相の下で戦われる場合は、もっぱら「国民生活」レベルでの論戦として展開されるであろう。それを怪しからんと言ってみても始まらない。他の先進民主主義国においても事情は大同小異だからである。ただ問題は、政治には「身近」な領域だけではなく、正視を要する「ハイポリティクス」「グローセ・ポリティーク」の領域もあるのだと国民に気付かせるかどうか、なのだ。日本ほどハイポリティクス領域の正視を避けてきた先進国を私は知らない。安倍首相は自らはこの領域を正視したし、国民にもその必要を説こうとした、歴代自民党政権のなかでも珍しい存在だった。次の総選挙で福田首相に代わって誰かが自民党を率いる場合、日常的国民生活を越えてハイポリティクス領域が存在することにも国民の注意喚起を図るかどうか。

その領域の存在を無視して選挙戦を戦うことは、無論、可能である。しかし、それを無視したからと言って、それでハイポリティクスの存在が否定されたことにはならない。無視しようがしまいが、ハイポリティクスの存在は疑いようのない事実である。存在するものが往々にして無視されるのは、ハイポリティクスの場合、無視の報いが今日、明日にも出てくるとは限らないからだ。だからこそ、人びとはそれを正視しなくとも、支障なくなんとかやっていけると考える。ただ、日常的に無視を続けていると、その報いは、文字どおり非日常的、かつ深刻なものとなるだろう。事と次第では、それは国全体の命運にも関わるであろう。

ハイポリティクス、グローセ・ポリティーク領域の問題が存在することを正視する政治がわが国で蘇るかどうか。昨今の状況を見ていると、ここ当分、私は悲観に傾かざるを得ない。

（平成二十年八月）

アハティサーリのノーベル平和賞受賞に思う

待たされた受賞

前フィンランド大統領のマルッティ・アハティサーリがノーベル平和賞を受けることになった。今回はこの件を取りあげる。実は、ほかのテーマにしようかと、かなり迷った。米国大統領選挙で民主党のオバマ候補が勝利し、米国の外交政策が実際にどのような「変化」をみせるのか、なかでも日米関係に「変化」が起きる場合、それはどのようなもので、日本はそれにどう対応する(できる)のかは、大変重要なテーマである。また、平成二十年十一月一日(正確には十月三十一日深夜)に突如持ち上がった田母神空幕長(当時)解任騒動も、扱われてしかるべきテーマである。といった具合に、かなり思案した。結局、アハティサーリのノーベル平和賞受賞を扱うことに決めたのは、三カ月に一回担当するこの巻頭文としては、今回見送ると多分、このテーマを論じる機会がないだろうと判断したからである。なお、田母神解任騒動については、雑誌『諸君!』で私見を述べた。かなり長いもので、この「安保研報告」の発行とほぼ時を同じくして十二月一日(平成二十一年新年号)に世に出る。本「報告」に転載されないので、関心をお持ちの方々には同誌の一読をお願いする。

さて、アハティサーリの受賞は、関係者の間ではここ何年か、たびたび噂されてきた。今年のノーベル賞は、物理学賞受賞の南部陽一郎博士だけでなく、同時受賞の小林誠、益川敏英博士にしても、また医学賞についても、待たせに待たせたうらみがあるので、「滞貨一掃」といった口さがない論評さえ出ている。アハティサーリの場合、何十年も待たされたというわけではないが、下馬評にのぼり出してから三年は待たされたことは事実だ。本人もその気だったようで、受賞が決まるとアハティサーリ自身、「非常に嬉しい」と喜色満面だった。フィンランド大統領離任後にヘルシンキで自らその設立を手掛けた民間団体「クライシス・マネージメント・イニシアティヴ」の活動にとって物心両面で追い風になるからと言うのが、その理由だった。

紛争調停のプロフェッショナル

わが国のマスメディアも、アハティサーリ受賞を大きく報じた。そしてその受賞を祝福し、かつ当然視した。いささかの疑問符も付いていなかった、と言ってよい。そのことをわざわざ指摘するのは、平和賞の場合、政治的価値観が絡むことが少なくないので、称賛一色とはいかぬケースがいくつもあるからだ。一方で称賛、他方で疑問符というのは、平和賞というものの避けられないところかもしれない。好例は一九七三年のキッシンジャー元米国国務長官の受賞だった。なにしろ同長官は超大国・米国の外交を担当したので、いかに平和志向性を指摘できるにせよ、それは米国の立場からの活動であり、米国に対し批判的な側からすれば「一方的評価だ」という論評が出るのは避け難かった。マザー・テレサの受賞(一九七九年)はそれとは全く別だった。というのも、彼女の場合、信仰から出た奉仕活動そのものが評価されたのであり、現世の、現実の、なんらかの具体的紛争や対立とは関わりのない性質の営為が受賞対象となったからであった。

アハティサーリは常に現実の具体的紛争、対立、軋轢に関わる活動に携わってきた。にも拘らず、その受賞がほとんどあらゆる方面から妥当視されたのはなぜか。それは、彼が常に紛争・対立の調停者ないし仲介者の役割を引き受けてきたからである。こういった道を何十年にもわたって歩み続けた人物はまことに珍しい。しかも、その調停のほとんどは成果を収めた。そういう成功の代表例にナミビア紛争、北アイルランド紛争、インドネシア・アチェ紛争、コソヴォ紛争があるのは、日本の新聞も報じているとおりだ。

ただし、わが国の報道においてもそうだが、諸外国の報道においても——ほとんどと言ってよいほど——言及されていない調停例が二つある。その一つは不成功例、もう一つは成功したのにほとんど言及されない調停例である。まず不成功例は、二〇〇二年四月に当時のアナン国連事務総長の要請でアハティサーリが、ヨルダン川西岸ジェニンのパレスティナ難民収容所で虐殺があったかどうかを、国連ミッションを率いて調査することになった際、イスラエル政府の反対によって調査団活動が実行できなかったケース。アハティサーリの調停はすべて成功するといった神話をつくりあげることよりも、アハティサーリほどの調停者をもってしても調停不可能な紛争がこの世界にはあり得ると認識することの方が、はるかに重要である。ただ、不成功例が言及されないこと自体は、特に異とするには足りない。

つぎに、これとは逆にアハティサーリ調停がみごとに成功したのに、国際的賛辞の氾濫の中でほとんど言及がないという、言ってみれば不思議な実例がある。私はこの調停例についてかつてかなり詳しく調べた。ゆえに、その意味を簡単に眺める。

マスメディアが見落としたEU・オーストリア調停

二〇〇〇年一月末、EUで「オーストリア制裁」劇が演じられた。発端は、その前年（一九九九年）十月のオーストリア総選挙で右翼政党「オーストリア自由党」が大躍進、四カ月近くにわたった複雑な連立打診の結果として同党が参加する「黒青連立政権」（オーストリア国民党とオーストリア自由党との連立）の発足が決まろうとしていたことであった。「青」の指導者ハイダーは、ＥＵ諸国の多くでは「極右」と理解されていた。私はハイダーを「右翼」ないし「右派」の政治家と判断していたが、フランス、ベルギー、そしてＥＵ議長国であったポルトガルでは「極右」理解がまかり通り、「黒青」連立の発足に先んじて、同連立誕生のあかつきにはオーストリアを除くＥＵ十四カ国（当時）の名においてオーストリアとは「公式の二国間接触」を停止する旨を発表した。ハイダーが叫ぶ「外国人労働者排除」は、人権を重んじるＥＵの価値観に背く、というのである。

つまり、オーストリアの情勢に過剰反応した上記三国が他の十一カ国を引っ張り、みんなで寄ってたかってオーストリアを村八分にすると決したのだった。ＥＵ史上、未曾有の事態だった。オーストリアとすれば、非の打ちどころのない秘密・自由選挙を行なった結果、これも禁止規定なぞあるわけがないさまざまな連立交渉が行なわれたのであるから、ＥＵ僚国からあれこれ指図されなければならぬいわれはない。第一、どうして他国がオーストリアの一政治勢力を「極右」と一方的に断定できる判断力を独占しているのか。

当時のプロディ委員長（イタリア出身）以下、ＥＵ委員会は頭を抱えた。以後の経過の詳細は省略することにして、オーストリア制裁騒動がはじまってからほぼ半年、ようやく「三賢人委員会」設置構想が出てきて、ＥＵ十四カ国（当時）側はその人選を欧州人権裁判所に依頼した。「三賢人」が中正な立場から事情を調査し、解決案を含む報告書の作成に当る、というのである。こう書いてくれば見当がつくかもしれないが、この「三賢人委員会」の長に指名されたのがアハティサーリ前フィンランド大統領なのであった。紛争調停者としてのアハティサーリの令名はすでに高かったから、ＥＵ十四カ国側もオーストリア側もこの人選を受け入れた。というより、振りあげたこぶしをどうしてよいか困っていた強硬派三カ国にとっては「渡りに船」だった、と形容すべきだろう。

「三賢人」の残るふたりは、元スペイン外相で欧州評議会（Council of Europe）事務総長も務めたオレヤ前ＥＵ委員会委員と、国際法とくに欧州人権法の権威であるフローヴァイン教授（ドイツ・ハイデルベルク在のマックス・プランク比較法研究所長）であったが、「三賢人」に共通するのはその高いドイツ語能力と指摘されているのを読んで、私は苦笑した記憶がある。オーストリア制裁を声高に叫んだポルトガル、フランス、ベルギーの各政府はドイツ語資料も十分に読まないまま突っ走ってしまった形跡が濃厚だったからである。（なお、「オーストリアの国語はオーストリア語ではないの」と言い出しかねない人もいるらしい昨今なので言うが、オーストリアはドイツ語の国である。）

七月二十日に発足したアハティサーリ「三賢人委員会」は驚くほど迅速に作業を進め、九月八日には報告書作成を完了。新たにＥＵ議長国となったフランスのシラク大統領（当時）にそれを提出した。

ＥＵ調停の特別な性格

結局、この「三賢人委員会報告書」が評価されて、四日後の二〇〇〇年九月十二日には「対オーストリア制裁」の解除が声明された。アハティサーリ調停の成功である。報告書の内容については、「三賢人」は⑴ハイダーらの言葉の上では激しい外国人排斥論にも拘らず、外国からの移入民に関するオーストリア政府の「政策は共通の欧州的価値への信奉を示している」と判定した、⑵制裁提唱三国および米国のマスメディアがオーストリア自由党を「極右政党」と声高に決めつけたのとは異なり、「過激主義的な表現を伴う右翼ポピュリスト政党」だと判定した、の二点を挙げるのに止めよう。

一言で評せば、オーストリア制裁を叫んだ三国の主張がやんわりとたしなめられたのである。と言えば、なんだ、それだけのことかとの声もあるのかもしれない。が、私が言いたいのは、アハティサーリの数多い紛争調停活動の中でもこの対オーストリア制裁解除調停だけは他の調停例とは性格を異にしており、特別の厄介さが絡むものだったという点である。いかなる点で、そう言えるか。それは、(イ)他の調停例は、いずれも大なり小なり武力衝突のあと始末をどうつけ、いわば物理的な平和をどうもたらすかという性質のものであるのに、オーストリア制裁解除問題では武力衝突との関連は皆無、価値観レヴェルでの対立ないし摩擦をどう消すかという、いわば精神活動レヴェルの性質のものであった、(ロ)調停対象地域が——他の調停ケースとは異なり——フィンランドも新参国として名を連ねるEU、すなわち世界の代表的先進地域であった、の二点である。この二点だけは強調しておかなければならない。

(ロ)について多少とも言葉を足せば、アハティサーリは、自国がそこに新しく加入したEU地域のいわば先輩先進国間のいさかいを調停したのである。新参者が先輩諸国の不始末を円満におさめてみせた格好だ。しかも、(イ)の意味が重要である。武力衝突を伴った紛争の調停は一見、難しく見えるが、それを伴わない価値観レヴェルの対立の調停、いわば「考えの違い」の調停と比べると、どうだろうか。後者の場合の方が、対立当事者双方へのより一層の配慮を必要とすると言えるだろう。具体的に言うと、オーストリア自由党を「極右」と決めつけた制裁主張三カ国の「誤まった認識」を直接に批判するのではなく、上述のように「過激主義的な表現を伴う右翼ポピュリズム政党」と説明して、三カ国側の面子失墜を避けたアハティサーリ流の気くばりがそれである。三国側はこの気くばりによっていかに救われたことか。

半年ほどの制裁期間中、対EU関係で針のムシロに座らされたのはオーストリアの女性外相、ベニタ・フェレーロ＝ワルトナーだった。その彼女は八年後の今日、なにをしているか。彼女はのちEU委員会に転じ、なにごともなかったかのように同委員会で渉外担当の委員を務めている。お互いの傷跡は癒されたのである。今回のアハティサーリのノーベル平和賞受賞に際して、その調停成功例の一つとして「オーストリア制裁劇の解除」を例外なく挙げたのは、私の調べたかぎりでオーストリアのマスメディアだけだった。他のEU諸国のマスメディアは、国連活動の一環としてのアハティサーリ調停のあれこれについてはその功績を大々的に紹介したが、EU・オーストリア調停についてはほとんど触れなかった。傷跡は癒されたのだから、いまさら敢えて触れるに及ぶまいとでも考えたのだろうか。

アハティサーリとロシア

さきほど、「紛争調停のプロフェッショナル」の節で、アハティサーリのノーベル平和賞受賞が「ほとんどあらゆる方面から妥当視された」と書いた。なぜ「ほとんど」に傍点を振ったか。それは、ロシアがアハティサーリの受賞を他国と同じようには評価しなかったからである。このロシアの不機嫌の原因は、国連活動の一環としてのアハティサーリによるコソヴォ問題調停にあった。よく知られているように、アハティサーリはセルビアからのコソヴォ独立を是認する——ただし、将来的にはコソヴォをもセルビアをもEUに包摂するとの見取り図の下に——解決案を提示した。親セルビアのロシアはこの構想を酷評、コソヴォ独立不承認を明言して今日に至っている。だから、他国並みにアハティサーリの受賞を素直に讃えるわけにはいかないのである。

だが、ロシアの不機嫌には弱点もある。一つは、先般のグルジア侵攻に引きつづいて南オセチア自治州とアブハジア自治共和国のグルジアからの分離独立、およびその承認という手荒い行動に出たとき、ロシアは「コソヴォの例と同じだ」と強弁したこと。何のことはない。言外にアハティサーリのコソヴォ調停に対するかつての酷評を取り下げたのである。因みに私は、コソヴォの事例と南オセチア、アブハジアの事例とは同列に置けるものではない、と考えている。アハティサーリ自身はノーベル平和賞受賞決定に先んじて、『讀賣』の連載企画「『新冷戦』なのか」のためのインタヴューに応じて、南オセチア、アブハジアのケースとコソヴォのケースを「同列」

視することは問題外と明言している（『讀賣』、二〇〇八年九月二十四日）。そして、ロシアの主張は「国際的な孤立に直面している」と結語している。と同時にこのインタヴューの冒頭で、「ロシアのグルジア侵攻は容認できない。しかし、紛争解決では、ロシアを除外しないことが重要」と語っている。ロシアの行動を明確に非としつつ、紛争調停のためには、その行動を起こしたロシアの言い分も聴く必要があるというのだ。アハティサーリ紛争調停哲学の真髄である。

　そもそも、ロシアはコソヴォ問題でもアハティサーリ調停に期待するところ大であった。そのことは、エリツィン大統領時代の一九九九年、かつてロシア首相を務めたチェルノムイルディンを特使としてアハティサーリと二人三脚を組ませ、セルビア説得に乗り出していた事実に明らかである。ただ、アハティサーリはロシアの言いなりにはならない調停者で、この二人三脚は成功しなかった。このことも示唆するように、フィンランド出身のアハティサーリにとり隣国ロシアとの関係は、良きにつけ悪しきにつけ特別の配慮を必要としているように思われる。

　一昔前、フィンランドは、西側世界では「フィンランド化」という相当侮辱的な表現をもって遇された。一九四八年締結の「ソ・フィン友好協力相互援助条約」のゆえに、中立は中立でも「親ソ中立」だと冷評されたのである。この状態はソ連が自壊したあと、一九九二年の「露・フィン基本条約」の締結をもって解消した。アハティサーリのフィンランド大統領就任は、この条約の下でロシアとの関係が対等化した一九九四年のことであり、再選を望まず二〇〇〇年に退任した。少し横道にそれるが、若くしてフィンランド外務省に入り、海外勤務、さらには国連本部での要職歴任など、外交畑一本槍できたアハティサーリは国内的にはさほど人気の高い政治家ではない。国内的人気では女性のタルヤ・ハローネン現大統領には太刀打ちできない。しかし、その外交的見識は別、とりわけ隣の大国ロシアに対する外交感覚は別である。そのことは、コソヴォ問題調停に際してアハティサーリ独特の対露配慮が示されたことによって、わが国でも知る人ぞ知るであろう。

だが、今回のマスメディアによるアハティサーリ称賛の渦の中で、アハティサーリが年来、フィンランドのNATO加盟を推していることは、わが国でまったく報じられていない。フィンランドのNATO加盟といったシナリオを聞くと、ロシアは平静ではおれまい。いまのところ、それはまだ、フィンランド政府の公式の路線となっているわけではない。だから、ロシアは騒ぎ出してはいない。ただ、警戒していることは間違いあるまい。だが、アハティサーリの主張は、親NATO・イコール・反ロシアというステレオタイプの理解では捉えられないようである。自分がなにであるのかでなお悩むロシアに対する小さな隣国としての配慮は必要だが、同時にフィンランドは欧州の構成者でなければならぬ。EUだけでなくNATOにも入る場合、その資格ができる、というのである。この面でのアハティサーリの今後の言説に注意を払っていきたい。

（平成二十年十一月）

祖父と孫――鳩山ケースと岸・安倍ケース

(1)

自民党が政権党の座に復帰し、安倍晋三第二次内閣が発足して三カ月が過ぎようとしている。国民の反応は好意的なようである。これまでは、発足する新政権については世論調査で六割強、七割弱程度の支持率という「御祝儀相場」が示されるのがほぼ通例であったが、時間の経過とともに支持率は下降、または急降下するのが普通であった。ところが、今回の安倍政権についてはこの通則が当てはまらない。少なくとも政権発足から三カ月の今日までのところは、内閣支持率が微増傾向にある。それはともかく、過去六年間で六人の総理大臣を必要とした短期政権の連続といった困った現象には終止符が打たれることを強く望む。

(2)

二〇〇九年晩夏に政権交代で登場した鳩山由紀夫首相は、結果的に見ると、日米同盟関係を何人も予想しなかったほどガタガタにした。私自身は同政権の発足当初、鳩山対米外交は眉唾ものだと警戒的であり、そのことをいくどか筆にしたが、しかし、現実に見ることになったほどの惨状を呈するだろうとは読めなかった。

私が鳩山由紀夫外交を危ぶんだ一つの理由は、この人物が自分の祖父、つまり鳩山一郎元首相の業績を誤って理解していたことにあった。そのことを痛感したきっかけは、祖父・一郎がかつて強い関心を示した欧州統合思想の先駆者、リヒャルト・クーデンホーフ＝カレルギーを、孫の由紀夫が正しく理解せず、皮相な、自分勝手な解釈(?・)の下、そのアジア版を唱えていたからである。この機会にその事情をやや詳しく述べておきたい。

祖父・一郎は昭和二十一年四月にGHQによる追放を受けて五年余にわたり公職に就けなかったが、この時期にクーデンホーフ＝カレルギーの著作に親しみ、その一九三五年の著書『人間・対・全体主義国家(*Totalitarian State against Man*)』を翻訳した。同書の最終章「友愛革命」に共鳴したからである。この訳書はやがて、クーデンホーフ＝カレルギーの『パン・ヨーロッパ』思想に深く共鳴した鹿島守之助の編纂による『クーデンホーフ・カレルギー全集』(全九巻)の第六巻に鳩山一郎訳『自由と人生』として収録された。因みに『パン・ヨーロッパ』は一九二三年春、当時まだ無名の哲学・歴史学徒だった二十九歳のクーデンホーフ＝カレルギーの処女作として出版され、評判を呼んだ。

『パン・ヨーロッパ』は荒削りながら後年の欧州――と言うより当初は西欧――統合の思想を唱えるものであったから、とりわけ第二次大戦後の西欧諸国でその先駆性が高く評価されることになった。同書はわが国では鹿島守之助訳で前記『クーデンホーフ・カレルギー全集』第一巻に収録された。私は新潮社刊『フォーサイト』誌(二〇〇七年三月号)の「ブックハンティング・クラシックス」欄で同書を採り上げ、その刊行事情、内容、後世への影響などをかなり詳しく論じた。

それから二年半後の二〇〇九年初秋、鳩山由紀夫政権が誕生した。すると程なく、『フォーサイト』編集部から電話があり、『パン・ヨーロッパ』を扱った拙稿についての問い合わせが続出しているとのこと。因みに『フォーサイト』は予約購読誌だった(現在は電子版のみ)ので、拙稿を読みたい人びとが編集部に泣きついてきたらしい。

では、なぜ拙稿への需要が高まったのか。その理由が当初、私には呑み込めなかったのだが、新総理が米国を排除するかたちでの「東アジア共同体」構想を打ち出し、その際に欧州統合の原構想とも言うべき『パン・ヨーロッパ』思想に言及したことがその背後事情らしいとの説明を聞いた。

孫・由紀夫が祖父・一郎に傾倒しているらしいことは、私とて知らないわけではなかった。とりわけ「友愛精神」が祖父との強い絆となっており、祖父がそれをクーデンホーフ＝カレルギーから摂取した以上、孫・由紀夫が『パン・ヨーロッパ』の著者を深く敬愛しているとしても、不思議とは言えない。が、新総理となったこの孫に私は強すぎるひとりよがりを感じないわけにはいかなかった。

孫・由紀夫の頭の中では次のような思い入れ循環図が描かれていたのだろう。由紀夫の「友愛精神」→祖父・一郎の「友愛精神」→クーデンホーフ＝カレルギーの「友愛精神」→クーデンホーフ＝カレルギーの『パン・ヨーロッパ』思想→第二次大戦後の欧州統合運動→鳩山由紀夫の「東アジア共同体」構想。ただし、これは孫・由紀夫の身勝手な思い込みである。どこにその身勝手さがあるか。二点を挙げよう。

第一、祖父・一郎がクーデンホーフ＝カレルギーの「友愛精神」に深く共鳴したのは事実である。前掲の『フォーサイト』稿ですでに私は「鳩山（一郎）は著者（クーデンホーフ＝カレルギー）から友愛精神を摂取した」と書いておいた。が、一郎が『パン・ヨーロッパ』思想にも共鳴した、とは書かなかった。なぜなら、それは不明であるからだ。

鳩山一郎は訳書『自由と人間』に七ページにもわたる長文の「訳者の言葉」を書いているが、そこに『パン・ヨーロッパ』についての言及は皆無である。また、同一人物の著作である以上、前者と後者の間に思想的断絶があると見るのは不自然だが、前者が後者の続編であるわけでもない。両者はあくまでも、別個の著作である。とすれば、祖父・一郎が『パン・ヨーロッパ』をどう評価したかは、不明なのである。だのに、『自由と人生』に傾倒した祖父は『パン・ヨーロッパ』をも深く信奉していたと考えるのは、孫・由紀夫のひとりよがりである。

第二、孫・由紀夫は自分の「東アジア共同体」構想が第二次大戦後の欧州統合と同種、同質のもの、つまり自分の構想は欧州の先例に倣ったものと理解していたようである。米国排除もこの先例どおりというのであろう。ひどい勘違いである。この点で鳩山由紀夫は二重の無知を曝け出している。一つは第二次大戦後の西欧の統合の動きが最初からきわめて明確な反共性を特徴としていたことへの無知。クーデンホーフ＝カレルギーは政治家でなく思想家だったから現実の統合の動きに直接関与したわけではないが、西欧統合の動きが現実化した一九五〇年代後半および六〇年代に著した文章を読めば（それは和訳全集で難なく読める）、いかに明確な反共意識の持ち主であったかが分かる。もう一つは、当時、米国は確かに西欧統合への参加を求められなかったが、それを大西洋のかなたから強く促したし、それの実現に向けて特別な舞台装置を欧州に提供したのである。言うまでもなくＮＡＴＯ（北大西洋条約機構）がそれで、この米欧にまたがる安全保障構造があったからこそ、西欧は安んじて経済中心の統合運動に専念できたのである。孫・由紀夫はこれらの事実を全く見ていない。

私見では、鳩山由紀夫は『パン・ヨーロッパ』も、祖父・一郎が訳した『自由と人生』もきちんと読んではいない。こうなると、祖父・一郎がむしろ気の毒に思えてくる。世人が知らないのをいいことに、やれクーデンホーフ＝カレルギーだ、やれ『パン・ヨーロッパ』だと引き合いに出してみせるが、それらは孫・由紀夫の装身具みたいなものでしかない。血肉化とはまるで無縁である。

（3）

それにしても、祖父・一郎と孫・由紀夫の関係について最も重要なのは、孫が祖父その人を理解できていないという事実ではあるまいか。祖父・一郎は改憲論者であり、政治家のタイプとしてはコスモポリタンではなく、むしろナショナリストであった。そのことを孫は理解していただろうか。祖父に対する尊敬を公言する孫・由紀夫は改憲論者だろうか。ナショナリストだろうか。

なるほど孫は平成十七年に『新憲法試案』(PHP出版)を出版した。だから当初、私は孫も祖父に倣って改憲論者なのだろうと考えた。が、孫の総理在任数カ月にして、私はその著書が何人かの代筆であることを確信するようになった。と言うのも、本人の言動が重要な点で著書の論述とはあまりにも食い違うからである。

決定的な一例を挙げる。鳩山由紀夫『試案』の第五十一条(内閣総理大臣の指揮監督権限)にはこうある。「自衛軍の最高の指揮監督権限は、内閣総理大臣に属する」。立派な規定だ。ところで現行制度下でも、この権限が絵に描いたようなかたちで行使される機会がある。年一回の「自衛隊高級幹部合同」での「総理大臣訓示」である。「訓示」とは言わば抽象的な命令である。ところが鳩山首相が平成九年一月に行った「訓示」はなぜか自衛隊に対する感謝の言葉の羅列であり、出席した自衛隊将官たちはなにを「訓示」されたのか戸惑う態のものであった。

つまり、鳩山由紀夫という「最高指揮監督権者」には、自分の役割がなにかがまるで理解できていなかったのである。それでありながら、『新憲法試案』などという改憲のすすめが、本当に自分で書けたのか。

(4)

さて、政権に復帰した安倍晋三首相についても、祖父・岸信介元首相が特別の、大きな存在として映っていることは、よく知られている。祖父・信介の最大の政治的功績は、言うまでもなく一九六〇年の「日米安保条約」の締結である。当時猛烈な「安保ハンターイ」運動を呼んだ同条約は、しかし、その後はすっかり定着し、国民はその存続を自明視してきた。いや、昨今は日中緊張関係のゆえに絶対必要視するに至ったとさえ言える。

安倍首相は先般の訪米で、民主党政権の下で大きく傷ついた日米同盟関係を岸信介の孫として再び建て直す旨を明言してきた。米国側もこれを歓迎した。訪米は成功だった。無論、私もそれを喜ぶ。がしかし、それだけであってはならないとの気持ちを強くもっている。では、私はこの上、なにが必要だと考えるのか。

一言でいえば、国民は現行の日米安保条約に安住している。そして、現行条約を読まなくなってしまった。条約でなにが約定されているかを自ら確認することなく、ただただ現行条約が存続してくれるものと思い込んでいる。日米同盟とか日米安保条約とかをテーマとする講演を引き受ける際、私はこの点で聴き手の反応を必ずテストすることにしている。聴衆の関心がかなり高いと判断される場合でも、「日米安保条約を読んだことのある方は挙手してください」と問うて、三％程度の手が挙がったためしはまずない。ひどい例として、これから地方議員となり、ゆくゆくは国政の場を目指すはずの若手集団の場合、挙手ゼロのケースがあった。

要するに、現行の日米安保体制の下、日本は「平和と安全」に恵まれてきたのだからという理由だけで、国民は条約内容を詮索せず、ただただそこに安住を決め込んでいるのだと断じても暴論ではないのである。そういう安住は正しいか。望ましいか。私の答えは「ノー」である。なぜなら、現行の日米安保条約は世界に類例なき「非対称・双務性」の条約であって、日本が武力攻撃を受けた場合には米国は日本を共同防衛する義務を負うが、逆に米国に対する武力攻撃の際に日本は共同防衛に立ち上がる義務を負っていないからである。防衛義務のこの片務性は、日本が米国に対し基地提供の義務を負うという別種の義務、つまり非対称の義務によって埋め合わされている。世界に類例がないこういう異様な構造の同盟条約であることを、日本国民は忘れてはならない。

どうしてかくも異様な「非対称・双務性」の同盟条約が一九六〇年に結ばれたのか。岸信介首相は「その方が日本にとってトクだ」と計算したからなのか。そうではない。岸首相は吉田茂首相が一九五一年に結んだいわゆる「(旧)日米安保条約」を改定して、日米が条約構造上は「同種の義務、同種の権利」で結ばれるべきだと考えた。それが普通の同盟条約だ。しかし、「日本国憲法」の下では、完全な双務性の条約――私の用語では「純然双務性」条約――は米国のヴァンデンバーグ決議に抵触するので、結べない。米国が締結に応じない。なぜなら、同決議の第三項は、「自助および相互援助を基礎」としてのみ米国が他国と防衛条約を結ぶことができるとしているのだが、日本はこの「相互援助」要件を満たせないから――これが米国の言い分だった。

(5)

だから、「純然双務性条約」の締結は不可能だった。それが岸には口惜しくてならなかった。ゆえに首相退陣後の岸はこの無念さを晴らすため、憲法改正の必要を強く訴えた。「普通の憲法」を持てば、屈辱的とも言える異形の現行日米安保条約の再改訂を考えることができるからである。しかし、岸退陣後に登場した後継首相である池田勇人、岸の弟であり長期政権を担った佐藤栄作らは「六〇年安保騒動」に匹敵するような政治的大激動が一九七〇年(現行安保条約に規定された一応の条約期限)に再燃するのを怖れ、ひたすら国民が安保条約を論じないよう、つまり安保条約問題を忘れてくれるよう願った。

国民の関心は安保問題を離れ、もっぱら高度経済成長に集中した。こうして現行条約への安住が始まり、人びとは条約構造などまるで問題にしない、そもそも条約を読まない、という習性を身につけた。この習性は、冷戦期の最後の十年、さらにはポスト冷戦期の約二十年を通じて変わらなかった。現行安保条約は疑いもなく冷戦の産物だったけれど、冷戦が一九八九/九〇年に終わってポスト冷戦期を迎えても、日本国民の条約肯定の姿勢はほとんど変わらなかった。いや、ポスト冷戦期が進めば進むほど世論調査での日米安保条約支持率は上昇した。

現行安保条約締結から五十年目の二〇一〇年には当時の民主党政権の岡田克也外相が現行条約を日米同盟の「中核」と呼び、この同盟をなお「三十年、いや五十年」続けようと繰り返した。私はこれに噛み付いた。「日米同盟をなお五十年」に異論があるわけではない。が、その「中核」である現行日米安保条約をあと五十年、このままにしておくわけにはいかないと考えるからである。

その旨を私は二〇一〇年六月に『産経新聞』の「正論」欄で述べた。題して「日米安保に『安住』せず再改定を」。無論、自分が大風車に向かって突撃するドン・キホーテ視されるだろうことを覚悟の上で――。ところが『産経』部内で共鳴者がいて、「再改定案」を作ってみないかと誘われた。結局、大阪大学の坂元一哉教授、谷内正太郎・元外務事務次官の二人、および『産経』スタッフと力を合わせて、二〇一一年九月には「条約再改定案」を書き上げ、同紙上で発表した。

言うまでもなくそれは、日米が条約構造上、「同種の義務、同種の権利」で結ばれる「純然双務性」の条約案である。念のために言うが、「条約構造上」に傍点を付したのは、国家の実力面での対等性とは無関係であることを示したいからだ。たとえばNATO条約はすべての加盟国に「同種の義務、同種の権利」を認めているが、実力面で米国と対等な加盟国など一つもない。そのような安保条約再改訂を「憲法改正とともに進めよ」が私の主張であった。当時、私はそれが岸信介の執念に添うものだと意識していた。

五年前に孫・安倍晋三が一度は政権の座を離れたとき、同政権の復活があるだろうとは予想できなかった。しかし、現実には安倍晋三が総理の座にカムバックした。その最初の政権担当期にはスタートさせながら果たせなかった集団的自衛権見直し問題も、再び有識者懇談会の場で取り上げられる運びとなった。この問題も、考えてみれば「非対称・双務性」条約の下、集団的自衛権行使の「相互義務化」が謳われなかったことに起因している。さらに多分、七月の参議院選以後になるのだろうが、憲法改正問題もまず第九十六条から取り掛かって、いずれ第九条問題にも及ぶ可能性も否定できなくなった。

とすると、孫・安倍晋三は祖父・岸信介の政治的遺志のほとんどを頭に入れて政権運営に当たっていると言える。ただ一つはっきりしないのは、岸が締結したいと考えた日米対等という構造の日米安保条約なるものは、現行の安保条約とは異なる「純然双務性条約」なのだったという事実を、孫・安倍晋三が意識しているのかどうかである。それが意識されていることを期待したい。

（平成二十五年三月）

ウィーン会議と米機関によるメルケル首相盗聴事件

映画「会議は踊る」

最近、一九三一年に制作されたドイツ映画「会議は踊る」をDVD版で観た。なんの気なしに観たのではなく、観なければならぬとの強い気持ちからだった。この映画は若かった頃、繰り返し観た。今日風にいうと一種のミュージカル物と呼ぶべきだろうが、主演女優リリアン・ハーヴェイの歌う主題歌「ただ一度」が楽しく美しかった。だが今日、是が非でもこの映画を観なければならぬと思ったのは、甘い主題歌が恋しくなったからではない。のちに述べるような、はっきりとした動機が働いたからである。

「会議は踊る」の会議とは一八一四年にオーストリア帝国(当時)の首都で開かれたウィーン会議のことである。ほぼ二百年前のことだ。欧州全領域に覇権を確立しようとしたナポレオンがロシア遠征に失敗、敗走の後、地中海のエルバ島に追放される。反ナポレオン連合の中心だったオーストリア皇帝がウィーンに当時の欧州諸国の主権者という主権者全員を招き、会議を主宰した。当時は、君主主権時代で、総勢約三百の皇帝、国王、諸侯らが参加し、覇権追求者ナポレオン打倒後の欧州新秩序を、いや「旧体制」の復活を協議した。会議を実際に運営したのは、オーストリアの宰相メッテルニヒ公である。

先日、突然この古い映画のいくつもの場面が私の頭に蘇った。会議の主導者メッテルニヒが朝食のベッドで部下に命じて、各国代表団使節の会話を盗聴させる場面である。それがどんな仕掛けなのかは分からないが、メッテルニヒの寝室傍には滑稽な装置がある。壁の柱にある直径十センチほどの穴から部下がまるで象の鼻のような伝声管を順次引き出し、各国首脳や外交団の内部協議ぶりを聴き取る。そしてニタリ、ニタリとする。

無論、それは史実ではなく寓話的描写である。映画そのものがウィーン会議から百二十年近くたって制作されたものであるうえ、十九世紀の一〇年代にこんな「象の鼻」よろしき盗聴装置が実在したはずがない。ただし、映画制作者が往時の現実を寓話的に語っていることは、疑いを容れない。

メッテルニヒが最大の関心を払ったのは、ナポレオン打倒で大役を果たしたロシア皇帝アレクサンドル一世の意向である。ウィーン市民の歓呼の中、馬車で市中行進する皇帝に向けて、一人のウィーン娘が花束を投げる。それがきっかけで皇帝と娘とはワイン酒場で落ち合い、歓楽の夕を重ねる。盗聴を通じてそれはメッテルニヒの知るところとなり、ロシア皇帝の会議そのものに対する決意と関心を散漫化させる手立てを講じる。

連夜の舞踏会。映画の題名「会議は踊る」はそこからきている。そしてウィーン会議は「会議は踊る、されど進まず」の状態となった。メッテルニヒの計算どおりだ。ウィーン会議は史上初の欧州の主権国参加による国際会議だったから、現代風に言えば国連総会に全加盟国首脳が出席したようなものだ。その舞台を利用してメッテルニヒは各国使節団の動向盗聴に励んだのである。

念のために言うが、映画制作者はそのことを主張したかったわけではない。楽しい娯楽大作を作ること、そのために寓話的意味では突飛でもなんでもない頻繁な盗聴という道具立てを使ったまでのことだろう。国際関係においては、たとえ同盟国間においても諜報の秘術を尽くして――盗聴はその一手法である――自国の国益を守るというのは常識の領域に属したのである。私が映画「会議は踊る」を何十年ぶりに観たくなったのは、そこにその実情が寓話的手法で描かれていたはずだと、突然思い出したからであった。

メルケル首相盗聴

ここまで書けば、本稿で私が述べたい事柄はすでにほぼ明瞭だろう。

米国の国家安全保障局（NSA）による欧州諸国首脳に対する盗聴活動問題が、連日新聞紙面を賑わせている。なかんずく注目の的となっているのは、標的となっていたとされるドイツのメルケル首相の反応である。同首相は十年来――つまりは野党指導者であった時期から――米国による盗聴の対象となっていた由だが、細部の事実を扱うのは本稿の役割ではない。本稿が問題としたいのは、「同盟国の首脳を盗聴するのは許せない」との趣旨のメルケル首相の「怒り」である。

同盟国の首脳を盗聴対象にしてはならないと本気で言うのならば、同首相は少なくともウィーン会議以降の国際政治の実態に疎いことになる。私はメルケル首相がそんなに世間知らず、歴史知らずだとは思いたくない。同盟国が自分を盗聴することにより自分の身辺、自分の政府の表面に出ない情報を探そうとしていることぐらい百も承知の上で、米国批判を強めているはずである。

それは、二百年前のウィーン会議におけるロシア皇帝アレクサンドル一世と同じことだ。ロシア皇帝は、国際政治において非合法手段を弄してまで同盟国が自分の考え、自分の身辺を洗おうとしていることを先刻承知していた。他国首脳のその当然の欲求をはぐらかすため、往時は要所要所で皇帝のダミーが活躍した。「会議は踊る」を見るがよい。要するに、同盟国関係にあっても表に出ない相手側の情報を得るため、国家首脳は秘術を尽くし合ったのである。

メルケル首脳の怒りを受けた米国側では情報機関の責任者たちが、「他の同盟国も同じような情報活動をやっている」との議会発言を重ねている。私はそのとおりだと判断している。問題は尻尾をつかまれるか、つかまれないかである。米国の場合、ＣＩＡ職員のスノーデンという「裏切り者」を出すという失態があった。

念のため、ドイツの「連邦情報庁（Bundesnachrichtendienst）」の自己紹介を示しておこう（なお、ドイツには他にも国家機関としての情報機関がある）。「本機関の仕事は、公然と入手可能な事実や見解を超える情報を集めることである。だから、ことの裏側を覗き、背景理由に照明を当て、客観的な気分のありようを描き出すこともあり得る。それは常に法規定の枠内において、かつドイツの安全のために、のことである。本機関はその際、秘密かつ隠蔽のうちに活動するのであり、その成果が表に現われることはほとんどない」。

要するに、米国の国家安全保障局とそっくりの活動をしているわけである。「常に法規定の枠内において」活動すると謳うのは当り前のことで、それがわざわざ謳われているのは何も特筆に価することではない。鍵は米国のＣＩＡスノーデン職員のような「裏切り者」を出すという事態を回避できるかどうかの差にすぎない。いままでのところ、ドイツの機関はスノーデン類似の「不心得者」を出していない。が、今回の事件の影響で内心ひやひや状態であることは、疑いを容れない。

わが国では国家機関による諜報活動をよしとしない戦後風潮がある。今日の米国機関によるメルケル首相盗聴事件での反応をみても、その傾向が歴然としていた。しかし、国際政治は冷酷な世界であって、清純派・日本を歎かせるような事態は今後も起こり得る。その中にあって、徐々にではあるがリアリズムを踏まえた言論も散見されるようになった。たとえば十一月一日付『讀賣』の社説がそれである。

そこには、こうある。「…米国に通信妨害の抑制を期待するのは不可能だろう。また、危険である」。さらに、「妨害を受けたとされる側も防諜体制を整える必要があろう」。私も同じことを言いたい。

盗聴の技術的手段は、時代の進展につれて大きく変化してきた。また、それを論じる際の人々の倫理感にもかなりの変化があった。しかし、国際政治の本質はウィーン会議当時と今日でなんら変化していない。人間と人間の間の関係としては非難に値する事柄も、国と国の間の関係では許容されなければならない場合がある。国家間の盗聴とは、露骨に言うと国家の品格の問題ではなく、国家の能力の問題である。

「君も、僕も、誰もがスパイ行為をやっている」

ドイツと米国の間では凄まじい報道合戦が展開されている。センセーション主義の「駅売り新聞」のレベルでは、断然ドイツの方が鼻息は荒い。米国ＮＳＡのやったことは同盟国関係に背く卑劣な行為だ、と攻勢一方である。しかし、いまの段階では、誰だってそれくらいの啖呵は吐ける。問題は、いつまで一本調子の米国断罪論を続けるかである。

メルケル政権は早晩、矛をおさめなければならない。同首相が米国の盗聴行為を厳しく咎めた真の動機は、もう一つはっきりしない。しかし、いずれつぎのようなことが判明するかもしれない。それは、今回の事件を機縁に、同首相が米国に一種の心理的な貸しをつくろうと考えていることである。だとすれば、そういうのを「転んでもタダでは起きない」と言うのであろう。問屋がそう卸してくれるか。

最後に、ボン大学の国際関係専門家であるシュテファン・タールモン教授が十月三十一日付『フランクフルター・アルゲマイネ』紙に発表した見解を述べておこう。映画「会議は踊る」を想起しながら――。

「携帯電話の盗聴は――それが連邦首相のものであれ、平凡な一市民のそれであれ――友人同士の間では非友好的な行為であろう。だが、国際法的にはそうではない。国際法が平時のスパイ行為について実際に禁止方向に向けて発展していくことになるのかどうかは、怪しい。と言うのも、（ドイツの）連邦情報庁自体がやっている対外諜報に照らしてもそうなのだから。結局のところ、依然としてこうである。君はスパイ行為をやっている。僕はスパイ行為をやっている。われわれは誰もがスパイ行為をやっている」。

（平成二十五年十一月）

集団的自衛権をめぐる二題

(1)

安倍晋三第二次政権が内閣改造なしの歴代最長記録を更新中だそうである。しかし、入閣待望組が首を長くして自分の出番を待っているらしいから、秋風が吹くころにはこの最長記録にもピリオドが打たれる気配である。

この一年八カ月の間、私は集団的自衛権問題で忙殺された。一つには、安倍総理が第一次政権時代に設置した「安保法制懇」(安全保障の法的基盤の再構築に関する有識者会議)を復活させたからである。第一次内閣、第二次内閣でも私はその委員を仰せつかった。

しかし、そのこととは無関係にもう一つの理由がある。日本の平均的有権者が集団的自衛権なるものを——耳にタコができるほど繰り返して聞かされてきたにも拘らず——まるで理解していない不思議な現実に、私はこの一年半、驚かされてきた。私は過去に二冊、集団的自衛権を扱う著作を発表した。まず二〇〇一年にPHP新書で、つぎに二〇一二年に一藝社という知名度の高くない出版社から。なぜ一藝社を出版社に選んだかといえば、同社が私のわがまま——PHP版をそっくりそのまま収録した上で、新規に同分量ほどの新稿を加える——を許してくれたからである。

両著ともにかなりの読者に恵まれた。だから普通の有権者は集団的自衛権という概念を理解しているのだろうという思い込みが私にはあった。しかし、それは根拠なき思い込みに過ぎなかった。実際にはこの抽象的な概念を有権者の一割程度が理解しているかどうかも疑わしい。いや、ざっと一億一千万の有権者の一パーセント、つまり百十万人ほどしか合格点のとれる答案を書けないであろう。

これは出鱈目な当て推量ではない。私なりの根拠がある。過去一年半、私は各種の政治研修セミナーの類いで集団的自衛権問題を扱う多くの機会に恵まれた。しかし、その結果確認することになったのは、この抽象的な概念についての絶望的なまでの理解不足であった。将来は地方政治、いや中央政治の場での活躍を夢見ている知的に平均以上の受講者が合格点のとれる答案を書けない。これが現実なのである。

しかし、それはわが国の特殊現象ではない。他の先進諸国についても同じはずだ。だが他国の場合、集団的自衛権とは何ぞや、その行使は許されるか否か、といった問題設定がそもそも存在しない。国家が個別的自衛権と並んで集団的な自衛権を保有すること、したがってその行使は許されることは、他国においては自明なのである。他国の有権者は自明の事柄について殊更に説明を求められたりはしない。空気の組成を述べよと注文されたりはしないのである。ところが、わが国の有権者だけはその問いに答えるよう求められている。

この辛い現実に直面して、私はある意味で自分の考えを変えた。集団的自衛権問題で必要なのは、なによりも国民啓発だと確信するに至ったのである。そのため、海竜社の要望に応じて『いちばんよくわかる集団的自衛権』という新著を八月初旬に出したばかりである。

(2)

繰り返すが、わが国では過去数十年来の不幸ないきさつもあって、平均的な有権者が集団的自衛権という「妖怪」についての理解をもつよう求められている。私は今後、その面でなにがしか貢献したいものと考えている。

それにつけても、過去一年ほど、集団的自衛権問題で展開されたわが国の世論争奪戦ぶりは凄まじかった。その模様は各種の世論調査結果に歴然としている。新聞社やその他の機関が実施するわが国の世論調査は、その方式が洗練されていることもあって、一般的に信頼度が高い。ところが、こと集団的自衛権行使是認か否かに関する限り、昨今の調査結果には大きなばらつきが目立つようになった。

その原因は設問の作り方の差にある。たとえば『朝日新聞』の場合、やや誇張して言えば集団的自衛権の行使とは戦争のことなのだといわんばかりの設問が用意される。すると回答する側には「そればかりは御免」といった気分が強まる。対して『讀賣新聞』の場合は、密接な関係にある友邦が不当な武力攻撃を受けた場合、力を合わせてこれに「反撃する行為」との説明が付されて、それへの賛否を答えさせる。すると朝日的設問に対する回答とは大きく違う世論の反応が確認されることになる。

かくて、こと集団的自衛権に関しては世論調査の信頼性が著しく低下している。いわば我田引水型の世論獲得戦が展開されているのであって、感心しないことおびただしい。

しかし、一般的な世論獲得戦だけならまだいい。問題は一部のマスメディアが自社の主張を補強する目的から「有名人」獲得に狂奔していることである。有名人とはいっても、集団的自衛権なる抽象的概念にどこまで通じているかは保証の限りではない。が、その言説を紹介することによって、自社の我田引水型世論調査になにがしかの影響をもたらしたいとの打算がありありとしている。困ったものだ。

それと関連して、もう二点指摘しておきたい。第一には、集団的自衛権行使容認に踏み切ると、自衛官が「戦死」するという言説がある。なるほど、仮に集団的自衛権が行使される場合には自衛隊から犠牲者が出ることは覚悟しておかなければならない。では訊ねる。個別的自衛権行使の事態ではどうなのか。その場合、自衛隊は死者を出さないとでも言うのか。

個別的自衛権はわが国防衛のため必要な限りで行使されなければならないから、自衛隊はそれ相応の犠牲者を覚悟しなければならない。比較の問題として言うなら、それは、最初から「限定的」に行使される集団的自衛権の場合を優に上回るものとなる。集団的自衛権の行使だけが自衛隊から戦死者を出すと言わんばかりの説はデマゴギーに過ぎない。自衛権行使という事態を迎えたことのない自衛隊からは、公務中の事故などでこれまで千八百超の犠牲者が出ているのである。

最後に第二点。集団的自衛権をめぐる騒然たる論争の中から、かりにその限定的行使が今後の関連法規類の整備にともない可能となると、徴兵制の導入は避けがたくなるとの言説が立ち現われた。ひどい説である。現行憲法の下、第十八条に照らして何人も「犯罪に因る処罰の場合を除いては、その意に反する苦役に服せられない」とあるではないか。にも拘らず徴兵制復活を言い立てるのであれば、それは文字通りためにする言説にほかならない。

加えて、この種の説を唱える人びとは、先進国の軍隊がどんな組織であるかを一度も調べたことがないに違いない。先進国の軍隊はいずれもプロフェッショナルな集団であるから、長期の訓練を欠く義務兵役制の軍隊とは根本的に異なる。これは戦闘能力についてだけ妥当する事柄ではない。過般の東日本大震災や今回の広島での土砂災害で国民が目撃したように、自衛隊の災害出動・民生協力が効果的だったのは、自衛隊がその面でも長期の訓練に励んできたからこそである。半年やそこらの義務兵役制をもってしては、効率的な災害出動能力さえ育成できないのである。

そういうことを知ってか知らずか、かつて防衛庁長官を務めた加藤紘一のような人物までもが、集団的自衛権の限定的な行使が容認されるあかつきには徴兵制導入が不可避になるとの説を唱えている。政治家として現役を引退しているとはいえ、かつて自民党の有望株と目された人物の思慮と洞察力を欠いたこの種の発言には腹立たしさを覚える。

しかし、腹を立てるのは止めよう。根拠なき謬説を正してゆく努力を続けるほかない。

（平成二十六年八月）

ヘルムート・シュミット追悼

(1)

二〇一五年十一月十一日、その前日にヘルムート・シュミット元西ドイツ首相が死去した旨を、マスメディアは一斉に報じた。享年九十六歳。長い人生であった。彼の連邦首相時代のドイツは、まだ東西に分裂していた。統一ドイツの誕生は、その後継首相たるヘルムート・コール首相を待たなければならなかった。だからシュミット首相はいわば最後の分断国家の指導者であった。

　彼の政治家としての歩みは、かなり波乱に満ちていた。まず第一に、ヘルムート・シュミットには幾分かユダヤの血が流れているとの説がある[1]。しかし、それが問題になるのは、ヒトラー・ドイツのユダヤ人殲滅策のゆえであり、今日のドイツでは騒ぐほどのことではない。第二次大戦で前線経験があるのは、当時の若者として当然のことだ。彼は空軍下級将校として西部戦線で戦った。しかし、一九四四年七月二十日のヒトラー暗殺未遂事件で反逆者たちが裁かれたとき、彼は傍聴を命じられたが、法廷があまりにも茶番劇であったので、まともにそれを受け止めなかった。

　第二に挙げるべきは、戦後の政界におけるその急上昇ぶりである。敗戦前に西部戦線への配置転換を命じられたので、一九四五年五月に西側へ投降、人並みに捕虜生活を味わった。同年八月に釈放。やがて故郷ハンブルクで経済学と政治学を専攻する。在学中にシュミットは穏健な社会主義に目覚め、ドイツ社会民主党（SPD）に入党、やがてその下部組織のドイツ社会主義学生同盟（SDS）の求めに応じ、いきなりハンブルクを跳び越え英国占領地帯のSDS委員長に就任する。

ハンブルク大学で経済学ディプロムを取得後、シュミットは本格的に政界に進出することになった。西ドイツが米英仏三占領地帯を統合して、「ドイツ連邦共和国」となったのは一九四九年秋で、二回目の総選挙が行なわれたのは五三年十月である。シュミットは弱冠三十五歳で当選している。しかし、六一年末にはボン政界から故郷ハンブルクに戻り、同州の内務相に就任した。ドイツではこれは都落ちではない。

歴史的に地方分権色が強いこの国では地方政府首長がいきなり中央政界に踊り出て、数年ならずして連邦首相の座に座ることが少なくない。西ベルリン市長から中央政界に転進して、外相、そして程なく連邦首相となったウィリー・ブラントや、キリスト教民主同盟（CDU）所属の政治家でラインラント・プファルツ州首相を経て一九八二年に連邦首相となったヘルムート・コールの例に見られるように、むしろ州政治のレヴェルで政治的業績を積むことの方が重要なのだとも言える。この意味でドイツの政治風土は米国に似ている。

しかし、第三に指摘すべきは、シュミットが一九七四年五月から八二年十月まで八年を超える長期政権を担いながら、SPDの党首ではなかったという不思議な事実である。どうしてそんなことが有り得たのか。歴代の西ドイツ首相は、東西統一達成後のドイツ首相も含めて、すべて同時に自らが所属する政党の党首であった。例外はシュミットだけである。この謎は、前任者ブラントが自分の後継首相となったシュミットに対して抱いた隠微な個人的感情から説明できると思われる。

ブラントは一九七四年四月、「ギョーム事件」の責任をとって不本意な辞任に追い込まれた。ギョームとは十六年も前から東ドイツによって送り込まれたスパイであり、ブラントが首相に就任すると首尾よくその秘書官に潜り込んだ人物である。この事件は人気絶頂だったブラントの命取りとなったが、その権力欲だけは残った。他方、シュミットにとって権力は二の次で、政治的実績がすべてであった。ここに両者の複雑な関係が始まる。後年、その後遺症とみられる事態が持ち上がる。

(2)

ブラント政権時代(一九六九年十月—七四年五月)にシュミットはまず国防相に就任した。これは適役であった。と言うのも、戦後のSPDは戦後のシューマッハー、オレンハウアーと二代にわたる党首時代、いわば「平和の党」だったので、防衛問題についての専門家が極めて少なかったからである。シュミットは唯一人の例外であった。彼の処女作は『防衛か報復か——NATOの戦略問題へのドイツの貢献』と題され、早くも一九六一年に出版された。また、その二十年後には、『均衡の戦略——ドイツの平和政策と世界の強国』を出版している。[2] 私は、両書とも所有している。特に後者は、当時難航した米ソ間核軍縮交渉についてのドイツ側見解を論じた文献としても貴重である。

つぎにシュミットは一九七二年七月から七四年五月まで当初は財政・経済相を兼務、のち財政相に専念した。彼本来の領域である。しかし、その在任期間は国防相時代に比べると短かった。先述のように、ブラント首相が東独スパイ事件で突然の退陣に追い込まれたからである。後を託せるのはシュミットを措いてなかった。

けれども、シュミット首相時代の後半は西ドイツにとって文字どおり試練の時となった。私見では、冷戦時代の西ドイツの外交的選択が国際的注視の的になった事例は二つある。その第一は一九五〇年代前半に保守のアデナウアー政権が明確に「西」を選択し、ボンのNATO加盟を実現したことである。これは、わが国の吉田茂政権が日米安保体制を選択したのと並べて、第二次世界大戦後の国際安全保障秩序確立にとっての最重要な貢献であった。

その第二は、一九七〇年代後半から八〇年代前半にかけて米ソが核軍縮、分けても中距離核軍縮を巡ってシノギを削ったとき、シュミット首相が果たした決定的な役割であろう。

ケネディ米政権が一九六二年の「キューバ・ミサイル危機」を乗り越えたあと、米ソ関係は安定に向かい、戦略核削減を巡る両国間の交渉は比較的順調に進んでいた。ところが、核軍備削減交渉には米国にとって思わぬ盲点があった。いわゆる中距離核問題である。簡単に言うと、ソ連が自国領にそれを配備しても、その射程からして中距離ミサイルは米国には届かない。ゆえに米国はそれを追加的脅威だとは受け止めない。が、それは西欧全域を射程に置く。これをロンドンやパリやボンから見ると、追加的脅威と映る。

シュミット首相は、これを自国および欧州側NATO諸国にとり極めて重要な意味を持つ戦略上の問題だと受け止め、当時のキャラハン英首相、ジスカール・デスタン仏大統領と語らって、米国のカーター大統領に問題の重要性を理解させようと悪戦苦闘する。その過程でシュミット首相はNATO「二重決定」の生みの親となる。つまり、米国が中射程ミサイルを開発、製造し、これを西ドイツをはじめ西欧諸国に配備するとの姿勢を示しつつ、ソ連を中距離核削減交渉の場に着かせるとの構想であった。有名な「SS20 vs. パーシングII」なる交渉図式がそれである。

その骨子はほぼ次のとおりだ。米国とNATO所属西欧諸国は大西洋で隔てられている。他方、ソ連とワルシャワ条約加盟の東欧諸国は陸続きである。この戦略は非対称性のゆえに、米ソの中距離核が持つ意味は全く異なる。米国が西欧に配備するパーシングII型ミサイルはモスクワより西方のソ連領に届くが、ソ連が配備済みのSS20中距離核は米本土には届かない。だから、米ソ交渉は始まったものの、進展は至難であった。しかも、西側同盟の盟主たる米国のカーター政権は、この構造非対称性をもつ難題を理解できなかった。そこでシュミット首相の悪戦苦闘が始まる。

それがどれほどの苦渋に満ちたものであったかを教えてくれるのは、『シュミット外交回想録』上巻にみられる詳細な記述である。それがあまりに詳しいので、ここでは章名と最も手厳しいカーター批判とだけを引くにとどめる。まず第二部第七章。「ジミー・カーター　理想主義と不決断」。そして辛辣なカーター評。「ブレジネフの方がカーターより私の懸念をわかってくれた、という印象を受けて残念だった」(二六〇ページ)。つぎに同第十章。「カーター外交の破綻」。この章名がすでにすべてを物語っている。

(3)

シュミット首相の訃報のあと、故人を偲ぶさまざまな文章が発表された。なかで是非とも挙げておきたい一文がある。『産経新聞』二〇一五年十一月十四日付に掲載された榊原智・論説委員の「南シナ海とシュミット氏の知恵」がそれである。この論稿では、シュミット首相が提唱したNATOの「二重決定」路線と往時の米ソ中距離核交渉の意味が過不足なく見事に述べられている。NATOの「二重決定」路線をソ連が無視したこともあって、西欧はじめ世界では、「反核運動」がわき起こる。ために米国のパーシングⅡミサイルの西欧配備は困難視された、「それでも西ドイツには、『二重決定』に沿ってパーシングⅡが配備された。ソ連は米欧分解に失敗し、その後、中距離核戦力の破棄に応じたのである」。

冷戦を大きく俯瞰してみると、今となってはソ連がそれに耐えきれるわけがなかった。ただし、半世紀近くにわたったその過程で、西側が対応策を誤まると、どうなったかは分からない。たとえば米ソ中距離核問題でその対応が最も注視されたのは、疑いもなく最前線国家たる西ドイツである。そのとき、ボンで外交的舵取りに当たったのはシュミット首相であった。彼は動揺しなかった。そのうちに、軍拡に力を入れ過ぎたソ連が疲労の限界に達し、やがてゴルバチョフ書記長の「ペレストロイカ」路線を呼び出す。この両人なくしては、冷戦はそれが現実に辿ったような道筋を辿って終わることはなかっただろう。

けれども歴史は皮肉である。シュミット、ゴルバチョフの両人とも、政治の舞台から降りるときには、決して幸福感、満足感に満たされていたとは思えない。シュミット首相について見れば、その退場ぶりは不本意なものであっただろう。なにゆえか。その前任者ウィリー・ブラント首相の行動ゆえである。彼はこともあろうに自分の後継者がNATO「二重決定」路線を貫こうと悪戦苦闘しているのに対して、反核運動を煽り、その失脚を狙ったのである。最近、その間の事情を詳述した一書が出版された。グンター・ホフマン『ウィリー・ブラントとヘルムート・シュミット――むずかしい友情の歴史』がそれである(3)。

同書はいきなり次のような描写で始まる。「一九八三年十一月、ケルンの陰気な見本市会館で行われたSPD党大会で、ウィリー・ブラントはヘルムート・シュミットに一瞥をも払わなかった。前首相もまた、ブラント党首の方をチラリとも見たくないらしかった。蒼ざめ、その眉は引きつっている。勝者はいない。どこにも。四百人の代議員中でシュミット前首相の見解に賛成票を投じたのは、僅かに十三人である。圧倒的多数は中距離核の西ドイツ配備に反対するウィリー・ブラントに賛成票を投じたのであった」。

妙な言い方になるが、SPD党大会のこの決定は西ドイツとしての決定ではなかった。同年三月の総選挙でブラント党首とシュミット首相の率いるSPDは敗北、CDU／CSU（キリスト教民主・社会同盟）が勝利、ヘルムート・コール政権が誕生していたからである。コール首相は前任者が敷いたNATO「二重決定」路線を継承し、米国のパーシングⅡミサイルの自国導入を実現した。それがモスクワの方針転換を引き出し、冷戦終結を導いたのだった。

ブラントは権力意志の強い政治家であった。そして激情の人でもあった。他方、シュミットは「仕事師」であり、政治的実績の方をむしろ重視した。そのことを示すのが、外国の指導者に対する彼の評価の仕方である。

(4)

ヘルムート・シュミットは首相引退後、故郷ハンブルクで発行されている高級週刊誌『ツァイト』の共同発行人となり、同誌上で健筆を振った。それらをまとめた単行書は夥しい数にのぼる。恐らくは一八七一年にドイツ帝国統一を達成した大宰相オットー・フォン・ビスマルクのそれに匹敵するであろう。

シュミットは好んで他国の指導者を俎上にしている。その観察眼はなかなかに面白い。まず超大国たる米国の大統領について見ると、先述したようにジミー・カーターに対しては極めて辛い点数をつけている。それと対照的なのは彼のロナルド・レーガン評である。特に、これは当然のことかも知れないが、映画俳優出身のこの政治家が中距離核に関するNATOの「二重決定」路線を堅持したことはすこぶる高く評価されている。だが、それだけではない。シュミットはその『外交回想録』に次のようなレーガン評を残した。

「私が気に入ったのは彼の男らしい魅力だけではなかった。特に私が感心したのは、彼がその二か月前の銃によるテロで重傷を負ったにもかかわらず、精神的、肉体的に立ち直ったことであった。私は理性より本能で、なぜこの男がアメリカ国民にそんなにも好まれるのかがわかった。彼は沈着で、話すときは少し間をおいてから始め、簡単なたとえや言葉を用いる。しかしその意思を一晩たったら変えてしまうかもしれないという不安を人々に感じさせない。レーガンは誇り高く、国に対しても誇りをもっている。彼はほとんどの問題をアメリカ人として、そしてアメリカ人としてのみ見つめる。それでも彼にはヨーロッパの政治家に耳を傾ける能力がある」(4)。

シュミットがレーガン大統領をこれほど高く評価していたとは、意外だった。一方は万能型政治家で官僚に頼らず、細部まで自分で詰めるタイプだったからである。では、シュミットは西欧のリーダーたちをどう評価していたか。サッチャー英首相、ジスカール・デスタン仏大統領らについても、シュミットが書き残している文章は多い。しかし、そのレーガン評の意外さに優るとも劣らないのは、わが国の中曽根康弘首相をシュミットがどう評価しているかであろう。

中曽根とシュミットは同じ一九一八年の生まれである。自国の指導者になったのは、後者の方が早い。しかし、これは一方が長期政権の国、他方がクルクルと政権交代を繰り返す国であるから已むを得まい。ただ、閣僚経験からいくと両者は互角であろう。なによりも似ているのは、中曽根が防衛庁長官、シュミットが国防大臣を経験していた点である。それが影響してか、シュミットはまず、こう書いている。中曽根は、「強烈な国家主義的色彩を帯びた『タカ派』として知られており、公然と日本の軍備拡張に賛成し、大部分の日本の政治家とは異なり、自分の海軍時代のことも、日本の軍事的能力に対する敬意も、また戦没者に対する敬意も隠そうとはしなかった。したがって彼は、五〇年代と六〇年代であったならば日本の総理大臣としてはアメリカにとって（そして日本人の大部分にとって）おそらく我慢できない存在になっていたであろう。しかし、レーガンが日本に防衛努力の増強を迫る八〇年代には、彼はワシントンでもてはやされる日本の政治家になった。その際、彼の英語能力と適応力のある雄弁さが役立った。ワシントンは、彼の親米態度を喜んで信用した。この態度も全く真心のものである」（傍点、カッコ内は原文）。(5)

さらにシュミットは自分も中曽根も現役を退いたあとのふたりの出会いについても回想を残している。それは、中曽根がベルリンで詠んだ二句の思い出である。そのひとつが「壁こえて　薫風旗を　翻す」であり、もう一句は、「弾痕の　下のしゃくなげ　芽ぶきけり」である。第二句の「弾痕」とは当時、西ベルリンが「壁」で分断されていたティアガルテン区に廃墟として残されていた旧日本大使館の破壊の跡を指している。私はかつてベルリンに留学していた時代に自由大学で学び、学業もほどほどに戦いの跡を見て回ったものだから、中曽根がシュミット首相にこのような二句を贈ったことを興味深く読んだ。
シュミットの「外交回想録」は日本については概して厳しい言葉を残している。なかで、その中曽根評は例外ともいえる好意的なものである。シュミットと同年生まれの中曽根は今日なお矍鑠《かくしゃく》としている。いつの日か、ヘルムート・シュミット逝去についての中曽根の感慨を読んでみたい。

（平成二十七年十一月）

注

（1）その一例として、"*Jew or not Jew: Helmut Shumidt*" http:www.jew or not jew.com/profile.jsp?ID=530. また英語版と日本語版の Wikipedia も同じ説を採っている。ただし、ドイツ語版には、ない。ドイツ語版製作者は多分、シュミットにユダヤの血が混じっている事実など指摘する必要がないと考えたのだろう。また、日本語版は英語版を翻訳したものと思われる。
（2）"*Verteidigung oder Vergeltung — Ein deutscher Beitrag zum strategischen Problem der NATO*", 1961. "*Strategie des Gleichgewichts — Deutsche Friedenspolitik und die Weltmächte*", 1981.
（3）Gunter Hofmann: "*Willy Brandt und Helmut Shumidt: Geschichte einer schwierigen Freundschaft*", 2012. なお、著者ホフマンは首相引退後のシュミットが共同発行人だった『ツァイト』誌の記者である。
（4）『シュミット外交回想録』下、岩波書店、三五ページ。
（5）同前、二一〇ページ。

第二部　日独の対ソ国交回復交渉を比較する

——「安保研報告」連載、二〇〇六年八月号—二〇〇九年六月号——

第I章

1　はじめに

鳩山一郎内閣による日ソ国交回復から五十年が経つ。きたる十月十九日は、「日ソ共同宣言」署名の五十周年記念日である。これを機会にいくつかの組織や機関が記念行事を企画しているとの風説も耳に入ってくるが、現実の日露関係は、未解決の領土問題のゆえに平和条約は締結されていないし、全面的に関係停滞とは言わないまでも、さる二〇〇六年八月十六日の北方海域でのロシア国境警備局による根室漁協漁船に対する銃撃を伴う検問、日本人漁船員の死亡、漁船拿捕という実例にもみるように、真の意味での正常化にはなお程遠い状態にある。それでも記念行事が晴れやかに行なわれるのであろうか。

私は本稿で、五十年前の日ソ国交回復交渉を、そのほぼ一年前に実現した(西)独ソ国交回復と比較しつつ、振り返ってみたい。なぜいま、ドイツとの比較かと言えば、当時から鳩山内閣は西独の「アデナウアー方式」に倣ったのだとの説明がなされ、今日においてもそう語られているからである。十月に五十周年記念の行事が行なわれるとすれば、やはり「アデナウアー方式」での国交回復だった、と回顧されることだろう。この説明は、私見では必ずしも適切なものとは言えない。なぜ私がそう判断するかを理解してもらおうと思えば、日独二つの対ソ国交回復過程を比較してみせる以外に方法がない。

もっとも、上記の説明が必ずしも適切なものではないとの私の見解が広く納得してもらえることになったとしても、生じた五十年前の事実がそれで変更されるわけではない。生じた事実は、あくまでも生じた事実である。ただ、その生成過程に新しい解釈の光を当てると、われわれは多分、いままで見ていなかったもの、あるいはいままで見えなかったものを、新しく発見するであろう。われわれの物の見方は多少なりとも豊富化し、そのことはわれわれを少なくともちょっぴりはより賢明にしてくれるかもしれない。日露関係の今後を考えても、日独比較の見地からの過去再検討のこの試みは、無意味ではあるまい。

2　二つの『回顧録』

比較を進めるうえでの最も基本的な典拠を挙げておこう。最重要なのが、鳩山一郎とコンラート・アデナウアー(Konrad Adenauer)という、両国の政治指導者が書き遺した回想録のたぐいであることは、言うまでもない。鳩山一郎には『鳩山一郎回顧録』がある(文藝春秋新社、昭和三十二年)。同様に、アデナウアーにも『回顧録』がある。

もっとも、ここに「同様に」と言いはしたものの、似ているのはそこまでである。二つの「回顧録」は表題が同じと言うだけであって、これだけ異質、かつ対照的な二種の文書も珍しい。そこで私の比較はここから始まるわけだが、まず、鳩山『回顧録』は「終戦」から政界「引退」までの時期を扱ってはいるものの、全編二百二十四ページ。最終章が「日ソ交渉に當る」であり、それは、おまけして数えても三十二ページ(辛く言えば二十二ページ)。その前章で交渉前史を叙した部分(「日ソ交渉の發端」など)を多めに数えても七ページか八ページ。日ソ交渉に関しては、要するに実質三十ページに満たない程度の叙述である。

他方、アデナウアーの『回顧録』は「敗戦」から書き起こされているものの、著者生前には第三巻までしか刊行されなかった。第四巻は、死の直前まで書き継がれた部分と、かねてから用意されていた詳しい執筆構想とを収録して、死後に遺族の手で刊行された。全四巻の刊行は一九六五年から翌六六年にわたった。四巻は合計で二千七十一ページ。このうち、モスクワでの国交回復交渉は第二巻で扱われているが、「モスクワへの旅」の章だけですでに七十ページ、交渉前史と読める部分は、狭くとって七、八十ページ、広くとれば百五十ページ程度に及ぶ。また、鳩山本とは本の版サイズが違う。私は三十五年ほど前、第一巻の拙訳を河出書房から出してもらったが(以降の巻は河出が音を上げたので、出版には至らなかった)、そのときの感じで言えば、アデナウアー本の一ページは鳩山本の二ページ近くに当たる。要するに対ソ国交回復過程についての両指導者の叙述には、量的に見て雲泥の差がある。

無論、叙述量だけを比較してどちらかに軍配を上げるのは馬鹿げている。重要なのは内容である。内容の比較となると、ある程度の多角的な精査が必要となる。それは追い追い展開してゆくとして、まずは、ほぼ同じ時代を生き、自国の対ソ国交回復という同種の外交課題を手掛けた日独ふたりの政治指導者が、回顧録の作成と発表にそれぞれどのような意気込みを示したかを眺めてみよう。それを眺めてみれば、鳩山『回顧録』がなぜに二百五十ページに満たず、他方、アデナウアーのそれが二千ページを越えてなお未完だったのかがおのずから理解されることになろう。

3 『回顧録』を書くことへの執念

鳩山『回顧録』の「序」は、つぎのように始まっている。

文藝春秋社から「ぜひ、回顧録を書いてくれないか」と頼まれた。正確な資料を集めたり、昔の記録を調べたりするのでは、とてもわずらわしくてたまらないと思ったが、「思い出すままの追憶記で結構…」だという話である。それなら、丁度いまは體もあいているので、一つ、やってみようかという氣になった。

それにしても、私一人の記憶だけでは、不安なところもあるし、時には、私があまり眞相を知らない事件や、忘れている事柄も出てくるに違いない。そこで、身近かなところから河野一郎、杉原荒太、松本瀧三、若宮小太郎の諸君、そして外部から細川隆元君に手助けをお願いすることにし、やっと出來上がったのが、この小册子である。

アデナウアー『回顧録』第一巻の序文はまず、近代史専攻のある大学教授と、歴史の「発展」について問答し、大学教授が「歴史家は予言者ではない」と主張したのに対し、自分は必ずしも同意見ではないと述べたとの書き出しではじまっている。近代史家が予言を旨としないことは理解するが、しかしそれでも、「現在生起する事象から――可能な限り――将来の発展を推論するなら」、それは真によい仕事なのだろう、と言うのである。そして、こう続く。

私は歴史家ではないけれど、嵐のような激動の時代にあって、幾多のことを經驗したし、また、その大部分の形成にもかかわってきた。無論、私は豫言者ではないし、だから、私が將來について述べる事柄には間違いもあるだろう。だが、現在あるもの、またありうべきものについて、讀者の思索を呼び起こすことになるならば、私はしあわせである。

これだけの紹介で、『回顧録』執筆に向かう両人の姿勢の違いは、十分明らかだろう。どちらが立派、どちらがダメと言うのではない。鳩山は恬淡としている。それは日本では一種の美徳である。出版社の誘いがなければ、鳩山は『回顧録』を書かなかった可能性が高いし、「序」にみずから書いているように、政界引退後の日々を読書、バラ造り、野球、相撲のテレビ観戦、家族との団欒を中心にして過ごしただろう。彼はみずから成しとげた日ソ国交回復と抑留者の帰国実現について、「自分ながら、本當によいことをしたと、つくづく思った」と回想しているものの、モスクワでの交渉過程をみずから進んで書き残すことが自分の責務であろうとか、後世への指針になってほしいとかいった感情とはほとんど無縁だった。

他方、アデナウアーは、自分が主役となって引っぱった戦後西ドイツ政治および対外政策を書き残すことは、自分の責務だと考えていた。ために、現役中から引退後の回顧録執筆への資料保存とか、準備を怠らなかった。引退後は、『回顧録』執筆に全力を投入した。そして筆を進めるほどに想は湧き、第一巻序文で予言した二巻構成をみずから放棄、アデナウアー死後に出された第四巻で、出版社が著者は回顧録未完のままで世を去ったことを明らかにした。

鳩山の恬淡とはあまりにも対照的な、猛烈な執念である。この執念は、同時代および後世の世代にとり将来の政治的発展を思考するうえで、自分の回顧録が役に立ってほしいとの願望によって裏打ちされていた。

私は一九七〇年代前半と一九八〇年代中期に二度、当時西ドイツの首都だったボン市レーンドルフのアデナウアー邸（今は記念館）を訪ね、晩年のアデナウアーの仕事部屋、つまりは回顧録執筆の部屋を見たことがある。それは、とても片手間の仕事のための場ではなかった。無論、彼もあれこれの関係者に助言や証言を求めたには違いないけれども、執筆そのものは孤独な、自分との格闘の作業だったはずである。それは、彼が回顧録とは「思い出すままの追憶記」でよいのだとは考えず、自分の思想をもしっかりと書きつける責務の文書だと考えたからであろう。

4　異なった政権状況

鳩山とアデナウアーの対ソ国交回復という仕事は、第二次大戦の敗戦国がソ連との間の「戦争状態」に終止符を打ち、外交関係を再開し、それぞれの首都に大使館を相互開設するものだったと言う意味では無論、共通性がある。だが、当時の日独の国際的境遇や政権状況はひどく違っていた。この違いの側面を見ないで、両国の対ソ国交回復過程には「アデナウアー方式」という共通要素があるとだけ述べることは、かえって歴史の実相を隠してしまうことになりかねない。

まず、鳩山政権とアデナウアー政権の国内政治史上の役割の差について、つぎの確認が不可欠である。鳩山首相の就任は一九五四(昭和二十九)年十二月、退陣は五六年十二月で、その在任期間は二年余に過ぎなかった。政権担当期間がこのように短かった(?)のは、鳩山が一九四六年五月から五一年八月まで公職追放の身であったことが大きく影響している。追放直前、鳩山は首相の座をつかんだも同然で、予定閣僚名簿までもができていた。だが鳩山追放の結果、吉田茂が急拠、首相の印綬を帯びることになった。それまで吉田との関係は悪くなかったので鳩山は、やがて追放が解除されるあかつきには、約束にしたがって吉田が政権を「返還」してくれるものと考えていた。しかし、政権についた吉田は、そもそもが鳩山追放解除を妨害する側に回った(と、鳩山は主張する)。鳩山の追放解除後も、吉田は政権「返還」には応じず、一九五四年十二月に行き詰まって政権を投げ出すまで、八年半にわたり長期政権を続けた。

アデナウアーは一九四九年九月から六三年十月まで、十四年の長きにわたって西ドイツ初代首相を務めた。四九年九月までは西ドイツ領域は米英仏三国の占領地帯に分かたれていて、中央政府がなかった。鳩山の首相就任が本人の夢見たより八年も遅れたことは、アデナウアーの外交業績と比較するうえで、実に大きな意味をもっている。アデナウアーはその超長期政権在任中に、当時の西ドイツにとっての最重要な外交課題のすべてを自分で手掛け、かつ自国の国際的地位を築き上げた。第一には、占領国であった西側三国との間に「パリ条約」を締結して、西ドイツとして主権を回復した。第二に、当時「小欧州」と呼ばれた西欧五カ国とともに「欧州石炭鉄鋼共同体」を設立し、西欧統合の第一歩を画した。第三に、西ドイツをＮＡＴＯ（北大西洋条約機構）に加盟せしめ、安全保障上、自国を米・西欧同盟体制の一員とした。そうしたうえでアデナウアーは独ソ国交回復問題をも手掛けたのである。

鳩山政権が誕生したとき、戦後日本の最重要な外交課題は吉田政権によってあらかた処理済みとなっていた。一九五一年のサンフランシスコ講和条約締結による主権回復、時を同じくしての日米（旧）安保条約締結がそれである。サンフランシスコ講和には参加しなかった中国（中華民国）との間の日華平和条約の締結（一九五二年四月）も、吉田内閣の仕事だった。だから、鳩山内閣が発足したとき、残されていた重要な外交課題と言えば、日ソ国交回復と日本の国連加盟にほぼ尽きていた（日韓国交正常化の機はまだまだ熟していなかった）。そこで鳩山内閣は、このふたつの重要問題を手掛けたのである。

以上の経緯をまとめてみると、こう言える。戦後日本が抱えた重要な外交課題は、吉田・鳩山両内閣によって順次、いわば分業のかたちで処理されていった。ドイツでは、それに類似の諸問題のすべてをアデナウアー首相がひとりで手掛けた。当然のことながら、そこにはアデナウアーの全体的な外交戦略観が心棒となって貫通している。日本の場合はそうではなかった。

アデナウアー政権のような超長期政権が望めなかった以上、日本では上述の重要外交課題が順次、分業のかたちで手掛けられたのはやむを得ないことであった。問題だったのは、吉田・鳩山両政権の政権リレーでバトン・

タッチがなかったことである。吉田長期政権が続くうちに、両者の関係はライヴァル関係、いや対立・対抗と評する方が当たっているほどの悪い関係に転じていた。追放解除後の政界復帰第一声を鳩山は一九五二年九月十二日の日比谷公堂会演説で発することになるが、鳩山『回顧録』には繰り返しこうある。「この演説ではっきりと吉田君との對立を表明したのだった」(一一一ページ)。「日比谷公會堂での政界復歸の第一聲で眞っ向から吉田政權と對立する演説を行った」(一一六ページ)。

5　反発的分業

では、鳩山は具体的にはどのようなかたちで吉田批判を展開したのか。やや長くなりすぎるが、後々に述べるところと重要なかかわりがあるので、『回顧録』から引用する。

私がその第一聲以來主張した憲法改正と日ソ交渉の問題は大體次のような構想から出發したものである。その時分アメリカの雜誌には「一九五二年(昭和二十七年)頃が米ソ戰爭の危険な年だ」と盛んに書いてあった。

つまりソ連においてもアメリカにおいても最初に軍備擴大の充實するのが一九五二年だからその年に一番戰爭があり易いというわけで、私は病氣療養中にもそのことを一番心配していた。米ソ戰爭がはじまればこのままでは日本は戰場になってしまう、ソ連は直ぐ日本を攻擊する、だからソ連との國交はなるべく早く正常化して置かなければならぬと考えたのであった。それでそのことを九月一二日の第一聲でも演説し、同時に不脅威、不侵略の狀態で平和を追及しなければならない。平和を追及するのには世界の平和というものは集團體制によって維持すると同時に、各國が地域的に弱點を補充してゆかなければならない。だから各國が自衞の軍備を持つ必要がある。――ということを私は主張した。吉田君は、保安隊、それから警備隊はもっても日本は絶對に軍隊は持たない――とこういう。

私はそこで、「吉田君のいうことは白馬馬に非ずという論だ」と攻撃し始めたのである。こういう譯で憲法改正と日ソ國交の正常化とは、二つの問題のようで實は最初から一つに組み合わさっている問題なのであった（一一六―一一七ページ）。

勿論、鳩山は吉田政権が手をつけないで積み残していたという理由で日ソ問題を取り上げたわけだが、上のように述べたことで、日ソ国交問題と吉田批判とを結びつけてしまった。売り言葉に買い言葉。保守合同で鳩山政権は自由民主党政権となったものの、党内の吉田派は鳩山のこの姿勢に激しく反発した。だから、日米関係の構築は吉田の、日ソ国交回復は鳩山の仕事だったとは言っても、この分業は補完的ではなかった。それは政権与党内の二派が反発しながらの分業にほかならなかった。アデナウアー超長期政権下の西ドイツでは、そもそも分業は必要なかった。それどころか、後にも触れるように、対米、対西欧、再軍備の問題では与野党間に厳しい対立があったけれども、対ソ国交回復問題では与野党はむしろ一致していたのである。

6　ドムニツキーを受け入れた鳩山首相

鳩山一郎政権とアデナウアー政権がそれぞれ、対ソ交渉の開始を決断した時期はほぼ同じだった。だが、交渉開始の決定に至るまでのそれぞれの政権内部での経緯は、大きく違っていた。

交渉を誘いかけたのは、いずれの場合でもソ連側であった。問題は、鳩山とアデナウアーがその誘いかけにどう対応したかである。鳩山は一九五四(昭和二十九)年十二月十日に首相に選出されてほどなく、ドムニツキーなる人物を通じて働きかけを受ける。ドムニツキーは対日極東委員会の元ソ連代表部に属したが、サンフランシスコ平和条約発効に伴い、同委員会が役割を終えたので、日本は国交のないソ連の代表部を承認しない方針をとった。ために、当時はドムニツキーが代表部通商代表を自称したものの、その身分には不明確なところがあった。のちに日ソ交渉の全権となる外交官出身の新人代議士・松本俊一はやがて、鳩山の意向でドムニツキーと接触をもつが、その松本にしてからが回想録中でこの人物を、「当時でも、いかなる過去をもつのか」不明の、「いわば正体の知れない人物」、「一種の妖気をただよわせていた」人物と評している(松本俊一『モスクワにかける虹――日ソ国交回復秘録』、一九六六年、朝日新聞社、二二ページ、以下『秘録』と略)。

それだけではない。鳩山とドムニツキーの初接触の事実関係も、すこぶる不明瞭なのである。私はいま、鳩山が首相就任「ほどなく」、ドムニツキーからの働きかけを受けたと書いたが、この点についても、つぎの指摘が必要である。鳩山『回顧録』には、こうある。「（日ソ）兩國の間に、初めてそのため（＝日ソ国交回復）の動きが出たのは、（昭）三十年一月二十五日、ソ連在日代表部のドムニツキー氏が、本國政府からの書簡を持って私のところにやって來た時から始まる」（一七四ページ、傍点およびカッコ内補足は佐瀬）。しかし、これは事実ではない。鳩山は細部にこだわらない鷹揚な人物で、出版社から誘われなければ『回顧録』を書く気もなかったほどだから、この程度の記述でいいと考えたのかもしれない。

だが、几帳面な松本俊一は違う。松本によると、ドムニツキーの最初の鳩山邸訪問は「一九五五年一月七日」のことで、その際、ドムニツキーは「戦争終結宣言によって、日ソ間の戦争状態を終らせる国交回復の公文を交換し、大使を派遣し合い、そのあと領土、通商、戦犯、国連加盟などの諸懸案解決について交渉したい」との趣旨を提議したのだと言う。そして、日ソ国交正常化に情熱を傾けた鳩山は、「直ちにその提案には原則的に賛意を表した」、とある（松本、二四ページ）。松本は念を入れて、こうまで書いている。ドムニツキーは、「一月二十五日の朝、再び音羽（の鳩山邸）に現われて一通の文書を残していった…」（二五ページ）。

ドムニツキーの行動について、鳩山と松本の記述が食い違っていることは明瞭である。一月二十五日の鳩山邸訪問を、鳩山は「初めて」の動きだと言うのに、松本は「再度」の訪問だと書いているからである。

しかし、松本の筆にも、すっきりしないものがある。と言うのも、松本『秘録』を普通に読んでいくと、「一月二十五日」こそがドムニツキーの鳩山邸初訪問であるかのような錯覚に陥るからである。この第二回目の訪問はすでに『秘録』一七ページで「日ソの直接接触」として大きく扱われている。ところが、一月七日の初回の訪問の方はようやく二四ページに至って登場してくる。この記述順は、おかしい。それのみでない。『秘録』巻末には七ページにわたる内容濃密な「日ソ交渉日誌」が収録されているが、そこには「一月二十五日」があるのに、「一月七日」はない。因みに、この「日誌」で「交渉の発端」の第一に挙げられている日付は一九五五年「一月十六日」であって、そのつぎが「一月二十五日」のドムニツキーの鳩山邸訪問なのである（一六八ページ）。「一月十六日」とは、モロトフ・ソ連外相の対日関係に関するモスクワ放送声明なのだが、後述するように、このモロトフ声明は。「一月七日」にドムニツキーが鳩山との直接接触から得たであろう感触なしでは、発出されたかどうかが疑わしい。

なぜ、この点に関して松本の筆はすっきりしないのか。松本の『秘録』は「鳩山一郎先生の霊」に捧げられている。鳩山に対する敬愛の情は同書に横溢している。しかも鳩山『回顧録』からの引用もある。とすれば、ドムニツキーとの出会いについての鳩山の思い違い（?）がなるべく目立つことのないよう、松本が自著での記述を工夫した可能性は排除できない。

なお、蛇足を加えると、鳩山・ドムニツキー直接接触はほどなくマスコミの大騒ぎを呼び起こすことになるが、「初」接触は「一月二十五日」だとするのがほぼ定説化した。その一因は、共同通信記者だった藤田一雄が書いた「ドムニツキー始末記」にある（『文藝春秋』、昭和三十年四月号）。それは、鳩山・ドムニツキーを仲介した新聞記者「X君」の証言を代筆したような体裁の文章だが、「X君」が藤田記者本人であることは、まず疑いがない。いずれにせよ、この寄稿でクローズ・アップされているのは「一月二十五日」であり、「一月七日」は巧妙に隠蔽されている。二年後の鳩山『回顧録』がこの線をなぞったし、十一年後の松本『秘録』が上述のような分かりにくい記述法を採ったため、ドムニツキー騒動には一貫して不分明なものがつきまとうことになった。

7　不透明な事後説明

いずれにせよ、ドムニツキーの鳩山邸訪問をもって日ソ国交回復交渉の第一石が置かれたことは、鳩山外交にとりきわめて特徴的であった。それは、いわば一種の密使外交である。「いわば一種の」と妙な言い回しが必要なのは、ドムニツキーの最初のターゲットは鳩山でなく、日本外務省を経由しての重光外相であったからだ。それだと、必ずしも密使外交ではない。が、吉田茂の威光が残存していた下で、ソ連代表部を認めない外務省がそんな策謀に応じるはずがない。そこで次善の策として、若干の当時の日ソ関係筋を動かし、ドムニツキーは直接に鳩山邸の門を叩いたのである。

あらかじめ間接的にドムニツキーの「一月二十五日」来意を聞いていた鳩山は、「手紙を渡すために會いたいというのなら會っても差支えないと思っていたが、新聞記者に見つかると、必要以上に騒がれるというので臺所から入って貰ったことを覚えている」(『回顧録』、一七四ページ)。これだと、立派な「密使」である。ドムニツキーは、鳩山の言う「手紙」を持参していた。世に名高い「ドムニツキー書簡」である。それは松本『秘録』にも、『日露(日ソ)基本文書・資料集(改訂版)』(ラヂオプレス、二〇〇三年)にも収録されているが、「手紙」というには宛名も、差出人も、作成日も記載されていない、奇妙な文書であった。いくらなんでもそういう文書に反応するわけにはいかないので、鳩山はそれを重光外相に渡し、外務省が日ソ両国の在ニューヨーク国連代表部間の接触で、ソ連政府文書である旨の確認を図ることになった。

松本は、その確認は一月三十一日にとれたとしている(『秘録』、一八ページ)が、鳩山の回顧はそうではない。国連代表部に確認作業を命じた。「ところが、これから少し經つと、ソ連にも政變がおこり、マレンコフ氏に代って、新たにブルガーニン氏が首相になった。果してどうなるかと思っていると、二月の十六日、ドムニツキー氏が再び突然、私の家を訪ねて、ブルガーニン氏からの手紙を差出した」(『回顧録』、一七六―一七七ページ、傍点は佐瀬)と言うのである。つまり、一月二十五日文書の差出人確認が取れないうちに、またまた(それは第二回目?それとも第三回目?)突然、ドムニツキーの来訪を受けた、としか解釈のしようがない記述である。

しかし、ここでも疑問が深まる。なぜなら、すでに一月二十九日にソ連国営通信タスがこう報じていたからである。「…一月二十五日、在東京ソ連代表部代表であるA・I・ドムニツキーが鳩山首相を訪問し、ソ日關係の問題につき会談した。この会談の中でドムニツキーはソ連政府の委任の下、以下の聲明を行なった」(傍点は佐瀬)。そして、鳩山に手渡されたドムニツキー文書の全文が報じられた。つまり、松本の言う一月三十一日や、鳩山の言う二月十六日を待つまでもなく、タス通信が問題の文書がソ連政府書簡であることを、一月二十九日には認めたのである。タス電を読まなかったり、タス電を信用しないと言うのなら話は別だが、この件につき、どうして鳩山や松本のような記述ができるのか、強い疑問が残る。

要するに、日ソ国交回復交渉は一九五五年初頭の胎動段階で、不透明、かつかなり分かりにくいプロセスを辿った、と言わざるを得ないのである。

8　鳩山流の問題点

いずれにせよ、一九五五年の日ソ国交回復交渉開始の瀬踏みがこういうかたちで始まったことは、日本外交にとり望ましいことではなかった。問題点を列挙してみよう。

第一、鳩山が早期の日ソ国交回復はわが国にとり必要との信念にもとづいて行動したことを疑いたくないが、だからと言って、信念は方法、手段を正当化しない。しかも、鳩山の記憶が危なっかしいのと同様、彼のドムニツキーとのつき合い方も危なっかしかった可能性が高い。「密使」外交の例は外交史上にいくらでもある。松本は、「正体の知れない人物」が暗躍することは、「外交交渉の初めの段階では…あるにはある」と述べて(『秘録』、二二ページ)、鳩山をさりげなく擁護するかのごとくであるが、最高指導者がいきなり正体の怪しい「密使」を受け入れる例はまずない。謀略にはまると、当の政治指導者の政治生命が失われるからである。接触の事前打診があると、まず下僚をして接遇せしめ、下僚の診断を経てから自分が「密使」を受け入れるのが物の順序である。現実の例について述べると、日ソ関係筋からドムニツキーの訪問希望を耳打ちされた鳩山は、信頼する下僚、たとえば松本俊一に接触を命じて、まず「密使」の人物を鑑定させ、訪問目的をあらかじめ把握させる。しかるのち、必要とあらば「密使」引見に踏み切る。ところが、鳩山はその逆の順序を踏み、まず自分がドムニツキーに会ってから、松本にバトン・タッチしたのであった。

問題の第二点。もともと外務省が接触を拒否した人物を、鳩山首相がいきなり自宅で接見したものだから、首相と外相、首相と外務省の関係は最初から緊張含みとなった。一国の外交にとり、これは不幸なことである。確かに外務省には、鳩山が対抗心をむき出しにするに至った吉田茂の影響が強く残っていた。だから、その理由から鳩山のやり方に冷たい視線が注がれたとすれば、それは省内の派閥根性にほかならず、そのこと自体が批判されるべきであろう。が、それがすべてではなかった。省内派閥とは関係なく、「外交はかくあるべし」の見地から鳩山の流儀に抵抗を感じた人材も、外務省には少なくなかった。鳩山の流儀は、「外交はかくあるべし」論とは縁遠いものであった。

第三点。資格に疑義あるドムニツキーとの直接接触という鳩山流は、首相と外相、首相と外務省の関係をぎくしゃくさせただけでなく、与党たる自由民主党内にも対ソ交渉推進派と慎重派の対立を深刻化させる一因となった。民主党と自由党のいわゆる保守合同（後年、それは「五五年体制」と呼ばれるに至った）で誕生したばかりのこの新与党には、もともと「水と油」といった危惧がないではなかったが、しかし、ここに言う新与党内の対立とは、必ずしも民主党系＝交渉推進派、自由党系＝慎重派といった単純な性格のものではなかった。

早いはなしが重光は民主党系であった。また、「日ソ共同宣言」調印後の同宣言批准国会で与党側から「賛成」

演説に立った若き日の中曽根康弘は、改進党、民主党、自由民主党という党籍航路の持ち主であったが、その「賛成」演説(昭和三十一年十一月二十七日)は祝福調のものであるどころか、涙を呑む思いで、「止むを得ず承認を与える」という異例の調子のものであった。ために、日ソ国交回復推進派の野党・社会党からの猛反発を受け、妥協をよしとした与党執行部の判断で、国会議録から中曽根演説全文が削除されるという、戦後国会で初――空前絶後――の処理を受ける破目となった。自由党系の議員から欠席者、白票が大量に出たことは言うまでもない。

9　アデナウアー政権の場合――交渉開始以前

西ドイツのアデナウアー政権の対ソ国交樹立交渉は、どのようなかたちで滑り出したか。

まず、二つの事情を抑えてかかる必要がある。その第一としては、モスクワが日本と西ドイツに国交正常化をも含むとみられる関係改善提案へと動き始めた時期はほぼ同じだという、注目すべき事情がある。やや大づかみに言うと、一九五四/五五年の年境がそれである。抑えておく必要がある第二の事情としては、当時、東京にはサンフランシスコ平和条約以前の対日理事会・ソ連代表部が――ソ連側の理解では――なお存続したのに対し、西ドイツの首都ボンには類似のソ連側機関が存在しなかったことである。ドイツ管理理事会およびそのためのソ連代表部はベルリンに置かれ、しかも当時、東西対立のあおりでその機能を実質的に失っていたが、いずれにせよボンにはソ連側代表機関がなく、ゆえにドムニツキーのような人物が活躍する余地は物理的になかった。その当然の結果として、独ソ関係の新たな始動は、秘匿された特殊な人的接触というかたちをとらなかった。

(西)独ソ国交樹立交渉に向けての胎動がいつ始まったかには、論者によりいくつかの異なる説がある。と言うのも、一九四九年秋の西ドイツ発足以降、ソ連はボンに向けて数え切れないほどの交渉提案文書類を発出しているからである。しかし、アデナウアー政権がそれらに乗ることはなかった。ソ連側提案には、ドイツ統一という餌で釣ってボンを「中立化」の方向へ引き寄せ、アデナウアーの追求した西側世界との一体化政策を妨害しようとする意図が明白だから、という理由からである。ところが一九五五年一月二十五日(東京でドムニツキーが鳩山邸を訪問、上述の文書を鳩山に手渡したその日!)、ソ連最高会議幹部会は突然、「ドイツとの戦争状態の終了」布告を発した。言うまでもなくそれは、交渉を経ずしてソ連が一方的に発した布告である。

日本の場合は、日ソ交渉を経て調印した一九五六年十月の「日ソ共同宣言」第一項において日ソ間戦争状態の終了を確定したのである。このように、同じ戦争状態終了とは言っても、日ソと(西)独ソでは、一方が国交正常化交渉の結果であり、他方は国交正常化交渉以前であるという、大きな違いがある。もっとも、読者の誤解を生まないために注釈すると、「ドイツとの戦争状態終了」に言う「ドイツ(Deutschland)」の意味は「全ドイツ」のことであり、当時、それは現存物ではなく抽象的存在でしかなかった。西ドイツはすでに一九五一年七月、西側三国(米英仏)との間で戦争状態終了を宣言、その後、五十カ国以上の国ぐにがこの例に倣っていた。だから、ソ連は上述の一方的布告によって、ようやくこの状態に追いつこうとしたのであり、その点では、独ソ国交正常化へアデナウアー政権を誘うための新しい伏線だったと、事後的に読むこともできる。

それでもアデナウアー政権は動かなかった。同政権はソ連最高会議幹部会の布告をけなしたわけではないが、ソ連が「全ドイツ自由選挙」と、それに基づく「全ドイツ政府・旧交戦国」間の講和とに同意するのでなければ、この布告に「実際的な意味」は薄いと見なしたのである。

そのほぼ半年後の一九五五年六月七日、アデナウアーは在パリ・ソ連大使館→在パリ・西ドイツ大使館→西ドイツ外務省という経路を経て、ソ連政府による両国間国交正常化交渉呼び掛けの「覚書」を受け取った。言うまでもなく、直接にはまだ国交のない両国間で考えられうる最も確かな外交経路を使っての呼び掛けである。アデナウアーは直ちに動く決意を固めた。と言ってもそれは別段、この打診が隠密、かつ不透明な接触ルートを経由したものではなく、正規の外交ルート経由だったから、という理由によるのではない。アデナウアーが動く決意を固めたのは、ソ連政府「覚書」の内容が従来の類似の提案文書のそれとは一変していたからである。

その内容はいなかる意味で一変していたのか。アデナウアーは『回顧録』第二巻（原著）に書いている。「連邦政府（＝西ドイツ政府）のこれまでの政策の正しさは、このソ連提案中に立証されていた。連邦共和国（＝西ドイツ）と国交を樹立して、再統一について話し合うという用意を表明することで、ソ連は、ソ連自身がそれまで行なってきた威嚇だけでなく、ドイツの社会民主党（＝野党）が唱えてきた懸念や予測までをも覆したのである。つまり、（西ドイツのＮＡＴＯ加盟を取り決めた）パリ諸条約が批准されるならば、それはソ連との交渉の終了を意味するとの（ソ連およびドイツ社会民主党の）主張は覆ったのである」。念のために言うと、六月七日の「覚書」でソ連政府は最早、アデナウアーの追求した対外政策、すなわち、わき目もふらずに西ドイツを西側同盟の一員にするという政策を非難しなくなっていたのであった。

なぜアデナウアー外交に対するソ連の非難が消えたのか。それは、上述のアデナウアーの言葉が示唆するように、関係諸国によるパリ諸条約の調印（一九五四年十月二十三日）および批准手続き完了（一九五五年五月五日、六日）をもって、西ドイツは形式的にも占領状態を脱し（主権回復）、ＮＡＴＯ（北大西洋条約機構）への加盟をも達成したからであった。ソ連はこれをはばもうとしてボンに向けての硬軟両様の外交的ゆさぶりをかけつづけたのであったが、西側自由民主主義陣営の一員としての西ドイツという動かぬ「新しい現実」に直面すると、アデナウアー政権に対する非難を止めた。それどころか、国交正常化交渉のためアデナウアーに訪ソを呼びかける方向へとさっと舵を切ったのである。ボンに対するソ連のこの方針転換は、松本俊一全権がソ連との間の「第一次モスクワ交渉」の第二回会談に臨み、交渉の基礎となる日本側七カ条覚書を説明した日に生じた。

多少乱暴な説明になることを覚悟で言えば、ボンにとってのパリ諸条約の発効とは、東京にとってのサンフランシスコ平和条約および日米(旧)安保条約の発効とほぼ同じ意味をもつ。日、(西)独両国は西側自由民主主義諸国を中心に旧交戦国の多数派との講和――もしくはそれと等価物――をなしとげ、主権を回復し、安全保障面で米国ないしは米・西欧諸国との間に条約関係を有する国となった。分裂国家となる運命を免れたので、日本の方が西ドイツよりも四年ほど早くこのプロセスを追求することができた。ソ連は東西ふたつのこの国際的潮流に背を向けていた。だが、動かぬ「新しい現実」を前にするや、対日本でも対西ドイツでもほぼ同時期に国交樹立交渉を呼び掛け始めたのである。

ただ、目を凝らすと、同じ国交正常化交渉の呼び掛けではあっても、東京とボンに対しては呼び掛けの修辞にきわめて興味深い差が設けられていたことに気付く。日本向けの場合は、問題のドムニツキー持参書簡にせよ、前述の一九五五年一月二十九日付「ソ連政府声明」にせよ、日ソ国交回復に向けての鳩山首相の賛意または意欲に必ず言及してみせる修辞法が採られた。あけすけに言えば、モスクワは鳩山をしきりに持ち上げてみせたのである。ところが、西ドイツ向けの場合には、上述の六月七日の方針転換の後においてさえもソ連はアデナウアーに対して同種の持ち上げ言辞を決して使わなかった。異なる修辞が異なる心理的効果をもつであろうことは否定できない。持ち上げられた鳩山政権は、けっして悪い気がしなかったであろう。他方、冷たく訪ソを求められたアデナウアー政権は、冷徹に訪ソを決意するほかなかった。

第Ⅲ章

10　目標先決、経路後回しの鳩山流

一九五五／五六年の日ソ国交回復交渉を振り返って改めて印象的なのは、それを主導した鳩山一郎首相が燃やした執念の強さである。交渉の成果である「日ソ共同宣言」に鳩山、松本俊一とともに自ら全権として署名した河野一郎は、回想録『今だから話そう』の冒頭で、つぎのような思い出を書いている。一九五四年十二月、誕生ほやほやの鳩山内閣に農相として入閣した直後、三木武吉ともども河野は鳩山邸に呼ばれる。何ごとならんと出掛けてみると、真剣そのものの表情で鳩山は、「僕の政治家としての使命は、日ソ交渉と憲法改正にある」、と切り出した。そしてこう続けたという。「僕をおいて保守党のなかには、これをやるものはないと思う。とくに日ソの復交については、僕の在任中にぜひとも結末をつけたい。ほかの問題はなんでも両君のいう通り、両君のカジの取りように従ってついて行ってもいいが、この二つの問題だけは、両君とも僕の意見について来てもらいたい」。

憲法改正の方はともかく、日ソ国交回復に賭けた鳩山のこの熱意は、結果的には実った。だが、同時に指摘しなければならないのは、見据えていた目標とは裏腹に、目標達成への経路、あるいは目標達成と不可分に結びつく諸条件などの側面について周到な検討がなされていたとは、お世辞にも言えないという事実である。だから、交渉目標は明確だったものの、交渉方針はかなり揺れたのである。交渉の全過程を通覧すると、交渉方針に関す

る定見はなかったと言っても、必ずしも言い過ぎではない。

これは、一つには鳩山一郎という政治家の資質に起因している。鳩山には、友愛精神を説くといったいわば理想家肌の色合いが濃厚ではあったが、緻密な情勢分析にもとづき目標実現のための戦略、戦術を着実に構築するといった習性は希薄であった。細部にこだわらないその人柄が、吉田茂により本来の出番を奪われた不運の政治家イメージとも結びつけられて、政界復帰後の鳩山人気、鳩山ブームを生んだのではあったが。

鳩山首相は就任後はじめての施政方針演説（一九五六年一月二十一日）では、対ソ交渉問題についてはまだ低姿勢であった。が、第Ⅱ章・6で眺めたドムニツキーとの隠密接触が表沙汰になるや、一気に積極姿勢を強めた。この間、あり得べき日ソ交渉の会談場所をめぐって日ソ両国外務省は舞台裏で駆け引きを展開していたが、二月四日に至って鳩山内閣は「日ソ国交の正常化を期するため、これを目的とする対ソ交渉に入る」旨を閣議決定した。正確を期するならば、その旨のみを閣議決定したのである。まず、目標、目的の確定ありきである。で、具体的交渉方針は？

実はその点では閣議は一本にはまとまらなかった。戦争状態終結宣言の交渉から入るべきか、領土問題の解決をどうするのか、国連加盟は？　未帰還者帰国問題は？　通商経済問題は？　などなど議論が割れたからである。そこで、同日の『朝日』夕刊がこの閣議について報じたところでは、鳩山首相は、「私が今まで戦争状態の終結ということを強調してきたのは決して形式的に終結宣言だけを先議しようという意味ではない。ただ日ソ間の関係は現在変則状態なので、こういう状態下で国際法上の形式などにはあまりとらわれず、事実上日ソ間の戦争状態が早くなくなるように話合いすべきだという主旨である」（傍点は佐瀬）と述べた。かくて、日ソ国交正常化という交渉目標のみを閣議は先決したのだった。やがて開始される交渉の具体的進め方はどうするのか。それはなんと、日ソ交渉開始に必ずしも乗り気でなかった重光葵外相に一任された。

このような鳩山の取り組み方は、良く言えば柔軟、かつ融通無碍な態度だと言える。相手の出方でこちらが変われる余地があるからだ。が、評しようによっては、それは「意ありて無策」な態度である。事実、鳩山『回顧録』を読んでも、その叙述が綿密でないため、戦争状態終結を実現して日ソ国交を回復する際、上記諸問題のどれを、どのような優先順位で国交回復交渉に絡ませるのか、また、国交回復の法的形式をどういうものにするのか――具体的には、平和条約まで行くのかどうか――などの点で、鳩山自身が何を考えていたのかは、さっぱり摑めない。辛うじて伝わってくるのは、鳩山が「抑留者を何とかして、年内（一九五五年）には歸國させたい」との念願をもっていたことくらいなのである（鳩山『回顧録』、一七七ページ）。

11 「交渉の目標」はどう記述されていたのか

日ソ交渉開始という方針が閣議決定されたあと、交渉舞台をどこにするか、全権人事をどうするかの問題が重要であった。若干の経緯があってのち、交渉地としてはロンドン、全権には駐英大使を辞して国会議員バッジをつけたばかりの松本俊一が選ばれた。松本は五月二十八日に羽田を発って英都に向かったが、このとき同全権は政府のどのような交渉方針を携えていたか。これがまた、分かりにくい。

松本は『秘録』で、ロンドンに向かう二日前に重光外相から政府の訓令を受け取ったと書いている。「訓令の内容は、交渉の目標、わが国の国連加入、抑留邦人の釈放、領土問題、操業問題、通商問題等解決を要する諸懸案および日本側が絶対容認し得ない各種問題を含むものであった」とのこと（『秘録』、二七ページ）。私が「分かりにくい」と言うのは、そもそも「交渉の目標」が具体的にはどう記述されていたのかが、これでは不明だからである。端的には、単に「国交回復」だけだったのか。それとも「日ソ平和条約の締結」が訓令の言う「交渉の目標」だったのか、どうか。

この訓令を離れて言えば、松本個人としては「平和条約まで行くべきだ」論者であったと見られる。そう判断できる根拠は次のとおり。二月末の総選挙で初当選した松本はほどなく、挨拶のため鳩山首相を訪ねた。交渉全権に就任するかなり前のことだが、そのとき、松本は鳩山から対ソ交渉について意見を求められた。松本は書いている。「私はかねて考えていた通り、日本がいつまでもソ連との間に戦争状態を続けておくことは、第一ソ連に抑留されている多数の日本人のためにまことに気の毒であるし、極東並びに世界平和のためにも決していいことではない。またソ連と日本とが平和条約を結ばない限り、日本はソ連の妨害で国際連合に入れないのであるから、日ソ国交は速やかに正常化した方がいい、という意見を述べて辞去した」(『秘録』、一九―二〇ページ、傍点は佐瀬)。必ずしも明瞭な文章とは言い難いが、全体のトーンよりして「日ソ国交早期樹立、日ソ平和条約必要」論だと言える。いずれにせよ、とりわけ「国交早期回復」の主張が鳩山を喜ばせ、松本が全権に起用される重要な契機となった。

かりに全権に任命される前から松本が日ソ交渉では平和条約締結を目標とすべきだと考えていたとすれば、領土問題は彼の目にどう映っていたか。周知のように第一次ロンドン交渉の現場での松本全権は、のっけから領土問題をソ連側にぶっつける。それは上記五月二十六日付「訓令」にそうあったからであろう。ところが、鳩山『回顧録』にはそれとは整合しにくい妙な記述がある。当初、松本と並んで杉原荒太が日ソ交渉全権の有力候補者となっていた。杉原は元外交官で、鳩山の信頼が篤く(ゆえに反吉田茂)、ドムニツキーの一件でも鳩山の重要な相談役となっていた。ただ、杉原は第一次鳩山内閣で防衛庁長官に就任することになった。それで全権は松本に決まったのである。そのいきさつに触れつつ、鳩山『回顧録』にはこうある。「私は以前からこの二人には、日本のとるべき交渉方針や態度についていろいろ検討して貰っていたし、事實『領土は後廻し』という日本の考え方も、この二人が相談して煮つめた結論なのだから、どちらが全権になっても、安心してまかせていた」(同書、一七六ページ)。

交渉に臨む前、松本は「領土は後回し」を「結論」していた、と鳩山は言うのである。とすれば、松本は「領土後回し」で「平和条約締結を目標」としていたということになる。言うまでもなく、世間一般の関心では、領土問題解決が抑留者帰還問題と並んで日ソ間の最大の懸案だと理解されていた。と言うのに、松本は最大の懸案の一つを「後回し」にする平和条約締結を考えたのであろうか。領土問題に決着をつけない平和条約というものがある、と松本は考えたのだろうか。プロの外交官だった松本がそんな見当違いに陥っていたはずがない。重光外相は、一方で早期の日ソ交渉開始にははっきりと懐疑的だったが、他方で骨の髄から正攻法主義の外交官だったから、交渉に入るからには「領土問題に決着をつけて平和条約締結を」と考えたに違いない(後述する第一次モスクワ交渉の顛末は、重光がまさにこの考えの持ち主であったことを、皮肉なかたちで証明している)。ただ、この方式での解決の時期をどう想定していたかについては重光は自分の考えを書き遺していないから、この推定に百パーセントの証拠があるとは言えない。言えるのは、始まる日ソ交渉を前にして鳩山内閣の意思決定のありようがまとまりを欠き、かなり危ういものだったという一点である。

12 「領土」を交渉でどう扱うのか?

日ソの第一次ロンドン交渉は一九五五年六月三日、在ロンドン・ソ連大使館を舞台に滑り出した。両国の交渉は結局、第四次まで重ねられることになるが、無論、それは当初から予定されていたわけではない。交渉が難航したため、結果として全体的には長丁場になってしまったのである。

この第一次ロンドン交渉の第二回会談で松本全権は、「交渉を開始するにあたって基礎となる七カ条から成る覚書」をソ連側のマリク全権に手交した。七カ条の概要は松本『秘録』(二九ページ以下)に記述されているが、筆者の問題意識に照らして関心を惹くのは、つぎの二点である。その第一点は、第二条に「国交の正常化のため交渉を行なわんとするものであること」とは書かれているものの、「平和条約の締結が日本側の交渉目的」だとは全七カ条のどこにも述べられていなかったことである。筆者の関心を惹く第二点は、領土問題につきはなはだ興味ぶかい考えが述べられていたことである。この二点を問題にしてみよう。

第一点がなぜ私の関心を強く惹くか。二つの理由がある。まず、松本が『秘録』で、「ロンドンにおける私とマリク全権との交渉は、当初から正式の平和条約締結によって、日ソ間の国交正常化をはかるという正攻法をとることにきまり、…」と書いていること(二五ページ)。もう一つは、「七カ条覚書」手交後の第三回会談で、「マリク全権は、日ソ交渉の目的は平和条約を締結し、外交関係を回復し、大使館を開設するにあり、戦争状態終結の問題は平和条約に記載したいと思うと述べて、ソ連側の平和条約案を提出した」、と松本が記述していることである(三二ページ)。

日本側は、第二回会談で提出した「七カ条覚書」で、「われわれの交渉目的は日ソ平和条約締結だ」と明示していたわけではなかった。ところが、第三回会談では交渉は平和条約締結による国交正常化実現という「正攻法」が決まった、という。交渉目標を――与党内の対立があまりに激しかったので――わざと曖昧にしていたと思われる日本側は、このとき、してやったりと喜んだのか、それとも慌てたのか。それだけでない。ソ連はこの第三回の会談で早くも「平和条約案」を提出するという行動にまで出てきたのである。

繰り返すが、このソ連側の平和条約案を日本側に手交したとき、松本の記述によると、「マリク全権は、日ソ交渉の目的は平和条約を締結し、外交関係を回復し、大使館を開設するにあり。戦争状態終結の問題は平和条約に記載したいと思うと述べて」いた。言うまでもなく、これはソ連側からの「交渉の目標」の提示である。同時に平和条約案まで手交したのであるから、ある意味ではソ連側の事前準備はよく整えられていたわけであり、交渉姿勢は明確だったと言える。その点では、みずからの「交渉の目標」が必ずしも判然とはしていなかった日本側とは好対照をなしていた。

ソ連が日ソ平和条約の締結という明確な「交渉の目標」を掲げてみせたことは、つぎの理由からして当然であった。ソ連側提示の平和条約案第五条（「日本国は、いっさいの附属島嶼を含む樺太島南部及び千島列島に対するソヴィエト社会主義共和国連邦の完全なる主権を承認し、かつ、右領域に対するすべての権利、権限及び請求権を放棄する。ソ連邦と日本国との間の国境は、附属地図に示されるごとく、宗谷海峡、根室海峡、野付海峡及び珸瑶瑁海峡の中央線とする」）に明瞭なように、ソ連は一九四五年八、九月の自国の軍事力行使の結果生じた「現状」の不変更を基礎に、日本を平和条約締結へと誘おうとしていたからである。なお、ソ連提示の平和条約案は、松本『秘録』の巻末に資料として、また、『日露（ソ連）基本文書・資料集』（改訂版、二〇〇三年、ラヂオプレス）にも収録されている。

日本の「交渉の目標」が必ずしも判然としなかったのは、いわばその裏返しであったと言うべきである。そもそも国内には、いや与党内には、日ソ国交交渉そのものに批判的な勢力があった。だから、到達できないかもしれない「交渉の目標」を掲げることは、それだけでも冒険であった。その点を別にしてみても、鳩山首相にはその種の目標明確化という執念が希薄であった。加えて、領土問題での着地点について予想が立たなかったから、ソ連に負けないほどの明瞭さでもって「平和条約締結が目標だ」と言い切ることも憚られた。その際、忘れてはならないのは、後日に鳩山政権が引き合いに出した「アデナウアー方式」なるものはまだ姿を現わしていなかった、つまり「それを先例として」とは言えなかったことである。アデナウアー西独首相の訪ソは一九五五年九月九日―十三日のことで、そのころ、日ソ交渉の第一次ロンドン交渉は領土問題をめぐる文字どおりの一喜一憂の結果、行き詰まってしまっていた。

念のために書くが、一喜とは、先述のような厳しい領土関連規定を提示してから二カ月あまり後の八月十六日、マリク全権が「条件如何によってはハボマイ、シコタン島の帰属問題は解決できないことはない」と述べ、暗に返還の可能性を示唆したので、松本全権は「内心非常に喜んだ」ことを指す（松本『秘録』、一七〇ページ、四三ページ）。一憂とは、これを受けて松本が日本政府に請訓した結果、その後の交渉の場で「歯舞、色丹のみならず、国後、択捉をも日本固有の領土として返還を求め」る方向に転じたため、九月十三日の会談でソ連が強く反発してしまったことを指す。この九月十三日会談が第一次ロンドン交渉の最後の会談であり、二日後、政府は松本全権の一時帰国、つづいて日ソ交渉の休止を決定した。

13 アデナウアーにとっての交渉環境

日ソ第一次ロンドン交渉が行き詰ったまさにその日、つまり九月十三日、モスクワで西独・ソ連間国交樹立交渉が決着した。交渉を締めくくったのは、アデナウアー西独首相、ブルガーニン・ソ連首相による「最終コミュニケ」署名であった。いわゆる「アデナウアー方式」誕生の瞬間である。後述するところとの関係で付記しておくと、ソ連首相の右隣りには当時の本来のソ連最高権力者・フルシチョフ共産党第一書記が席を占めていた。正式会談日数は四回でしかなかった。第I章で指摘したように、日本と西独に対するモスクワからの国交回復（樹立）交渉の呼びかけは一九五四年末／五五年初めのほぼ同時期であったが、交渉妥結期日には十三カ月もの開きがあった。

わが国では、鳩山内閣は「アデナウアー方式」によって日ソ国交回復をなしとげたというのが定説となっていた。

る。第二次大戦の交戦国が戦後ほぼ十年にして平和条約なしで国交を回復したという意味では、この定説は誤りではない。しかし、この定説ばかりを唱えることには問題がある。歳月が経ち、当時の事情についての知識が薄れると、往時の日本と西独の国際的境遇や交渉環境はかなり似通っていたのだろうと考えられがちだからである。が、それは大きな誤解である。両国にとっての国際的境遇や交渉環境は、実は大きく違っていた。なによりもそのうえ、対ソ交渉に臨む両国政権の姿勢には大差があった。そのことは今日、改めて認識されてしかるべきである。

その再認識にとってのいちばんの近道は、「平和条約なしでの国交回復」という一見近似の政治プロセスでありながら、「平和条約なし」の意味が日本と西独とではまるで違っていたという事実を理解することである。日本は領土問題でモスクワとの合意がならなかったので、「平和条約なし」の「共同宣言」方式での国交回復という道を選択したのだった。平和条約方式が絶対不可能だったのではない。択捉、国後を断念すれば、それは可能であった。それは「固有の領土」の一部放棄を意味したから、苦渋の決断ではあっただろうが。また、「日本側がソ連案を受諾する場合は、…米国も沖縄の併合を主張しうる地位にたつ」とのいわゆるダレス米国務長官の有名な恫喝についてみても、少なくとも論理的には、日本が沖縄を放棄する場合には、日本は、すでに存在するサンフランシスコ平和条約と並んで日ソ平和条約をも獲得できるはずであった。換言すれば、対米、対ソで領土の一部放棄を覚悟すれば、日本は自己否定するには及ばなかった。

分裂国家・西ドイツにとってはそうではなかった。そもそも敗戦国ドイツについては、一九四五年六月五日の「最高統治権限の受継ぎ」宣言および同八月二日の「ポツダム協定」によって、米英仏ソ・戦勝四国が「全体としてのドイツ」に対する責任と権限を有していた。建前上、連合国(＝対独戦勝国)との平和条約を締結し得るのは、実際には存在しない「全ドイツ政府」なのであった。アデナウアーの西ドイツが一九五四年から五五年にかけて築き上げた既述の条約類の体系では、「全ドイツ」ではなく「西ドイツ」としての主権獲得がなったまでのことであった。それは実質的に西ドイツ・西側連合国間の平和条約に近似していたが(ただし、ドイツ東部国境は暫定的にせよ、決められていない。決めようがなかった)、平和条約そのものではなかった。

するとどうか。NATO加盟手続きが完了する直前、モスクワの方がアデナウアーに対してソ連・西ドイツ間の国交樹立を呼びかけ、あまつさえ——既述のように——一方的に「戦争状態終結宣言」を発したのである。これは、鳩山が政界復帰の第一声で日ソ国交回復への熱意を表に出していたのとは、順序が逆であった。西ドイツが安全保障上も西側世界と一体化すればソ連の出方はいずれ変わるはずだと読んでいたアデナウアーは、自分の読みの正しさを確信した。いくつかの研究書が指摘するところ、アデナウアーは、かなり以前から大量の戦争捕虜及び民間抑留者の帰国を実現するためにも、いつかは西ドイツ・ソ連間の国交樹立が必要だとは考えていた。ただ、我慢づよく待つ必要があった。いまやソ連が出方を変えたことで、その時期が到来しつつある。が、油断は禁物であった。やってはならないことが、少なくとも三つあった。

第一、「戦勝四国の責任と権限」を無視して、西ドイツがソ連と平和条約問題を話し合うこと。その「越権行為」は西側三国との関係を破滅的に損なう。第二、モスクワが出してくる可能性のある「ドイツ統一との引き換えのドイツ中立化」の誘いに乗ること。スターリンとは違って、新しいソ連指導部はまさにこの時期(一九五五年五月)にオーストリアの中立と独立を承認し、同国からのソ連軍撤退に同意していた。これは、西ドイツにとっても一見魅力的であった。が、ドイツとオーストリアは違う。オーストリアは小さく、ドイツは大きい。同じ中立化でもオーストリアとドイツでは国際的影響には大差がある。そのうえ、オーストリアは分裂国家ではなく、東独のようなソ連の傀儡政権も存在せず、すでに全オーストリアでの自由選挙が定着していた。共産政権まで存在する東独との統一後の「中立」は、モスクワにより操縦されやすい。第三、急激なボン・モスクワの接近によって、米国はともかく、英仏がドイツ人不信の虜となること。その悪しき先例は一九二二年の独ソ・ラッパロ協定であった。第一次大戦後、ともに国際社会(＝国際聯盟)から締め出されていた独ソが突如、ラッパロで国交樹立に合意したことは、当時の英仏主導の国際社会に抜き難い対独ソ警戒心を抱かせることになった。そのような失敗を繰り返してはならない。

以上のように見てくると、日本の鳩山政権とは違い、西ドイツのアデナウアー政権にとっては、ソ連との間の平和条約という選択肢はなかったことが理解されよう。誤解を怖れずやや強めに表現すれば、西ドイツが「自由で民主的な国家」であろうとする限り、つまり、自己放棄に走らない限り、「平和条約なし」でしかソ連との間に国交を樹立する道はなかったのである。「アデナウアー方式」とは、厳密にはそのような意味合いをもつものであった。西ドイツと日本では、その国際的境遇および安全保障環境が著しく相違したと先に書いたのは、概略、そのようなことを指す。日本と西ドイツのどちらの方がより厳しい境遇に立たされていたかは、おのずから明らかであろう。

だが、「日独国交回復交渉の比較」をこれで終えるわけにはいかない。まだ論じなければならない具体的な問題が残されている。次章では、アデナウアーがどのような事前準備と手立てをもって訪ソしたかを眺めることにする。

第Ⅳ章

14　天真爛漫な鳩山――国際情勢分析の欠如

前章で、対ソ国交樹立交渉に臨むうえで西ドイツにとっての交渉環境がいかに厳しいものであったかを述べた。言うまでもなく、それは分裂国家という異常な存在からきていた。日本の鳩山政権にとり、この悪条件はなかった。が、悪条件の有無は、ある意味で不思議な逆作用をすることがある。そのことは、まさにアデナウアーの対ソ外交の事前準備について言える。悪条件下の交渉であることを自覚していたから、その分、アデナウアーは事前準備に全力を傾注した。なかんずく、彼の事前の国際情勢分析は徹底していた。厳しい言い方になるが、この点では鳩山流は甘かった。アデナウアーと鳩山の『回顧録』に基づく限り、両者の国際情勢分析には雲泥の差があったと言わざるを得ない。

まず鳩山に登場してもらおう。それは、はなしが単純だからである。日ソ国交回復交渉に熱意を燃やした鳩山がソ連をめぐる国際情勢をどう読んでいたかは、つぎの一点を別にすれば、『回顧録』からはまったく判断のしようがない。信じ難いことだが、何の記述も見出せないからである。では「一点の例外」とはどういうものか。それはなんと、追放解除後の政界復帰第一声で鳩山が語った考え、つまり一九五二年九月十二日の日比谷公会堂演説を指す。念のために書くと、それは鳩山政権誕生の二年以上も前のことであったし、早いはなしが、まだスターリン健在中のことである。鳩山は悪びれもせずこう書いている。

私がその第一聲以來主張した憲法改正と日ソ交渉の問題は大體次のような構想から出發したものである。その時分アメリカの雜誌には「一九五二年（昭和二十七年）頃が米ソ戰爭の危險な年だ」と盛んに書いてあった。

つまりソ連においてもアメリカにおいても最初に軍備擴大の充實することが一九五二年だからその年に一番戰爭があり易いというわけで、私は病氣療養中にもそのことを一番心配していた。米ソ戰爭が始まればこのまゝでは日本は戰場になってしまう。ソ連は直ぐ日本を攻擊する。だからソ連との國交はなるべく早く正常化して置かなければならぬと考えたのであった。それでそのことを九月十二日の第一聲でも演説し、同時に不脅威、不侵略の狀態で平和を追求しなければならない。平和を追求するのには世界の平和というものは集團體制によって維持すると同時に、各國が地域的に弱點を補充して行かなければならない。だから各國が自衛の軍備を持つ必要がある。――ということを私は主張した（『回顧録』、一一六―一一七ページ、引用文中傍点は佐瀬、以下同じ）。

傍点部分の表現から判断して、鳩山はその後もずっとこのような国際情勢理解を持ち続けたらしいと判断せざるを得ない。「その時分」の「アメリカの雑誌」――それは『タイム』とか『ライフ』とかの類いだったろう――がそう書いているから、自分もそう考えた、と言いたげなのは、なんとも天真爛漫と言うべきか。だが、その点にはいまは深入りしない。問題は、一九五五年初頭になっても鳩山が基本的にこの同じ国際情勢観に立ちつづけていたらしい点にある。スターリン時代のことなら、この認識でも無理からぬと言えよう。しかし、ことはスターリンの死から二年近くも経過した時期のはなしである。「非スターリン化」という言葉の登場はともかく、ソ連社会は、また米ソおよび東西関係はすでに急速に変化しつつあった。そのことは、あまり感度のよくなかった日本の新聞を読んでもある程度まで理解できる事情であった。だから私は、上述のような天真爛漫な鳩山の筆に驚くのである。

無論、私はソ連政治の変化を鳩山がまったく見ていなかったなぞと主張するのではない。鳩山自身、くだんのドムニツキーが持参した書簡に触れてこう書いている。「ところが、これから少し經つと、ソ連にも政變がおこり、マレンコフ氏に代わって、新たにブルガーニン氏が首相になった。果してどうなるかと思っていると…」ドムニツキーが「再び突然」来訪して、交渉開始用意を伝えるブルガーニン書簡を差し出したというのである（一七五—一七六ページ、傍点は佐瀬）。クレムリンの指導部交代に触れているのは、これがすべて。私が問題視するのは、鳩山が一九五二年七月と一九五五年初頭のクレムリンの表情の違いや、マレンコフ解任劇の意味の分析・詮索にほとんど無関心だった点なのである。むしろ伝わってくるのは、クレムリンの事情がどうであろうと自分の信念である日ソ国交回復の交渉は始めなければ、の思いだけなのである。

念のために言うと、『回顧録』の終わり近くで、鳩山は一九五六年秋に自身の訪ソを閣議決定した際に発表した談話を全文収録している（一九七—一九九ページ）。そこにはやはり「追放解除による政界復帰第一聲」が言及されており、「平和に對するあくことない追求」こそが日ソ国交正常化必要論の第一理由だとの信念の吐露は鮮烈である。だが、長文の談話のどこにも、鳩山の国際情勢分析がどのようなものであったかを窺わせる文言はまったく含まれていない。

では、日本外務省はなにをしていたのか。外務省は情勢分析をやらなかったのか。そんなはずはない。ここでは立ち入るゆとりはないが、当然、それなりの分析はあった。が、より以上に不幸な事情があった。鳩山首相の日ソ交渉推進方針に対する外務省の協力姿勢の欠如がそれであった。当時、外務省は吉田茂人脈でほぼ固められていた。加えて重光外相は吉田派では無論なかったものの、鳩山流の日ソ国交早期回復にも強く懐疑的であった。

だから鳩山政権は外務官僚の非協力の下（鳩山、河野一郎、松本俊一はほぼ異口同音、そのことへの立腹を幾度語っていることか）、日ソ交渉に乗り出したのである。それは、難しい航海に出ようというのに、大気象状況の説明や直近の天気予報を提供してくれる気象専門官の手助けなしの状態に似ていた。

15　「弱い立場のソ連」――アデナウアーの診断

アデナウアーと鳩山の『回顧録』で対ソ国交回復過程を叙述した部分を量的に比較してみると、前者が後者の何倍も上回ることはすでに書いた。交渉期間――交渉開始の決定から合意文書の署名まで――の長さはその逆に日本の方が三倍程度長かったと言うのに。これはひとつには、テーブルを挿んでの狭義の交渉そのものについてのアデナウアーの筆が綿密を極めるのに、鳩山のそれは淡白――にすぎるほど――であることからきている。しかし、もう一つ大きな理由がある。それは、事前の国際情勢とソ連内部情勢の分析、および交渉でのソ連側の出方についての読みの作業があったか、なかったかの差である。上述したように、鳩山本人には、スターリンのソ連とスターリンなきソ連とでは東西関係にどういう影響があったかとか、スターリンなきソ連の国内事情にどんな変化が生まれつつあるのかを突き詰めて分析した痕跡がほとんど見られない。交渉のテーブルでのソ連側の出方をどう読むかの作業も、事前にはろくろくなされなかった。なにせ、前回書いたように、ロンドンでの日ソ交渉の全権に任命された松本俊一がはじめて政府の訓令を受け取ったのは出発のわずか二日前だったというのであるから。当世風に言えば「ぶっつけ本番」に近い。

アデナウアーの場合は、ほぼその正反対であった。対ソ国交交渉に関する彼の叙述が分量的に長いのは、事前の国際情勢、ソ連内部情勢についての分析、交渉の場でのソ連側出方についての読みに多大の紙幅が割かれているからである。その部分を幅広に取ってみると、アデナウアーと鳩山の叙述量の差はもっともっと拡大する。だが、ここではアデナウアーの分析作業を幅広に眺めることはしない。ソ連側が在パリ・西ドイツ大使館に両国国交樹立交渉提案の一九五五年六月七日付覚書を届けてきた前後の、アデナウアーの回顧だけに限定する。

このソ連側覚書に接したアデナウアーは、半年以上も前から活発化していたソ連の外交宣伝が急速に変貌しつつあると診断する。同年五月五日の西ドイツのＮＡＴＯ加盟という政治的現実を前提に、ソ連が新しい対西ドイツ・アプローチを模索しはじめたと読んだのである。

そこでアデナウアーは、まず書く。「数多くの観察や事実に基づく私の確信によれば、ソ連は現在、弱者の立場にある」。この弱味は、ソ連があまりにも多くを同時追求してきたことに起因している。すなわち、「従来は農業中心だったソ連経済を工業化する、農業を強制集団化する、米国との軍拡競争に乗り出す、そして共産中国の工業化への援助を条約で約束する、などである。そのうえ、一九五五年四月に開催されたアジア・アフリカ諸国バンドン会議の経過は、ソ連の国際的威信にとり大打撃を与えた。同会議では強い反ソ傾向が見逃せなくなった」（『アデナウアー回顧録』【原著】II-p. 451）。

これだけでも、アデナウアーの目配りがいかに広範囲に及んでいたかが、よく分かる。第Ⅲ章で指摘したように、西ドイツ首相は多数のドイツ人抑留者の帰国を実現するために、いずれは訪ソを決意せざるを得まいとの思いがあった。しかし、それには時期を選ばなければならない。時期を選ぶためには情勢を分析しつづけなければならない。国際情勢分析は多面的でなければならない。ソ連の内部事情、およびクレムリンの指導部心理も読みつづけなければならない。

そこへ、一九五五年六月、新しい語調の交渉呼びかけ文書が届いたのである。アデナウアーは、モスクワからの新しい誘いの背後動機をこう読んだ。「スターリンの死後、わけても一九五五年春、ソ連は疑いもなくこう考えるようになった。極めて慎重な戦術的駆引きによって世界の世論の大部分を自分の味方につけて、ソ連の現状はけっしてそれほど悪くはなく、ソ連の対西政策もけっしてそれほど危険ではないらしいと思い込ませるのがよい、と。わが国に宛てられた招聘状もソ連のこの宣伝戦の一部であったことは、自明である」(II-p. 449)。だとすれば、モスクワからのこの誘いに応じるかどうかを真剣に検討する時期が到来しつつあるようだが、しかし他方、この新しい宣伝戦に直面した西側全体の形勢はどうか。

まず、ソ連はより弱い立場にある。「これに対して自由世界はより強い立場にあった。と言うのも、米英両国は原水爆の領域で大きな優位に立っていたからである。この優位は多分、数年のうちにはソ連の追い上げで縮まるではあろうが。自由世界はソ連の当面のこの弱味を利用すべきであり、ソ連の対西圧力を断念させるよう仕向けるべきであった。そしてなによりも、ソ連を真に脅かす危険、つまり共産中国に対処するよう仕向けるべきであった。共産中国の人口は毎年百十万から百二十万人増えつつあった。相対的には依然として高い幼児死亡率も、着実に低下しつつあった。その人口増は、十年もするとソ連アジア部に対する強大な人口圧となるであろう。だから、遠からぬ将来に共産中国がソ連にとっての主たる心配事になるだろうと考えるのは、けっして楽観にすぎる見方ではなかった」(II-p. 451)。

念のために言うが、モスクワがボンに対して発した交渉開始の誘いの背後には中国問題ありとアデナウアーが読んだのは、一九五五年春のことである。当時、中ソ関係は一枚岩との診断が一般的だった。アデナウアー『回顧録』第二巻(原著)の出版は一九六六年のことで、そのころには中ソ関係の悪化は誰の目にも明らかになっていた。しかし、一九五五年にそんな予見が広く語られていたわけではない。だから、アデナウアーの記述は後知恵に頼った書き足しではないかと訝る声があるかもしれないので予め予告しておくが、その数カ月後に訪ソした際、アデナウアーはフルシチョフから中国に関する悩みを直接に聞かされている。それは記録に残っている。だから、上述のアデナウアーの中ソ関係の予見は後知恵に出たものではない。いずれにせよ、みずからの訪ソの是非を検討するに当たり、アデナウアーは文字どおり地球の裏側の中ソ関係という事情まで考慮に入れる必要ありと考えたのである。

16 断片的情報に至るまで——アデナウアーの手法

アデナウアーが鳩山政権には見られなかったような周到さでもって国際情勢分析に励んだ背後には、つぎのような事情があった。

西側三国との関係諸条約締結をもって西ドイツが主権回復するまで、つまり対ソ国交樹立交渉のためモスクワを訪問する直前まで、アデナウアー首相はずっと外相を兼務していた。部分国家・西ドイツの発足(一九四九年)から占領期を経て主権回復に至るまでの時期の自国外交の舵取りを余人に委ねるのは得策でないと判断していたからである。だからアデナウアーはボン外務省を文字どおり完全掌握した。この点で日本外務省を完全掌握したワンマン吉田茂に似ている。いや、その掌握振りは吉田以上だった。だから、アデナウアーは国際情勢およびソ連の動向を分析するうえで、自国の外務省および関係情報機関を思うがままに活用することができた。これは、鳩山政権には望み得ない事情であった。

日本外務省はこと対ソ関係に関する限り、鳩山首相に対し面従腹背的、かつ非協力的だった。重光外相は鳩山の盟友でもなんでもなく、首相の日ソ国交回復交渉に向けての熱意を共有しなかった。だから、当時の報道界では鳩山、河野の日ソ交渉熱を外務省抜きの「素人外交」と酷評する声が珍しくなかった。これでは、アデナウアーのそれに比肩し得るような情報分析ができるわけがなかった。その責を鳩山政権に負わせるにせよ、外務省に負わせるにせよ、これが日本にとって不幸な状況であることに変わりはなかった。ただ、そう言っただけでは平板な比較論に終わる。

鳩山とアデナウアーには、果たすべき共通の役割があった。ソ連抑留者の帰国問題を解決することである。二人の指導者は結果的にこの問題を解決した。ただ、両国の抑留者問題の規模には大差があった。無論、ドイツ人抑留者の方がずっと多かった。また、問題解決の時期にも差があった。より大きな問題を背負ったアデナウアーの方が一九五五年中には大半の抑留者帰国を実現したのに、先に交渉に着手したはずの日本の方が対ソ交渉にもたつき、問題解決の日ソ合意は独ソ合意より一年以上も遅れたのである。その経緯は、必要に応じて後述しよう。ここで触れておきたいのは、アデナウアー首相が既帰国者の悲惨な体験談までもを対ソ交渉戦略構築のため活用するというしたたかさをもち合わせていたという事情である。

アデナウアーは書いている。「私はソ連から戻った多数のドイツ人戦争捕虜と話し合ってきた。彼らはソ連経済の極度の窮状を語ってくれた。これら戦争捕虜の中には旧共産党員たちもいた。彼らが異口同音に語るところ、たとえばプチロフ造船所のような昔からの工場はいい仕事をしているのに、新しい工場は不振だと言うのだった。ヴォルガ・ドン運河に関しては西側は騙されている。いくつもの仕切水門は操業二週間で使用不能になっている。ソ連労働者の困窮は大変なものだ。ドイツ人捕虜たちは、故郷から送られてきた食料品小包をソ連労働者に分け与えることもしばしばだった。監獄にはあらゆる階層の人々が入れられており、将軍たちもいた。二千万から三千万の男女、子供たちが強制収容所で暮らしている。ソ連人の気分は落ち込んでいる。物資供給は足りない。ドイツのソ連占領地帯(=東独)の状況は悪い。が、チェコスロヴァキアではもっと悪く、ソ連での状況は最も悪い、――」(II-pp. 451-452)。

ただ、だからと言ってソ連の共産党支配が早晩崩壊すると考えるのは早計だし、スターリン以後の指導部内権力闘争の帰趨もまだ読めない。間違いないのは、「ソ連が息つぎの一休みを必要としているのと、だから、彼らがことと次第では真の歩み寄りの用意を示すかもしれない」ことである(II-p. 452)、そのときは到来したと言えるのか。

結論としてアデナウアーは、一九五五年七月の米英仏ソ「ジュネーヴ頂上会談」後に訪ソという腹を固めるのであるが、ここで強調しておきたいのは、きたるべき対ソ交渉で抑留者帰国問題を切り出すにしてもアデナウアーが既帰国者から断片的情報を集め、それに基づいて「ソ連の弱い立場」を事前にはっきり認識していたことである。ソ連監獄の状況といい、強制収容所の姿といい、まるでソルジェニーツィンの『収容所群島』の予告編をアデナウアーは一九五五年の段階ですでに読んでいたかのようなはなしではないか。翌一九五六年二月のソ連共産党第二十回大会でのフルシチョフ第一書記のスターリン批判演説さえもが、この文脈で言えば驚天動地とは見えなくなる。

鳩山、河野一郎のいずれの回顧録にも、この種の情報蒐集・分析にまつわる苦心談は皆無である。日ソ交渉開始方針の決定直後に持ち上がったフルシチョフによるスターリン批判——ソ連共産党史上空前の大激震——についての言及もまったくない。職業外交官出身の松本俊一にしてからがそうなのである。アデナウアーがこの情報不感症を知ったら、なんと評したことだろうか。

第Ⅴ章

17　アデナウアーが選んだ方式

すでに述べたように、一九五六年十月末に妥結した日ソ交渉と一九五五年の西ドイツ・ソ連交渉では、なにを交渉目標とするかの点で、初発段階では大きな違いがあった。日本も西ドイツもともにソ連との国交回復を実現したが、日本の場合、日ソ平和条約を締結して国交回復するか、平和条約を締結せずして——ただし何らかの合意文書を取りまとめて——国交回復するかの選択の余地があった。どちらを選ぶかは、領土問題のゆくえ次第であった。結局、四島返還の希望が満たされなかったので共同宣言方式での国交回復が選択され、日本ではそれが「アデナウアー方式」による国交回復だと説明された。なお、国交回復と共にシベリア抑留者の帰還が実現することも、鳩山政権にとっては重要な眼目であった。ただ、抑留者帰国問題は、前年にアデナウアー西ドイツ首相がほぼ同種の事例の処理に成功していたことの影響もあって、鳩山政権にとってはさほど難作業とはならなかった。

西ドイツの場合、ソ連との国交正常化のためにどういう方式が取られたか。平和条約方式でなかったことは、わが国でもよく知られている。だからこそ、わが国では「アデナウアー方式」なる表現が流布されることになった。では、日ソ両国全権団が署名した「共同宣言」に類似の外交合意文書方式による西ドイツ・ソ連国交正常化だったのか。違う。それに匹敵するような合意文書はなかった。後述するように、その種の合意文書によらないで国交樹立する旨が、事前に双方によってほぼ諒解されていた。実際に取られたのは、それぞれに国交樹立の意向を表明した両国首相の書簡の交換という方式だった。もっとも、交渉終結時に両国の首席全権の間で署名された文書は一切なかったのかと言えば、そうではない。

第Ⅲ章の「13　アデナウアーにとっての交渉環境」で触れたように、両国首相は「最終コミュニケ」に署名した。だから、全権署名外交文書はあるにはある。ただし、――この文書には後刻再び触れるであろうが、――その実態はモスクワの交渉の経過記述にすぎず、この「最終コミュニケ」自体に、「両国間で交渉された相応の書簡において」外交関係樹立と大使館の相互設置に関する「一致が達成された」と記されているところからも明らかなように、「最終コミュニケ」方式に拠る国交回復ではない。早い話が、『アデナウアー回顧録』はモスクワでの国交正常化交渉の記述に六十九ページも費やしているのに、この「最終コミュニケ」については全然言及がない。繰り返すが、両国首相が交換した書簡だけで西ドイツ・ソ連間国交樹立は成ったのである。これが本物の「アデナウアー方式」である。形式的には簡略すぎるほど簡略であり、かつ型破りである。日ソ国交回復の方式とは、ひどく違う。

本物の「アデナウアー方式」はなぜそういう、言わば飾り気のないものであったのか。ボン・モスクワ間で平和条約方式が採られなかったのは、第Ⅲ章と第Ⅳ章でも触れたことだが、それがアデナウアー首相および部分国家・西ドイツにとり採ることの許されなかった方式だったからである。旧戦勝国との平和条約は「全ドイツ」のみが締結資格をもつ。他方、ソ連指導部から見れば西ドイツをなんとか平和条約方式の方へ向かせたい。ただし、西ドイツに「全ドイツ」資格を認めないままで。換言すると、東西「二つのドイツ」が旧戦勝国との間で、あるいは旧戦勝国たるソ連との間で平和条約交渉をやればよい、という論理である。そうすれば、それは一応、「全ドイツ」との平和条約交渉ということにはなる。ただ、ソ連のこの誘いに乗ることは、ボンにとり知っていながら落とし穴に落ちる愚行に等しかった。なぜなら、それは、民意を代表していない東ドイツを「ドイツ人のもう一つの国家」と認める行為、つまり「二つのドイツ」説の受け入れを意味したからである。かりにボンが独断でこの道を行くことを決意すれば、米英仏をはじめとする西側民主主義諸国との間に戦後十年を費やして営々として築き上げられてきた信頼関係を間違いなく根底から損なう。それは、自由民主主義国家として新生した西ドイツの自殺行為に近い。

それでは、アデナウアー首相にとりなぜ対ソ国交正常化が必要だったのか。対ソ国交正常化をしなくともよいではないか。いや、そうは言えない事情があった。モスクワとの国交正常化が必要だったのは、極論すれば、戦後十年、ソ連の地に抑留されたままの同胞の帰国を実現するため、である。この問題を解決することがアデナウアーのほとんど唯一の訪ソ目的だった。『アデナウアー回顧録』や幾多の研究文献に当たると、同首相がある時期から——西ドイツの西側集団防衛体制参加のめどがついたころから——この懸案解決のため訪ソの必要を認識していたことが分かる。裏を返すと、かりに訪ソせずともソ連の態度変化で抑留者の帰国が期待できるのであったなら、アデナウアーは訪ソを考えなかったことだろう。しかし、どうみても、そのような望ましい自然の変化をソ連に期待することはできなかった。ソ連が代償なしで西ドイツ首相のこの望みを適えるはずがなかった。その代償とは、アデナウアーの訪ソにほかならなかった。

18　モスクワが国交樹立交渉を提案した

アデナウアーの訪ソがなぜ、抑留同胞帰国促進のためソ連に支払われる「代償」なのか。この代償論は日ソ国交回復についてもある程度まで適用可能であるが、西ドイツの場合はその意味がはるかに深刻であった。なぜなら、一九四九年にソ連により擁立された東ドイツの大使館がモスクワにすでに存在したからである。その地へ西ドイツ首相が国交正常化交渉のために乗り込むのは、少なくとも印象としては、ソ連の唱える「二つのドイツ」説にボンが一歩迎合することを意味した。それがアデナウアーにとっての「代償」の意味である。そういう「代償」支払いは危険だとする声は当時、西ドイツ国内にも、西側三国筋にもあった。早い話が、アデナウアーが一九五五年六月になって任命(それまでは同首相自身の兼務)したブレンターノ外相までもが首相の訪ソについては慎重論者のひとりだった。

そこでアデナウアー首相がとった戦法は、「代償」支払いの用意、つまり訪ソ意向の表明を自分の方からは絶対にしないというものであった。自分の側からそれを言い出せば、独ソ国交正常化を求めているのはむしろボンであって、モスクワではないと解釈されてしまうからである。この点で、アデナウアーの戦法は鳩山政権のそれとは決定的に違っていた。

すでに眺めたように、鳩山首相は天真爛漫に日ソ国交早期回復の望ましさを自分の方から幾度も語った。それ自体は真摯な気持ちの表明として、別段、非難されるには及ばない。ただ、問題は、結果としてのその政治的得失である。クレムリンは鳩山首相のこの積極姿勢を高く評価してみせた。下世話に言えば、おだてたのである。往々にしておだては、出費を伴わずして自分の望む成果にありつく近道である。往時の日ソ交渉過程を精査すると、ソ連側のおだて、持ち上げが効果的だったと判断せざるを得ない情景にいくつも出くわす、鳩山流の善意の表明は、結果としての政治的得失という見地からは、高く評価できるものではない。

アデナウアー首相の方は逆に、内心では未帰還抑留者帰国問題のためにも訪ソして国交正常化交渉に臨むことは不可避と考えていても、ソ連側からそれを提案させることこそが必要だと考えた。同首相には、ソ連から誉められたいという気持ちがまったくなかった。ソ連が罵声を浴びせつづけようとも(実際、クレムリンは罵声を浴びせつづけた）、時期の到来を待てばよい。時期が到来すれば、ソ連が必ず交渉を提案してくるはずだった。その時期とは、アデナウアーの読みでは、西ドイツのNATO加盟が実現するときであった。ボンのNATO加盟は一九五五年五月六日に実現した。その九日後、ソ連は東欧の「衛星」七カ国をワルシャワに招待、ワルシャワ条約を調印、西ドイツのNATO加盟に対抗する構えを示してみせた。ワルシャワ条約体制の誕生である。ただ、会議に出席していた東ドイツの条約参加は、なぜか後日に繰り延べられた。これは、かなり意味深長な措置であった。

アデナウアーはなおも待った。すると、西ドイツのNATO参加から一カ月が経過した六月七日、ソ連政府は在パリの西ドイツ大使館経由で西ドイツ政府宛につぎのような一通の長文の覚書を送達してきた。「ソ連政府は、平和とヨーロッパ安全保障の利益、およびソ連の、ならびにドイツの人民の国家的利益が、ソ連邦・ドイツ連邦共和国（西ドイツ）間の関係正常化を必要としているとの見解である。歴史の経験が教えるところ、ヨーロッパにおける平和の維持および堅固化はソ連とドイツの人民の間の正常で良好な関係の存否に決定的に懸かっている」。それに続けて、ソ連政府覚書は両国関係の正常化が平和・安全保障の面だけでなく、経済、文化、学術の面でも両国にとり利益であることを縷々述べ、「それゆえにソ連政府はドイツ連邦共和国政府に対し、両国間の直接の外交関係および通商関係の創出を提案する」と述べていた。しかも、そのような抽象的提案だけではなかった。結びの一文は、こうであった。※

ソ連政府は両国の政治家間の個人的接触の創出が望ましいと考えるから、ドイツ連邦共和国首相であるK・アデナウアー氏および、連邦共和国政府がモスクワに派遣したいと考える他の代表たちが、ソ連・ドイツ連邦共和国間の外交および通商関係創出の問題ならびにこれらに関連する諸問題を討議するため、近い時期にモスクワを訪問するならば、それを歓迎するであろう。

アデナウアーの思わくどおりだった。待っていたら、ソ連のほうから国交樹立交渉を提案してきたのである。念のために指摘しておくと、ソ連政府の覚書が発せられたとき、日ソ間ではロンドンを舞台にいわゆる「第一次交渉」がすでにスタートしていた。既述のように、クレムリンが東京とボンに向けて関係改善用意のシグナルを送るようになったのはほぼ同一時期、つまり一九五四年末／五五年初頭のことである。爾後、日ソ間では一見、ことが順調に運び、半年足らずで両国全権団による交渉開始となった。この半年間、アデナウアーはモスクワからのさまざまなシグナルを知りながらも、外見上は動かなかった。モスクワからの正式の国交樹立交渉提案があってはじめて、ボン外交は動きを見せた。東京とボンの対応はすこぶる対照的であった。

だが、対照的だったのはそこまでの経過だけだったのではない。ソ連政府の最初の覚書発出から三カ月と二日後の一九五五年九月九日には、早くもアデナウアー首相はクレムリンで交渉テーブルを挟んでブルガーニン首相、フルシチョフ党第一書記と渡り合っていた。（ソ連側はもともとはもう少し前倒し──「八月末か九月初頭」──のアデナウアー訪ソを望んでいた。ここでも急ぎたがったのはモスクワの方だった）。しかも、そのわずか四日後の九月十三日には国交樹立交渉ははやばやと決着、翌日にはアデナウアー首相が帰国の途についた。逆に日本政府は「第一次ロンドン交渉」の進行がはかばかしくないので、九月十五日に松本全権の一時帰国を決定せざるを得なくなっていた。日ソ交渉が最終的妥結をみるまでには、それからなお一年以上の歳月を必要とした。

日本、西ドイツの対ソ国交正常化交渉は、どうしてかくも対照的な経過を辿ったのだろうか。無論、鳩山内閣とアデナウアー内閣の手掛けた交渉内容が同じではなかったから、単に交渉期間の長短だけを比較して優劣を論じるのは適切でない。一方は、領土問題でも合意をみて、できることなら平和条約締結まで進みたいと考えた。

それが不可能となったので、「日ソ共同宣言」という重い合意文書が創られ、国交正常化が実現することになった。その結果、日ソ国交が回復した、ある意味で時間がかかって当然、と言うこともできる。他方は、分断国家という自国の性格から、平和条約交渉などやってはならぬと自分に言い聞かせていた。当然、領土問題の討議もない。交渉目的は、ソ連の望む国交樹立に応じて未帰還ドイツ人の早期帰国を実現することにほぼ限られていた。合意文書作成作業も必要なかった。交渉内容は、かくも大きく異なったのである。

であったならば、この二つの交渉に「アデナウアー方式」というような共通要素が存在するかのような説明を付ける必要はなかったのではないか。そもそも、ドイツには「アデナウアー方式」という概念がない。それは日本独特の術語である。日本ではそれは、「平和条約締結によらない国交回復」方式と理解されている。それは言外に、「平和条約締結による国交回復」という方式もことと次第ではあり得たことを示唆している。実際、一年後の「第一次モスクワ交渉」(一九五六年七月三十一日―九月三日)では、重光葵全権(外相)はその方式で事を処理しようとした。他方、当時の西ドイツには、「平和条約締結による対ソ国交正常化」という道はそもそもなかった。裏返すと、「国交正常化は平和条約の有無と無関係の問題」ということである。「部分国家・西ドイツの対ソ国交正常化は、『全ドイツ』国家の責任事項である平和条約問題とは関係がない」のが真実だったからである。「アデナウアー方式」というような不必要な概念を援用してしまったばかりに、日本人にとって日ソ国交回復交渉の過程はかえって理解しにくくなっている。

19　三カ月間の覚書往復

だが、それだけを指摘してみても、日ソ交渉が難航、かつ長期化したのに対して、なぜ西ドイツ・ソ連交渉の方は、始まったかと思うと、あっと言う間に終わってしまったのかの説明として十分とは言えない。重要なのは、アデナウアー政権に対して国交樹立交渉を提案した一九五五年六月七日のソ連政府覚書から、九月九日の西ドイツ・ソ連間交渉の開始までの三カ月余の間に両国政府間でなにがあったのかを精査してみることである。

ソ連政府の覚書に対してボン政府が返答覚書を発したのは、三週間以上が経過した六月三十日である。つまり、アデナウアーが『回顧録』でも記しているように、ボンの政府部内では時間をかけてソ連政府の狙いの分析と、徹底した情報分析（予想される米英仏の反応）が行なわれたのである。その結果、ソ連の交渉開始提案に対しては「諒承」の答えが返された。と同時に、返書にはつぎの文言が書き込まれていた。「情勢に鑑みて、連邦政府にとっては、討議と検討の対象となるべきテーマを精確に規定し、その順序を明確にすることが、目的に適っていると思われる」。この一文は、日独の対ソ交渉姿勢の比較という見地よりすれば、きわめて重要な意味をもつ。ボンの場合、事前に交渉の議題と討議順序をきっちり決めておこうというのである。ところが、日ソ間では交渉開始に先立って議題が「精確に規定」されたわけでも、その討議の「順序を明確」化したわけでもなかった。なにせ、松本俊一全権はロンドンに向けて出発する「前々日」になって重光外相からの政府訓令を受け取ったのである。交渉の際の議題とおぼしきものは、そこに初めて列挙されていた。「交渉を開始するにあたっての基礎となる七か条から成る覚書」を松本全権がソ連側マリク全権に手交したのは、第二回会談においてであった（松本『モスクワにかける虹――日ソ国交回復秘録』、二七ページ以下）。

ボンに向けてソ連は、打てば響くように八月三日に返答覚書を発した。要するに、「同意する」と言うのである。そして会談での「検討課題」、つまり議題として、(1)両国内の「外交関係の樹立、および相応の文書（複数、ドイツ語でドクメンテ）の交換」、(2)通商関係の樹立、(3)文化関係の樹立および発展、の三点を提案していた。交渉開始時期としては「八月末から九月初」を希望していた。

これに対してボンは九日後になって第二回目の覚書を返した。交渉開始時期としてはややうしろにずれた九月九日が提案されたが、これにさしたる意味はない。私が目を見張るのは、上記のソ連側覚書中の⑴、⑵、⑶を受けるかたちで、西ドイツ側がこう述べていたことである。「ソ連政府が一九五五年八月三日の覚書で、外交関係樹立のための文書（複数）の交換の問題、通商条約締結の問題、文化協定締結の問題をも検討するよう提案したことに鑑み、連邦政府は、この種の文書の交換、および、列挙されている諸領域での相応の協定の締結を準備する方途をも会談の進行中に議論することに同意する」。

ソ連側覚書および西ドイツ側覚書からの引用文中の傍点箇所は私が付した。それらは一体、なにを意味するのか。通商および文化の領域では条約あるいは協定のかたちで合意文書が締結される旨に、両国は事前に同意している。だが、肝心の外交関係樹立との関連では、合意文書の締結という方針を両国とも述べていない。代わりに言及されているのは、「相応の文書の交換」あるいは「この種の文書の交換」にすぎない。このことは、外交関係樹立に関しては合意文書を作らず、単なる「文書の交換」で処理するという方式の採用に、双方が事前にほぼ一致していたことを意味する。そして現実は、後述するように、まさにその通りとなった。これは、日ソ交渉の経過とは極端に違う点である。

さて、アデナウアー政権の第二回覚書の注目点はそれだけではない。同覚書中で、西ドイツ政府は基本的にソ連側の議題提案に同意しつつも、「両国間の外交関係樹立の問題と分離することのできない問題の討議が必要である」と釘を差していた。つまりは、「ドイツの国家的統一の問題」と、「現在なおソ連の領域内、あるいはその勢力圏内で拘束されているか、さもなくばこれらの領域からの出国を妨げられているドイツ人の釈放の問題」とがそれだと言うのである。

これは二つながらに、アデナウアー政権にとっては最重要の関心事であった。前者、すなわち「ドイツ統一」

が部分国家・西ドイツにとっては断念不能の問題であることは自明であった。平和条約問題は西ドイツとしてソ連との間で討議できない。その討議のためには「統一ドイツ」の存在が前提であるが、それを阻んでいるのはソ連のドイツ政策である。ゆえに、ソ連政府との間での「ドイツ統一」問題の討議は必須だと言うことになる。ただ、モスクワでこの問題を直接討議したからと言って、容易にその解決が期待できるわけではない。他方、「未帰還ドイツ人早期帰国問題」はアデナウアー訪ソで是非とも解決されなければならない。すでに東ドイツ大使館が存在するモスクワを西ドイツ首相が――「二つのドイツ」論への一歩迎合という声を耳にしながらも――訪問するのは、ひとえに抑留者問題の解決を念願したからであった。

ただ、アデナウアー首相の悲願が叶えられるかどうかは、事前の瀬踏みだけでは不明であった。と言うのも、その一週間後(八月十九日)の返答覚書――アデナウアー訪ソ以前の最後の覚書――の中でソ連政府が示した態度は、こうだったからである。まず「ドイツ統一」問題について、覚書にはこうあった。「ドイツ連邦政府の覚書の中で言及されているドイツの国家的統一の問題に関して言えば、この問題でのソヴィエト社会主義共和国連邦の態度はドイツ連邦共和国政府には既知であると信じる」。ただし、意見の交換を妨げる気はない。これはつまり、ボンがその問題を持ち出しても事態は変わりませんよ、の意味であった。これとは違って同覚書は、「抑留ドイツ人早期帰国」の問題ではアデナウアーの訪ソ時に議論するとも、議論しないとも言っていなかった。要するに、ボンのこの問題提起を、モスクワは事前には黙殺したのである。ゆえにアデナウアー首相は「抑留者帰還問題」ではソ連指導部が討議に応じるのか応じないのかを事前には確認できないまま、訪ソの途についた。

以上の叙述から、日ソ交渉とは違ってアデナウアー訪ソが事前の詰めをきわめて重視していたことが理解されよう。それでも、事前にすべてが詰められていたわけではなかった。ボンが最重視した「抑留者早期帰国」の問題は、交渉現場での駆け引きに委ねられることになった。そこで問われるのは、ボンとモスクワの交渉術、交渉能力がどうであるか、だった。

※ボン・モスクワ間で交わされた外交覚書からの引用のため、つぎの記録集を使用した。*Dokumentation zur Deutschlandfrage*. 3. Bde. Frankfurt am Main, 1961.

第Ⅵ章

20 片肺だった鳩山代表団

日独の対ソ国交回復交渉を比較して唸りたくなるのは、交渉をまとめ上げた際の全権団及び代表国の陣立てがあまりにも違うことである。日ソ交渉の場合、いくどか触れたように、全権を立てての交渉は合計㈣次に及んだ。第一次、第二次ロンドン交渉、第一次、第二次モスクワ交渉である。このうち交渉が妥結したのは第二次モスクワ交渉(一九五六年九—十月)だから、ドイツとの比較対象になるのは、鳩山首相みずからが首席全権を引き受けたこのケースである。西独の場合、代表団派遣は一回きりで、一九五五年九月にアデナウアー首相みずからが代表団を率いた。この限りで、東京とボンがモスクワに派遣した代表団は同格だったと言える。が、全権団の構成となると趣きは一変する。まず全権団について何が言えるか。

日本側で「日ソ共同宣言」に署名したのは、鳩山一郎、河野一郎、松本俊一の三人の全権である。河野は農林大臣で行政府の一員、松本は衆議院議員で立法府の一員ではあるが、実態的に言えば、保守合同による結党からいくばくもない自由民主党・鳩山派だけからなる全権団であった。第一次モスクワ交渉の全権団を率いた重光外相は鳩山派ではなかったが、交渉そのものに失敗したので事実上「不適格」の烙印が捺され、第二次では埒外に去っていた。自由民主党にはこの時期の対ソ交渉、しかも鳩山・河野主導の交渉方針に対する批判や慎重論が強く、だから非鳩山、反鳩山勢力から全権を起用することはできなかった。他方、野党である社会党は大勢として日ソ国交正常化に積極的だったが、そこに全権の一員を求めることはもとより、代表団への参加を呼びかけることさえ鳩山政権はしなかった。日本共産党(念のため言うが、「当時の」)も無論、日ソ国交早期樹立には賛成だったが、「反共」が売り物の鳩山首相が共産党に誘いをかけるはずがない。かくて、鳩山派・片肺代表団の訪ソと相成った。

鳩山全権団の弱みはなかんずく、外務省を手足のごとく使える人材を欠いた点にあった。松本俊一は職業外交官出身の与党議員だが、霞ヶ関に睨みが利く人物ではなかった。松本は第一次ロンドン交渉からずっと日ソ交渉に関わってきたので、継続性の見地よりして鳩山代表団にも全権のひとりとして起用されたのだが、第二次モスクワ交渉では正直言って影が薄かった。とくに河野全権に較べるとそうだった。これは、単に筆者の主観ではない。松本俊一という外交官出身の国会議員についての評価がどのようであったかを、当時の関係者の直接、間接の二つの証言で示しておく。

第一は、当時共同通信記者であった藤田一雄が重光外相の気持ちを忖度して書いたものである。第二章・6でも触れたように、藤田記者はドムニツキーの鳩山邸訪問(一九五五年一月)を仲介した人物である。その際、同記者は鳩山側近の元外交官・杉原荒太にも鳩山へのアプローチについて相談をもちかけた。この一件は、既述のように、重光外相の知らぬところで進められた。以上を伏線として、藤田記者の昭和五十七年十一月の回想を読んでみよう。長いが引用する。

重光外相と杉原氏とは相容れなかったので、この間のいきさつについては重光さんも外務省も全くのツンボ桟敷だった。日ソ国交回復という大問題について首相が外相に一言ももらさないという仕打ちを受けて、重光さんの心中は察するに余りあるが、ここで重光さんが尻をまくらなかったのは重光さんなりの信念があったからだと思う。重光さんにしてみれば、〝鳩山の周辺には河野一郎とか杉原荒太とかがいて外交を牛耳ろうとしており、プロの外交官である松本俊一もいい加減なものだ。もしここで私が短気を起こして、あの連中が外交の主導権をとるようなことになれば、日本の将来は大変なことになる〟と隠忍したのではなかろうか。

第二の判断材料は、五五年の保守合同後の自民党幹事長として鳩山訪ソ実現のため党内調整に大汗を掻いた岸信介元首相自身の回顧である。岸は言っている。「しかしナンでしょうね、私どもの知っている外交官としては、松平恒雄や、石井菊次郎、それに吉田茂さんなどは別格として、重光さんはやはりある程度の風格を持っておった人だなあ。日ソ交渉で名を馳せた松本俊一君のような外交官とはスケールも風格も全然違っていたね。重光さんはいわば政治的な外交官でしたよ。単なる役人的な外交官というわけではなかった」（原彬久編『岸信介証言録』、毎日新聞社、二〇〇三年、一二五ページ、傍点佐瀬）。

さて次に、日独比較に入る前に、日日比較、つまり鳩山代表団と一九五一年のサンフランシスコ平和条約調印の際の吉田全権団とを較べてみるのも、前者の歴然たる「片肺」ぶりを知るのに役立つであろう。よく知られているように、サンフランシスコへの日本全権団は吉田茂首相以下、池田勇人蔵相、自由党の星島二郎衆議院議員といった政府与党勢だけでなく、野党側から国民民主党の苫米地義三衆議院議員、緑風会の徳川宗敬参議院議員が全権委員として参加した超党派構成であった。それ以外に五人の全権代理と随員が加わったので全権団は全体で二十七名の大所帯であった。また、全権団とは別に合計十一人の国会議員団が派遣されたが、そこには「単独講和反対」を叫んだはずの社会党からも二名が参加していた（衆・参各一名）。

もっとも、サンフランシスコとモスクワを同列に置くだけでは公平とは言えまい。独立以前の日本とはいえ、日米関係はすでに実質的に友好国関係となっていたし、吉田全権団には「敵地」に乗り込むという悲壮感はなかった。平和条約案はすでにできあがっていたので、現地で厳しい交渉が待っているわけでもなかった。ロジスティック（設営）の面でも苦労はさほど大きくはなかった。が、モスクワはそうではなかった。鳩山、河野にその意識は希薄だったようだが、客観的に言えばそれは「敵地」に乗り込んでの交渉にほかならなかった。後述するが、設営面での条件も悪かった。なによりも、モスクワでは両国首脳間ののるかそるかの交渉が待ち受けていた。日本からの代表団にとってサンフランシスコよりモスクワ交渉の方が条件ははるかに厳しかった。

が、それならなおさら、全権団が超党派でなかっただけではなく、政府与党からも鳩山派しか参加しない片肺構造であったことは問題であった。モスクワでは最低必要な与党内協議さえもができなかったし、当時の電信状況は、モスクワ・東京間の緊急の与党内協議も不可能にしていた。現地での「片肺」全権団内部の協議でさえもが、「敵の目と耳」、つまりソ連側の盗聴に対する警戒なくしては難しかったのであるから。

21　同行の外務官僚たちは全権たちとどう付き合ったか

なお、鳩山訪ソ代表団には、十二名の外務官僚（電信官、タイピスト等の技術的スタッフは別）が随員として加わっていた。東京からの直行組の筆頭は――のちに外務事務次官にまで昇りつめた――法眼晋作欧州担当参事官であった。さらに、先発してモスクワにいた松本全権組から高橋通敏条約局次長、新関欽哉在スウェーデン公使館参事官（後年の駐ソ大使）、在英大使館から重光晶一等書記官（後年の駐ソ大使）らが現地で代表団に合流した。そのリストを眺めて気付くのは、外務省組のランクの低さである。重光外相は――第一次モスクワ交渉（一九五六年七月）でミソをつけたので――東京に残ったし、官僚の筆頭である外務事務次官はおろか、一人の局長さえも加えられていなかった。随員となった上記の外務官僚の幾人かは後年、確かに外務省を担う重要人材となったが、当時はまだ若く、ために平均すると率直に言って軽量級であった。そのことの意味は、すぐに眺めるアデナウアー代表団の構成と比較してみれば、容易に納得されよう。とにかく、首相直々でモスクワに赴く大勝負の外交舞台だと言うのに、外交のプロの関与の希薄さは気掛りであった。

そもそも鳩山『回顧録』には、日ソ国交回復交渉に取り組むに当たって、首相と外務省の関係がすこぶる微妙であったことを示唆する箇所がいくつもあるが、外務省の非協力姿勢に対する驚くほどの立腹ぶりを示すものとして、つぎの記述を挙げておこう。それは、鳩山自身の訪ソ時のことではなく、松本全権による第二次ロンドン交渉と重光、松本両全権による第一次モスクワ交渉の間に挟まったかたちの、河野農相の訪ソによる一九五六年四月末／五月の日ソ漁業交渉――そしてついでに日ソ国交問題交渉も――当時のことである。鳩山は書いている。

やっと河野君を送り出すと、…ソ連から英國の西大使を通じて、駐日代表部のドムニツキー氏を本國に歸したいが、必ず後任者の入國を認めて貰いたいと申入れがあった。ところが、外務省はこの申出に対して誰にも相談しないで拒否の返事をした。パリーでこれを知った河野君は「外務省がこんなに非協力では、モスクワに入ってもとても交渉にはならない」といって来た。それは困るというので直ぐ入ソするよう連絡をとったが、外務省を通じているせいか、サッパリらちがあかない。この上はやむを得ないから直接國際電話で話そうということになり調べさせたが、今度は、どこに居るか場所が判らない。外務省にたしかめても、どこのホテルにいるか知らないという。仕方なく、ストックホルムの公使館に無理をして電話をつながせると、「ベルは鳴っても、誰も出ない」という返事。「外務省というところは、こんなところか」とつくづくと驚いた（『鳩山一郎回顧録』、一八六ページ、引用文中の傍点は佐瀬）。

この記述だけだと、外務省の無能、あるいはやる気のなさだけがクローズアップされる。しかし、この日ソ漁業交渉時の河野農相の外務省無視もひどかった。有名な五月九日のブルガーニン・ソ連首相との会談に臨むことになった同農相は、通訳兼務のかたちで同行した新関欽哉参事官を入口に残して、ソ連側通訳のみを使ってソ連首相と交渉したのである。松本俊一は自著『秘録』で、日本側通訳を介さないこの河野・ブルガーニン会談で「密約はなかった」と河野を弁護しているが（同書、九九ページ）、問題は密約の有無ではなく、この非常識行動が日ソ外交当局にどのような心理的反応を生んだかなのだ。ソ連側は河野・外務省間の不仲に気付くだろうし、それを自国側に有利に活用しようとする。日本外務省は外務省で、鳩山・河野ラインに対する不信の念を強める。

この一件にもう少しこだわると、河野農相は回顧録『今だから話そう』では妙なことを言っている。モスクワ入りしてイシコフ漁業相にブルガーニン首相と直接面談したい旨を切り出してみると、案外すんなりとそれが実現することになった。そこで、「その晩はホテルで、ブルガーニン会談をどんな風に取り運ぼうかとみんなで相談した。全権、顧問、随員みんな寄り合っての相談である。ところが、全員の意見が期せずして一致した。河野単独で、誰も連れてゆかぬ方が話が進むだろうというのだ。全く嬉しかった。みんながこれほど僕を信頼してくれるか、と感謝の気持でいっぱいだった」、と言うのである。なかんずく顧問として同行した鈴木日水社長らが、「一人で行きなさい。誰も連れて行っては駄目だ。…われわれは勿論のこと、通訳も連れず一人でおいでなさい」と助言する。そこで河野は「なるほどそうだ。これは漁業条約に関する会議でもないし、記録をあとに取っておくものでもない。…これは単身行く方がよかろう」と考え、「私は『一人で行くから、通訳その他の人は遠慮してほしい。必要ない』と決断を下した」とある（同書、二四―二六ページ）。

自分が単独でブルガーニンと会うことに「全員の意見が期せずして一致」したというのは、河野のひとりよがりに過ぎない。水産業界の「鈴木日水社長」が農相の単独行を薦めたというのはあり得べき話で、業界のため「密談」でここはひとつどうかよろしく頼むの意味である。それはよく分かるが、外交を進める者の考えではない。外務省の新関参事官が同行しながら、入口のところで河野から「入らなくてよい」と命じられたのは客観的な事実なのである。それを自分の都合のいいように脚色するような体質が河野農相にはあった。そういう河野流の外交常識無視に外務省は一貫して不信の眼を向けていた。

だから、肝心の鳩山訪ソの際にも、鳩山・河野連合と外務省の間に深刻な鞘当てがあったのは、何ら不思議ではない。この場合の証人は首相秘書官として随員を務めた若宮小太郎である。近年その存在が知られることになった未公刊の若宮「日ソ交渉随行日記」には、この点で実に複雑な記述が残されている。すなわち、「日ソ共同宣言」中に歯舞・色丹の引き渡し、および国交回復後の領土（択捉・国後）交渉継続の問題をどう書き込むかで日ソ間に火花の散った十月十四日から十八日にかけて、まず十月十四日には、「…外務省は、ほとんどあきらめた形だが、われわれはまだ決してあきらめない」との記述がある。ついで、平和条約締結をもって歯舞、色丹の対日引き渡し、かつ、米国が沖縄、小笠原を還すときに「それ以外の領土は継続審議」という線がでてくると、十月十七日には、「松本氏（滝蔵、内閣官房副長官、顧問として同行）はじめ外務省の連中、全くこの成果に驚いていた。全然初めから、彼らは投げていたのだから」と自信ありげの筆。ところが、翌十八日の河野・フルシチョフ会談で、国交正常化後に「領土問題を含む平和条約締結に関する交渉」を継続するとの趣旨の日本側案文から「領土問題を含む」を削除させられる事態になると、「どうも話がうまく行か」ないと再び悩み始める。外務官僚を見下すような口吻はどこへ行ったのか。挙句の果て、同じ日の若宮日記には、「河野氏はこちらの話を全部聞かれているという」、とある。つまり、ソ連側が盗聴しているというわけなのだ(以上の点については、若宮日記の存在を報じた『朝日』二〇〇六年三月二十五日付の記事「日ソ交渉、高揚と苦悩と」をも参照のこと)。

これには、つぎのような落ちがつく。強腰のフルシチョフとの会談から戻った河野全権は、直ちに松本全権と相談する。松本は回顧している。「以上のような情勢になったので、河野農相は薄氷のはった寒いソヴィエツカヤ・ホテルの前に、私を呼び出して、二人きりでこの問題について長時間意見を戦わした」(松本『秘録』、一四九ページ)。屋外での相談とは、つまり、盗聴を避けようとしたのだ。ただ、交渉の最後の最後になってようやく、なのである。それでは遅い。

ソ連との外交交渉に臨む際、いかに盗聴対策を講じるかは、自由主義陣営の諸国にとっては当時から深刻な問題であった。この点、モスクワに大使館がなかった日本の代表団にとっては、ただでさえ条件は不利だった。そういう場合には外交のプロと協力し、彼らの知恵を活用する必要があった。ところが全権たちと外務官僚の間には十分な信頼関係がなかった。これは、「片肺」全権団と同行外務官僚の双方にとって不幸なことであった。

22 超党派、かつ「ベスト・アンド・ブライテスト」のアデナウアー代表団

一九五五年九月にアデナウアー首相が率いた西ドイツの訪ソ代表団はどうだったか。一言で言えば、それは鳩山代表団とはまるで違う構成であった。

記載順に言うと、まず首席全権がアデナウアー首相、次がブレンターノ外相、グロプケ首相府長官、ハルシュ

タイン外務次官、ブランケンホルン駐NATO大使、グレーヴェ外務省政治局長…、と言っても馴染が薄いだろうから注釈すると、ハルシュタイン次官はのちにEEC（EUの前々身）初代委員長、グレーヴェ局長はのち駐米、駐NATO、そして駐日大使。要するに、この代表団は経済省の代表をも含めて、ドイツ外交陣の「ベスト・アンド・ブライテスト」によって構成されていたのである。とくにボンの外務省はいわば総力戦態勢を敷いたと言える。「敵地」に乗り込んでの「外交」交渉なのだから、総力戦態勢は当然と言えば当然なのだが、外務省の協力関与をなおざりにした日本の代表団とはあまりにも違いすぎる。

では、政治の関与はどうだったか。「随行団」には三人の政治家の名が並んでいた。アーノルト連邦参議院外交委員会委員長（ノルトライン・ヴェストファーレン州首相）、キージンガー連邦衆議院外交委員会委員長、カルロ・シュミット同副委員長。このうち、キージンガー議員はその十一年後、首相として西ドイツ初の大連立政権を率いることになる人物。カルロ・シュミット議員は教授資格をもつ野党SPD（ドイツ社会民主党）の副党首。要するに超党派構成だったのである。とくに注目すべきはシュミットSPD副党首の参加であった。同党はそれまで、外交路線をめぐり「ドイツ再統一優先か、西ドイツの西側防衛体制（NATO）帰属の優先か」の論争で前者を主張、アデナウアーの親西側外交を厳しく批判してきた。にも拘らず、アデナウアーの懇請を容れて、温厚で国民的信頼の篤い自党副党首の随行団入りに応じたのであった。

代表団出発時点では、野党からの「随行者」にどんな役割が期待されているのかは明らかではなかったが、四日間の交渉期間中にアデナウアーがシュミット副党首に何を期待していたか、また、同副党首が何を自分の役割と認識していたかが明瞭になった。アデナウアーは代表団の全体会議で幾度もこの野党側「随行者」の見解と判断を訊ねた。また、同副党首はソ連側との全体会議の場にも同席し、求められると野党議員として、ただし建設的野党の議員としてアデナウアーへの援護射撃を厭わなかった。その実際例は後述することになろう。要するに、西ドイツの場合、代表団構成が超党派だっただけでなく、交渉の現地での内部意見の集約も超党派的になされたのである。これは、交渉の最大眼目であるドイツ人抑留者早期帰国の実現にとり、きわめて重要な意味をもった。

しかし日独の代表団や随行団の構成の面だけを比較するだけではまだ十分でない。問題は、全権たちをモスクワに送り込んだ態勢の違いである。これにも雲泥の差があった。筆者は若いときに西ベルリンで学んだので、正直言ってかつてはかなりドイツびいきの傾向もあった。しかし、ここ二十年ほど、「歴史」や「過去」の反省の問題で「ドイツは立派だが、日本はダメ」式の議論が日本でもドイツでも罷り通るようになると、むしろドイツに厳しく、日本の言うべきことを言うというスタンスをとるようになった。最早、ドイツびいきの人間ではない。だが、こと対ソ国交回復交渉過程の評価となると、アデナウアー政権の方に軍配を上げざるを得ない。とくに、代表団のモスクワ交渉に臨む気構え、態勢、物理的準備（設営）についてそうである。

が、この点でもまず公正でありたい。同じ日独のモスクワ交渉と言っても、いくつかの客観的条件は日本にとりはっきりと不利だった。第一、一九五五年秋の西ドイツはすでに「ドイツ経済の奇跡」を謳歌していた。他方、五六年秋の日本は「高度経済成長」という言葉さえまだなく、豊かさを実感できる状態ではなかった。第二、ボンにとりモスクワはさほど遠くなかったが、東京にとりモスクワは遠かった。アデナウアーはケルン・ボン空港からルフトハンザ特別機のワン・フライトでモスクワに着いたが、鳩山代表団は南回りのスカンディナヴィア航空機（ＳＡＳ）で十月七日午前に羽田を飛び立ち、ようやく十二日午後にモスクワに到着した。しかも最後のフライトはストックホルム（スウェーデン）―モスクワであり、ソ連政府差回しの特別機によるものだった。前出の若宮「随行日記」や『鳩山一郎・鳩山薫日記』（中央公論新社、二〇〇五年）によると、一行はソ連側特別機の豪華さに感心しているといった有様だった。要するに日本には、モスクワへ直行する自前の特別機を飛ばせるだけの経済力がなかった。この点、日本代表団は気の毒だった。

だが、日本とドイツには同一条件もあった。それは、両国ともモスクワに大使館を持たなかったことである。ために代表団の宿泊をはじめとするロジスティックは頭の痛い問題であった。とくに、盗聴対策をどうするかは、重要な問題だった。アデナウアー代表団に提供された宿泊施設は、馬鹿でかいソヴィエツカヤ・ホテル。日本代表団にもこのホテルが提供されたのだが、鳩山首相が宿泊したのはスピリドノーフカ宮殿。これは、車椅子という鳩山の身体的条件に配慮しての厚遇ということだったのだろうが、ソ連側の盗聴が問題であることは、どちらでも変わりはない。では、アデナウアー代表団はこの難題にどう対処したのか。日本の河野・松本両全権のように、重要な相談は寒い屋外に出て、立ち話ですませたのか。

ボンからの代表団はそうではなかった。全権たちは前述のように一九五五年九月八日、ルフトハンザの特別機でモスクワに乗り込んだのだったが、設営班はその数日前、ドイツ鉄道の特別列車で必要機材もろとも陸路モスクワに先着していた。この特別列車は全十三輌。交渉期間中はモスクワ市内の引き込み線に停留して、事実上臨時の大使館として機能した。同行記者団はそれに「ゲットーの大使館」の渾名を奉った。と言うのも、完全な盗聴防止装置の施された会議用車輌、食堂車、調理設備、電信電話用車輌、事務施設車輌などから成っていたからである。現地でのその使用を、ボン側

「歴史の家」博物館に展示されている会議用サロン・ワゴン

モスクワ交渉に使われた特別列車についての「歴史の家」博物館のパンフレット

は事前の事務折衝でソ連側に呑ませていたのである。アデナウアーは『回顧録』(II-p. 497)で、誇らしげにこう書いている。「一つの車輌は特に重要な内部協議用の会議室として使われた。この車輌は、わが方の技術者の言では完全な盗聴防止機能を備えていた。それは特別のドイツ側監視下に置かれた。われわれは、そうするにはどういう事情があるかを、はっきりとソ連側に説明した」、と。要するに、盗聴防止のため十分な対策が講じられていますよ、と伝えたのである。

このように、いまだ自国大使館が開設されていない「敵対国」に乗り込んでの交渉に向けて、西ドイツ政府は用意周到であった。因みに、モスクワ交渉で臨時大使館として大役を果たした特別列車のうち会議室用に使われた車輌は今日、ボンの「歴史の家」博物館に保存、展示されている。

第Ⅶ章

23　鳩山一郎とコンラート・アデナウアー——高齢での訪ソ

対ソ国交正常化を成しとげた日独それぞれの指導者、鳩山一郎とコンラート・アデナウアーは、大づかみに言うと同世代人だった。正確には、鳩山が一八八三(明治十六)年一月、アデナウアーが一八七六年一月の生まれだから、アデナウアーの方が七歳年長ということになる。ふたりは、一九五五年という同じ年に対ソ交渉を手掛けるようになった。アデナウアーの訪ソは一九五五年九月だったから、このときすでに七十九歳。鳩山訪ソは翌五六年十月のことだから、こちらは七十三歳。いずれも高齢での初訪ソであった。しかし、訪ソ時のふたりの年齢的近似とは別に、肉体的条件は大きく違っていた。それを比較するのは酷な作業である。それを承知のうえでなお比較するのは、国家間交渉という冷厳な営為を比較するうえで、それが不可欠だと考えられるからである。

よく知られていることだが、日ソ交渉に当たった鳩山は「半身不随」の人だった。このあけすけな表現は、『さようなら、みなさん！——鳩山日ソ交渉五〇年目の真相』を上梓した、鳩山びいきの堀徹男（元NHK）が使っているものである。鳩山は、まだ追放の身だった一九五一（昭和二十六）年六月に脳溢血で倒れた。闘病の結果、三年後の首相就任時には政治活動ができるほどには回復したが、左手は不自由で、歩行も思うにまかせなかった。みずからのこの肉体的不利を承知のうえで、二年越しの日ソ交渉はやはり自分が訪ソしてまとめなければと考えた鳩山の念願と決意とは、高潔である。が、悲壮でもあった。

羽田を発ってから南回りのヨーロッパ経由でモスクワに着くのに、五日を要した。鳩山は回顧している。「私たちの一行は十月七日、SAS機で羽田空港をあとにしたが一部のものは、私の體で、長途の飛行機旅行に耐えられるだろうかということを本當に心配したらしい。特に新聞社は、むしろ事ある事を豫期して、特派員を同行させた。毎日新聞などは、『鳩山は、カルカッタ邊で必ず參るに違いない』との豫定を立てて同行記者のほかにニューデリー駐在記者をわざわざ、カルカッタまで移動させて待機していたという」（鳩山『回顧録』、一九九一二〇〇ページ）。

しかし、鳩山は「飛行機には自信があった」し、同行者たちが驚くほど機中元気で、よく食べ、よく飲んだ。ストックホルムからの乗継ぎのフライトは——既述のように——ソ連政府差回しの特別機に乗り、調度の良さ、スチュワーデスの愛想の良さに感心もした。モスクワ空港ではブルガーニン・ソ連首相が待ち受け、軍楽隊が「君が代」を奏でる中、オープンカーで閲兵。若宮小太郎秘書の「日ソ交渉随行記」には、ブルガーニン首相が「こころからの善意で総理を歓迎し、いたわっているのがよくわかる。宿舎の迎賓館に向かう自動車に乗る時などは自分でかかえて乗った。遠来の病首相をいたわる親切が身にしみる」とある。鳩山の宿舎となったのはスピリドノーフカ宮殿であった。「鳩山さんは椅子に乗せられたまま、大きなロシア人が一気に二階まで毎日かつぎ上げてくれた」(松本俊一『秘録』、一三三ページ)。

そういう状態で鳩山はモスクワ交渉に臨んだ。この鳩山訪ソで私に湧く連想は、一九四五年二月にスターリン、チャーチルとのヤルタ会談に臨んだときのルーズヴェルト米大統領の姿である。ヤルタは第二次大戦連合国三巨頭の会談だったから、交渉の意味合いは日ソ交渉とは全く違う。ただ、このときルーズヴェルトも下半身不随の車椅子政治家だった。その意味では、一九五六年の鳩山と似ていた。鳩山はモスクワ交渉に情熱を燃やしていた。ルーズヴェルトも、多くの史書が書くように、扱いにくいスターリンを自分の人間的魅力で制御できると信じていた。はたしてそうだったか。米大統領の肉体的ハンディキャップと募る疲労とは、重要会談の結果に好ましくないかたちで影響しなかったか。重大な対外交渉に臨むとき、情熱があれば、あるいは自負さえあれば、肉体的不利や健康上の問題はカヴァーできるか。もしそうならば、健常者でさえ、重大な対外交渉を前にしては肉体的ベスト・コンディションを保つことに腐心するのは、なんのためか。

ヤルタ交渉は、弱っていたルーズヴェルトにとり失敗作だった。それは、米国の研究者の間でほぼ一致した評価である。そのとばっちりは、「極東に関するヤルタ協定」というかたちで日本にも及んだ。そのことに気付かないで、ルーズヴェルトはヤルタ会談の二カ月後に世を去った。鳩山首相は「日ソ共同宣言」署名後、一九五六年十二月に政界引退の花道を選んだ。本人は日ソ交渉の結果に満足だったようである。ただ、「日ソ共同宣言」そのものは、満足のゆく成功作だったと言えるか。鳩山の不利な肉体的条件は、交渉そのものに影響しなかったのか。

24　七十九歳のアデナウアーの体力と気力

アデナウアー首相については、訪ソ時の身体状況だとか健康状態について特別に触れたものは、すぐに後述する一点を別にすれば、私が漁った少なからぬ文献中にまったく見当たらない。鳩山首相の場合はその逆で、健康、身体状況に言及しないものは、まずない。なぜかくも対照的なのか。それは、アデナウアーが強健そのものであったからで、訪ソとからめてそれを特に指摘しておく必要があるとは、誰も考えなかったからだろう。

アデナウアーは一九四九年九月、西ドイツの発足と同時に初代首相に就任したから、訪ソしたときには首相の激職をすでに六年にわたって経験していた。もっとも、彼は十四年間も首相の座にあったから、訪ソはその中間点より若干手前の時期の仕事であった。一九六三年十月に八十七歳で首相を引退したとき、彼は未練たらたらであった。その健康と元気に自信があったからだ。では、訪ソを決意したとき、彼の健康と体力はどういう状態にあったか。訪ソ代表団中の最重要な一員だったヴィルヘルム・グレーヴェが『引っくり返しての回顧――一九七六―一九五一』（一九七九年刊）の二三〇ページに書いている。グレーヴェは当時、西ドイツ外務省の政治局長のポストにあった。

訪ソを決意したアデナウアーは、第Ⅵ章で触れたように、直ちに交渉に向けて万全の準備態勢をとったが、自分の夏期休暇までもをそれに当てることにした。「この目的のため、アデナウアー首相はブレンターノ（外相）、ハルシュタイン（外務次官）と私を八月十日、ミュレン（スイス）での準備会合に出てこいと再招集を掛けた。後日、米国のグラフ誌『ライフ』に一枚の写真が載った。それは、スイスの山々を背景にして、この四人組が議論しながら散歩している様子を写したものだった。私に言わせると、『散歩』ではなく、むしろ『行進』と呼ぶべきであった。と言うのも、アデナウアーは険しく石のごろごろした山道を何時間も行進したからである。彼について行くのは、私にとり楽なことではなかった。この写真でも、彼が先頭に立っていて、私はしんがりである。二人に挟まる形で、講義している風情のブレンターノ、そして、たまらんなあといった眼差しのハルシュタイン。…」。当時、ブレンターノは五十一歳、ハルシュタインが五十四歳、グレーヴェが四十四歳。二回り以上も若い高官たちが音をあげるほど、この「御老体《デア・アルテ》」は強健だったのである。因みに、「御老体」とは、国民が元気なアデナウアーに奉った渾名である。

だが、彼は肉体的に健康、かつ元気だっただけではない。精神面でも気力と機略にあふれていた。先述したように、七十九歳の政治家が激突必死の対ソ交渉に向かったことに、健康面、体力面の視角から考察を加えた文献に、私は――グレーヴェを除いては――出くわしたことがない。他方、精神面、頭脳面からの分析を断念している文献は、一つだにない。その際に例外なく指摘されているのは、準備の周到さと現場での闘志だったと言える。交渉現場での闘志がどれほどのものであったかの紹介は次章に譲る。準備の周到さの一側面は、前章の末尾で扱った防諜機能つき特別列車のモスクワ派遣によく現われている。ここでは、モスクワ交渉の進めかたを事前にいかに緻密に組み立てていたかを眺めることにする。

実はこの点でも、モスクワからの交渉提案に同意してのち、訪ソまでの三カ月間に、交渉の議題と討議順序に関する活発な覚書往復があった事情については、第V章で詳述した。ここで紹介したいのは、独ソ間モスクワ交渉が実際に事前の組立てどおりに進められたという側面の方である。そこで、アデナウアー『回顧録』第二巻（原著）で扱われているモスクワ交渉の構成を眺めてみよう。同巻「第八章　モスクワへの旅」がそれで、その構成を直訳すると、つぎのとおりである。なお、交渉実施日については〔…〕による私の補足を加える。

第八章　モスクワへの旅
一、モスクワ会談の背景
二、私の交渉目的に関するワシントン、パリ、ロンドンでの協議
三、モスクワ到着
四、交渉初日――一九五五年九月九日(金)〔両国全権団・全体会議〕
五、交渉第二日――一九五五年九月十日(土)〔全体会議〕
六、休息――一九五五年九月十一日(日)
七、交渉第三日――一九五五年九月十二日(月)〔午前＝両国外相による小委員会会合、午後＝全体会議、夕＝ソ連側招宴〕
八、交渉第四日――一九五五年九月十三日(火)〔午前・午後＝全体会議、午後全体会議中に両国首相二者協議〕
九、最終考察

「四、交渉初日」から「八、交渉第四日」までを機械的に並べるとは、『回顧録』の章節立てとしてなんと芸のないことよという声が聴こえてきそうであるが、これは設計図にもとづく事実経過の反映なのであるから、如何ともしがたい。アデナウアーは設計図どおりのモスクワ交渉の進行を望み、かつ、極力それに努めた。無論、すべてが設計図どおりに進んだというわけではない。後述するように、猛烈な応酬や交渉決裂の危機もあった。しかし、それを回顧するとなると、設計図に沿って回想するほかない。すると、上記のような構成に落ち着くほかなかったのであろう。

これに関連して、私には忘れ難い思い出がある。第Ⅴ章で引用のため三巻本の『ドイツ問題記録集』(一九六一

年刊)を使用した。その第二巻は四四ページを費やしてモスクワ交渉記録を収録しているが、そこでの構成がアデナウアー『回顧録』同様、「会議初日」以下、「会議第四日」方式なのである。全体で四四ページとは言うものの、大判で活字がびっしり組まれているから、たとえば日本での松本俊一『秘録』の判型に換算すると優に百ページを超える分量である。なぜそんなに長い記録かと言えば、原則として全権団対全権団交渉となった各交渉日について双方の主要発言がそのままそこに再現されているからである。

だから、独ソ間モスクワ交渉の経過はアデナウアー訪ソから六年もすると、その大要が国民の前に公開されてしまっていた。私はこの『記録集』を西ベルリン留学中の一九六三年に入手したが、これならモスクワ交渉を回顧する際、アデナウアーは楽だろうなと思った。もっとも、実際にアデナウアー『回顧録』第二巻が出てみると、自分の短慮を恥じた。同じ設計図にもとづくとはいえ、「回顧」は「記録」とはやはり違うのであって、後者には見られないアデナウアー独特の「観察」が『回顧録』にはたっぷり盛られていたからである。それらについては後に改めて触れる。

25　鳩山全権団の交渉軌跡をどう整理するか

ここで確認しておきたい事柄は、独ソ交渉でアデナウアーは正攻法をとったということである。換言すると、(1)事前によく情報分析する、(2)よく根回しする(前出の「ワシントン、パリ、ロンドンでの協議」をみよ)、(3)きちっと設計図を描く、(4)適材適所の布陣で臨む、(5)行き当たりばったりに走らない、などである。これと比較すると、鳩山全権団の訪ソはどうであったか。なるべく同じ尺度で比較すべきだろうから、日ソ国交樹立交渉についてのもっとも詳しい当事者記録、すなわち松本俊一『秘録』にある鳩山訪ソ記述部分――「第七章　第二次モスクワ交渉」中の「八、領土問題等のモスクワでの最終交渉」――を材料として用いる。その構成はつぎのとおり。ただし、それだけを示すのでは実情がわかると思えないので、同書の既述や他の資料にもとづき、〔　〕内に私の補足を加える。

一、河野・イシコフ会談〔一九五五年十月十三日および十七日〕
二、河野・フルシチョフ会談〔同十月十六日、十七日、および十八日午後に二回〕
三、鳩山・ブルガーニン会談〔同十月十七日午後〕
四、ソ連案の提示〔同十月十七日夕刻、ソ連外務次官から河野全権に手交〕
五、最終交渉（領土問題）〔同十月十八日午後、河野・フルシチョフ間。すなわち、上記二の十八日午後の一回目に同じ〕
六、共同宣言方式の採用〔同十月十七日午後五時、松本・グロムイコ間の小委員会で作成〕
七、日本の国連加盟〔同十月十九日付の鳩山首相のブルガーニン首相宛書簡、および日付不詳のブルガーニン首相の鳩山首相宛書簡で確認〕

まことにややこしい限りと言うべきだろう。日ソ交渉の全過程に関わってきたと言える松本俊一全権にしてからが、この「最終交渉」の整理には手を焼いたとみえて、上記の整理では、(1)モスクワ到着翌日（十月十三日）のクレムリンでの両国首脳間の「最初の顔合わせ」に言及がない、(2)十月十五日には会談があったのかなかったのかが分からない、などの欠陥がある。それを知るためには松本本を十ページほど遡及して丹念に読み直さなければならない。するとそこに「最初の顔合わせ」が出てくる。それでもまだ不可解な点がある。同書巻末にある詳細な「日ソ交渉日誌」には、問題の十月十五日欄に、「クレムリンの閣僚会議室で第一回正式会議」とある（一七三ページ）。「第一回正式会議」とあるからには、「第二回」は、「第三回」はと誰もが詮索したくなるだろうが、それは徒労に終わる。「日誌」だけでなく本文中にも、やたら「会議」は出てくるが、それが「第二回」なのやら、なにが「正式」なのやら、その視点からの既述は皆無なのであるから。

以前にある雑誌でこの松本『秘録』を論評することになった機会に、私は本書を精読し、上述の点を不審に思った。なぜこんなに整理の悪い本を書き残したのだろう、と。ところが近年、おずおずと開示されはじめた外務省・外交資料館蔵の「日ソ交渉に関する件」を調べてみて、納得がいった。松本本の叙述が混乱しているのではない。モスクワ交渉の展開そのものが混沌としていたのである。どういうことかと言えば、上記十月十五日の会議議事録は直ちに現地で作成されて、それはその段階で「第一回正式会議」と銘打たれた。その手書き稿のコピーは外交資料館で見ることができる。松本全権はその現物にもとづいてそう既述したまでである。ウソはなかった。この会議は日ソ双方の全権たち揃い踏みの舞台だったし、電信文作成の段階では「第二回」「第三回」の「正式会談」があるものと予想されていただろうからだ。ところが、そうはならなかった。爾後の交渉はさながら道筋なき草原でのサファリよろしく、行き当りばったりの展開となった。そして河野一郎全権がサファリ車の単独運転を続ける格好になった。私が松本本の上記構成に〔 〕で付した補足を読めば、その事情は納得してもらえるだろう。松本全権の記述は、河野全権のこの単独運転をなんとか辻褄の合うかたちで説明しようとした努力のあとにすぎない。

26 鳩山全権団の「融通無碍」、または「行き当たりばったり」

鳩山首相は遠路はるばるモスクワまで出向いたが、日本全権団のいわば象徴的な存在にとどまり、「第一回正式会談」やブルガーニン首相との会談、さらには招宴、そして「日ソ共同宣言」調印式には加わったものの、領土問題や「共同宣言」内容にからむ実質的な討議で発言することはなかった。そもそも、モスクワ到着後、空港から迎賓館への車の中で河野全権は同乗のイシコフ漁業相に、「鳩山総理は身体が不自由であるから、そう頻繁にブルガーニン首相にお目にかかるわけにも行かない。ついては自分が総理に代って動くことになる」と予告していた（「河野イシコフ車中談要旨」、外交資料館文書「日ソ交渉に関する件」〇一―三〇五―一）。ソ連側はこれに対応したまでである。ソ連側は「しめた」と思いこそすれ、「それは困った」とは考えなかったであろう。そう推測する理由は多分、次章に書く。

前出の「23　鳩山一郎とコンラート・アデナウアー――高齢での訪ソ」末尾に、「鳩山の不利な肉体的条件は、交渉そのものに影響しなかったのか」と書いた。無論、それは交渉に影響した。しかも、忌憚なく言えば、好ましくない形で。では、いかなる意味での「好ましくない影響」か。それは、鳩山首相が日本全権団の象徴的存在たるにとどまり、その牽引車ではなかったと言う意味において、である。ただ、物は考えようである。象徴に徹した鳩山は、ヤルタでのルーズヴェルト米大統領のような失敗を犯さなかった。身体的不如意、病身、疲労という悪条件にも拘らず、自己過信したルーズヴェルトは、健康で狡猾だった独裁者スターリンにうまく乗じられてしまった。鳩山はルーズヴェルト流の自己過信を免れていた。

ただし、鳩山からサファリ車の運転を委ねられた河野全権の運転技術には大きな問題があった。一言で言えば、それは、彼が外交のアマチュアであり、そのくせ、外交のプロに謙虚に助言を求めようとするのではなく、むしろ、彼らに挑戦するかのような挙動に出たことである。そういう河野全権にモスクワ交渉の実質を委ねたという点で、広い意味では鳩山の責任が問われるのもやむを得ない。鳩山自身、『回顧録』中の日ソ交渉関連記述では外務官僚への不平不満をいくども述べている。だから、河野の外務官僚との折合いの悪さをたしなめるどころではなく、むしろ二人は対外務省不平不満で共鳴し合っていた。

それだけではない。第Ⅵ章で書いたように鳩山に同行した若宮小太郎秘書官が鳩山・河野に同調して外務官僚批判を書き残したのは当然のこととしても、同行記者団の多くは鳩山びいき、したがって同行外務官僚に冷たい眼差しを向けた。その後遺症だろうか、同行していない元NHKの堀徹男までもが、当時の「鳩山の使命感と決断、それに実行力」を讃えるかたわら、「対米重視の外務官僚の体質」を厳しく批判している。

日ソ国交樹立交渉において、鳩山・河野派と重光外相下の外務省——しかも吉田茂の影響力がなお強かった外務省——とが不仲だったという事実は、不幸なことであった。だが、その責任は双方にある。一方を讃え、他方を批判して済む問題ではない。ましてや、つぎの事情を忘れるべきではない。外務官僚は首相を、また全権を首にはできない。首相やその盟友は、その気になれば外務官僚を首にもできるし、左遷することもできる。それがいやなら、おだてと脅しの併用で彼らを使いこなさなければならない。

それはともかく、日ソ交渉過程をめぐる往時や今日の議論を点検していて、どうにも奇妙だと思うことがある。それは、多くの論者たちの視界が日ソ交渉に限られていることである。現実に展開された日ソ交渉過程しか眺めないものだから、河野全権流の「融通無碍」も、まあそんなものだろうと映る。交渉に設計図は準備されていたのかといった見地は、ほとんど議論されたことがない。昔から、鳩山政権は「アデナウアー方式」で日ソ国交を回復したというのがわが国で定説化しているが、ひどいひとりよがりである。なぜなら、(1)ドイツには「アデナウアー方式」なる概念はない、(2)百歩譲って、仮にそれがあったとすれば、それは「設計図」段階で確固既定であった。(3)日本の場合、「アデナウアー方式」は日ソ交渉開始決断の段階で確固既定の方針だったのではなく、交渉の過程で「行き当たりばったり」に辿りついた結果であるからだ。鳩山政権の日ソ国交回復という外交業績をけなすつもりは、全くない。必要なのは、それを客観視するとどういう評価に落ち着くかを考えてみることなのである。

第Ⅷ章

27　日ソ漁業交渉の含意

前章の末尾を「26　鳩山全権団の『融通無碍』、または『行き当たりばったり』」と題した。とりわけそれは一九五六年十月の鳩山訪ソ時に日本側の対ソ交渉を実質的に牽引した河野一郎全権の言動を念頭にしてのことであった。そこで、叙述順が逆転するのを承知のうえで、そのほぼ半年前のモスクワでの「日ソ漁業交渉」を率いた河野一郎代表の行動にも光をあてておかなければならない。その理由は、このときの名目は漁業交渉の日本側代表だったのに、農相である河野がクセのある動きをして、これ以降、国交回復交渉という外交面でも彼が日本側キーパーソンとなったことにある。

漁業交渉自体については、深く立ち入ることをしない。次のことを復習しておくことにとどめる。ソ連は——経済的理由もあって——日ソ国交の早期回復を望んだ。無論、そのための対価はできる限り抑えて。だが、国交回復のための第一次（一九五五年六月—九月）および第二次（五六年一月—三月）のロンドン交渉は、いずれも不首尾に終わった。そこでモスクワは、日本にとり重要問題である北洋漁業問題で圧力を行使する道を選び、もって対ソ国交早期樹立の必要性を日本側に再度納得させるべく工作した。第二次ロンドン交渉が無期限の自然休会に入ったのが三月二十日。するとその翌日、ソ連側は一方的に北洋水域に漁業制限区域を設定する決定を発表した。世に言う「ブルガーニン・ライン」の設定である。松本俊一の表現をもってすれば、「ソ連、漁業問題を国交正常化のテコにせんと図る」というわけである。これで、日ソ漁業交渉が急務となった。

五六年四月下旬のモスクワでの漁業交渉全権に河野一郎農相が任命されたこと自体は、順当な人事だった。ただ、ふたつの要注意事項があった。第一、河野は北洋水産業界とことのほか関係が濃密で、現にモスクワでの交渉中にももっぱら、代表団に加わった水産業界の三人の大物民間人（中部謙吉大洋漁業社長、鈴木九平日本水産社長、藤田巌日本水産副会長）を相談相手とし、官界から加わった二人の代表（松平康東駐カナダ大使、塩見友之助水産庁長官）を蚊帳の外に置きがちだった。つまり、国益よりも業界益が優先されるおそれがあった。第二、ソ連の本音が漁業交渉を餌に日本を国交回復交渉の場へと復帰させることにあったことは容易に理解できたし、河野が漁業交渉全権の役割を越えて、国交正常化問題で取り引きに乗り出す事態も予想された。それを防止するため、自由民主党内の反国交回復論者の掛け声で、河野には「漁業問題以外について交渉するな」との縛りがかけられた（河野『今だから話そう』、春陽堂書店、一九五八年、一五ページ）ほどであった。

実際の漁業交渉は、まさに事前のこの二点の要注意事項の正しさを裏書するような展開となった。そこでまず、河野のために弁じておきたい。「漁業交渉以外に手を出すな」と釘を刺されても、ソ連の意図は漁業交渉の妥結にではなく、最初から「敵は本能寺（＝国交回復交渉）にあり」なのだから、漁業交渉そのものの不調をも覚悟するのでなければ、モスクワに乗り込むことの意味は薄い。「先方から（漁業問題以外の）話があれば〝イエス〟か〝ノー〟か、私は返事をしなければならない」（前掲書、一五ページ）と河野が考えたのは至極当然である。この点では、反鳩山・反河野の国交交渉消極派の方がむしろ狭量であった。

とは言え、より問題だったのは、モスクワにおける河野全権の実際の言動の方であった。ソ連側から漁業交渉以外でなんらかの打診、ないし提案があった場合、全権代表たる者がなんらかの反応を示す必要があるのは当然だとしても、要はその反応のありよう、つまり、その程度、方向、性質なのである。「漁業交渉が主、残余の事項は従」があるべき姿だろう。ところが、モスクワでの河野の「漁業交渉」のハイライトは現地で決まった五月九日のブルガーニン・ソ連首相との「非公式」会談であったが、それはとても「漁業が主、残余は従」と言えるものではなかった。この会談こそは戦後の日ソ外交交渉史上、最も問題の多い出会いであった。すぐに見るように、このときの河野の行動は外交的非常識の極みであった。

28　河野・ブルガーニン会談――日本側通訳なしの非常識

漁業交渉は河野農相とイシコフ漁業相との間で進められたが、進むかに見えると頓挫という有様に業を煮やした河野は、イシコフにブルガーニン首相との直接面談を要望した。「案に相違して」、それは五月九日にセットされた。が、河野はこのとき、日本側の通訳なし、ソ連側の通訳のみでソ連首相と会談するという外交的非常識を敢えてやってのけた。会談場所はクレムリンのソ連首相執務室。ロシア語のできない河野が同行者なしでそこへ辿りつけるはずはない。そこで、随員の一人だった新関欽哉参事官（後年の駐ソ大使）が直前に同行を命じられ、取るものも取りあえず通訳心得で河野に同行した。が、ソ連首相執務室に入ろうとするところで、河野は新関に「君はここで待て」と命じる。河野一人が入室し、新関は会談終了まで「約三時間」（松本俊一『秘録』、九八ページ）待ち続けた。

だから、この河野・ブルガーニン会談――それは、戦後はじめて日本の指導的政治家がクレムリンでソ連指導者と行なった歴史的会談である――の内容について、日本側には会談記録がない。河野自身による事後説明があるのみ。だから、このとき河野は日ソ間で見解が対立してきた領土問題がらみで「密約」を交したのではないか、との疑いが日本国内で根強く語られることになった。河野は無論、「密約」説を強く否定。「密約」の存在は、半世紀以上も経過した今日まで日ソ（あるいは日露）双方でなんら確認されておらず、その不存在説がほぼ定着した。が、だからと言って、河野の非常識外交が免責されるものではない。問題点はいくつもある。

第一、日本側通訳を同席させなかった理由についての河野の弁解。『今だから話そう』の二四ページ以下で、河野はあれこれと述べている。まず、会談予定の前夜。「その晩はホテルで、ブルガーニン会談をどんな風に取り運ぼうかとみんなで相談した。全権、顧問、随員みんな寄り合っての相談である。ところが、全員の意思が期せずして一致した。河野単独で、誰も連れてゆかぬ方が話が進むだろうということなのだ。全く嬉しかった。みんながこれほど僕を信頼してくれているのか、と感謝の気持ちでいっぱいだった」。代表団の「全員」が河野の単独訪問に同意したというのは、本当か。だが、その点はいまは詮索しない。ただ注釈すると、「誰も連れてゆかぬ」とは、「通訳も連れてゆかぬ」をも含むのか含まないのか、必ずしも明瞭でない。

が、盗聴を警戒してホテルの外で顧問に相談すると、鈴木日本水産社長が「一人で行きなさい。…通訳も連れず一人でおいでなさい」とアドヴァイス。そこで河野は、「一人で行くから、通訳その他の人は遠慮してほしい、必要ない」と断を下す。自分に言い聴かせた理由づけはこうだ。「なるほど、鈴木君の言う通りだ。これは漁業条約に関する会談でもないし、記録をあとに取っておくものでもない。こちらが挨拶に行きたい、向こうもいらっしゃいというのだから、これは単身行く方がよかろう」。そうかと思えば、河野は「普通のやり方では、通り一ぺんの挨拶に終ってしまう」のを嫌ったのだから、辻褄が合わないこと夥しい。いずれにせよ要は、ソ連首相との間に、漁業条約以外の問題について、記録を残さない談合——つまりは密談——をやるというのが河野の意図なのだった。密談が必要と考えた点で、河野は確信犯的であった。

第二、領土問題の絡む「密約」はなかったとして、では、なんのための「密談」なのか。ソ連側で通訳に当たったのは、ソ連外務省のアディルハーエフだった。親鳩山、親河野だった松本俊一には「密約」説が気がかりだった。だから松本は後日、同人に問い質した。そして、こう書いている。アディルハーエフが言うには、「この河野・ブルガーニン会談は、きわめて事務的な、かつ、はっきりした話合いであって、決して日本でうわさされるような密約等を含んでいるものではないということを私に説明してくれた」(松本本、九九ページ)。松本はこの説明で安心した模様である。が、松本本の出版はグロムイコ流の強圧的なソ連外交全盛の一九六六年のこと。アディルハーエフの説明はその当時のことであるわけで、一党独裁下、情報統制の厳しい当時のソ連外務省の一員が、日本で問題化した河野・ブルガーニン会談の真相を率直に語ってくれたとでも、松本は信じたのだろうか。

29　河野提案とアディルハーエフ証言

松本本の出版から二十年後、ソ連はゴルバチョフ党書記長の下で「グラースノスチ(公開性)」重視の時代を迎えた。ソ連史上「謎」とされてきた多くの重大事件につき、「定説」を覆す新しい情報の流れが始まった。そのうねりの中で一九九〇年春、すでに年金生活に入っていたアディルハーエフも三十四年前の河野・ブルガーニン会談の模様を詳しく証言することになった(ソ連科学アカデミー編『極東の諸問題』、一九九〇年第一号)。この件については『北海道新聞』が同年二月二十一日付で三ページにわたって詳報した。アディルハーエフの証言は一面では、日本で長年にわたり語られてきた憶測(「領土密約」の存在)を明確に覆そうとするものであった。が他面、日本で憶測だにされなかった「真相」を明かそうとするものでもあった。

アディルハーエフの証言の衝撃性は、つぎの点にあった。すなわち、難航のすえまとまることとなった日ソ漁業条約の署名および発効を、これも再開のめどが立っていなかった日ソ国交回復交渉の早期再開という条件と結びつけるよう提案したのが、実は日本で信じられているようにソ連側ではなく、なんと河野本人だった、というのである。松本俊一はその回顧録で、河野農相、イシコフ漁業相の交換書簡および漁業交渉結果に関する「コミュニケ」を、巻末資料としてではなく、本文中にわざわざ全文引用している（松本本、一〇〇、一〇一ページ）。そこには、両要素のリンケージが明瞭である。ところが、この仕組みの真の出どころは河野だった、と往時のソ連側通訳は明言したのだった。

なぜ、河野は日本側の通訳も立会人も居ない席で、ブルガーニンさえも驚いたこの「親ソ的」提案をしたのか。要するに、そうしないと、自民党内で日ソ国交回復交渉に反対する勢力を押さえ切れないのだ、と河野は縷々述べたという。だとすると、分かりやすく言えば、「だからこの際、助けてほしい」と河野は交渉相手に懇請したのである。これは、ソ連にとっては悪いはなしではない。だからソ連は喜んで河野提案を受け入れたわけだが、これで、河野が日本側通訳の同席を許さなかった意味もよく理解できる、というのがアディルハーエフの論旨であった。

いったん「真相」を明かしたアディルハーエフは、晩年に至っても同じ論旨を繰り返した。NHKの二種の長時間TV番組――二〇〇五年十一月十六日放送のBS特集『日ロ・領土交渉の道』と、〇六年三月二十五日のETV特集『クレムリン緊迫の七日間』――で、同人は河野提案を聴いたときのブルガーニン以下のソ連側の「驚き」を流暢な日本語で語っている（両番組では同じアディルハーエフ・インタヴューが使われている。収録時期は不詳）。

30　罪と不信義

松本俊一は回顧録の「日ソ漁業交渉と国交正常化」の章を結ぶに当たって、こう書いた。「以上のような次第で、（一九五六年）七月三十一日までに日ソ間に国交正常化の交渉が再開されて、国交正常化が実現しない限り北洋漁業の問題は片づかないということになって、ソ連の意図はきわめて明確に打ち出された次第であった」（一〇一ページ）。さらに同書巻末の「日ソ交渉日誌」では、河野・ブルガーニン会談につき、松本はこう書いている。「ブ首相から漁業協定は国交回復後に発効するとの発言があり、これに対し河野代表は当面の漁業に関する暫定協定を結びたい旨主張した。この会談で河野代表はブ首相の持出した日ソ交渉を七月までに再開するとの条件に約束を与えた」（同書、一七二ページ。傍点は佐瀬）。

このことは、漁業条約の発効と日ソ国交回復交渉の早期再開および日ソ平和条約の発効、または外交関係回復とをリンクさせるという方式がもっぱらソ連製の圧力戦法だと、松本が信じて疑わなかったことを物語っている。そこで、アディルハーエフの筆および口舌が偽りでないとすれば、厳しく言うと河野は親鳩山、親河野の松本までをも欺き通したことになる。鷹揚な鳩山が河野のこんな隠密行動を夢想だにしなかったことは、言うまでもない。

問題の一つは、河野の言動についての後年のアディルハーエフ証言が虚偽なのかどうかだ。私は「それは虚偽ではない」と断定はしない。が、虚偽でない可能性は高いと考える。なぜかと言って、同証言の時期、背景よりして、虚偽証言することの意味がないからである。それ以上に重要なのは、ことの真偽を判定できる手だてが日本側にはないという事実だ。日本側通訳を同席させなかったために、河野の芝居気たっぷりの思い出ばなし以外、日本側は河野・ブルガーニン会談の模様を、つまり、アディルハーエフ証言の真偽を記録によって確認できない。なんとも無惨。早いはなし、同会談にソ連首相、ソ連側通訳とイシコフ漁業相以外のソ連側同席者が居たのか居なかったのかさえもが不明であった。新関は入室を許されなかったし、河野の自慢話にはその点での記述がないからである。前述のアディルハーエフ論文はフェドレンコ外務次官（後年の駐日大使）が同席した旨を明記している。ソ連側は万全の体制で、この「非公式」会談に臨んだのである。当然のことながら、ソ連側には会談記録がある。

これでは、会談の真相がどうであったかを争おうにも、日本側は沈黙するほかない。ここに河野流素人外交の深い罪がある。

当時の河野流の交渉は、その後の日ソ国交回復交渉とのかかわりで日本の国益をどこまで損なったか。この問いに定量的な答えを出すのはむずかしい。なぜなら、別のデータを入力しての再度の実験が不可能だからだ。他方、定性的には答えられる。河野流の駆け引きが国益にとり深刻なマイナス要因にならなかったわけはない、と。なぜならクレムリンは、河野が自分の提案を国内的、党内的には隠し立てしなければならないことを、また、逆にソ連に向けては「ご内聞に」というかたちで懇請する立場に立ったことを、知ってしまったからである。

河野の手法は、「外圧利用」とか「弱者の恫喝」とかいった外交手段とは、似ているようで大差がある。「弱者の恫喝」とは、「オレはこんなに弱いんだぞ。そのオレを援けなければ、結局はオマエが損をするんだぞ」と交渉相手を脅すやり方だが、実はその妙味は観客の認知を期待しつつ、半ば以上、公然とそれを実行する点にある。「外圧利用」とは、相手側からの強い外圧を口実に、表向きしぶしぶ――その実は、やる気があるのに――事を運ぶ外交手法だが、このからくりも実は観客にはほとんど見えている。要するに、観客は分かっているのだ。その意味で、「外圧利用」も「弱者の恫喝」もともに、とくに不徳義だとは言えない。

ここではアディルハーエフ証言が真実を語っているとの前提で言うが、「自分の提案をソ連側の主張だとしてくれ」という河野流は、不徳義、不信義と評されてもいたし方あるまい。なぜなら、交渉相手――つまりは「敵」――には見せた手のうちを、「味方」には、いや「味方」のうちの「同志」にさえ秘匿しつづけたのであるから。その極秘の手のうちが明るみに出たのは、三十年以上が経過して、万人の予想だにしなかった相手方の事情変更――秘密主義からグラスノスチへ――が生んだ、ほとんど偶然の結果としてである。

31 「アデナウアー方式」への注目

ブルガーニン・ソ連首相との会談で河野が駆使した非常識な外交手法につき、厳しい言葉を連ねたが、それがこの会談につき指摘したいことのすべてではない。もう一つ、重要なポイントがある。それは、河野・ブルガーニン会談以降、わが国で日ソ国交回復交渉用語として「アデナウアー方式」なる表現が定着するようになったことである。以下に記すことは最早、これまで述べてきた河野批判とは関係がない。

むしろ河野はこの点に関しては『今だから話そう』の中で、ブルガーニンが「アデナウアー方式」を熱心に推賞した模様を、脚色の気配もなく幾度も、かなり詳しく書いている。その逆、つまり、河野がブルガーニンに対して「アデナウアー方式」を推賞したのでないことだけは、日本側に会議記録が欠如しているにしても、ほぼ間違いないと言えるだろう。

この点がなぜ重要か。そのことを理解するためには、わが国で「アデナウアー方式」なるものへの関心がいつごろ、どうして生まれたかを、再度確認しておく必要がある。言うまでもなくそれが生まれたのは、対ソ交渉開始では日本より遅かったアデナウアー政権が、五五年九月にわずか五日間のモスクワ交渉で(西)独ソ国交樹立とドイツ人捕虜(ドイツの場合、それはやや複雑な内容を持つ)帰国の合意をやってのけたことによって、である。この事態に強く反応せざるを得なかったのが、当時「第一次ロンドン交渉」で悪戦苦闘していた松本俊一全権であったのは、なんの不思議もない。交渉を「休止」して帰国した松本は早速、重光外相に自分の交渉概要を報告し、記者会見に臨んだ。その際、アデナウアーの事例にも触れた。

松本本にはこうある。「日ソ交渉で差迫った問題は引揚げの問題である。しかも交渉中ここに最も重点を置いた。

しかし日本としてはアデナウアー西ドイツ首相のような方式をとることはできない。あくまで平和条約を結ぶ方式を考えている」(五七ページ、傍点は佐瀬)。これは意味明瞭である。念のために言うと、「アデナウアー西ドイツ首相のような方式」とは、「平和条約を締結せず、国交は回復して、抑留者帰国を実現する」との意味であり、そういう「方式」は日本としてとれないというわけだった。

ところが、同日午後、松本は報告のため鳩山首相邸を訪ね、そのあと、もう一度記者会見をやった。この記者会見での松本の発言内容は分かりにくい。まず、こうある。「抑留者の引揚げ問題と平和条約とは切り離して交渉することは出来ない。早期に抑留者問題を解決したければ一日も早く平和条約を調印することだ」。ここまでは分かる。一回目の記者会見と同様、「アデナウアー西ドイツ首相のような方式はとれない」論である。だというのに、続けて松本はこう述べたという。「抑留者問題は、確かに人道問題には違いないが、現実にはソ連は抑留者引揚げと平和条約とを引換えにするというきびしい条約を出しているのだ。アデナウアー西ドイツ首相が国交回復と引換えに抑留者問題を解決した以上のものを日本は獲得することはむずかしい」(両引用とも松本本、五八ページ。傍点は佐瀬)。傍点部はいったい何を言っているのか。

爾後の歴史的経緯に照らすと、日ソ間に国交さえ回復すれば——経済関係はおのずから拡大するので——ソ連としては、日本が執着する平和条約なぞ不要と考えていたことは明らかだ。つまりは、日本もアデナウアーのよき先例に倣え、である。それ「以上のものを日本は獲得することはむずかしい」と言った松本の本心は、「アデナウアーの先例に倣うのもやむなし」だったのか。だとすれば、アデナウアーのような「方式」は日本としてとれないとした上述の発言との関係はどうなのか。だが、これ以上の詮索はやめる。要は、アデナウアーの先例がわが国でにわかにクローズ・アップされ、その是非についての判断は千々に乱れたらしいのである。

その半年後の河野・ブルガーニン会談では、アデナウアーの先例がもつ意味はぐっと重くなった。と言うのも、こともあろうにソ連首相が河野一郎という日本の「実力者」の前で「テーブルを叩いて」、こう論じた、と河野本人が伝えたからだ。「…ロンドン交渉のような、馬鹿なことはしないで、アデナウアーのように、五日か一週間で、判さえ押せばそれで済むようにしよう。そうすれば、あなたの方で一番ほしがっている俘虜も返してやる。また漁業の話も済むし、なにもかも一切片づいてしまう。だから、アデナウアーのように、判だけ押したらどうだ」（河野本、三四ページ）。ソ連には文書に「判」をつく習慣はない。だから、河野のはなしは八分目程度に聞くべきだが、いずれにせよこれでモスクワが日本に「アデナウアーに倣え」攻勢をかけはじめたことは疑えなくなった。これがきっかけで、「アデナウアー方式」なる用語が日本で定着した。

しかし、「アデナウアー方式」の正確な吟味は当時、まるでなされなかった。いや、今日にいたるまでそうである。いままでのところ、その最も良質な解説は、一九九三年刊の田中孝彦（一橋大学助教授・当時。現・早大教授）著『日ソ国交回復の史的研究』にみられるつぎのものである。すなわち、「『アデナウアー方式』とは、当時西ドイツ首相であったアデナウアー（Konrad Adenauer）の名に因んだもので、一九五五年九月に彼が対ソ国交回復交渉を妥結した際に採用した国交回復の方式のことである。より具体的には、平和条約を結ぶことなしに戦争状態の終結、大使の交換、そしてドイツ人抑留者の送還に合意することによって、両国の国交回復を実現した方式のことをいう。日ソ関係に関する限り、その『アデナウアー方式』の採用は早期国交回復のために領土問題の解決を棚上げすることを意味し、日ソ交渉の早期妥結を支持する勢力は、この方式を高く評価していた」（同書、二一一ページ）。

この説明は良質である。だが、それでもかなり問題がある。どこが問題かを一言に約せば、一九五五／五六年当時の日本と西ドイツでは国際法的に地位が大きく異なり、また、ソ連に対する政治的スタンスにも大差があったのに、それらが考慮されず、この両国がなにか同一の地平に立つ、いわば同格の存在であるかのように、ゆえに、一方の行動は――その気さえあれば――他方に転用可能であるかのように扱われている点である。

32 「アデナウアー方式」でなく「鳩山方式」

本連載ではたびたび、ドイツには対ソ国交回復問題で「アデナウアー方式」なる概念や術語がそもそも存在しないと書いてきた。私は第二次大戦後の西ドイツあるいは「ドイツ」の外交政策に関する文献を少なからず読んできたが、そんな用語に出くわしたことがない。ところが、ごく最近、「一九五五／五六年の日ソ平和交渉と独日関係」と題する論文がクリスチャン・オーバーレンダーという気鋭の研究者によって書かれたことを知り、早速入手、夏の終りに読んだ。それが収録されている論文集『一九五五年のアデナウアーのモスクワ訪問――国際的文脈でみる一つの旅』と上記論文名とを原語で記載しておく。Helmut Altrichter (ed.) : *"Adenauers Moskaubesuch 1955 – Eine Reise im internationalen Kontext"*. Bonn, 2007. および、Christian Oberlander : Die "Adenauer-Formel" in den japanisch-sowjetischen Friedensverhandlungen 1955/56 und die deutsch-japanischen Beziehungen. (pp. 57-76) がそれである。

へえー、ドイツにも「アデナウアー方式」という用語があったの。じゃあ、私は自説を撤回しなければならないかな。そう思って読みはじめたが、途中で「なあんだ」ということになった。簡単に言うと、「ドイツに『アデナウアー方式』なるものはない」という論旨だからである。もっとも、私は論文表題にもっと注意すべきだった。「アデナウアー方式」には〝〟マークがついている。「いわゆる」の意味だ。そうすることで論文筆者は、それがドイツで通用した概念ではないことを示唆していたのである。

同論文はいい加減なものではない。高度に実証的な研究である。最大の特徴は、ドイツ外務省保管文書中でも一九五五／五六年当時の駐日大使ハンス・クロル（のち一九五八―一九六二年には駐ソ大使）の本省宛公信を精査しているところにある。同大使はアデナウアー訪ソの前後にわたる鳩山政権の対ソ交渉に尋常でない関心を寄せ、日本での情報収集、日本外務省との接触（もっとも肝心の日本外務省と鳩山政権の関係は良くなかったが）、日本の各界へのドイツ側事情の説明などに奔走した。日独の協力が重要と信じていたからだ。そのクロル大使は一九五六年五月二十六日付の本省宛公信で書いている。

「当地のプレスおよび公人の発言中の議論では、いわゆるアデナウアー方式なるものが繰り返し語られるゆえに、私は門脇外務次官に対して以下の点で事情説明する義務ありと思量した。すなわち、当地で使用されている意味でのかかる方式は、存在しない。連邦首相のモスクワでの合意は、ドイツ人戦争捕虜の釈放と引き換えの大使交換のみを内容とするものであって、関係の正常化をその内容とはしていない。正常な関係は、今日においてもなお存在しない、と。またその際、ドイツの生存権、あるいは領土は、なんら断念されていない。ゆえに私は、当地での論争において連邦首相の名が誤用されることのないよう働きかけられたし、と（日本側に）要請した」（上掲書、p. 69. 傍点および挿入は佐瀬）。

同論文には、同じころクロル大使が日本経団連で同趣旨の講演を行なった旨の公電も収録されている。そこで言えるのは、クロル大使のみならず上掲論文筆者も、「アデナウアー方式」なるものはドイツ製ならぬソ連製だと見做しているということである。オーバーレンダーは言う。「さなきだにソ連は対独関係の場合と同様、日本に対しても外交関係樹立にしか関心がなかったから、いまや自分たちの側からアデナウアー方式をゲームに持ち出し、以後の交渉での基礎をなすものとして執拗に推賞したのである」（上掲書、p. 68）。私はこれまでに述べてきたところ、および河野・ブルガーニン会見に関する今回の考察にもとづき、往年のクロル大使と今日のオーバーレンダー論文の主張に同意する。

ただ、一九五五／五六年当時の日独の国際法的な地位は大きく異なったと言っても、また、対ソ政治ポジションに大差があったと言っても、今日の読者には理解困難であろうから、要点項目を掲げておく。

(1)日本は国家的統一を損われず、サンフランシスコ平和条約で独立と主権を回復していた。ドイツは分裂国家の道を歩み、東半分にはソ連の傀儡政権があった。アデナウアー訪ソ時点で西ドイツは西側三国との関係でも完全に主権を回復していたわけではなかった。モスクワには東ドイツ大使館が既存であった。

(2)大戦末期および直後の四大国(米英仏ソ)合意で、ドイツの領域確定および「全体としてのドイツ」に関わる事項の決定は四大国の権限であり、「平和条約」は法理上、「単一のドイツ」と四大国をはじめとする連合国との間で締結されるべきものであった。日本と違って、西ドイツがソ連との間で「平和条約」を締結できる法理的構造なぞなかった。

(3)再統一の達成は西ドイツ基本法(憲法)の命じるところであり、アデナウアー政権は再統一を断念しなかった。いや、合憲を旨とするかぎり、断念不可であった。西ドイツの求める全ドイツ自由選挙による再統一を妨げたのはソ連の政策であり、この障害がある限り、ボンとモスクワの「関係正常化」はあり得なかった(一九七〇年代に入って社会民主党政権が「二つのドイツ」甘受へと傾斜しはじめて、ボン・モスクワ間には「関係正常化」の可能性が兆すようになった)。このような事情は、日本にはまったくなかった。

これだけからも、対ソ国交回復問題で鳩山政権がアデナウアー政権の先例に倣うことができると考えたとすれば、おかしいことは明瞭であろう。アデナウアーの採った方策は、他国に転用できない西ドイツに一回限りのものであった。だから、クロル大使が主張し、オーバーレンダーが共感しているように(上掲書、p. 74)、日本で「アデナウアー方式」と呼ばれたものは、実は「鳩山方式」と呼ばれるべきなのであった。

第Ⅸ章

33　アデナウアー流の直言主義、日本流の円満主義

ここで視角を変えて、モスクワに乗り込んだ日独の首相が交渉のテーブルを挟んで、ソ連指導者たちとそれぞれどのように切り結んだかを眺めることにしよう。先取りして結論を述べると、日独の対応には大きな開きがあった。その特徴はと言えば、西独の場合、代表団内部でのアデナウアーの指導力は絶大で、たとえ会議の雰囲気が損なわれようとも、ソ連指導者たちに対して言うべきことは言うという姿勢が貫かれた。他方、日本の場合は、鳩山首相は代表団を率いたものの、大事な局面は河野一郎全権に委ねたし、代表団全体としても、会談ないし招宴の場の雰囲気が損なわれるのを嫌って、角の立つ発言は極力抑制するという行動様式を示した。

交渉の妥結をはかるという見地からは、どちらのやり方がより適切か。さまざまな評価があろう。また、かくかくの方法が明らかにより望ましい対処法だと判断されるにしても、では、登場する役者がその対処法を実行するだけの適性を備えているかという問題もある。たとえばアデナウアーおよび西独代表団に、鳩山首相、河野全権および日本代表団がとったような、交渉相手のご機嫌を損じることなく、会議の雰囲気を損なうことなく、といった円満主義の交渉術を期待しても、それはほとんど「無いものねだり」だったろうと思われる。逆に、アデナウアー流の激突をも辞さないストレート・トーク、つまり直言主義に徹せよと言われたら、鳩山、河野以下、日本の全権団は途方に暮れたであろう。この問題は多分に、それぞれの国に宿る「交渉文化」の問題である。

と同時に、交渉は相手あっての仕事なのだから、円満主義と直言主義という異質の対処法に相手側がどう反応するかという問題も見逃してはならない。しかもその際、その反応はいかなる動機に基づいているかも考察されるべきである。現実の独ソ、日ソの交渉については、やはり結論を先取りして言うと、おおよそ次のように要約できる。アデナウアー流の激突覚悟の直言主義的な交渉姿勢に対しては、ソ連側は少なくとも公式言辞で見るかぎり対決主義的対応を示した。これは、西独代表団の訪ソに先立つ「覚書交換」合戦の時期においてもすでに確認できる特徴であった。「国交樹立交渉をやろうじゃないか」「それに応じる」という点でのみ、独ソは一致を見たといって過言ではない。西独代表団のモスクワ到着時の「歓迎」行事は別にして、肝心の交渉の空気そのものがトゲトゲしい。

他方、日ソ交渉について見ると、一九五五年一月のドムニツキーの鳩山邸訪問というそもそもの当初から、ソ連側には鳩山評価の言辞が目立った。五六年十月の鳩山訪ソの時点ではこの傾向は一層募った。やや例外的であったのは、重光外相が全権をつとめたいわゆる第一次モスクワ交渉期だけ。身体的不自由をおして訪ソした鳩山に対しては、称賛、いたわりの言葉と、接遇面での好遇とが目立った。日本側代表団もこれを喜びとした。

とすれば、一九五〇年代中期の対ソ交渉において日本的な円満主義的、西独流の直言主義的アプローチのいずれが適策であったかは、結局、交渉目的と相関する交渉成果に照らして判断されなければならない。この場合の交渉成果とは、交渉終了時点での合意事項だけを指すのではなく、より長期的な視点を加味したものを指す。独ソ、日ソの交渉はいずれも決裂せず、妥結した。その限りで両交渉はいずれも失敗ではなかった。が、長期的な視点を加味すれば、評価はおのずから変わり得る。長期的な視点を加味した評価を下すことは、今回稿でなすべき作業ではない。本章では、アデナウアー流の直言主義、日本側代表団の円満主義の交渉術のうち、前者を具体的に眺めることにする。

34　激論の記録

独ソ交渉の記録は、日ソ交渉に較べると、よく整備され、専門研究者でない者にも使いやすい。それらにつけば、一般の人間でも当時の激論の跡を容易に辿ることができる。第Ⅴ章末尾に掲げた一九六一年刊の『ドイツ問題記録集(*Dokumentation zur Deutschlandfrage*)』には、両国代表団の第一、第二交渉日の全発言が収録された。第三、第四交渉日については、個別発言に関して非公表原則が申し合わせられたが、概要および発表文書は収録された。それらを合わせると、細字がびっしりと詰まった記述が三十四ページにわたる。

アデナウアーは『回顧録』(原著)第二巻において全体で六十ページを費し、全四日の交渉日ごとに、当時の非公表部分をも含めて、交渉経過を詳述している。その強味は、交渉のテーブルを離れての会食、招宴などの場でのソ連側会談相手との私的、かつ即興的な発言のいくつかもが書き込まれている点にある。またその特徴は、多くの直接引用を多用している点にある。これは、同首相の傍らを片時も離れることのなかった通訳陣が残した筆記にもとづくもので、資料価値が高い。

なお、第Ⅴ章の記述を補足する意味で記すと、ドイツには政治情報の宝庫と呼ばれる『ケージング現代アルヒーフ(*Keesings Archiv der Gegenwart*)』と呼ばれる大冊の出版物がある。各年一巻、日付順に重要情報が収録されている。私は第二次世界大戦後の各年度版を持っているが、ふと気がついて先日、一九五五年版に当たってみた。そして驚いた。上記『記録集』収録のアデナウアー訪ソ関連記録文書類がすべて省略なしに掲載されているではないか。しかも、出所明記のうえで。西独に関しては連邦新聞情報局『広報(Bulletin)』が、ソ連に関しては「タス」が出所である。これだと、交渉初日および二日目の両国代表団の発言類は、旬日を経ずして生のかたちで一般向けに公表されていたことになる。『現代アルヒーフ』各年度版は翌年の半ばごろには出版される。だから、一九五五年版は、それぞれ単発で発表された両国代表団発言を一括して、早くも翌一九五六年半ばには後世に残すべき記録出版物として、世間に提供されていた。

当時は非公表だった記録類は、「西独外務省文書」として整理済みである。「外務省文書」は古い順に出版されるが、アデナウアー訪ソを扱った一九五五年分は——それ以後の年度で既刊行のものがあるのに——未刊行である。理由は不詳。ただし「外務省文書」としては閲覧可能で、近年の研究書にはそれらが活用されている。私自身はそれらを直接閲覧していない。が、往時の非公表部分の重要発言類は、アデナウアー『回顧録』、および近年の研究書中の直接引用文によって掌握可能だと考えている。ただ、そのような理由から、直言主義の実例として挙げるのは、第一および第二交渉日の発言が中心となる。第三、第四交渉日においても直言主義が衰えているわけでは全くないのだが。

35 「抑留者」帰還問題

既述したように、独ソの代表団は一九五五年九月九日から十三日までの五日間に四回の交渉日を設けた。九月十一日は日曜日だったので、交渉は行われなかった。実質四日間の交渉日のうち、議論がエキサイトしなかったのは交渉初日である九月九日だけであった。と言うのも、この日の午前に開かれた全体会議では、ブルガーニン・ソ連首相とアデナウアー西独首相がそれぞれ事前に準備された長文の基本声明を読み上げるだけという日程だったからである。他の三日間の交渉日は毎回が見解衝突、いや激突の場だったと評して過言ではない。交渉決裂かと見られた場面は、いくつもあった。

最初の、そして最大の対立点となったのは、「ドイツ人捕虜」あるいは「ドイツ人抑留者」の問題である。いきなりこのような二様の表現を使うことに注意ありたい。独ソの場合、事柄は厄介なのである。そもそも交渉初日の「基本声明」でアデナウアーは、「現在なおソ連の領域あるいはその勢力圏内で拘留されているか、またはそれ以外に、これらの領域からの出国を妨げられているドイツ人の釈放の問題」から始めたいと述べ、「この問題が未解決である限りは、われわれ両国間の『正常な』関係の創出は考えられない」と明言していた。

すると、第二交渉日のソ連側冒頭発言でブルガーニンは、アデナウアーが前日に持ち出した「戦争捕虜」(表現に注意!)に関連して、そこには「一定の誤解がある」と述べた。「ソ連にはドイツ人の戦争捕虜は一人もいない。戦争捕虜になったドイツ人は全員、釈放され帰国が許された。ソ連に残っているのは、旧ヒトラー軍隊にいた戦争犯罪人だけである」というのである。しかもその数は九千六百二十八人だという。アデナウアーはこの日、ソ独輪番制の議長を努めていたが、順序としては自国のブレンターノ外相の発言を促すべきであるのに、いきなり自分で発言しはじめる。しかも、それは容易なことでは止まらなかった。「抑留者」ないし「戦争犯罪人」の箇所のみを紹介する。

「首相閣下、貴方は戦争捕虜に言及された。ご注意願いたいが、私の昨日の陳述には『戦争捕虜』という言葉は一度も出てきません。この言葉を私は意図的に避けたのです。私が述べたことを詳しく検討すれば、私が言ったのは、すべての『抑留されている』人びとのことだと、貴方は確認されることでしょう」。つまり、ソ連首相は概念のすり換えをやっているのではないかというわけである。後述するように西独政府は、「戦争犯罪者」でも「戦争捕虜」でもないのに十年にわたってソ連に「抑留」されているドイツ人が多数いて、その早期帰国こそが独ソ関係「正常化」にとり必要だと言うのだが、ソ連はそもそもその種のドイツ人の存在を認めてこなかった。だからこそ、交渉の場でも概念、用語のすり換えが試みられたのである。

だが、アデナウアーは、ブルガーニンが出した「戦争犯罪人」問題にも敢えて踏み込む。先の言葉に続けて、その発言はこうであった。「貴方は『戦争犯罪人』に言及されたし、ソ連法廷の判決にも言及された。われわれは米国、英国、そしてフランスとの関係でも同種の事例をもってます。しかし、これらの国ぐには、戦後初期に自国法廷によって下された判決は情緒的なものであり、つまり、この時代の雰囲気を免れていなかったという事実、目撃者証言もまた同じ影響下にあったこと、当時の雰囲気全体が、行為全体の冷静な検討に基いて下されるような判決を申し渡すには適していなかったことに気付いたのであります。だから、そこから結論を導き出して、有罪判決を受けたほとんどすべての者について恩赦の方法で以後の刑期を免じたのです」(以上のブルガーニン発言、およびアデナウアー発言はそれぞれ『記録集』、三六七ページおよび三七〇ページ。アデナウアー『回顧録』ではII-p. 506, p. 509)。

わが国も対ソ国交正常化に際しては「抑留者」の早期帰国を求めた。独ソ戦と日ソ戦では開戦事情が異なるし、戦争期間中の非戦闘員の居住条件も異なるので単純な比較はできない。が、日本よりもドイツの方が「抑留者」帰国問題ではソ連に対して分の悪い立場にあったことは明白である。が、鳩山政権による対ソ国交樹立交渉で同じ問題をめぐって具体的にどのようなやりとりがあったのかは、鳩山や松本俊一の回顧録類からはまるで嗅ぎとりようがない。後に述べるように、日ソ交渉がまとまって鳩山首相、ブルガーニン首相間で交換された書簡、および調印された日ソ共同宣言に見られる「抑留者」帰還問題関連文言は、なぜか少しずつ微妙に食い違う。そのことに照らして、交渉の場で言うべきことは言うとのアデナウアー流直言主義が採られなかったことは、ほぼ確実である。

独ソ交渉では「抑留者帰国」問題は最後の最後まで揉めに揉めた。詳細は省くが、その理由は次の四つである。

(1)ソ連国内向けには、ブルガーニンがアデナウアーに対して述べたような硬直した説明が重ねられてきた——無論、「九六二八人」という具体的な数字を出すことなく――ので、それを公然と変更することは、国内対策上不可能であった。(2)アデナウアーの言う意味での「抑留者」数は、交渉時点ではソ連側で掌握されていなかった。(3)この問題でソ連側には「東独カード」を切るという手があったが、西独側が最後までそれを受けつけようとしなかった。この問題は複雑なので、ここでは深入りしない。(4)結局、ソ連側は事実上アデナウアーの主張に歩み寄るのだが、それを合意文書化することは頑なに拒否した。だから、「抑留者全員、全員、全員!!」の早期ドイツ帰国を約束する自分の「誓い」を信じてくれとのブルガーニンの言葉(アデナウアー『回顧録』Ⅱ-p. 545)をアデナウアーが受入れて交渉が妥結するのだが、それまでに、両代表団間および西独代表国内部で多大の紆余曲折があった。

因みに、ソ連側が「ドイツ人抑留者全員帰国」の合意文書化を拒否し通したのは、それが国内に生む波紋を懸念してのことだったと判断される。この問題は、発言非公表原則が採られた第三、第四交渉日に取り扱われた。ブルガーニンの「誓いの言葉」も、第三交渉日の一八時からのソ連首相主催パーティーで、両国首相の長い立ち話の中で語られたもので、非公表会議記録にさえ入っておらず、ソ連国民がのちのちまで知る由もなかった。

36 「署名したのは貴方か、私か?」――ヒトラー台頭と大戦の開始

独ソ国交正常化を切望したのが西独側ではなくソ連側であったことは明白だが、それと同時に、訪ソするアデナウアーに対して過去の大戦に関するドイツの責任論、ヒトラー・ドイツがソ連国民にもたらした未曾有の悲劇についての苦情をたっぷりと聴かせようとソ連側が手ぐすね引いていたことも事実であった。交渉初日のブルガーニン「基本声明」にはじまり、二日目にはブルガーニン、フルシチョフ党第一書記、モロトフ外相がこもごも立っ

て、西独代表団に非難の雨を降らせた。なかでも手がつけられなかったのはフルシチョフで、興奮のあまり早口で、そのくせ人の倍くらい長くしゃべった。アデナウアーは、通訳がフルシチョフ発言について行くのに苦労していたと書いている。その際、フルシチョフは「ときおり、拳で私を脅した。ならばと私も立ち上がり、彼に向けて私の拳を振り上げた」とも、アデナウアーは書いている(II-p. 512)。

フルシチョフとモロトフの発言のあと、アデナウアーはこう切り返した。「フルシチョフ氏とモロトフ氏は、ソ連軍が(ドイツ領に)進攻した際にやはり犯罪を犯したと私が言ったと申された。ハルシュタイン次官が書き取ったものを読みかえしたのですが、私は意識的、かつ意図的にこの言葉を使いませんでした。私は、(ソ連軍の)進攻の際にもやはり恐ろしいことが数々起きた、と申したのです。が、その詳細に立ち入らない方がよいでしょう」。

ここまでは、まだ穏便だった。が、それに続くアデナウアーの発言はこうだった。「モロトフ外相は、ドイツ人がヒトラー主義から自身を解放し得なかったと申された。では、次の質問をお許し願いたい。誰が一体、ヒトラーとの協定を結んだのでしょうか。貴方ですか。私ですか。皆さん、私がいま申し上げることを悪くとらないで頂きたい。これは、ソ連だけに向けられるのではなく、一連の国ぐにに向けられるのです。なぜ諸大国はヒトラーを一九三三年以降、あれほど増長させてしまったのでしょう。これこそ、決定的な問題であります。ご理解いただきたいのだが、たとえばベルリン五輪で、諸大国がヒトラーに敬意を表した情景を思い起こすと、私の激情がたぎります。ヒトラーが罰せられることもなく、国際条約をつぎつぎと破っていくのが黙認された有様を、私は絶対に忘れない。だから、ドイツの馬鹿な連中の目には、この男が英雄と映り、他のドイツ人の間では絶望が生まれたのです。この男を大増長させてしまうだろうことは、見えていました。私は一九三三年以降、こうなるだろうと見ていました」(『アデナウアー回顧録』II-p. 515)。

交渉のテーブルでの自身のこの発言を『回顧録』に直接引用するに当たって、アデナウアーはこれを「胸のつかえを取らなければならなかった問題」と述懐している。無論、アデナウアーはこれに先立つ発言で、「この大戦によりソ連国民が特別の苦悩を経験したことを、私は率直に認める」と述べたし、ヒトラーが大戦を始めたことを否定しなかった。その上での上記発言である。ソ連という戦勝国に対して、また、その場に居合わせはしなかったが西側戦勝国に対して、敗戦国ドイツの指導者が交渉の席で語った公式の言葉として、私の知るかぎりこれは最も激しく、かつ毅然としたものである。アデナウアーは一九三三年までケルン市長とプロイセン（邦）国家評議会議長を兼務したが、その反ナチス姿勢のゆえにヒトラーの権力掌握とともにすべての公職から罷免され、十二年間の隠棲を強いられた。そういう経歴をもつ人間として、ソ連をも含めて初期のヒトラーを甘やかした諸大国に対し、アデナウアーは苦言を呈したのであった。

さて、モロトフを名指しした上掲の長文引用部分に戻る。「ヒトラーとの協定」とは一九三九年八月の「独ソ協定」、つまり「ヒトラー・スターリン協定」とか――署名者の名をとって――「モロトフ・リッベントロープ協定」とか呼ばれる、かの悪名高き協定である。「悪名高き」の意味が、ポーランドおよびバルト圏の独ソ間分割を約した付属秘密議定書の締結にあることは言うまでもない。ヒトラーはこの秘密協定を根拠に調印十日後にはポーランドに侵攻。スターリンはこれに呼応してポーランド東部を占領、バルト圏にも軍を進めた。アデナウアーの斜め向かいに座っていたモロトフは、どんな気持ちでこのアデナウアー発言を聞いたか。

もっとも、アデナウアー『回顧録』からの上記引用文中の傍線部分だけは、『ドイツ問題記録集』に収められたアデナウアー発言中に見当たらない。『記録集』よりも『回顧録』の読者の方が圧倒的に多いので、アデナウアーがモロトフを面責するかたちで独ソ協定に署名したのは、「貴方か、私か」と追いつめたのは、ドイツでは事実だと考えられている。ただ、アデナウアー訪ソから五十年目に当たる一昨年に出版されたヴェルナー・キリアン（元外交官）の精緻な労作『アデナウアーのモスクワへの旅』（Werner Kilian, *Adenauers Reise nach Moskau.* 2005）では関連の一次資料類を精査のすえ、傍点部分をアデナウアーが語らなかったのは「ほぼ確実」と断定している（同書、一三九ページ）。では、傍線部分はアデナウアーの事後捏造か？

判断はむつかしい。実際、前後の文脈からみて、そこまで踏み込みたい気持ちがアデナウアーに働いていたことは、ほぼ疑えない。ただ、同席したドイツ側の一員（フォン・エッカート政府スポークスマン）の回想では、首相がそこまで踏み込んでしまうと、会談は決裂するほかないと懸念されたというのだ（キリアン前掲書、一三九ページ）。換言すると、決裂の瀬戸際までの激論をアデナウアーは避けなかったということになる。

37 モロトフの立場——アデナウアーの観察眼

ことの序でに、モロトフにまつわるエピソードに触れておく。会談初日の午前、西独代表団はまずソ連外務省にモロトフ外相を表敬訪問し、挨拶を交わした。のち、スピリドノーフカ宮殿で両国代表団の全体会議。ここで両国首脳が基本声明を読み上げた。会議はこれだけで、そのあと両代表団は遅い合同「朝食」。このとき、アデナウアーはブルガーニンとフルシチョフに挟まれて着席した。ややあって、アデナウアーは隣のソ連首相に、「モロトフ氏は、私の想像したところとは全く違う」と語った。すると、「どういう意味で？」とブルガーニン。アデナウアー「彼は聡明そうだ」。するとソ連首相は大声で笑い出し、「そんなことを言うのは貴方が初めてだ」と言って、アデナウアーの背中越しにフルシチョフに向かって叫んだ。「聞いたかい。ニキタ。モロトフは賢そうに見えるって、ドイツ首相が仰せだよ」。すると、フルシチョフも大いに愉快がった。「われわれの面前に座っていたモロトフは、表情ひとつ変えず一部始終を聞いていた」（『回顧録』II-p. 540）。

当時、ソ連指導部内の人間関係については、さまざまな噂が西側で流れていたものの、実地にそれを探ることができるような時代ではなかった。スターリンの忠僕だったモロトフは、独裁者の死後のマレンコフ首相時代に外相に復帰し、次のブルガーニン首相の下でも引続きその任にあった。ただ、その権勢低下の噂は西側でも根強かった。まさにその時期に訪ソしたアデナウアーは、クレムリンの新しい領袖たちがモロトフを小馬鹿にするかのような光景を直接に観察したのである。その観察眼はモスクワ滞在中、フルに活動していた。独ソ交渉は政府間交渉だったので表向きはブルガーニン首相（閣僚会議議長）がソ連側代表団を率いたが、重要な交渉事項でソ連側の真の決定を下すのは誰か？――この点をもアデナウアーは交渉のテーブル越し、あるいはソ連首脳との私的会話の際に注視しつづけた。

『回顧録』にそう記しているように、アデナウアーは――西側クレムリノロジストの説に一致して――フルシチョフこそが真の第一人者であるが、眼前の独ソ交渉そのものの進行に関しては一応、これをソ連首相に委ね、自分は言いたいときに――会議ルールを無視してでも――一方的長口舌を振るい、ソ連政権における党優位を演じて見せたと分析、かつ、そう確信した（『回顧録』Ⅱ-pp. 503-504）。念のために言うが、それは鳩山訪ソの一年一カ月も前、フルシチョフの「スターリン批判演説」で有名な一九五六年二月のソ連共産党第二十回大会から数えて半年近くも前のことであった。アデナウアーの観察の最も秀逸な部分は、そのように自分こそがソ連最高の権力者だとばかりに振舞うフルシチョフが、西独首相との二人きりの会話では、台頭してきた共産中国についての悩みを幾度も告白したと記述していることである。だが、この点は後述するところにゆずる。

38 「ドイツ民主共和国（＝東ドイツ）」をめぐる応酬

西独とソ連の国交正常化交渉には、分裂国家の片方とソ連との交渉という、日ソ交渉にはない厄介な性格があった。分裂国家のもう一方である東独は、大戦後に設定された「ソ連占領地帯」にソ連が擁立した政権であったから、ドイツ統一を断念できない西独に対してソ連は「東独カード」を使って交渉で優位に立つ可能性をもっていた。では、この東独という存在をめぐってモスクワ交渉ではどんな応酬があったか。

若干の準備作業が必要である。今日の日本では、「ドイツ民主共和国」がもともとはソ連により擁立された傀儡政権であり、冷戦期にはソ連との呼吸が比較的よく合っていたものの、一九八〇年代末にソ連の東欧支配力が弱まってゆくと、国民の支持なき東独政権が「ベルリンの壁」崩壊によって最後の時を迎えたという事実は広く知られている。ただ、東独擁立当初からソ連はこの傀儡をイデオロギー的に徹頭徹尾、美化した。わが国でも左翼勢力の間ではこの神話を信じる知識人が少なくなかった。だから、初めて西独の政治指導者をモスクワに迎えたソ連指導部が臆面もなくこの「労働者農民国家」説を振り回したことは、なんら不思議ではなかった。この点では、ブルガーニンもフルシチョフもモロトフもなんら選ぶところがなかった。

ブルガーニンに言わせると、「最近、フルシチョフ同志と一緒に」東独を訪問したときの東独住民の歓迎ぶりは、彼らが自国政府を信頼していることを証明しているというわけだし、フルシチョフに至っては、「ドイツ民主共和国こそが未来である。それは、ドイツ人民にとってだけの未来なのではない。この未来について語ったのはマルクスとエンゲルスだ。われわれは、ドイツの勤労者たちが社会主義の基盤の上にドイツ民主共和国の建設を始めたとき、彼らを支持したのである。そしてこの建設作業はうまくいっている」と力説したのだった。

かりにこれらの言説が真実だとすると、その二年前、つまりスターリン死後間もない一九五三年六月に東ベルリンで起きた労働者中心の反政府大規模抗議(いわゆる「東独暴動」)と、ソ連戦車によるその武力鎮圧は何だったかということになる。もっとも、かりにアデナウアーがこの論点を持ち出していたら、ソ連側は「西独からの使嗾による反革命暴動」、「反革命鎮圧のためのソ連による兄弟的援助」というお馴染みの公式論で対抗したであろうし、そうなれば、独ソ国交正常化交渉どころではなくなる。だから、アデナウアーはこの論点を出さなかった。

それにしても、(西)独ソ国交樹立交渉の席でソ連側がかくも東独擁護の熱弁を振るうことに、一体何の意味があるのか。今日では理解しがたい光景だ。が、当時のソ連にとってはそれは重要極まりないポイントであった。つまり、西独政府がドイツ再統一を望むのなら、「再統一はドイツ人自身の問題」(ブルガーニンによる「基本声明」中の表現)なのだから、その東独政権とじかに話し合いなさい。これがソ連側の論理だった。換言すれば、それは西独に東独を承認させようとする画策に他ならない。アデナウアー政権の切望する「ドイツ人抑留者問題」の早期解決でも、東独代表を呼んで両独間で、あるいはソ連も入れて三者間で協議すればよいではないか。ソ連側代表団はそう持ちかけたのである。つまり、ボンとの国交回復交渉に便乗して、東西・両ドイツ政府間の直接接触という既成事実を一つでも生み出し、ドイツ問題でのソ連の立場を少しでも有利に築こうとしたのである。

アデナウアーの態度ははっきりしていた。彼はこう言い切った。「ドイツ民主共和国政府は、ソ連(管轄)地帯の千七百万ないし千八百万のドイツ人の代表であると自称することはできないというのが、われわれの見解であります。なぜなら、同政府はソ連地帯の住民によってその代表であると認められていないからであります。…これが本当にソ連地帯の住民によって承認された代表者たちだということが判明すれば、われわれはこの瞬間にもその人たちと同席するでしょう。私は確信していますが、そのあかつきにはドイツ国民は何が自分たちの任務であり義務であるかをすでに承知しているはずです」(『回顧録』Ⅱ-p. 516.『記録集』、三八〇ページ)。念のために言うと、東独政府は東独住民によってその代表であると認められていないとアデナウアーが言うのは、東独政権が自由選挙の結果として成立した存在ではないという意味である。

39　交渉決裂の瀬戸際

以上眺めたように、独ソ交渉に臨んだアデナウアーは、言わねばならぬと考えた事柄を歯に衣着せぬ表現で主張した。しかも、ここに紹介した実例は、前日の両代表団の基本声明を踏まえての討議が行なわれた第二交渉日に限ってのものである。これに劣らぬ激しい応酬は最終交渉日まで続いた。ソ連の指導者たちにとっては、それは腹立たしいことであった。フルシチョフが晩年に遺した『回想録』に当たると、そのことがよく納得できる。いずれその点にも触れよう。当面の問題は、かくも見解の対立と応酬が激しいと、主張すべきことを主張したのはよいが、結果は交渉決裂という事態になりはせぬかと危惧されたことである。

実際、第二交渉日の印象をアデナウアーはこう書いた。「交渉はかなり強硬な様相を呈していた。それは、外交の会議というよりはむしろ公然論争に似ていた」(『回顧録』Ⅱ-p. 514)。ところが、非公表原則の下での第三交渉日には、事態は一層険悪化した。「ドイツ人戦争犯罪者」「抑留者」「ドイツ民主共和国」代表の交渉参加の是非、西独のＮＡＴＯ参加の意味などをめぐって、相反する立場からの堂々めぐりの議論ばかりで、交渉進展の気配はまったく見られなかった。極め付きは、激高したフルシチョフのつぎの挑発的発言であった。いわく、「貴方たちは、ソ連に向けられたＮＡＴＯに参加した。続いて対ソ戦争のため軍隊が建設された。そして連邦共和国(＝西独)は戦争準備に参加している」(Ⅱ-p. 540)。

我慢もここまでとの気持ちから、アデナウアーは、フルシチョフを名指しして最後の反論に出た。「私が責任を負っている連邦政府が対ソ戦争の準備に参加していると貴方がお考えなら、それは違います。すでに貴方に申し上げましたが、連邦共和国と連邦政府はどのような機構に参加しようとも、常に平和に賛成であるし、それが平和のための真の保証であるというのが、私の確信であります」。すると、フルシチョフの野次。「軍隊は、スープを飲んだり、肉汁を煮たりするために作られるものではない！」「この野次は遺憾です」と言い残して、アデナウアーは席を立った。議長役を務めていたブルガーニンが慌てて、セッションの終了を告げた。

ホテルへ戻るなり、アデナウアーは直ちにルフトハンザ機をハンブルクから回航させよと命じた。滞在予定を一日繰り上げて、「明日、出発する」というのである。「これ以上、ロシア人との交渉の場に出たくなかった」（II-p. 524）。もっとも、アデナウアーはそのことを書いていないが、帰国を一日早めるからルフトハンザ機を急遽モスクワに回せとの事務方による電話連絡は、ホテルから取られた。つまり、くだんの厳重な盗聴予防装置が施された代表団専用の鉄道車両（本書第Ⅵ章）は、このとき使われなかった。お願いだから、盗聴して下さいと言わんばかりである。実際、ソ連側は、ドイツ代表団事務方の期待（？）どおりに盗聴を実行したようである。そして対応を変えた。このエピソードは、代表団メンバーの幾人もが回想類で確認している。

先述のように同日、一八時からブルガーニン首相主催の豪華なパーティーがあった。ブルガーニンは──盗聴結果を告げられていたのであろうが──はれ物に触るようにアデナウアーに接してきた。国交樹立で合意がなるのなら、抑留者の「全員、全員、全員！」を一週間で帰国させる、とブルガーニンが「誓った」のは、このパーティー会場での両首脳間の長い立ち話においてであった。交渉決裂を回避する可能性は、ここで生まれたのである。ルフトハンザ機は回されてきたが、西独代表団の一日繰り上げ帰国は実行されなかった。

しかし、第四交渉日にもそれなりの困難が待ち受けていた。それは主として国交樹立合意の文書化作業に関するものだった。だが、アデナウアー直言主義外交の叙述は一応ここまでにしておこう。鳩山・河野流の円満主義外交との比較が待っているのだから。

第X章

40　前座(?)としての重光流「隔意ない意見の交換」

一九五五年九月にアデナウアー首相の率いた西独代表団と、翌五六年十一月に鳩山首相の率いた日本代表団が、モスクワでの国交回復交渉で、交渉のテーブルを挟んでソ連側代表団とそれぞれどのように切り結んだか。前回は西独代表団の事例を眺めた。今回は日本代表団の事例を眺める。両事例を比較すると、アデナウアー流の直言主義、日本側代表団の円満主義という対照的な交渉姿勢が浮かび上がるであろうことを、結論の先取りとして第IX章で示しておいた。

日本側代表団の交渉術をなぜ円満主義と呼ぶか。本章以降では、そう形容するのが適切であることを実際例で示すことになるが、冒頭にまず指摘しておきたい事柄がある。モスクワ交渉を「円満」にというのは、実は鳩山全権自身の言葉であった。しかも、その背後にある事情はすこぶる意味深長であった。それを説明する順序として、鳩山全権団の訪ソ(第二次モスクワ交渉)に先立って重光葵外相を全権として行なわれたいわゆる「第一次モスクワ交渉(一九五六年七月二十七日―八月二十二日)」の交渉姿勢に遡る必要がある。周知のように、この「第一次モスクワ交渉」は実を結ばなかった。

重光はもともと鳩山・河野流の日ソ国交早期回復方針に懐疑的であり、かつ領土問題では日本固有の領土たる四島の返還を正面から求めるとの立場であったが、モスクワで領土問題でのソ連の頑なな拒否姿勢を自ら経験すると、一転、歯舞、色丹の二島返還の線で交渉を妥結すべきではないかと考えるに至った。ただ、その線に立った重光のモスクワからの請訓は、与党内の反鳩山派の、すなわち日ソ国交早期回復反対派の反発を懸念した鳩山内閣によって退けられ、重光は面目を失った。全権として重光に同行した松本俊一は、現地での重光の態度の急変を「まことに不可解」「今日もなお深い疑念を残している」と厳しい回顧の言葉を残している（『モスクワにかける虹――日ソ国交回復秘録』、一二〇ページ）。重光には重光なりの言い分があっただろうが、それは知られていない。

それはともかく、五六年七月二十九日にモスクワ空港に降り立った重光全権は、自分の訪ソ・交渉目的は「終戦後十年余に及ぶ（日ソ間の）不自然な戦争状態を速やかに終息」せしめて、両国間「国交の正常化を図る」ことにあるとの声明を発表、しかもそれは両国民間の「将来に禍根を残す様なものであってはならない」と述べた。声明はつぎの一文で結ばれていた。「この様な見地から私はソ連政府の責任者との間に隔意ない意見の交換を行い良好な結果に達したいと念願している次第であります」（外務省外交史料館開示文書、以下「開示文書」と略記、文書番号〇一―三二二―一。引用文中の傍点は佐瀬）。

つまり、重光は、日ソ平和条約、あるいはそれに準ずる両国間合意文書の署名によって日ソ間に国交を樹立するには、領土問題、抑留者問題その他の懸案事項について「隔意ない意見の交換」が不可欠だと考えたのであった。「隔意ない意見の交換」が必ずしも激論の応酬になるとは限らないが、ことと次第では激しい論戦になるとの覚悟も必要である。交渉のタイプを敢えて「直言主義」と「円満主義」に二分するならば、「隔意ない意見の交換」は疑いもなく「直言主義」寄りとならざるを得ないだろう。少なくとも重光には、両国全権の間での「円満」な話し合いで「良好な結果」に到達できるといった発想がなかった。

第一次モスクワ交渉については松本俊一『秘録』を含めて、関係者の回顧録類中に記述が乏しい。一九五七年一月に六十九歳で死去した重光自身は、一般に知られる限りでまとまった記述を残していない。ただ、伊藤隆／渡辺行男を編者として一九八八（昭和六十三）年に中央公論社から出版された『続・重光葵手記』には訪ソ時の簡単な日記が収録された（同書、七八八―七九七ページ）。そこには（手帖・挨拶文案）として、「私は、喧嘩をしに来たのではない。仲良しになる為に来たのである」とある（日付不詳）。この記述自体が、重光の真意は「直言」を交わし、その結果として「仲良しになる」というにあったことを窺わせる。モスクワ交渉中の日記を追っていくと、「領土問題にて応酬、最高調（潮）に達す」（八月六日）とか、「激論」（八月十一日）とかの表現がいくつも現われる。「隔意ない意見の交換」は、実際にはそういう様相を呈した。

松本本は自身も全権として参加した第一次モスクワ交渉につき十七ページを費やしているが、その大半はいわば批判色濃厚な重光外交論とも言うべきものであって、交渉そのものに関する記述はなぜか乏しい。他方、近年になって解禁された外交史料館所蔵の関連開示文書中では、むしろ「重光訪ソ」関連が比較的に欠落の少ないものとなっている。ゆえに、どたん場での重光の「変節」にかかわる部分を別にすれば、外交史料館所蔵の史料に当たるならば重光の言う「隔意ない意見の交換」の実際については、かなりの臨場感をもって知ることができる。ただ、重光流交渉術が本稿の考察主題ではないので、これ以上深入りはしない。

41　「円満なる交渉」願望の登場

さて、本題の鳩山全権団に観察を転じよう。

一九五六年十月十三日にモスクワに到着した全権団は、翌日が日曜日であったので、二日後の十五日に第一回正式会談に臨んだ。第一回会談は実質的に、ブルガーニン・ソ連首相、鳩山首相それぞれの「冒頭あいさつ」（冒頭発言）が交わされただけで閉じられた。この冒頭発言で鳩山は、最大の懸案事項である領土問題のほかにも調整を要する五項目、すなわち(1)占領状態の終了、(2)大使館相互設置、(3)抑留者問題、(4)漁業条約問題、(5)日本の国連加盟につき交渉することで、ソ連首相から同意表明の書簡を事前に受領したことに言及、そのうえでいわば結びとして、交渉に臨む日本側の姿勢をつぎのように述べた。

> 私が今日御当地にまいりましたのは、右の了解の下に更に隔意なき意見の交換を行い日ソ間の国交を回復せんとするものであります。私の滞在中貴方と私並びに河野、松本両全権との間に円満なる交渉が行われ、双方に満足のゆく解決に到達しうることを念願するものであります（傍点は佐瀬）。

この冒頭発言全文は一九六六年刊の松本本の巻末に付属参考資料として収録されている（松本『秘録』、二〇七―二〇八ページ）。前掲の第一次モスクワ交渉時の重光「冒頭声明」とつき合わせると直ちに分かるが、重光が使った「隔意ない意見の交換」なる表現が継承されている一方で、重光ならば使わなかったであろう「円満なる交渉」という表現が新しく登場している。私が鳩山全権団の交渉姿勢を「円満主義」と呼ぶ第一の根拠はここにある。鳩山自身がソ連側全権団に向かって、正式第一声で交渉の「円満」主義を表明していたのであった。そのことは松本本でずっと以前に確認していたものの、「まあ、そんなものだろう」といった気持ちで、それ以上の詮索心は働いていなかった。

ところが、ずっと後になって、鳩山全権団の訪ソ関連史料のごく一部が情報公開制にもとづき外交史料館の文書として開示（平成十三年五月二十八日）されてみると、「まあ、そんなものだろう」とは言っておれなくなった。開示文書中には「第一回正式会議」直後に作成された手書きの――したがってモスクワで作成されたはずの――会議議事録（文書番号〇一―三〇五―三）が含まれていて、鳩山「冒頭あいさつ」全文が別添されている。この別添文書の方はもともとがタイプ印書されており、そこに手書きで加筆・修正が施されている。それを通読、私はわれとわが目を疑った。なぜか。百聞は一見にしかず。問題の別添文書のコピーをそのまま以下に掲げる。

42 冒頭陳述文の原案と加筆修正版

別添二

総理大臣冒頭あいさつ（三一・一〇・一五）

ブルガーニン ソ連邦閣僚会議議長閣下、全権並に随員各位

日ソ間の戦争状態を可及的すみやかに終結し国交を回復することとによつて、いささかなりとも極東の平和に貢献し、もつて世界の恒久平和に寄与せむとすることは、私が常に抱懐し来つたところでありまして、一昨年末、私が内閣を組織した際、世界に宣明した鳩山内閣の外交基本方針もまたここに出ずるのであります。当時貴国政府はドムニツキー書簡により、日ソ両国が双方に満足しうる条件により国交を再開すべきを提案せられたのは、私の最も歓迎したところでありました。じ来ロンドン及びモスクワにおいて両国全権の間に交渉が行われ、多数の点について意見の合致をみたのでありますが、領土問題についての合意が成立しないため、今日に至るまで国交を再

開しえないまま経過し来つたのであります。この状況を打開するため、私はさる九月十一日貴閣僚会議議長閣下あて書簡をもつて領土問題に関する交渉は後日継続して行うことを条件として両国間の戦争状態の終了二大使館の相互設置三抑留者の即時送還四漁業条約の発効及び五日本国の国際連合加盟に対するソ連邦の支持の五点についての貴国側の同意を求めまたロンドン、モスクワの交渉において妥結した事項についてもできうる限り採択したい旨を提案し、右の新たな条件の下で日ソ間の国交の正常化交渉を行うことを申し入れたのであります。右私の提案に対し貴閣僚会議議長閣下は、同月十三日付書簡をもつて同意を表明せられましたことは私の最もきん快と存ずるところであります。ついで九月二十九日私と貴議長閣下との間の了解に基き松本全権とグロムイコ次官の間に領土の継続審議に関する書簡の交換が行われました。

私が今日御当地にまいりましたのは、右のごとき日ソ双方の合意を基礎として交渉を行い日ソ間の国交を回復せむとするものであります。私の滞在中貴方と私並びに河野、松本両全権との間に隔意なき意見の交換が行われ、双方に満足の行く解決に到達しうることを念願するものであります。

なお私の一行に与えられた貴国側の好遇に対しこの機会において厚く謝意を表明します。

Ваше Превосходительство Председатель совета Министров, господиин Булганин, господа полномочные представители и господа члены делегации Советского Союза,

Способствовать миру на Дальнем Востоке и принести пользы делу прочного мира во всем мире путем скорейшей ликвидации состояния войны и восстановления взаимоотношений между Японией и Советским Союзом – это составляло и составляет мое постоянное стремление. Основная линия внешней политики моего кабинета, провозглашенная всему миру в конце позапрошлого года при самом образования кабинета, исходит именно из этого стремления. В это время правительство Советского Союза предложило мне письмом господина Домницкого восстановить нормальные ~~взаимо~~отношения между Японией и Советским Союзом на основе удовлетворяющих обе стороны условий, что я от всей души приветствовал. С тех пор происходили в этих целях переговоры между полномочными представителями Японии и Советского Союза как в Лондоне, так и в Москве. В ходе этих переговоров обе стороны успели придти во многих вопросах к общей точке зрения, но из-за не договоренности по территориальному вопросу не удается по сегодняшний день восстановить нормальные ~~взаимо~~отношения. Для того, чтобы найти выход из создавшегося положения, я обратился к Вам, господин председатель, письмом от II-го сентября сего года, в котором, между прочим, я просил, чтобы советская сторона согласилась на продолжение переговоров по территориальному вопросу в будущем, и вместе с тем, она согласилась также на пять следующих положений ~~пунктов~~, а именно /I/ окончание состояния войны между обеими странами, /2/ обмен дипломатическими представительствами на уровне посольства, /3/ немедленную репатриацию остающихся в Советском Союзе японских граждан, /4/ вступление в силу Рыболовной Конвенции, подписанной I4-го мая 1956 года, и /5/ поддержание Советским Союзом обращения Японии о приеме ее в члены ООН, причем было также предложено, чтобы по мере возможности приняты были решения по тем вопросам, о которых обе стороны согласились на лондонских и московских переговорах. Исходя из этого понимания, я предложил вступить в переговоры о нормализации отношений между двумя странами. Я очень был рад, когда Вы, господин председатель, выразили свое согласие своим письмом от I3-го того же месяца на мое предложение. Вслед за этим 29-го истекшего сентября ~~было обменено~~, на основании указанного понимания, состоялся обмен письмами между полномочным представителем Японии господином Мацумото и господином Громыко, первым заместителем министра иностранных дел Советского Союза, о продолжении обсуждения территориального вопроса.

Я ныне прибыл ~~сюда~~ в Москву именно с тем, чтобы на основе указанного выше понимания ~~еще раз~~ лично обмениваться откровенными мнениями и тем самым восстановить взаимоотношения между Японией и Советским Союзом. Я искренне надеюсь, чтоб придти к удовлетворяющим обе стороны решениям путем дружественных переговоров между вашими делегатами и мною, господами Коно и Мацумото.

Этим случаем я хочу воспользоваться выразить свою глубокую благодарность за ваш любезный прием и содействие, оказанное мне и всем моим ~~спутникам~~ сопровождающим.

43　加筆修正版の決定過程をめぐる推理

タイプ印書された鳩山冒頭発言の原案は、ページ番号が付されていない三枚から成っている。いずれのページにも手書きの加筆ないし修正があるが、最初の二枚には句読点の追加および若干の字句の置き換えがあるのみで、文意の変更だと目鯨を立てるほどのものはない。だが、問題は最終ページにある。そこでは文意の変更と呼んでもいいほどの書き変えがある。すなわち、二行目から三行目にかけて、右「のごとき日ソ双方の合意を基礎として交渉」を行い…うんぬんのくだりが、右「の了解の下に更に隔意なき意見の交換」を行いうんぬんに変更され、四行目から五行目にかけては、「隔意なき意見の交換」とあったものが消されて、「円満なる交渉」に書き換えられたのであった。鳩山が実際に読みあげたのはこの加筆修正版であり、松本本に付属参考資料として収録されたのも原案ではなくてこの修正版にほかならなかった。

原案と加筆修正版とでは、交渉姿勢についてどのような文意の変更があるか。まず、「隔意なき意見の交換」という重光交渉以来の表現は消失したのではなく、一つ前の文章へと前送りされた。この前送りだけでは、この表現の重みが増したのかどうかは判別できない。だが、「隔意なき意見の交換」が新しく「円満なる交渉」なる表現によって置き換えられたことによって、つぎのことは確かであろう。すなわち、少なくとも「円満なる交渉」は日本側全権団にとって、「隔意なき意見の交換」の置き場所を変えてでも、冒頭陳述に絶対に欠落してはならぬと判断されたはずの表現であった。

ついでに言うと、この加筆修正版は直ちにタイプ浄書され、第一回正式会談終了後の十月十五日十八時二十五分に本省の重光外相宛に（間違いなく暗号文で）打電された。その「電信写」のコピーも今日、開示文書として入手できる（文書番号〇一―三〇四―六）。当たり前のことだが、そこには直前になって鳩山スピーチ原案に手書きで上述の加筆修正が施された痕跡など窺うべくもない。まるですべてが準備万端、整然と整っていて、現場では粛々とことが運んだかの如くである。が、繰り返すが、鳩山冒頭陳述の原案には使用直前になって修正が施され、「円満なる交渉」という字句が新たに盛られたのであった。

となると、問題は、㈠原案は、いつ、誰によって起草されたかであり、また、㈡誰が「円満なる交渉」という表現の追加を行ったか、である。しかし、今日となってはそれに確答する手掛りが見当らない。ただ、つぎのように推論することはできる。つまり、原案は全権代表団出発前には恐らくは存在しなかった。存在していたならば、「かねて準備されていた冒頭陳述文を使用した」とモスクワから東京へ打電するか、あるいは、加筆修正タイプ印書版を使用する場合、「原案の一部修正」の旨を打電する必要があっただろう。そんなことがなされた形跡はない。他方、原案が全権団の東京出発後の移動中に作成された可能性はきわめて高い。と言うのも、モスクワへの途上、チューリッヒの宿で鳩山が夜遅くまで会談時に備えて陳述のための「メモ」づくりに励んだことは、多くの同行者が証言しているからである。

松本本一三二ページには、チューリッヒのホテルで鳩山が薫子夫人に、「今度日本の総理大臣として初めてソ連の首相と話合うので、十分準備してかかる必要があるから、自分の話の内容をメモにつくっているのだ」と語った旨が記されている。鳩山自身、『回顧録』の中で、「ブルガーニンやフルシチョフに會ったら、どういう順序で、何といってやろうかと、そればかり考え續けていたが、大體の考えがまとまったので、それをチューリッヒのホテルでメモに書き上げた」（二〇一ページ）と書いている。さらに、「モスクワに入る前夜、ストックホルムの宿で、河野君やモスクワから迎えに來た松本俊一君らと最後の協議を行い、河野君からブルガーニン氏にあてた書翰、モスクワ到着の時の挨拶などを書き上げて、すっかりソ連入りのお膳立てをととのえた…」(二〇二ページ)とも記している。

これらの記述に照らして、第一回正式会談冒頭陳述文の「原案」作成、全権団としてのその内容チェック、「加筆修正版」の承認等は、チューリッヒ、ストックホルム、モスクワの旅程中に手掛けられた可能性が濃厚と言うべきだろう。戦後日本の国運にかかわる日ソ国交回復交渉の最終段階で、ことが私のこのような推定どおりに運ばれたとすれば、厳しく言うとそれはドタバタ劇に近いではないか。松本俊一はチューリッヒでの夜の鳩山の「メモ」作成を紹介しつつ、鳩山の「用意の周到なのに感嘆したのであった」と書いているが(松本本、一三二ページ)、私の判断は全く異なる。いずれにせよ、日本側が「円満なる交渉」を望む旨は、鳩山全権団の交渉冒頭陳述で表明されたのであった。それが鳩山、河野、松本の三全権のうちの主として誰の意志であったのかを詮索するのは、ほとんど無意味である。それは三人にとっての共通の意志であった。三人が残したそれぞれの回想記がそのことを証明する。

第Ⅺ章

44　関連外交文書の未開示

前章・41で私は、鳩山全権団のモスクワ交渉に臨む姿勢が「円満主義」と呼ばれるべきものであったことを、外交史料館蔵の外交資料にもとづいて述べた。繰り返すが、それはそのほぼ一年前にモスクワ交渉に臨んだ西独のアデナウアー全権団の「直言主義」とは好対照をなしていた。ただ、両交渉を公正に比較するには厄介な問題がある。比較に使えるはずの当時の外交史資料の利用可能性に、日独で大差があるからだ。

すでに述べたように、独ソ交渉については今日、そのほとんど全ての外交文書・史料類が公開され、利用可能である。それどころか、独ソ両国全権団の全体会議での基本的見解表明や討議過程での主要発言類は、非公開が申し合わされた付随協議分を別にすれば、交渉日の数日後にはすでに一般に公表されていた。ところが、日ソ交渉の場合はそうではない。史資料の開示はいまなお遅々としている。最も歯がゆいのは、決定的に重要な会議について交渉のテーブルを挟んで実際にどのような応酬があったのかが、政府開示文書を通じてはいまだにほとんど摑めないことである。

前章では、開示済み外交文書の中から鳩山首相がモスクワ交渉開始の冒頭に行なった挨拶文の原案と実際に使用された修正版の異同を示す史料を一部前倒しのようなかたちで紹介したのであるが、鳩山全権団関連の開示済み史料の総量は、五十年以上が経過した今日でも依然としてきわめて少ない。また、内容面から見ても、重要度が高いと考えられるものほど非開示のままと言ってよいだろう。秘密解除され開示された分についても、数行にわたり墨塗りされ、読めないで切歯扼腕させられるケースが少なくない。筆者にとり特に残念なのは、両国全権団の本会議ないし特定の全権間会談の発言記録の大半が未開示であることだ。

どのような本会議があり、どのような特定全権間の会談があったかは当時の新聞記事や日本側三全権の筆になる回顧類――特に松本俊一全権のそれ――によって掌握できても、議論の細かいヒダは実際の発言録なしでは分かるはずはない。その全権レベル間交渉の発言録として開示済みなのは、二〇〇八年四月の段階では以下のものに限られている。

一、鳩山総理、ブルガーニン首相会議録」
（一九五六年十月十三日のいわゆる表敬訪問、河野、松本両全権同行）〔開示文書番号＝〇一—三〇五—二〕
二、「第一回本会議議事録」
（両国全権団出席、五六年十月十五日）〔開示文書番号＝〇一—三〇五—三〕
三、「鳩山総理、ブルガーニン首相会談要旨」
（鳩山、河野両全権およびブルガーニン首相、ミコヤン第一副首相が出席、五六年十月十七日）〔開示文書番号＝〇一—三〇五—六〕
四、「河野・フルシチョフ第三回会談要旨」
（五六年十月十八日午後四時、ただし、なぜか会談日時は墨で塗り潰されている）〔開示文書番号＝〇一—三〇五—八〕
五、「河野・フルシチョフ第四回会談要旨」
（五六年十月十八日午後六時半、ただし、会談日時は墨で塗り潰されている）〔開示文書番号＝〇一—三〇五—一〇〕

これ以外に、「河野・イシコフ（漁業相）会談」や「小委員会議事録」（松本全権、グロムイコ第一外務次官がそれぞれの長）が合計数点含まれているが、それらは全権間レベルの会談ではない。よって、上記のリストには挙げていない。それはともかく、上記五点を一瞥すれば分かるが、「河野・フルシチョフ会談」の第一回および第二回分は既開示文書中には含まれていない。後述するように、この両回の二者会談こそは鳩山訪ソによる国交正常化交渉の最重要、かつ最もデリケートな部分なのである。その部分こそが非開示状態におかれたままなのはなぜか。

45 『政治記者OB会報』による河野会談記録の公開

それをもどかしく思ったのか、二〇〇五年三月十五日付けで外務省の正規の開示手続きを経ないまま、同全権団のモスクワ交渉記録の最重要部分が公開された。『政治記者OB会報』第九〇号に掲載された「首脳会談の記録」がそれである。これは、モスクワ交渉で日本側通訳を務めた外務省の野口芳雄氏(故人)が書き残した詳細な会談発言メモである。この文書は、交渉から四年後に河野一郎の秘書となった石川達男氏が前任の秘書から託された文書類の中に含まれていたものだという。もともと政治記者出身の石川氏が、交渉から「もう半世紀、このまま埋もれさせてしまうのは惜しい」と考えて、『政治記者OB会報』に提供したものである。これを外務省の側から言えば、理由あって非開示としてきた重要外交文書が民間レベルで暴露されてしまったことになろう。

この「野口メモ」には、鳩山全権団のモスクワ滞在中に河野全権が関係した十一件の会談記録(会談相手はイシコフ漁業相、四回にわたりフルシチョフ第一書記、ブルガーニン首相、フェドレンコ外務次官、グロムイコ第一外務次官)が含まれていて、それら自体、同全権がモスクワ交渉で最重要役割を演じた事実に鑑みて極めて重要な資料であることは疑いない。と同時に、つぎのことは直ちに指摘しておかなければならない。

(一)、河野が関係した会談記録としてはこれ以上のものは望むべくもあるまいが、しかし、それはそれで、モスクワ交渉の全容を明らかにしたものとは言えない。早い話、(1)全権団のモスクワ到着翌日(十月十三日)のクレムリン表敬訪問、(2)十月十五日の第一回本会議、(3)十九日の日ソ共同宣言調印式などに関する記録は含まれていない((1)、(2)は前述の開示済み外交文書中に含まれている)。

(二)、全権団の会議記録という重要な外交文書が、政府による正規の開示手続きを経ないで、このようなかたちで公表されたことに問題はないか。

このうち、(二)について私見を述べる。会談記録は本来ならば国(外務省)の正式の開示手続きを経て、しかるべき時期に公表されるべきであった。なにしろ、モスクワ交渉から半世紀以上が経過しているのであるから。『政治記者OB会報』への記録提供者も同じ思いであったと考えられる。しかし、現実にはそうではなく、非開示外交文書が非政府・民間レヴェルで公表されるという結果となった。問題は二つある。第一は、会談記録がなぜ今日に至っても外務省文書として開示されていないか、である。理由は明白であろう。それらを全面的に開示することは、今日でもなお外交上の国益に抵触するおそれありと判断されているからである。政府・外務省の立場からすれば、民間の手になる外交記録の「暴露」は外交的国益を損ねかねないということになる。問題の第二は、では民間レヴェルでことを進めた会談記録提供者やその掲載舞台提供者たちは国益の見地なぞクソ喰らえとばかりに、「外交機密にかかわるもの」(記録公開に際しての石川達男氏の言葉)を世間の目に曝したのか、である。私はこの行為を批判する気にも、擁護する立場にもない。あえてその理由を述べれば、日本側ではそれものに触ってはならぬかのように関係文書の非公開状態が継続されてきたとしても、モスクワでは十二年も前に到来した日ソ国交四十周年を機に——一部加工が施されてのようだが——記録が公表済みだからである。とくに記録公表を決意した石川達男氏には、「だから、いまさら非公開を続けてみたところで…」の判断が働いていたものと思われる。

私が言いたいのは、むしろつぎのことである。ドイツでアデナウアー訪ソに関する文書記録がとっくに公表済みなのは、端的に言えばその訪ソ目的が達成され、事柄自体が歴史の領域に入っているからである。他方、その翌年の鳩山訪ソはその目的をすべて果たしたとは言えず、事後への宿題を残した。その宿題は今日に至るも果たされたわけではなく、したがって事柄がすでに歴史の領域にあるとは言えない。やや乱暴に比較してアデナウアー訪ソが成功であったとすれば、鳩山訪ソは——失敗、あるいは不成功では決してなかったが——「半ば成功」でしかなかった。しかも、モスクワ交渉の記録には、宿題の今後を考えると、当時の日本側全権団の言動にかなり首をかしげねばならぬような箇所がいくつか見当たる。それが外務省をして記録の全面解禁を躊躇させてきたはずである。『政治記者OB会報』での記録公表はこの長年のディレンマに風穴を開けた。ただし、その風穴を通じて交渉の場での日本側の、より具体的には河野一郎全権の、どうかと言いたくなるような言動の細部も明るみに出てしまった。

外務省が渋面をつくったことは容易に想像できる。と同時に、ほかならぬ河野へのブーメラン効果を考えると、「それ見たことか」という声が外務省側にあったかもしれない。それがあったのかどうか、私は知らない。いずれにせよ、ほかならぬ河野一郎系列に連なる人びとの手によって「秘録」が公開されたのであるから、その人びとはブーメランがもたらす苦い結果をも甘受しなければなるまい。

46 無邪気な鳩山回顧録

外務省開示文書や公開された「秘録」の吟味に入るまえに、鳩山全権団を構成した三人の全権――鳩山、河野、松本俊一――がモスクワ交渉につき自身で著したものを眺めておきたい。と言うのも、その種の文書公開がなされるまでの四十年間ほどは、三全権の回想記類が日ソ国交樹立交渉の雰囲気を知るうえでの最重要な手掛りでありつづけたからだ。

まず、『鳩山一郎回顧録』(文藝春秋新社)。同書は鳩山訪ソの翌年、つまり一九五七年十月に出た。が、正直言うと、好々爺がずっと後になって昔の思い出を気持ちよさそうに語っているといった趣きのものであって、モスクワ交渉の実相を調べるためにはほとんど役に立たない。モスクワ空港に降り立ってからの交渉経緯、さらには共同宣言調印式までの叙述に割かれている紙幅は八ページにすぎず、しかもその半分近くは交渉内容や双方の応酬を記述するものではなく、たまさかのエピソードの紹介に当てられている。

エピソードとはつぎのようなものである。㈠モスクワ到着翌日の十三日にブルガーニン首相を表敬訪問した際、いきなり同首相が同年五月の日ソ漁業交渉時の河野・ブルガーニン会談の思い出、すなわち、緊張した河野が出されたお茶を机の上にひっくり返してしまったことを紹介した。ただし同時に「ソ連ではお茶をこぼすことは縁起がいいことになっている」と語ったこと。すると河野が、「それでは、今度もまた、お茶をひっくり返しましょうか」とまぜ返した一件(二九四ページ)。㈡十月十五日の第一回全体会議が開かれようとした際、フルシチョフ党第一書記がいきなり手をのばし、机の上の飲み物を被っていた白布をサッと取り除き、「これは決して原子爆弾ではありませんから、皆さん、どうか御安心を！」とやったので、一同大爆笑、といったエピソード。㈢同日午後一時からの午餐会で鳩山もブルガーニンも挨拶や演説は遠慮したのに、傍若無人のフルシチョフが立って日露戦争以来の恨みつらみとノモンハン以降のソ連の対日戦果につき「三十分ばかり長広舌」を振るい、挙句の果、下戸の河野にウォトカを無理強いしたこと。それがあまりにしつこいので河野が意を決して、「飲んだら俺のいうことを聞くか。聞くなら飲む」と切り返すと、「聞く」との返事。そこで河野は満杯のウォトカ(鳩山は「コニャック」と記述している)を一気に飲み干す。フルシチョフは驚き、満座の拍手。㈣第二回、第三回のフルシチョフとの単独会談で河野がフルシチョフから執務用ペーパーナイフを二回にわたりせしめてきたはなし。その一本は後日、鳩山邸で書斎机の上に置かれることになり、鳩山は来訪した駐日ソ連大使にその由来を話して楽しんだという一件。

これらのエピソードをなぜくだくだしく紹介したか。その理由はのちに明らかとなろう。それはともかく、こういったエピソードの羅列のため、鳩山の回想記からは肝心の複数目的交渉の経過がかえって見えなくなっている。唯一の例外はハボマイ、シコタン、エトロフ、クナシリの返還約束の是非をめぐる日ソ間の駆け引きと、どたん場でのソ連側の主張急変の経緯に関する推測的叙述（全体で二ページ）であるが、これは鳩山自身が直接にソ連側と渡り合ったはなしではない。それは河野全権に委ねられていた役割なのである。鳩山は河野からの報告を要約して伝えているにすぎない。とすれば、純粋に鳩山『回顧録』だけに限れば、つまり、他の手段や経路で交渉についての知識を得たことがないとすれば、いかなる読後感が残るか。

一言に約せば、鳩山訪ソによるモスクワ交渉はユーモラスなエピソードに富み、「円滿」に終始したのだなというのが、その場合の読後感であろう。鳩山は、「成立した共同宣言は、決して滿足すべきものではない」とぽつりと書いてはいるものの（二〇八ページ）、ソ連側の応対についてなに一つ厳しい言葉を残していないと言ってよい。クレムリンの「金ピカの警備司令官」は「思ったよりもなかなか愛想がよくて、當りがやわらかい」（二〇四ページ）、初対面のブルガーニン首相についても、「本場の共産黨の指導者などといえば、…冗談一ついっても、叱られそうな木佛金佛を想像するけれども、どうして、實際はとてもウィットと茶目氣に富んで、固苦しい所がない」（同上）といった調子。

ソ連側の実質的な最高権力者であるフルシチョフは、鳩山の眼にどう映ったか。「會談を行って感じたことは、フルシチョフ氏にしても、こちらの立場や言い分をよく理解して、一方的な無理はいわないということである」（二〇五ページ）。総じてソ連側首脳は鳩山が反共という政治信条の持ち主であることをよく承知のうえで、日ソ国交正常化に向けての熱意を高く評価するという姿勢だった。「相手がこういう態度だったから、私たちも非常に話がし易かった」（二〇六ページ）。それにひきかえ、「日本の共産黨や社會黨の連中」の石頭ぶりときては。彼らは「この人達の爪のアカでもせんじて飲んだらどうだろう」と、代表団内部で話し合った、というのである（二〇五ページ）。

鳩山のモスクワ滞在記には、交渉の場で不快感や立腹を覚えたと窺わせるような記述が一切ない。主要な交渉を河野に委ねて、鳩山は交渉の表舞台にあまり出なかったことがその一因だろうが、『回顧録』読者が得る印象は、繰り返して言うが、実に気持ちのいい交渉が行なわれたのだなというものだろう。唯一例外の気配を感じさせるのは、第一回全体会議が行なわれた十月十五日の午餐会での例のフルシチョフの傍若無人な長広舌を聴かされたときの反応である。ただし、注釈すると、これは交渉の場ではない。そのうえで鳩山は書いている。「日本のことをクソミソにやっつけ」るフルシチョフ弁舌は、「シャクに障ったが、黙っていた」。なぜなら、背後に座っていた野口芳雄通訳が鳩山をつついて、「先生、怒らないで下さいよ。一層ムキになってかみついてくるから…」と囁いたからである（二二〇ページ）。日本側からは誰もフルシチョフに反論しなかった。そこでフルシチョフは隣りの河野にウォッカを無理強いし、下戸の河野が一世一代のイッキ飲みをやるわけだが、鳩山はフルシチョフの無礼をやんわりとでも咎める記述を残すどころか、逆にこう締めくくっている。「河野君もフルシチョフ氏も、二人とも全く面白い男である」（二二二ページ）。

河野が受け持ったフルシチョフを相手とする実質交渉は——のちにより詳しく眺めるが——十月十八日の第三回河野・フルシチョフ会談でドンデン返しに会う。その前回の第二回ではソ連側が呑んでいたはずの「領土問題を含む」という一句を削除するよう、フルシチョフが頑強に求めたからである。前日には「大いに歓声をあげた」はずの日本側代表団はこの「一頓挫」に困惑した。しかし結局、「この際はやむを得ず」フルシチョフ案を受け入れる。だが、断腸の思いがあって然るべきこの重要な一件に関してさえも鳩山は、ソ連側に対する厳しい言葉をなんら書き残していない（二〇八ページ）。

鳩山の円満主義とは、そういうものであった。

第XII章

47 松本俊一『秘録』の鳩山賛美

鳩山全権団による日ソ国交回復モスクワ交渉の特徴をなした——と筆者が考える——日本側の「円満主義」を、鳩山に次いで松本俊一全権につき眺めておきたい。

一九五六年十月のモスクワ交渉に臨んだ鳩山および河野一郎全権とは違って、松本はいわゆる「第一次ロンドン交渉」(一九五五年六月—九月)から始まって第二次ロンドン交渉(五六年一月—三月)、第一次モスクワ交渉(五六年七月)のすべてに全権として関与した。また、鳩山、河野が純然たる政治家であったのとは違って、松本はもともとが外交官であり(最終ポストは駐英大使)、鳩山政権誕生と相前後して政界に転じ、鳩山の要請で日ソ交渉を手掛けることになった。その体験を記した松本俊一『秘録』は、今日なお、日ソ国交回復過程を知るうえで最重要文献である。

同書は付属資料をも含めて全二百二十八ページ、うち「第二次モスクワ交渉」には三十六ページが割かれ、それはそれ自体としては鳩山や河野のモスクワ交渉回想に比すると分量的には最も大きい。ただし、松本の言う「第二次モスクワ交渉」とは鳩山、河野に先立って自らがモスクワに先遣隊として乗り込み、グロムイコ・ソ連第一外務次官との間に交わしたいわゆる「松本・グロムイコ書簡」の誕生経過を辿る部分をも含むものである。鳩山全権団のモスクワ到着前後から日ソ共同宣言調印、全権団のモスクワ離陸までの十日間に関する記述は、意外なことに乏しい。その理由は不明だが、「最終交渉」においては主役は河野全権（鳩山はシンボル）であるのに対して自分は脇役だったとの意識が働き、自らの観察を詳述してはならぬと河野への遠慮を働かせたのではあるまいか。因みに、松本『秘録』が出版された段階では河野一郎はすでに故人であったが、同書の企画ないし執筆が進行中だった時期には河野はまだ健在だった。一九六五年七月八日の河野の急逝は、松本にとっても世間にとっても大きな衝撃であった。

松本『秘録』には、日ソ交渉をめぐる日本側の三人のキーパースン——鳩山、河野、重光——に対する著者の思いが詳述されていて、松本の「円満主義」を考察するうえで重要な参考になる。まず鳩山についてみれば、鳩山に対する松本の態度は心服、傾倒そのものだと言える。初当選後の挨拶のための鳩山邸訪問に始まり、鳩山「友愛精神」、日ソ国交樹立に燃やした鳩山の執念などを『鳩山一郎回顧録』をいくども引用して紹介し、さながら忠臣・松本俊一の趣きがある。鳩山への批判がましい言葉は皆無と言える。特に言及しておきたいのは第Ⅱ章で扱ったドムニツキーと鳩山の接触を述べた松本の筆である。既述したように、国交回復に向けてのソ連側からの最初の打診役を演じたドムニツキーを、松本は鳩山の指示で面談した経験から、「いわば正体の知れない人物」、「とにかく、一種の妖気をただよわせていた」人物と記述した。ところが、このいわば要注意、要警戒の人物の隠密行動的な接触希望に易々諾々と応じた総理・鳩山一郎の対応については、一言半句の叱責も、やんわりと釘を刺すといった示唆も、松本本には見当たらない。この点、正直言うと、鳩山に甘過ぎる。

48　松本『秘録』の重光批判

他方、外務官僚として、また政治家としても先輩に当たる重光葵を語る松本の筆はすこぶる厳しい。松本は「第一次モスクワ交渉」で全権として重光とコンビを組んだ。とは言え、重光は外相であったから主役、平の与党議員だった松本は介添役であった。周知のように、重光はこの交渉で当初は領土問題で四島の日本帰属と平和条約締結の必要とを強く主張した。が、ブルガーニン・ソ連首相、フルシチョフ党第一書記との会見の結果、領土問題でのソ連側の拒否姿勢を変えさせることは不可能と判断するや、重光は一転、ソ連側の主張を容れて「(二島返還の)領土条項を設けた平和条約を署名しようといい出し」、松本を面喰わせた(松本『秘録』、一一〇―一一一ページ)。松本は「国民感情」に照らして、重光のこの考えに不同意。辛うじて東京へ請訓ののち、東京からの不同意、かつ、時間稼ぎのための重光のロンドン行き(=モスクワ一時離任)の訓令が出され、交渉の妥結でも決裂でもない中断という措置が取られた。松本はこのときの重光の「どう見ても豹変と取られてもやむを得ない」態度を詳しく記述、かつ批判した。

重光はこれまで知られている限りで、この「豹変」呼ばわりに対して自分の心境を明らかにしていない。それどころか重光はそれに先立ち、鳩山『回顧録』(一九五七年刊)によって、モスクワで「急角度にカーブを切って」強硬論放棄に傾いたのに、「モスクワを離れると同時に再び次第に以前の強硬態度を取返しはじめ、米國を廻って羽田に歸着した時には、完全に元の強硬論者に立戻っていた」とまで、痛罵されていた。重光はこれにも沈黙。ゆえに「第一次モスクワ交渉」は重光が自分にミソをつけたケースという解釈が定説化した。私自身、この定説にはしかるべき根拠があると判断する。しかし、松本による重光評を私が取り上げたのは、松本の言う重光「豹変」説の当否、ないし真偽を問いたいがためではない。重光「豹変」説があまりにも有力化したため、日ソ交渉に関して本来は見えなければならないはずのものが見えなくなってしまった嫌いはないか、と私は考える。より具体的にそれを説明しよう。

松本本を読めば、誰もが重光豹変という強い印象を受ける。そして松本はこの「豹変」に対して容赦がない。

だが、私に言わせるとそれは、敢えて言えば最も重要なポイントではない。重要なのは、ともに外務省出身の重光と松本ではあるが、ふたりはもともと異なる外交交渉観の持主、とりわけ対ソ交渉に関して異なる基本姿勢の持主だったという点である。松本『秘録』を注意深く読むと、重光「豹変」説は意外性に富む――ゆえに幻惑的な――おちに過ぎないのであって、松本は「第一次モスクワ交渉」のはるか前から、つまり鳩山の日ソ交渉開始決断の当初から重光流の外交交渉観に強い違和感を抱いていたことが分かる。重光は対ソ関係ではなによりも筋を通すことを重視したのだから、筋の通らないドムニツキー・ルートなぞに頼ることを嫌った。松本は、ドムニツキー・ルートを使う鳩山に従順だった。

これまでアデナウアー流と鳩山流とを対比するため使用してきた「直言主義」と「円満主義」の概念を援用すれば、重光はわけても対ソでは「直言主義」に近く、松本はほぼ「円満主義」そのものである。重光の悲劇は「直言主義」で刀折れ矢尽きた以上、領土問題でソ連の言い分を呑んで、平和条約を結ぶほかなしと判断した点にあった。ただ、これは「直言主義」の挫折と表現できるかも知れないが、「直言主義」から「円満主義」への乗り換えではない。

松本は「第一次モスクワ交渉」で重光の「豹変」を思い止まらせるべく、重光に強く意見した。松本は日ソ交渉に関して当初から「円満主義」を信奉していた。その松本が「四島対日返還、平和条約締結」論者だったはずの重光の腰砕けを戒めたのは、松本の「円満主義」から強硬な「直言主義」への乗り換えを意味するのでもなんでもない。松本『秘録』からの細かい引用は省くが、要は、この期に及んで「二島返還約束、平和条約調印」といった転換なぞをやってしまうと、党内、閣内での対立激化が避けられなくなるから、というのが松本の重光諫め論理なのだった。「円満主義」の松本は、最初から重光流の強硬な「直言主義」を危うんでいた。だから、「第一次モスクワ交渉」での重光の挫折を記述する松本の筆には、「それ見てごらん。言わんこっちゃない」の趣きが漂っている。

ただ、後知恵のそしりを受けることを覚悟で書けば、重光全権についてはつぎの二点を指摘しておくべきだろう。第一、「第一次モスクワ交渉」の首席全権人事は二転三転ののち、対ソ強硬主張で知られる重光外相に決まった。松本に言わせると、重光・松本の組合せは最初から「チグハグな二頭立の馬車」と見られていた（松本本、一〇四ページ）。いかなる事情があろうとも、最終的にはこの首席全権人事は総理であり与党総裁であった鳩山の責任なのである。ゆえに、前述のように鳩山が重光のモスクワ交渉をめぐる言動を『回顧録』で批判するかたわら、自らの任命責任については口を閉ざしているのは不可解である。また、松本が重光批判をやりながら、傾倒する鳩山の任命責任を不問にしているのも、フェアではない。

第二、重光が「豹変」の汚名を――心ならずも――引き受けたことによって、鳩山全権団による「第二次モスクワ交渉」は客観的に見て、かえってやり易くなったと言えはしまいか。重光全権団に同行した当時『産経新聞』の記者・久保田正明が後年、その著『クレムリンへの使節――北方領土交渉一九五五―一九八三』（文藝春秋、一九八三年刊）で詳しく跡づけたように、国内では、と言うより閣内では「直言」の重光と「非直言」の河野農相の攻守がところを変えた。それまで、一九五六年四月から五月にかけての日ソ漁業交渉に乗じてブルガーニン首相と会談した際の不透明な言動が問題視されていた河野は一転、重光批判の急先鋒として攻勢に立ち、「もう一押しすれば領土問題について打開の見込みがあるという確信」を語りはじめる（同書、一五三ページ）。河野が言う「確信」とは、「四島一括」の意味ではなく、エトロフ、クナシリ問題は「後日に譲る」というものなのだが、それが大手を振って閣内を闊歩しはじめ、逆に「四島」論は重光の「豹変」とともに勢いを失う。つまり、鳩山全権団への御膳立てが整ったのである。

逆の想定で、重光がモスクワで「豹変」せず、強硬な「直言主義」を貫いて、交渉中断ではなく交渉決裂となっていたら、どうだろう。歴史でやり直しの実験はできないことを承知の上で推理するなら、そのあかつきには鳩山全権団として、訪ソ目的自体がほとんど立たなかったのではないか。なぜかと言って、重光全権団を派遣したばかりの政権が「あの全権団が交渉を決裂させたのは間違いでした。改めて首相自らが交渉をやり直します」などと言えた義理ではないのは明白だからである。と考えると、繰り返すが、鳩山や松本が重光「豹変の効用」を一顧だにしないのは、重光全権任命責任に頬被りしていることと合わせて、腑に落ちかねる。

49　松本『秘録』の河野評

いずれにせよ、日ソ国交回復交渉における重光外相の役割は、「豹変」劇をもって終わった。代わって松本は、形の上ではトロイカ型だが、実質的には二頭立ての鳩山全権団で河野一郎とコンビを組む。繰り返すが首席全権の鳩山はシンボル的な存在であり、実質的な交渉は河野と松本に委ねた。交渉の主役は河野であり、松本は介添え役、ないし重要な助言者の役割を引き受けた。ただし、松本は鳩山全権団本体に二週間半ほど先立ってモスクワに先遣され、ソ連のグロムイコ第一外務次官との間で準備交渉に臨んだ後、全権団をスウェーデンのストックホルムまで出迎え、ソ連政府差回しの特別機で鳩山、河野とともにモスクワ入りした。また、全権団到着後は、両国全権団の合意で設けられた「条約起草小委員会」(松本による表現、『秘録』、三六ページ)の日本側代表を務めた。なぜこのように細かい動きを書くか。それは、松本と河野の関係を理解するためである。

河野は鳩山を首相にし、鳩山の悲願たる日ソ国交回復のためには我が身を粉にすることも厭わなかった政治家であるから、その名が松本『秘録』に早くから登場しているのはなんら不思議ではない。が、同書の前半と後半とでは松本の河野描写はかなり顕著に違う。前半では必要にもとづく描写、あるいは受動的描写であるが、後半では共感的、ないしは感嘆的描写に変化していると言える。松本は日ソ国交回復交渉の全期間を通じて日本側全権——当初は単独、のち全権団の一員——を務めたので、交渉推進派の河野にとって重要な存在であったことはよく分かる。が、それにしても『秘録』五七ページに収められている写真を見て、私はいささか変な気分になった。ＳＰナントカの腕章を巻いた河野と、帽子と外套を腕にした松本とが語らいながらＳＡＳ機のタラップを降りている写真で、「羽田に着いた松本全権を、まず機内まで出迎えたのは、河野一郎農相(左)であった」とのキャプションが打たれている。「第一次ロンドン交渉」を中断して松本が一時帰国したときの光景である。

念のために言うが、日ソ交渉の全権を務めたとはいえ、当時の松本は政治家としては初当選後まだ半年そこそこの一年生議員である。いかに熱心な交渉推進派といえども、河野以外の大物政治家で一年生議員に対してこんなことをする人物はいない。さらに付言すれば、『秘録』六八ページには「河野外相がわざわざロンドンに、鳩山総理と打合せの上で私を訪問した」とのさり気ない記述もある。前後の文脈よりして、これまた「第一次ロンドン交渉」期のことである。こうして、日ソ国交回復に注ぐ河野の熱意と、松本全権督励の姿勢とは群を抜いていた。当初、松本はそれを受け止める側であった。

しかし、この関係はやがて変質する。河野自身が国交回復交渉に直接関与することになったからである。言うまでもなく、そのきっかけは日ソ漁業交渉にあった。すなわち、ロンドンでの国交回復交渉が領土問題で行き詰まると、早期国交樹立を切望したクレムリンは一計を案じ、北洋漁業制限区域を一方的に設けたので、日本の北洋漁業が一方的不利益を被りたくなければ、日本政府が漁業交渉に応じざるを得なくなったのである。河野一郎農相がこの交渉の日本側政府代表に任命されたことは、反河野、反国交交渉促進派の反発を買ったが、農相というその職掌柄、とくに不自然なことではなかった。ただ問題は、ソ連側の意図、つまり、北洋漁業問題を国交回復交渉再開の梃子として使うとの魂胆が見えみえであること、河野が単なる国交交渉推進派ではなく、日本の北洋漁業界との特別の利害関係を噂される政治家であったことである。いずれにせよ、これを契機に河野は――当初は漁業問題という名目で――日ソ間交渉に直接携わることとなり、しかも漁業交渉中にその枠を超えてブルガーニン首相と直談判したことによって、国交回復交渉でも日本側キーパースンの一人となった。かくて、引続き国交回復交渉を受け持つ松本にとり、河野は大きくて重い存在となった。『秘録』後半の松本による河野描写は受身から転じて、ある意味で熱を帯びはじめる。

その最初の事例は、「漁業交渉」期の河野・ブルガーニン会談の記述ぶりである。一九五六年五月九日のブルガーニンとの長時間会談に河野が日本側通訳を同席させなかった件は、第Ⅷ章ですでに触れたが、松本によるこの会談の記述はかなり奇妙である。当時、この一件は国内的に一大物議を醸した。松本は一応、「この会談は当時も、またその後も、非常に問題となった会談」だとは書く。また、日本側通訳なしだったことが「最も問題となった」とも書く。が、その筆致はすこぶる局外者的であり、ソ連側通訳しか使わなかった河野の行動を、外交官出身であるはずの松本が「外交的非常識」とさえ書かない。それどころか、「密約」のうわさが流れたことには言及するものの、わざわざ「しかしながら」と切り返したうえで、奇妙な後日談を付け加えている。すなわち、自分は後日に当日のソ連側通訳から個人的に、「…会談は、きわめて事務的な、かつ、はっきりした話合いであって、決して日本でうわさされるような密約等を含んでいるものではないと…説明」を受けた、とまで書いたのである。客観的に言えば、さりげない形での河野弁護である。後年、ソ連消滅後にこのソ連側通訳はＮＨＫの取材で、これとは違う証言を残したが、それは既述したので、ここでは繰り返さない。

50　河野はなぜ「円満主義」に同意したか

以上のモスクワ漁業交渉における河野についての松本の記述は、今回稿の主題である「第二次モスクワ交渉」での松本・河野にみる「円満主義」のいわば前置き部分にすぎない。両人が共に属した鳩山全権団で「円満主義」はどう機能したか。

第X章の「41『円満なる交渉』願望」以下で私は、モスクワ交渉冒頭の鳩山「冒頭あいさつ」で使われた「円満なる交渉」を望むとの文言が採用されたのは、全権団の旅程のチューリッヒ以降、ストックホルム、モスクワへの機中、あるいは宿舎においてのことだと推理した。最も確立が高いのは、鳩山『回顧録』の記述(二〇二ページ)に照らして、ストックホルムの宿である。先述したように、モスクワに先遣されていた松本は鳩山を出迎えるためにわざわざストックホルムまで出てきていた。ここで十月十一日夕方、三全権は水入らずで「最後の協議」を行い、「すっかりソ連入りのお膳立てをととのえた」、と鳩山は記している。「冒頭あいさつ」原案がこの段階で部分修正されて、「円満なる交渉」が挿入されたとすれば、それは三全権の合意の結果だが、この部分修正の提案は松本によるものではないか。

と言うのも、三人の全権のうち松本だけが二カ月半前の「第一次モスクワ交渉」での重光全権の「直言主義」とソ連側の反発とを現場体験し、辟易していたからである。松本は、重光交渉の失敗は「最初にきわめて強硬な態度を示さなければ(対ソ交渉は)妥結に至るものではないという信念」に基づき、実現したフルシチョフとの会談でもこのソ連指導者が展開した身勝手な日ソ関係史解釈に正面から直言的反論を加えて、ソ連の態度をかえって拒否的にさせてしまったことだ、と考えていたようである(『秘録』一〇六―一一〇ページ)。かりに「円満なる交渉」文言の採用提案が松本によるものだろうとの私の推測が正しいとすれば、鳩山と河野に異論のあろうはずがなかった。ただし、賛同の動機は同じでない。「円満主義」がよいか、「直言主義」がよいかと問われたら、その人柄からして鳩山は言下に「円満がよい」と答えただろう。

河野は違う。河野は行動力に富む、だがアクも強い党人派政治家であって、「円満」のイメージからほど遠い。その河野が「円満なる交渉」を旗印とすることに異を唱えなかったのはなぜか。それを解くカギは、日ソ国交回復問題で河野が「anything but 重光」の心境にあった点に求められよう。「重光以外ならなんでもよい」というわけで、「重光が直言主義だったのなら、自分は円満主義でよい」という、いわば非主体的で、反応的な態度決定だったと解釈すべきだろう。信念としての「円満主義」では決してなかった。河野の外交手法はむしろ、ハッタリを混じえた騒々しいもので、要所要所でわざと日本側「内情」を洩らしてみせ（「鳩山の立場は弱い」）、もってソ連側の理解を取りつけ、交渉をまとめようとするきらいがあった。河野の回想『今だから話そう』の漁業交渉、国交回復交渉の記述を読めばそのことが納得できるはずだが、詳しくは次章に譲る。

51　説明省略で河野称賛

ここでの問題は、「円満主義」者らしからぬそのような河野の外交行動を「円満主義」の松本俊一がどのように評価したか、である。まず確認したいのは、「第二次モスクワ交渉」の最重要部分は合計四回を数えた河野・フルシチョフ会談であるが、先述したように、松本によるこの部分の紹介は意外に乏しいという事実である（もっとも、松本は『秘録』、一四二ページで「詳細を…述べる」とはしているが）。これは、一つには河野の独壇場だったた交渉舞台に対する松本の遠慮が働いたからであろうが、もう一つには会談内容にはデリケートな部分があるので、荒筋の紹介に止めたいという事情もあったのだろう。『秘録』執筆に際して、松本が非公開の交渉記録のほぼすべてに目を通していたことは、疑いない。それだけに私はかねてから、松本の叙述により交渉の荒筋は分かるが、肉づけ部分はすべて削ぎ落とされているとの印象を拭えなかった。第XI章に記したように、『政治記者OB会報』がわが外務省の渋面を横目に、これら重要な非公開会談記録を掲載してしまったし、ロシア側の当時の会談記録も公表されている今日、松本による記述の乏しさ、素気なさは一層目立つようになった。

ところが、河野の交渉の実際についてては荒筋どまりの記述でありながら、松本の河野外交に対する評価は決して通り一遍のものではない。二カ所の引用のみに止めるが、まず『秘録』の「序」にはこうある。国交樹立交渉は、混迷する日本国内政局の悪影響を受けて、「一時は絶望的とさえ思われた。それにもかかわらず、あらゆる困難を乗り越え得たのは、鳩山さんの熱意と、鳩山さんの真意を汲んで天馬空を行くような政治外交手腕をふるった河野さんのたまものと言わねばならない」(同書、三ページ、傍点は佐瀬)。さらに同書の「むすび」にはこうある。「しかし河野さんは、外交こそ素人であったけれども、内政で鍛えた腕前は、相手がブルガーニンであろうと、フルシチョフであろうと、またイシコフであろうと、臆するところなく日本の主張を述べて、なんとか、これを先方にのませるだけの手腕を示したことは、全く感嘆のほかないのである。この点は、従来の霞ヶ関の伝統を踏む外交官が、ともすれば相手に呑まれて譲歩するか、あるいはむやみに強いことばかりいって交渉を破局に導くか、つまり人間同士の交渉について修練や胆力の足りないうらみがあったのと比べると天性の外交家ともいうべき観があった。ことに漁業交渉の際におけるブルガーニン、フルシチョフとの対話、あるいは最後のモスクワ交渉における領土問題に関するフルシチョフとの渡り合いはまことにみごとであって、河野さんならではあの成果はあげられなかったであろうと、舌をまいた次第である」(一六三ページ、傍点は佐瀬)。

下手な注釈など必要がないほど、明快な河野外交称賛である。しかも、河野は相手が誰であろうと、「臆することなく日本の主張を述べ」たとある。これが本当だとすると、河野外交は「円満主義」の枠組みには納まりにくい。が、「むやみに強いことばかり」をいったのではないとも言うのだから、硬軟、緩急よろしきを得た理想の交渉術の主と言うことになりそうである。だが、腑に落ちない点がある。まず、上の引用文中には「漁業交渉の際におけるブルガーニン、フルシチョフとの対話」とあるが、漁業交渉においては河野はフルシチョフと「対話」も会談もしていない。河野がフルシチョフと相まみえるのは「第二次モスクワ交渉」時のことである。河野がこのくだりを読んだら、仰天したことだろう。松本の『秘録』は几帳面な著述との印象を与えるが、これに類似の杜撰な記述は他にもある。つぎに、「天馬空を行くような政治外交手腕」とか「天性の外交家」とか誉め言葉を並べられても、交渉経過の荒筋を紹介するだけで、交渉の場での河野の言動が活写されていない以上、女性化粧品の宣伝だけ聴かされて効果を信じよと迫られているような思いで、実感をもって納得というには程遠い。

早い話、松本『秘録』が日ソ国交回復交渉に関する必読文献であることは疑いないが、それでも、「第二次モスクワ交渉」のハイライトである河野・フルシチョフ会談がどのような経緯で実現したのかは、同書からは全然、知りようがない。その記述がないからである。鳩山本や河野『今だから話そう』から、同会談実現のきっかけは、十月十五日のクレムリンでの招宴で下戸の河野がフルシチョフからしつこく「飲め、飲め」と攻められて、「飲んだら僕の言うことを聞くか？」と切り返し、一気飲みしたことにあったらしいことは、よく知られている。他愛ないエピソードと言ってしまえばそれまでだが、河野ファンが今日なお語り継いでやまないこの挿話が松本『秘録』には欠落している。ために、松本本だけに頼れば、河野・フルシチョフ会談はあらかじめ交渉日程中に組み込まれていたかのような印象が生まれる。事実はそうではなく、厳しい評語になるがそれは「行き当たりばったり外交」の産物なのであった。

要するに、『秘録』で松本は説明省略のまま、河野を誉めすぎているのである。

第XIII章

52　河野『今だから話そう』の「今だから話せない」

鳩山一郎首相自らが全権団を率いた一九五六年十月のモスクワ交渉（いわゆる第二次モスクワ交渉）の日本側の「円満主義」を、鳩山『回顧録』と松本俊一『日ソ国交回復秘録』を手掛りに眺めてきた。残るは河野一郎全権のケースである。繰り返すが、身体不自由だった鳩山は全権団の象徴的存在であって、最重要交渉そのものは河野に委ねた。

河野は一九六五年七月に急逝した。それは国交樹立を謳った日ソ共同宣言後九年目のことであり、一九六〇年の岸信介内閣による日米安保改訂のあと河野が虎視眈々、政権の座を窺っていると見られた矢先のことだっただけに、世間は驚倒した。河野が総理の印綬を帯びたにせよ帯びなかったにせよ、長命でありさえしたならば、枯淡の境地からモスクワ交渉を振り返った鳩山や、生涯最大の任務を果たした風情の松本のように、「第二次モスクワ交渉」を平静な気持ちで回顧してみようとの心境になっていたかもしれない。もっともその場合でも、河野の個性よりしてその記述は鳩山や松本の筆とは大いに趣きを異にしたのではないか、と私は考える。

ただ世間は、モスクワ交渉最大のキーパースンである河野を放っておかなかった。その実相を語れ、書けという声が強かった。河野はその注文に応じた。その産物が河野一郎『今だから話そう』である。単行本としての同書の刊行は鳩山『回顧録』より四カ月ほど遅い。が、日ソ交渉に関する部分（五一—九二ページ）に収録されている二種の文章は、実は鳩山『回顧録』よりも早く世に出ていた。それは、(1)『中央公論』一九五六年十二月掲載の河野論文「日ソ交渉においてわれわれの意図したもの」、(2)『週刊東京』連載の回顧談『今だから話そう』の「添削」版、の二つである。後者の添削に当たったのは、河野によると評論家細川隆元と鳩山の秘書若宮小太郎である(『今だから話そう』、二二〇ページ。そこに「若宮小三郎」とあるのは誤り)。若宮は既述のように全権団に同行し、自身で同行メモも遺しているから、この添削は河野の意向に忠実と見做せる。

なお、河野の没後、その長男の河野洋平(後の衆議院議長)の「はしがき」を付した『河野一郎自伝』が「伝記刊行委員会」名で一九六五年に徳間書店から刊行され、その第十一章「歴史の審判」は日ソ交渉に当てられている。だが、それは『今だから話そう』の上記(2)の部分からの抜粋収録に過ぎない。ゆえに、この『自伝』は考察の対象に含めない。

そこで『今だから話そう』だが、鳩山全権団によるモスクワ交渉を記述した部分は六〇ページから九二ページまでのわずか三十三ページにすぎない。うち十三ページが『中央公論』掲載論文の転載。それでどうして『今だから話そう』と銘打つことができるのか。河野は言う。

さて、場面はいよいよ鳩山首相と共にモスクワ乗り込みという大詰めにさしかかるわけだが、残念ながら、その交渉の内容については「今だから話せない」ということになる。国交の正常化は一応達成したとはいっても、いまだに平和条約は未締結のままの懸案であり、今、再び政府の一員として責任ある立場にある私が、相手国の了解なしに一方的に当時の模様を発表することは、両国が一層緊密な友好関係を確立する上に、一つの支障となる場合もあることを憂慮するからである。

といっても、もちろん、両国当事者の間には、秘密にしておかなければならない何物もあるわけではなく、その真相は、そう遠くないうちに「今だから話そう」という機会も到来すると確信しているけれども…（六〇ページ）。

53 世間は鳩山全権団の交渉「眼目」を「誤認」「誤解」したのか

本人自身が「今だから話せない」と言っている以上、咎めてみても始まらないが、「第二次モスクワ交渉」の核心について河野本の「日ソ交渉」の章ほど具体的記述の乏しい文章も珍しい。私は先に、鳩山全権団の交渉過程については『秘録』においてさえ記述が乏しく、その原因は松本には河野への遠慮が働いたからではないかとの推測を書いたほどであるが、なぜ河野が自分しか経験しなかった対ブルガーニン、対フルシチョフの交渉内容につき、かくも書き渋ったのかを訝しく思う。というのも、ここでの詳述は避けるが、当時の内外の報道を読んでも、両国全権団の間で国交回復に絡むいかなる問題がどのように議論されたかはある程度までつかむことはできたからである。同行記者団はけっして情報酸欠状態に泣いたのではなかった。ところが、交渉経過に関して当時の新聞報道程度の情報も、河野本には盛られていない。

それでも、『今だから話そう』は読まぬより読んだ方がよい。交渉の実際は不明であるにしても、交渉の意図、選択肢、手だて、事後評価(「自慢話」)、ソ連観などの点では見逃せない叙述があるからだ。そこでまず交渉の意図と眼目だが、河野本に収録された『中公』論文には「日ソ交渉においてわれわれの意図したもの」との表題の下、「領土問題だけが眼目ではない」なる中見出しがある。河野は述べている。「くどいようですが、日ソ交渉の主たる眼目は、第一に戦争状態終結の宣言であり、第二に国連への加盟であり、第三に抑留同胞の引揚げであり、その他火急に解決しなければならない数々の問題を処理しつつ、領土問題において、わが方の多少とも後退にならない原則の上に立って解決するところに目的があった…」(『今だから話そう』、六五ページ)。

今日、このくだりの意味するところを理解するのはかなり難しいであろう。一つには河野の言葉が精緻でないからだが、もう一つには背後事情の知識が今日では薄れてしまっているからだ。実は重光全権による「第一次モスクワ交渉」が事実上失敗(名目上は「中断」もしくは「休会」)したのち、最後の切り札としての鳩山訪ソ方針を固めつつ松本全権をモスクワに再派遣(「第二次モスクワ交渉」の開始)することになった際、鳩山首相は日ソ国交正常化実現のための五項目交渉提案をすでにブルガーニン・ソ連首相宛に発していた(「一九五六年九月十一日付ブルガーニン首相あて鳩山総理往簡」、松本本、二〇一―二〇二ページに収録)。そこにはこうあった。「この際領土問題に関する交渉は後日継続して行なうことを条件とし、まず、(一)両国間の戦争状態終了、(二)大使館の相互設置、(三)抑留者の即時送還、(四)漁業条約の発効および、(五)日本国の国際連合加盟に対するソ連邦の支持の五点について…」交渉に入る用意がある(引用文中の傍点は佐瀬、以下同様)。

ところが、ブルガーニンの鳩山宛返簡(松本本、二〇二―二〇三ページ)には、上記「条件」を受諾する旨の文言が欠けていたので、政府与党内の対ソ交渉慎重派ないし、反対派がいきり立った。それで已むなく松本全権を先遣し、その松本がグロムイコ・ソ連第一外務次官との間で往復書簡を交わし、「領土問題を含む平和条約締結に関する交渉は両国間の正常な外交関係の再開後も継続せられる」との了解で一致が成った。これで鳩山訪ソの御膳立てが一応整いはしたのだが、与党内の鳩山訪ソ反対派はなおをも追い討ちをかけた。過去の日ソ交渉でソ連が将来の対日返還を呑んだ歯舞・色丹については、平和条約ならぬ日ソ共同宣言中でも言及されるべきだ、との旨の新しい党議を可決して鳩山全権団を縛ったのである。前掲の河野引用文はそういう事情を踏まえた文章として読まれるべきであるが、記述そのものが弛緩しているので分かりづらい。いずれにせよ、伝わってくるのは、「領土問題だけが眼目でなかった」のだから、鳩山提案の上記五項目を含めて総合的に交渉成果を評価してほしいとの願いである。

河野のこの願いは、先の鳩山のブルガーニン宛て五項目交渉提案に照らして、それなりに筋が通っている。ただし、そのすぐ前の文章で河野が主張しているつぎの点はおかしい。すなわち、「今回の交渉で、あまりにも領土問題が中心にクローズ・アップせられたので、総理の日ソ交渉の眼目が領土条項の決定にあったように一部に誤認せられ、しかも領土条項の決定が何ら前進していないために、一部に非常に誤解を招いておりますことは、われわれとしましてははなはだ遺憾なことであります」。なぜこれがおかしいか。結果について一般の「誤認」や「誤解」があるのは遺憾だと言うのなら、鳩山全権団にとっては「領土問題だけが眼目ではない」のだという旨を交渉の事前にも事後にも国内向けに明確に述べるべきであった。だが、鳩山も河野もそれをしなかった。

鳩山は自身の訪ソを閣議決定した十月二日発表の国民向け総理「談話」を『回顧録』に全文収録している（鳩山本、一九七―一九九ページ）。ただし、そこに日付記載はない。他方、全国紙各紙は十月三日付で、同「談話」を二日の閣議後に発表されたものとして、全文掲載した。全体が長いとは言えない日ソ交渉回顧中に長文の「談話」全文を引用したのであるから、鳩山にとってそれは重要な意味をもったのであろう。ところが、そこには日ソ交渉に向けての年来の執念と、前記五項目提案に相当する問題解決の必要性は語られているものの、「領土問題だけが眼目ではない」旨を示唆するような文言は皆無である。それどころか逆に、この「談話」はこう結ばれていた。「もちろん、わが國固有の領土に対しては、その主張を斷じて讓るものではありません。私たち政治の責任者にとって、領土に対する愛着は、國民の生命と同等、何物にも代え難いものであります。私は領土に対する國民の希望とわが黨の方針を具現するため、あらん限りの力をふりしぼる積りであります。／私は以上のような信念と覺悟をもってモスクワに赴きますが、何とぞ全國民一致して、力強くご支援下さるようお願いいたします」。この文章を読めば世間一般は、鳩山全権団が領土問題でも日本の「主張」を堂々と展開するものと受けとめて当然ではないか。

だが、「アデナウアー方式」をとると決めていた鳩山の本心は「今回はできることなら領土問題はパス」であった。だから、鳩山訪ソ反対派は警戒の色を露わにしていた。政府与党の中枢部は、鳩山「談話」が本心の吐露ではなく、批判派への迎合的言辞であることくらい、先刻読んでいた。が、世間一般はそうではなかっただろう。それがストレート・トーク、すなわち、おのれの心中を直言したものと世間で受け取られたとしても、いたしかたなかった。だとすれば、世間が鳩山全権団の「意図」や「眼目」を「誤認」「誤解」したかのような河野の言説こそが見当違いなのであった。河野の言う世間の「誤認」「誤解」とは、鳩山や河野が国内向けにストレート・トークを怠ったことの、いわば自業自得だったと言うべきでないか。

54 「一番妥当性がある」方式は、誰の提案？

回想録とか回顧録とかは得てして著者の自己正当化、自画自賛に走りがちである。それにしても河野の『今だから話そう』は、とくにその傾向が強い。その極端な実例はすぐ後に示すが、ここでは鳩山全権団が国交正常化交渉でとった選択肢、つまり河野の言う「中間方式」の問題を簡単に眺めておこう。

河野は収録『中公』論文で書いている。自分は領土問題の重要性認識、および領土問題の解決に向けての熱意において「決して人後に落ち」ない。が、その解決には日ソ間の見解相違だけでなく、サンフランシスコ平和条約や他の条約締結国関係でも難しい問題がある。ゆえに、「領土条項について十分な配慮をしつつ、急迫している戦争終結宣言の問題、国連加盟問題、抑留者引揚げ問題その他かずかずの問題の解決をするという答案としては、どうしても平和条約方式によらずに共同宣言の方式、いわゆるアデナウアー方式と申しますか――むしろ私は中間方式と呼んでおりますが――これによることが一番妥当性があると考えたのであります」(河野本、六四ページ)。

この河野の叙述に、つぎのように一点のみ注釈を加えたうえで、私はなんとか同意できる。一点の注釈とは、「中間方式」とは河野の、あるいは鳩山の当初からの考えだったわけではなく、一九五六年五月の日ソ漁業交渉に名を借りて実現した河野・ブルガーニン会談で、ブルガーニンにより薦められた方式なのであり、それ以降、鳩山、河野がそれに向けて急傾斜したものにほかならないという点である。事実、河野は『今だから話そう』では、漁業交渉当時のブルガーニン首相との――日本側通訳を排除した問題の――会談で、同首相がアデナウアー方式を推賞した事実に二度までもくどくどと言及している。両方とも同工異曲だが、そのひとつはこうだ。

実は会談では、ブルガーニン氏からこんな話があったのだ。「(漁業)暫定協定、暫定協定と、君はこのことばかりいうが、西ドイツのアデナウアー首相は一週間で全部の取決めをして帰ったじゃないか。ソ連としては歯舞、色丹は日本側に渡すとロンドン交渉の際にも松本大使に約束してあるし、抑留者だって帰還さすということがはっきりしている。また日本の国連加盟についても最善の協力を惜しまぬ、といっているのだから、この条件で日本がいいなら、すぐに全面的な国交調整ができるじゃないか。暫定協定に熱をいれるよりむしろこの方が根本的な解決でよかろう。君もいっぺん東京に帰って、東京の状態を見た上で出直したらどんなものだろう」と国交回復を提案してきたのだ(四九―五〇ページ。ブルガーニンの「アデナウアー方式」推賞に河野が言及している他のもう一カ所は、三四―三五ページ)。

繰り返す。「アデナウアー方式」、あるいは河野の言う「中間方式」とは、もともとがブルガーニン提案なのだ。

鳩山政権の原産だったのではない。だとすると、それを、後日執筆の『中公』論文で「一番妥当性があると考えた」と書いていたのは、厳しく言うと、ブルガーニン提案、つまりはソ連側提案に「一番妥当性があった」と認めたことにほかならない。河野はそのことに気付いていたのかどうか。『中公』論文の筆致からすると、河野はそのことに気付いていなかったと思われる。つまり、河野はいつの間にやら、「中間方式」構想はもともと自分たちのものであったかのように思い込み、それにこそ「一番妥当性がある」と自分にも国民にも言い聞かせるようになったのではないかと判断される。

「一点のみ」の注釈と言ったのが、思わず長くなってしまった。この「一点」のみ指摘すれば、他の点で私は、先に引用した部分の河野の叙述に「なんとか同意できる」と書いた。では、「なんとか」は何を意味するか。

純粋に形式論理の問題としては、ブルガーニンの「アデナウアー方式」提案に「一番妥当性がある」との第三者の判断はあり得るし、河野が心底、そう思い込んでいたこともあり得る。ただこの場合、河野は「ブルガーニン提案に一番の妥当性があり、だから鳩山全権団は中間方式で国交樹立を図り、かつ実現した」と書くべきであった。だが、実際にはそんなことが書けるわけはない。第一にブルガーニン提案は「択捉、国後への言及は受け付けない」の力の立場に立つものであったし、第二に、当時の日本の国内事情、与党内事情、世論を考えると、「ソ連側提案に妥当性あり」などといえるわけがなかったからである。そこで「中間方式」にまるで自前の発想であるかの装いがこらされて、それに「一番妥当性がある」との評価が奉られたのである。しかし、本当のところは、領土問題での日ソの立場が大きく食い違っている下で鳩山政権念願の国交正常化、ソ連抑留者の早期帰還を実現しようとすれば、広い意味での「中間方式」適用以外に方法がなかったとは言える。私はそう考える。

だから私に言わせると、河野が正直に、「三次にわたる国交正常化交渉を重ねた結果、中間方式適用が日ソ合意を達成する唯一可能な選択肢だった」と書いてくれていたならば、「なんとか同意」なぞと意地の悪い言い方はしなかっただろう。ただ、「一番妥当性がある」といった怪し気な言い回しの真意は「唯一可能な選択肢」ということだという意味に理解できなくもないので、これに「なんとか同意」するのである。私は「第二次モスクワ交渉」における河野の役割にケチを付ければすむとは毛頭考えない。ただ、ここで触れたように、交渉過程を回顧する河野の言葉に誠意が不足していたことは明確に指摘しておかなければならない。

55 「中間方式」ということだけでは無意味

さて、「一番妥当性がある」という「中間方式」そのものについて、河野の『中公』論文にはどのような具体的記述があるか。なぜ具体的記述の有無を問題にするか。「中間」とは幅の広い概念で、右寄りの中間もあれば左寄りの中間もある。だから「中間」の座標が問題であって、河野が交渉でいかなる座標の「中間」を選択し、かつ妥協したのかは、「中間方式」の最重要ポイントである。ところが、驚くべきことに、河野本に具体的記述は皆無なのである。そもそも平和条約方式ではなく「中間方式」たる「共同宣言」でもって国交樹立という決着となったのは、領土問題、より正確に言えば択捉、国後の帰属問題で日ソ双方の主張が対立したからであった。国内の「択捉、国後不放棄」という強い世論には逆らえないため、日本側は領土問題の継続交渉という線でなんとか世論も納得させ、ソ連側とも妥協を図るという方針で「第二次モスクワ交渉」に臨んだ。とくに先遣された松本俊一は——先述のように——グロムイコ第一外務次官との間に、「領土問題を含む平和条約締結に関する交渉は両国間の正常な外交関係の再開後も継続される」との了解を相互に確認する書簡を交換していた。鳩山も第Ⅺ章で示したモスクワ交渉冒頭挨拶で、このことに言及した。

ただ、十月十九日に両国全権が署名した共同宣言第九項では、日ソ両国は「両国間に正常な外交関係が回復された後、平和条約の締結に関する交渉を継続することに同意する」とだけ謳われ、「平和条約」に「領土問題を含む」という表現を冠せようとした日本側方針は貫かれなかった。河野との第三回会談（十月十八日午後）でフルシチョフが「領土問題を含む」という文言の削除を頑強に主張し、結局、日本側もこれを呑んだからである。これが「中間方式」にまつわる最重要ポイントであった。そしてこの問題の交渉に当たったのは、三全権中でも河野一人であった。だから、「中間方式」をめぐる鍔競り合いの模様を国内に向けて語るのは、河野の役割であるはずだった。

ところが、このハイライト部分につき河野の語り口はこうである。「ところが、私とフルシチョフ氏との会談は問題が問題だけに一回より二回、二回より三回と回を重ねるに従って、双方の立場がだんだんつばぜり合いになり、複雑な経緯を重ねました。おそらく過去の国際会議において、自分の出した案を、自分で修正するというような例は絶無だろうと思いますが、今回の私とフルシチョフ氏との会談においては、会談の内容が複雑であり、あまりに急テンポであり、しかもソ連最高首脳部の独裁制に対する事務当局の追随の困難性などからだろうと想像しますが、ソ連側はみずからの提案を、みずから修正するというような一幕もありました」（『今だから話そう』、七〇ページ）。

これを読んだだけで、河野・フルシチョフ会談が辿った経過をイメージできる読者がいるだろうか。「問題が問題だけに」の「問題」とは何だったのか。「複雑な経緯」というが、何が「複雑」だったのか。ソ連側はどのような「みずからの提案」を、どのように「みずから修正した」のか。読者は頭の中に霧がかかる思いがしないだろうか。もっとも、河野にはそれら一切は『今だから話せない』との遁辞が用意されていた。だが、それなら、「日ソ共同宣言」署名から一年後にはすでに書店に並んだ鳩山『回顧録』には、「領土問題を含む」なる文言の削除にフルシチョフが固執したこと——念のために言うが、河野はこれに一言も触れていない——が記述されている(鳩山本、二〇八ページ)うえ、日本側がなぜフルシチョフの横車を呑んだかまでもが、つぎのように説明されているのをどう理解すべきなのか。

鳩山は言う。

折角終わりかけた交渉は、これで一頓挫した。さあ、どうしようというので、全権團は大いに論議もし、協議もした。そしてその結果、たとえ、「領土をふくむ」という字句を削っても、「平和條約締結のため引續き交渉を繼續する」といえば、そのため殘る問題は、事實上エトロフ、クナシリの領土問題以外にはないのだから、當然領土問題は含まれることになる。從って、この際はやむを得ず、この案を承知することにして、まず抑留者を返して貰い、國連に加盟することに全力をあげよう——ということに一決した譯である(同上、二〇八ページ)。

以前にも書いたが、私は鳩山の日ソ国交回復交渉回顧そのものが淡白だと考えている。鳩山の人柄からして、精密描写は望むべくもない。「アデナウアー方式」とやらの元祖・アデナウアーの『回顧録』に見る執拗なまでの独ソ国交正常化過程に関する経験伝達の筆は、同方式の転用者たる日本の全権たちには所詮、無縁であった。なかでも河野にいたっては、貴重な外交交渉体験が自国民に伝承される作業は重要という発想そのものが欠けていた。

56　河野一郎の「円満主義」

他面、馬力屋の河野には、白を黒と言い張っても恥じない強心臓があった。「白を黒」という例ではないが、クレムリンでの宴席で酒を無理強いされた機会を捉えてフルシチョフに直接会談を受諾させたり、フルシチョフから二度にわたりペーパーナイフをせしめたりした行動も、馬力屋、強心臓の河野でなければあり得なかった。その点を捉えて松本俊一は河野を「天性の外交家」と持ちあげたのであった。松本のこの河野評価を一応は尊重しよう。ただし、日ソ交渉で河野が白を黒と言い張っても恥じない鉄面皮を露呈している点も、忘れてはならない。

私が指摘したいのは、日ソ交渉の立役者となった河野のソ連指導者評、ソ連国家評の不遜さである。『中公』寄稿論文の最後の中見出しは「ソ連への認識をあらたに」とされ、そこで河野は大上段にこう言っている。「そこで今後の日ソの問題でありますが、第一はソ連に対する国民諸君の十分なる研究と理解を深められる必要があると思います」(河野本、七一ページ、以下傍点は佐瀬)。これは自戒の言葉ではない。むしろ、自分(河野)はソ連に対する「研究と理解」を有しているが、国民諸君、もっと勉強したまえ、の響きがある。そのうえ、ソ連最高指導者との――自分には他人にはない――度重なる直接接触経験があるというわけだろう。

そのうえで、河野が描くソ連の二人の最高指導者像はこうだ。「ブルガーニン首相は銀行家として、モスクワ市長として、政治経済に十分なる経験を持ち、さらに世間周知の軍人として活躍をされ、非常に多くの経験と苦労を重ねて、その人物がある程度完成されている。(中略)この円満な完成された首相に配するに荒削りで剛直で、しかも非常な鋭さをもったフルシチョフ氏、このコンビは実に得がたいコンビだと思います。しかもそれにミコヤン氏の緻密なる経済計画…」(同上、七一―七二ページ)。

これはもう、指導者たちとそのチームワークとへの手放しの賞賛と言うべきではないか。それは「十分なる研究と理解」に基づいていたか。無論、そうではなかった。念のために言う。ブルガーニンは鳩山訪ソから一年半とは経たない一九五八年三月には首相の地位から解任され、同年九月には党中央委員会幹部会からも追われ、のちに、フルシチョフが潰した「反党分子集団」の一味だったとまで叩かれた。フルシチョフ自身は周知のとおり一九六四年十月には突如、党（第一書記）、政府（首相）の職から解任され、年金生活者となった。このフルシチョフ追い落としに、ミコヤンが重要な役割を果たした。百鬼夜行とは言わないが、ソ連指導部とは、そういう世界だったのである。当時から、西側のソ連研究者は言わずもがな、各国の共産党においてさえ、河野のような太平楽を語る人間がいなかったことは疑いない。

ソ連最高指導部人材を賞賛する河野はつづけて、ソ連の国家、政治、社会について、こう書いた。「…これらはいずれもわれわれが想像しておった共産主義国家の、およそわれわれとは別の世界にある政治家が、理論と闘争と、そして冷たい、暗い何ものかを持って大衆を指導しているのではなかろうか、と思っていた想像とは大きな距離があります。私が想像していた共産主義の政治は、今日のソ連の社会のどこにも見出すことが困難であります」。そして、「五年、十年後のソ連を思うときに、歴史上のローマ帝国を想像するような、もしくは万里の長城を想像するような、どういうものが生れて、どういう国ができるのか見当がつかない偉大な国家の建設をわれわれに想像させます」（同上、七二―七三ページ）。

要するに河野は、日本で言い立てられたり想像されたりしてきたソ連の姿は間違っている、と言うのである。日本人よ、正しいソ連認識を持て、というわけだ。だが、それ以後十年、二十年、三十年のソ連の歩みを知るわれわれから見れば、河野の展開するソ連国家論、ソ連政治論がまるで見当違いであったことは、指摘するのも馬鹿馬鹿しいほどである。が、私が言いたいのは別のことだ。ずばり言えば、河野は自分の言っていることを信じていたのだろうか。信じていたとすれば、河野は馬鹿である。いくらなんでも、上に引用したような自分の言葉を、つまりソ連最高指導者に対する美辞や、ソ連の国家・社会の発展の大きな可能性を河野がそのまま信じていたはずはない。そもそも、クレムリンが西ドイツと日本に国交樹立の可能性を打診してきた事実自体、ソ連を停滞から脱却させる方途の模索のあらわれだというのは、当時の国際情勢分析筋の常識であった。河野もそのことはある程度、理解していたはずである。ゆえに私は、河野が自分のソ連礼賛の言辞を心底から信じていたはずはない、と判断する。

では、何のためのソ連礼賛か。私に言わせると、それは河野の対ソ・サーヴィスである。私はこれまで、鳩山全権団のモスクワ交渉を「円満主義」という切り口で考察してきた。「円満主義」は三人の全権のいわば合言葉であった。「円満主義」は鳩山と松本の人柄によく合致していた。だが、ヤンチャ坊主的な河野の交渉言動そのものは、前にも記したように、「円満主義」とは呼びにくかった。ただし、河野は日ソ共同宣言調印後に日本国内に向けて、鳩山、松本のなし得ないソ連礼賛の言辞を連ねるという強心臓の対ソ・サーヴィスによって、「円満主義」の輪を閉じようとしたのである。

第XIV章

57　一九五二年九月の鳩山「日比谷演説」

日独の対ソ国交回復交渉を比較すると、アデナウアー全権団の「直言主義」と鳩山全権団の「円満主義」という対照的な外交交渉手法が浮かびあがった。しかし、もう一点、どうしても指摘しておかなければならない極端な姿勢の違いが両者間にはある。それは、対ソ交渉当時のソ連情勢、ソ連圏情勢、および東西関係に関する彼我の認識の厳しさと甘さという差異である。

鳩山一郎は一九五一(昭和二十六)年八月五日に追放解除となった。が、その二カ月足らず前の六月十一日に鳩山は脳溢血で倒れて病床にあったので、追放解除の喜びと爾後の活動に向けての抱負を直ちには語ることができなかった。鳩山の政界復帰第一声は、翌五二年九月十二日を待たなければならなかった。この日、鳩山は日比谷公会堂での演説で、花々しく戦後二度目の政界デヴューを飾った。復興が緒について間もない当時の日本では、日比谷公会堂は飛び抜けた豪華舞台であり、ここで鳩山ブームの演出が図られたのであった。鳩山演説の柱は二つあった。憲法改正と日ソ交渉の必要性を強調することがそれだった。二つながら、当時の吉田茂内閣に対する正面からの批判にほかならなかった。

鳩山の反吉田怨念は、よく知られているように、吉田が鳩山の早期追放解除を妨害した――と鳩山が信じた――こと、追放解除後には速やかに鳩山に政権を戻すとの追放時の約束を吉田が反故にしてしまったこと、といった人間臭芬々たる事情からきている。鳩山の追放解除後、政界復帰から一九五四年十二月九日の国会による首相指名に至る期間には、保守勢力の間で政界主導権をめぐり複雑、かつ隠微な駆け引きがあったが、それは日ソ交渉とは直接に結びつくものではないから、ここでは立ち入らない。問題は、追放解除第一声における鳩山の日ソ交渉必要論である。無論、新聞はこれをそれなりに報じた。が、ここでは鳩山自身の筆によって少し長いが、それを紹介してみよう。

私はその年(昭和)二十七年九月十二日の日比谷公會堂での政界復歸の第一聲で眞っ向から吉田政策と對立する演説を行った。

私がその第一聲以來主張した憲法改正と日ソ交渉の問題は大體次のような構想から出發したものである。

その時分アメリカの雜誌には「一九五二年(昭和二十七年)頃が米ソ戰爭の危險な年だ」と盛んに書いてあっ

た。

つまりソ連においてもアメリカにおいても最初に軍備擴大の充實するのが一九五二年だからその年に一番戰爭があり易いというわけで、私は病氣療養中にもそのことを一番心配していた。米ソ戰爭が始まればこのままでは日本は戰場になってしまう。ソ連は直ぐ日本を攻擊する。だからソ連との國交はなるべく早く正常化して置かなければならぬと考えたのであった。それでそのことを九月二十一日の第一聲でも演說し、同時に不脅威、不侵略の狀態で平和を追求しなければならない。平和を追求するのには世界の平和というものは集團體制によって維持すると同時に、各國が地域的に弱點を補完して行かなければならない。だから各國が自衛の軍備を持つ必要がある。——ということを私は主張した。吉田君は、保安隊、それから警備隊はもっても日本は絶對に軍隊は持たない——とこういう。

私はそこで、「吉田君のいうことは白馬馬に非ずという論だ」と攻擊し始めたのである。こういう譯で憲法改正と日ソ國交の正常化とは、二つの問題のようで實は最初から一つに組み合わさっている問題なのであった(『鳩山一郎回顧録』、一一六—一一七ページ。カッコ内も原文)。

いま、憲法改正問題には触れないでおく。ここで重要なのは、鳩山が日ソ国交必要論を唱えた時期および動機である。日比谷演説の一九五二年九月とは、ソ連のスターリン時代の末期に当たる。スターリンはそれからほぼ半年後、翌五三年三月五日に死んだ。以後、ソ連では表向きマレンコフ首相を筆頭とする「集団指導体制」が始まった。だが、実態的にはそれはソ連指導部内の権力闘争期の始まりであったことが、ほどなく西側でも確信されるようになった。鳩山がいつ、米国の雑誌ジャーナリズムの影響で「一九五二年米ソ戦争危機説」に立つようになったのかは、上掲の引用からは明らかではない。が、スターリン期の米ソ関係の険悪さから鳩山がその種の危機感を抱いたことは、大づかみな議論としては必ずしも見当違いとは言えない。そのうえ、日ソ無国交状態下で米ソ戦争が勃発するあかつきには「ソ連は直ぐ日本を攻撃する」だろうから、無国交状態を解消して早く国交を樹立した方がよいとの鳩山の動機説明も、それなりに筋は通っていた。

ただ、細部に目を凝らすと、つぎの注釈が必要となる。スターリンはその死の瞬間まで対米、対西で強面一本槍だったわけではない。鳩山の日比谷演説にほぼ六カ月先立って、スターリンはわけても西側と対立するドイツ問題で有名な「平和攻勢」に出ていた。アデナウアー西独首相が追求した西側防衛体制への西独参加を阻止すべく、その禁止を条件に「中立、民主、平和愛好国」としてのドイツの統一を認めるという提案がそれだった。いわゆる「スターリンの平和攻勢」である。ただ、全ドイツの自由選挙を認めないこのスターリン提案は、西側三国(米英仏)と西独政府により、プロパガンダに過ぎぬとして拒否された。いずれにせよ、一九五二年中にはスターリンにしてからが強面と懐柔の入り混じった「平和攻勢」へと転じる気配を示していた。鳩山がそういう微妙な風向きの変化を注視した形跡はない。

より大きな問題は、一九五四年十二月九日に首相に指名された鳩山が実際に日ソ国交回復問題に着手するまでには、日比谷演説から数えてすでに二年余の歳月が経過していたことである。この歳月が鳩山の日ソ国交回復意欲にどういう影響を及ぼしたか。もう一つ序でに言えば、国交回復交渉の全過程は「第一次ロンドン交渉」から数えて一年十カ月弱の長丁場となり、しかもこの間、ソ連国内情勢、ソ連圏情勢、ソ連をめぐる国際情勢はいずれも目まぐるしい展開を示したのであるが、鳩山はそれらをどのように見つめ、何を感じ、日ソ交渉にどう生かそうとしたかも、やはり問われてしかるべき問題である。

58　日比谷演説以降のソ連動向に無頓着

鳩山『回顧録』から判断するかぎり、日比谷演説から首相就任、そしてその直後のドムニツキーの鳩山邸隠密訪問までの二年あまりの年月の経過中に、鳩山がソ連国内事情と国際情勢の変化に敏感に反応したり、重要な意味を読みとったりした形跡はまったく認められない。『回顧録』中で日比谷演説のあと再度、鳩山が日ソ交渉問題に言及しているのは、つぎのような記述をもってである。すなわち、「さて、ここらで日ソ交渉のことにふれよう。私が日ソの國交回復という考え方を、初めて明らかにしたのは、二十七年の九月十二日、日比谷公會堂で追放解除後の第一聲をあげた時のことだが、兩國の間に、初めてそのための動きが出たのは、三十年一月二十五日、ソ連在日代表部のドムニツキー氏が、本國政府からの書簡を持って私のところにやって來た時から始まる」(鳩山本、一七四ページ)。

これがすべてである。ところが、鳩山日比谷演説からドムニツキー来訪までの二年余の期間、ソ連ではスターリンの死、マレンコフ時代の始まり、スターリン型の重工業優先路線から民生の相対的重視への転換といった注目すべき動きがいくつもあった。東西間では西独の再軍備とNATO加盟方針が――曲折のすえ――五四年十月下旬には確定していた。ソ連圏内ではスターリン死後の一九五三年六月中旬、東独の民衆がスターリン主義的支配の強化傾向――不思議なことだが、東独では一時的にその気配が強まった――に反発して蜂起し、同十七日、ソ連軍戦車がそれを武力鎮圧するという凄まじい事態が生まれていた。つまり、ソ連およびソ連圏、そして東西関係の動向をめぐって目を離せない時期が到来していたのである。にも拘らず、日ソ国交回復への着手を決意していた鳩山がこれらの動きになんらかのかたちで反応した形跡は、少なくとも鳩山本には皆無なのである。

むしろ、日比谷演説とドムニツキー来訪とが無媒介に繋がれている上掲引用から判断する限り、鳩山がもっぱら日比谷演説当時の延長線上で日ソ交渉の必要性を考えていた可能性がかなり高い。端的に言えば、「米ソ戦争近し」論である。ただ、鳩山が危機を懸念した一九五二年はとっくに過ぎてきた。この間、鳩山の情勢観に変化があり、それを鳩山が重視したのであれば、当然、『回顧録』のどこかにそれはその痕跡をとどめるであろう。その痕跡が皆無なのは、結局、鳩山が情勢変化に無頓着だったことの表れだと解釈するほかないであろう。無論、この間、鳩山は初の施政方針演説(五五年一月二十二日)で、「これまで国交の開かれざる諸国との関係をもでき得る限り調節していく方針」だとの間接的表現をもって、日ソ国交樹立を目指す意向を示してはいた。ただ、この施政方針演説からも、二年あまりの時間の経過中に鳩山の情勢観が変化したのか、しなかったのかなぞは、知る由もなかった。

鳩山『回顧録』を離れて、松本『秘録』や当時の新聞報道を調べてみても、同じような解釈に行きつく。松本は書いている。「鳩山総理(一郎)は組閣後最初の記者会見で、外交方針について『第三次世界戦争を回避するためには、お互いに貿易を盛んにした方がよい。自由主義諸国家がソ連・中共を敵として、交際や貿易をしないことの方が、再び世界戦争を誘発することになると思う』と述べ…」(松本本、一五ページ。カッコ内は原文、傍点は佐瀬)。『朝日新聞』は就任直後の鳩山首相が五四年十二月十九日に名古屋で行った演説内容を、翌日の紙面一面トップでこう詳報した。すなわち、「今の世界の状態には第三次世界大戦の危機がある。原水爆が完成した今日、戦争が起これば国民の過半は死滅する。戦争の危機を避けることに国民は重大な関心を示さなければならぬ。今はアメリカがソ連の力を越えているから平和が保たれている。要するに力による平和だ。力による平和は今日の戦争の危機を防止する半面にすぎない。…」(傍点は佐瀬)。

これらは、二年以上前の鳩山日比谷演説と同様、「第三次世界大戦の危機」説である。繰り返すが、一九五四年末、五五年初めにそのような見方がまったく成り立たなくなっていたわけではない。だが問題は、その反面、この二年間にはソ連情勢に注目すべき変化が生じつつあることの認識を、鳩山がまったく語っていない点である。一方で「第三次大戦の危機」説の繰り返し、他方で直近二年間にソ連で生じていた変化への不感症。このコントラストは、きわめて奇異というほかない。

59　眼前のマレンコフ解任にもフルシチョフの「スターリン批判」にも無頓着

それ以上に気になるのは、ドムニツキーの鳩山邸隠密訪問を機に日ソ国交回復交渉に向けての打診が本格化した以後においても、鳩山がソ連国内情勢の把握に熱心になった気配がまったく窺えないことである。『回顧録』にはこうある。

> さらに、(ドムニツキーが持參した)その手紙には日附も差出人の署名もないので、早速、(外務省經由で)國連駐在の澤田大使に連絡し、同じくソ連の國連代表ソボレフ氏を通じて、ドムニツキー氏の持參した書簡の眞實性をたしかめるよう電報をうった。ところが、これから少し經つと、ソ連にも政變がおこり、マレンコフ氏に代って、新たにブルガーニン氏が首相になった。果してどうなるかと思っていると、二月の十六日、ドムニツキー氏が再び突然、私の家を訪ねて、ブルガーニン氏からの手紙を差出した」(一七六ページ。カッコ内および傍点は佐瀬)。

少なくともこの記述からは、眼前でソ連に「政変」――それは五五年二月八日のことだ――が起きているというのに、鳩山政権ではきたるべき大交渉の相手側についての情勢収集が急務だと判断されていたとは、到底言えないだろう。当時の内外のソ連関連報道を少し追跡してみれば分かるが、秘密のとばりに包まれたクレムリン内部で、スターリン時代とは一変した指導部不安定期が始まり出した気配に、西側報道機関は色をなして情報入手の先陣争いに突入していたのである。先述したように(第Ⅳ章)、アデナウアー西独政権もほぼ同じ時期にソ連から国交樹立交渉の提案を受けた。満を持していたアデナウアーはすぐに飛びつくのでなく、情報収集と情勢分析を急いだ。ここではその点に深入りしないが、このアデナウアーの対応は鳩山の情報戦感覚の欠如ぶりとは反対の極にあった。

最も驚くのはつぎの点だ。すなわち、日ソ交渉の「第二次ロンドン交渉」期にあった五六年二月二十五日、モスクワではフルシチョフ党第一書記によるスターリン批判「秘密報告」という驚天動地の大事件があり、ほどなく秘密演説の内容が世界に知れわたったというのに、鳩山『回顧録』にはこの件について文字どおり一行の言及も、いや一句の言及すら、ない。まるで、そんな大事件はなかったかのごとくである。いや、そういう大事件はあっただろうが、そんなものは日ソ交渉とは関係ないとでも言わんばかりである。

鳩山の『回顧録』からは、日ソ国交回復に彼がいかに強い執念を燃やしたかは、強く伝わってくる。前述のように、鳩山は日ソ国交回復と憲法改正の実現が自分の役割だと考えていた。自分の在任中には後者は実現不可能だとやがて納得せざるを得なかっただけに、鳩山は前者に賭け、みずから車椅子でモスクワ交渉に臨み、その宿願を果たした。それを花道として鳩山は政権の座を去った。その意味で鳩山は幸せな政治家であった。羽田空港に帰着し、歓迎の人波を目のあたりにしたとき、鳩山の頰を「涙が遠慮なく傳って地におちた」。「モスクワに行って、日ソ交渉を果し終えたならば引退しよう、これが私の念願であった。そして、今こそその念願が達せられる。——私の心は全く滿ち足りて、思い殘すところはなかった。文字通り明鏡止水の心境であった」(鳩山本、二二〇—二二一ページ)。

この記述は胸を打つ。が、私に納得がいかないのは、鳩山の場合、宿願達成への執念の強さの反面、情報重視感覚が救いようもないほど希薄であったという事実である。外交交渉とは外交戦であるから、「敵を知り、己を知らば、百戦危うからず」の世界である。が、鳩山にはその意識が働いていなかったのではないか。無論、私は鳩山がソ連内政の動向に関する情報を欠いたまま日ソ交渉を進めたなどと主張するのではない。肝心の外務省が非協力的であり（そのことを鳩山本は幾度こぼしていることか）、情報入手面で外務省に頼れなかったから、鳩山自身もその腹心たちも報道情報にはそれなりに注意を払ったであろう。だが、その面で血眼になっていたのであれば、『回顧録』にはおのずからその痕跡が見られてしかるべきであろう。残念ながら、これまで述べたように、その痕跡はまったく認められない。あるのは、日ソ国交回復という宿願への意欲の横溢と、情報入手・分析面での無頓着というコントラストである。

60　怪しかった松本俊一全権の国際情報センス

松本俊一全権は、一九五五年二月の総選挙で当選して民主党所属の衆議院議員となる以前には職業外交官であり、外交官としての最終ポストは駐英大使であった。国会議員になるとほどなく、松本は鳩山の懇請で日ソ交渉の全権（単独）となり、同年六月からの「第一次ロンドン交渉」を担当した。その経歴よりして、適役と言うべきであり、だから交渉相手国について外交官出身らしい情報感覚の持主であることが期待されてしかるべきであっただろう。ところが、自分が直接に担当した交渉部分に関しては几帳面な記述を残した松本だが、その『秘録』から私に感じられる彼の情報センスは、かなり怪しい。

マレンコフ首相の突然の辞任は、松本が全権に内定する二カ月ほど前のことなので、松本本に直接の言及がないのも已むを得ない。ただ、松本は鳩山の要請でくだんのドムニツキーと隠密接触し、その会談内容を鳩山に伝える役割を引き受けていた。だから、そういう機会に参考意見として自分のソ連動向分析を鳩山に語って聞かせたとしてもおかしくないのだが、そうしたのか、しなかったのか、松本本からは全く分からない。鳩山本についても全く同じである。マレンコフ辞任というモスクワの「政変」についての前述の鳩山の記述からも窺われるように、鳩山も松本もこの「政変」を単に他国の「政変」として受け止めただけで、それが来たるべき日ソ交渉になにか影響するか否かを分析する必要など感じなかったのではあるまいか。

松本は翌一九五六年一月中旬からの「第二次ロンドン交渉」をも全権として担当した。この交渉も択捉、国後問題での見解対立が原因で、三月二十日には打ち切られた。重要なのは、この二カ月余の交渉期間中にモスクワでソ連共産党第二十回大会が開かれ、その最終日(二月二十五日)にフルシチョフが秘密会でスターリン批判演説を行なったのが、ちょうどこの「第二次ロンドン交渉」期間中だったことである。ソ連側のマリク全権(当時・駐英大使)がこの党大会に出席のためモスクワに戻り(交渉は中断)、三月五日になってようやくロンドンに帰任したことは、松本本に記述されている。事後に判明したところでは、ロシア人たると他の共産圏からの党代表たるとを問わず、党大会出席者はフルシチョフが予告なしのスターリン弾劾を行なったことに脳天をぶち割られるほどの衝撃を受けた。マリクも例外ではなかったろう。が、ロンドンに戻ってきた同全権は何くわぬ顔で領土問題、漁業条項問題で厳しい対日姿勢をとり続けた。この段階で松本がソ連側の大異変に気づいていなかったのは当然である。

しかし、交渉が「無期限の自然休会」(松本本、一七一ページ)に入ることになったので当面最後の会見のため三月二十三日にマリクをソ連大使館に訪れた松本は、つぎのような光景に出くわす。「当日のソ連大使館は、ちょうど英国を近く訪問することになっていたブルガーニン首相、フルシチョフ党第一書記の受け入れのために、玄関を入った大ホールの正面に飾ってあったスターリンの肖像をはずすやら（当時すでにスターリン非難が始まっていた）、部屋の塗りかえを行うやら、上を下への騒ぎであった。従って私もゆっくり落着いてマリク全権と話をする気分になれなかった。そこで…早々大使館を辞去した」（松本本、九七ページ、カッコ内も原文）。

こんな経験は滅多にできるものではない。松本が「当時すでにスターリン非難が始まっていた」と書いているのは、そのとおりである。秘密だったはずのスターリン批判演説のさわりの部分は三月十八日に、英国ロイター通信によって詳細に流されていたからである（CIAが入手したフルシチョフ報告全文が『ニューヨーク・タイムズ』で報じられたのは六月四日）。ロンドンにいた松本は当然このロイター報道を読んでいたのだろう。ただ、回想とはいえ、松本の筆はあまりにも淡白すぎるのではないか。まるで、「他家（ソ連）はお取り込み中の模様だったので、なるべくそっとしておいてあげた」の風情ではないか。「スターリン非難」とはいっても、誰が、どういう場でそれを敢行したのかの言及はない。いわんや、それが国際的にどれほど大波紋を呼んだかを、松本はまったく回顧していない。だから推測するに、松本はソ連共産党史上最大の激震といってよいこの事件の意味を、鳩山、河野といっしょになって吟味する必要ありとは考えなかったのではないか。鳩山、河野がこの一件につき特別の印象を受けた形跡がないことが、その間接的証拠なのではあるまか。

61　ハンガリーとチェコを取り違えた松本

松本俊一の国際情報感覚について、推測混じりで随分と厳しいことを書き連ねたが、これには理由がなくはない。時計の針を進めて、鳩山自身が訪ソした「第二次モスクワ交渉」の最終場面を眺めてみよう。前出の三一六ページ以下でも指摘したが、フルシチョフの強い拒否姿勢に遭って日本側は、「日ソ共同宣言」第九項の案文から、すなわち、「両国間に正常な外交関係が回復された後、領土問題の処理を含む平和条約の締結に関する交渉を継続することに同意する」から、「領土問題の処理を含む」という文言を落とさざるを得なかった。ただ、これで日ソの合意はなり、全権たちによる署名式を残すのみとなった。日本側は署名式を十月十九日に予定していた。ところが、前日十八日午後六時半からの河野・フルシチョフ第四回(最終)会談において、フルシチョフは突如、署名式を二十一日に延期するよう提案した。帰国旅程とも絡むので河野は驚き、理由を質した。いまから三年半前になって公開された日本側会談記録によると、フルシチョフは「われわれの方に事情があって、私と数名がモスクワを離れることになっているからです」と答えた(『政治記者OB会報』第九〇号掲載の資料「モスクワの日ソ国交交渉」中の「会談記録⑩」による)。

フルシチョフは、モスクワを離れなければならなくなった具体的理由を語らなかった。この点に関して松本『秘録』にはこうある。「これはあとになってわかったことであるが、当時ポーランド、チェコ、その他に政情の不安定があって、フルシチョフは至急ポーランド、チェコ、その他に行く必要が生じたので、予定されておった十九日の署名を延ばそうといってきたのである。果して、十九日の署名式の時にはフルシチョフの姿はみえなかった」(松本本、一三八ページ。傍点は佐瀬)。ああ、なんという不正確!

真相はこうである。問題の十月十九日、二十日の両日、フルシチョフはソ連共産党代表団を率いてワルシャワでポーランド党の新指導部との交渉に臨んだ。と言っても、実情は怒鳴り合いに近かった。夏前からポーランド党は激動に見舞われ、獄中から出てきた民族共産主義者ゴムルカが第一書記に復帰、モスクワのコントロールが失われるおそれがあったからである。ただ、フルシチョフはポーランドへの武力介入を辛うじて断念した。他方、ポーランドの反ソ、反スターリン気運はハンガリーに飛び火していた。ここでも民族共産主義者のイムレ・ナジが政権につき、ブダペストでは十月二十二日、「ハンガリー反革命」の序曲が始まった。フルシチョフはブダペストには駆けつけなかったが、事態はポーランド以上に悪化、結局、ソ連軍が武力介入、とくに十一月一日以降はハンガリー正規軍とまで交戦し、「反革命」を徹底鎮圧した。かと思うと、チェコではスターリン主義的な党指導部が健在、国内的動揺もなかった。それが、スターリン批判をやったフルシチョフを救った。

と見てくれば、この一件での松本の筆の杜撰さは明らかだろう。動揺のなかったチェコに二度も言及し、逆に激動の最も甚だしかったハンガリーには不言及だったのだから。情報酸欠状態の五六年十月のモスクワで書かれた文章であったならば、その不手際の言い訳もあり得よう。だが、松本本はその十年も後に執筆された回顧録なのである。上述の誤記に弁解の余地はない。そこに外交官出身の松本の国際情報センスの問題点が露呈していると言っては苛酷にすぎるであろうか(因みに、「プラハの春」のチェコにソ連軍が武力介入したのはブレジネフ時代の一九六八年八月のこと。松本本はその二年前に出ていた)。

62　河野の独善的強弁

もともとが国内政治家タイプの河野一郎全権に日ソ国交交渉期について優れた国際情勢認識を期待するのは、そもそも無理であった。だから、『今だから話そう』で河野が五五年二月のマレンコフ政権の退陣、五六年二月のフルシチョフのスターリン批判といったソ連政治史上の大事件の日ソ交渉への影響の有無にまったく言及していないことを殊更に問題にしてみても、あまり意味がない。ただ、前出の三一九ページでも指摘したが、日ソ交渉をまとめて帰国した河野は日本国内に向けて、「ソ連に対する国民諸君の十分なる研究と理解を深められる必要があると思います」と説教するようになった。にわかソ連通・河野の出現である。

そのにわかソ連通ぶりは、十月十九日の「日ソ共同宣言」署名式でのフルシチョフ欠席をめぐって、驚くべきかたちで発揮された。四回目のフルシチョフとの会談について、河野は『今だから話そう』に書いている。「…フルシチョフ氏がだしぬけに『実は自分は今晩からポーランドへ旅行しなければならぬ。一晩泊って月曜日の朝帰ってくるから、すまぬが月曜日まで調印をのばしてくれ』といい出した。僕が「それは困る」というと…」(八一ページ)という次第で、結局、署名式の繰り延べはなかった。「かくて、日ソ共同宣言は、昭和三十一年十月十九日、クレムリン宮殿で歴史的な調印式が行われた。／このとき、ポーランドの動乱が勃発した」(同上、八二ページ、傍点は佐瀬)。

まず、細部についてのコメント。(1)河野はこの「第四回会談」で、フルシチョフが急なポーランド行きを理由に署名式の延期を求めたと言うが、これは後知恵。前掲の日本側作成「河野・フルシチョフ第四回会談」記録が示すように、フルシチョフは、「事情があって、…モスクワを離れる」とは言ったが、行き先を告げていない。告げるはずがなかった。事態が極度にデリケートだったので、フルシチョフ以下のワルシャワ訪問はソ連国内でさえ伏せられていて、タスがそれを報じたのは一行がモスクワに戻った後のことだった。(2)「このとき、ポーランドの動乱が勃発」というのは、河野の勘違い。多分、四カ月も前の「ポズナニ暴動」と取り違えたのだろう。五六年六月下旬のポズナニでは、蜂起した労働者たちを当時のポーランド政府が武力鎮圧した。それでもポーランド情勢は不穏で、民族共産主義者ゴルムカの政権復帰でワルシャワがソ連離れするだろうとフルシチョフは懸念し、十月十九日開催のポーランド党中央委総会に合わせて急遽、ソ連軍用機でワルシャワに向かったのである。ソ連軍はすでに介入態勢にあったが、ゴムルカとの徹夜の強談判の結果、フルシチョフは強圧手段を断念した。ゆえに「ポーランドの十月」に「動乱」はなかった。(3)「動乱」があったのは、先述したように、十月下旬のハンガリーである。河野はハンガリーには一切言及していないが、「動乱」という言葉を使っている以上、ハンガリーとポーランドを混同したのかもしれない。ソ連軍は十月二十四日にブダペストで「第一次介入」したが、鳩山全権団のモスクワ滞在中にハンガリー情勢はすでに十分に尖鋭化していた。鳩山全権団はモスクワからストックホルム、パリ、ロンドン、ニューヨークと移動して、十一月一日に羽田に着いたので、ソ連軍の「第一次介入」時にはまだ旅の途上にあった。帰国後にわか勉強をした河野が混同した可能性は高い。

　このように河野の回顧談には問題が多いが、それだけならばまだいい。だが、「ポーランドの動乱」なるものについて河野がつぎのように強弁しているとすれば、何と評すべきだろうか。いわく、「あの時、ソ連の指導部としては、ポーランド問題を、日本人が岡目八目で考えるほど、さほどに重大とか、面倒とか考えていなかったのである。フルシチョフが、僕にむかって、ちょっとポーランドに行って来る、一晩旅行して来る、と、全く気軽にアッサリいったのをみても判るだろう。『月曜の朝には帰るから、調印はそのときにしようじゃないか、オレも調印式には出たいよ。おれのいない間にレセプションの御馳走を食べるのはひどいじゃないか』とありのままの心境をブチまけたのである。この態度からみても、ちょっと行ってくれば、ポーランド問題は解決するから待ちなさいよ、という心境だったことは明らかで、事実ポーランド問題はすぐ納まった。日本人はなんでもかんでも、自分の都合のいいように解釈しがちだが…」(同上、八三ページ。傍点は佐瀬)。

　要するに河野は、フルシチョフにとってのポーランド問題を日本人は針小棒大に見ているが、それは実は「すぐに納まった」問題であって、そのことはフルシチョフが自分に「ありのままの心境をブチまけ」てくれたので、自分はそれを「重大」とも「面倒」とも判断していなかった、と言うのである。だが、私は河野が自分の本心を記述したとは考えない。もしそれが本心の記述であったならば、河野は救いようのない国際情勢音痴である。私の解釈ではそれは、フルシチョフにとってポーランドの情勢が深刻きわまりない事態だったことへの予感もなく、十月十九日に署名式を行ったことを無理矢理にでも正当化する、河野のみえみえの強弁でしかない。いくらなんでも、河野はポーランドとハンガリーの事態の重大さを——事後的にではあれ——ある程度までは理解できたはずであった。

ソ連もポーランドの共産体制も消滅してしまった今日、このときのフルシチョフ一行のワルシャワ訪問がいかに緊張に満ちていたかは、歴史研究によってほぼ解明されている（一例としては、全編八百七十六ページの大著、William Taubman: *Khrushchev — The Man and his Era* 〔2003〕, pp. 293-294）。が、今日を待たずとも、事柄の意味は一九五六年の暮にはすでに明らかだった。同年二月の第二十回党大会でスターリン批判の秘密演説をやったとき、フルシチョフにはそれが東欧の衛星国にどのような影響を生むかへの洞察が欠けていた。ソ連における非スターリン化とは、スターリン主義的支配に苦しんだ東欧諸国にとってはモスクワ離れのチャンスを意味した。六月以降のポーランド、十月以降のハンガリーがその好例だった。そのことを理解すると、ソ連での非スターリン化を望んだフルシチョフは、東欧については——ことと次第で武力行使を伴っても——非スターリン化を阻止しようと躍起になった。さもなくば、モスクワでの自分の地位が危うくなるからであった。

その程度の、多少とも奥行きのある国際情勢理解が、河野には欠けていた。上述のように、鳩山、松本についても、事情は大きくは違わない。

第XV章

63　問題は、成果不足でなく、外交鉄則の軽視である

一九五六年十月の日ソ交渉に臨んだ鳩山全権団の三名の全権、鳩山一郎、河野一郎、松本俊一の国際情勢セン

スの頼りなさについて、我ながら厳しい言葉を書き連ねた。だが、国際情勢に関する彼らの情報センスが心もとなかったので、モスクワ交渉は失敗だったとか、達成されるべきより大きな成果を挙げられなかったとかと、私は言いたいのではない。当時、鳩山訪ソに反対した与党内の反鳩山勢力からは、ソ連が、またフルシチョフが、苦境に立たされていたのだから、全権団がそのことを弁えていたならば、ソ連からより大きな譲歩が引き出せたはずだとの批判が少なくなかった。そう批判するのはやさしい。また、その批判はもっともらしく響く。しかし、情報センスを磨きなおして再交渉してみるという実験がそもそも不可能である以上、成果について過度の批判は無意味である。

私が言いたいのは、それによって交渉結果が変わったにせよ、変わらなかったにせよ、それとは無関係に鳩山全権団がより優れた情報感覚をもち、眼前のソ連の動向についてより精確な情報を懐にして交渉に臨むべきであったということである。なぜなら、国の命運をかけて外国との交渉に臨む者にとって、できる限り相手国に関する情報に精通していることは、必須の要請であるからだ。それは外交のイロハのイなのである。鳩山全権団は、外交交渉に臨む者にとってのこの鉄則に悖《もと》っていたとの批判を甘受するほかないであろう。

慎重に徹するならば、鳩山全権団訪ソに関わる公文書および関係者の私文書の公開は今日でもきわめて限られているので、水面下での当時の情報収集作業がどの程度のものであったかは、判明していない。今後にそれが判明し、当時の情報収集努力に脱帽しなければならなくなるかもしれない。だが、それでも次のことは言える。かりに当時、ソ連をめぐる国際情勢やソ連国内政治動静について地道な情報収集が行なわれていたとして、鳩山全権団の三全権がそれらを入手し、かつ精読していたとするなら、三人がそれぞれに書き残した回想の類いに見られる情報感覚のお粗末さはいったい何なのか、と。彼らの回顧の筆はおのずからより精密でありえたのではないか、と。前章で指摘したような回想のお粗末さに照らして、やはり、彼らには上述の外交交渉の鉄則に対する感覚が不足していたと言うほかないのではないか。

64　ソ連側の日本情報はどうだったか

この点に関して、鳩山訪ソを待ち受けるソ連側は、当然のことながら情報集めに余念がなかった。そのことは、法政大学の下斗米伸夫教授が同大学『法学志林』誌、二〇〇六年十月号に訳出・紹介した「鳩山訪ソに関するソ連資料」を見れば、その一端が分かる。そこに訳出されている資料は、鳩山訪ソの直前の五六年十月八日にグロムイコ第一外務次官名でソ連の党・政府の指導部に提出されたものであって、鳩山政権成立直後から訪ソ決定に至るまでの時期につき、日ソ交渉に臨む鳩山、河野の姿勢、立場、政府与党内外の反応などのかなり几帳面な記述と、鳩山、河野両人の「性格描写」、つまりかなり詳細な個人情報を含んでいる。その情報の主なものが東京で集められたことは歴然としている。というのも、鳩山は外務省が認めようとはしなかったドムニツキー・ルートを重用したので、ソ連外務省は在日大使館未開設の下でも日本での現地情報入手のルートを確保していたからであった。下斗米氏の訳出資料には、こうある。

報告文書は、たとえば鳩山訪ソ方針について政府与党内で深刻な亀裂が生じている模様を、簡潔にだが適確に指摘している。「鳩山のソ連訪問の意図と、彼が提起している、現時点における領土問題の解決ぬきでの日ソ関係正常化というプランは、与党自民党と内閣との間に根強い不和を呼び起こした。／鳩山訪ソについては、かなりの数の自由民主党の議員の間で反発が生じた。主として、前大蔵大臣の池田に率いられた以前の自由党議員グループであった（日ソ交渉において、〝慎重な政策〟の実施を絶えず提言していた、いわゆる吉田派と呼ばれるグループである）…」。「九月末、鳩山に反対する自民党議員は、――いわゆる『時局懇談会』と呼ばれる反主流派グループを創設した。これは百七十名以上の自民党議員（衆議院約百二十名、及び参議院五十名）から組織されており、自民党出身の全ての国会議員の四〇％以上を占めている。このグループは、鳩山がモスクワ訪問を断念することを要求した。／鳩山訪ソに対する反発は、閣僚の一部、とりわけ石橋（湛山）通産大臣や馬場（元治）建設大臣からも起った」。

その下で、日ソ交渉が不首尾に終わると、鳩山内閣の命運はどうなるか。報告文書は言う。「手に入っている情報から判断すると、鳩山のプランの支持者は、日本の政治情勢の下では、日ソ交渉の失敗は、鳩山内閣の即時総辞職をもたらすのみならず、自民党の政権からの離脱をもたらす可能性があると指摘している」。

各野党の態度が分析されていることは無論だが、重要なのは日本の経済界、漁業界の姿勢が、多くの個人名を挙げて詳述されていることである。そのうえで、鳩山、河野の「性格描写」資料が添付されている。鳩山は、一面でその強い反共性が指摘されながら、他面でソ連、中国との関係正常化をよしとする「両面的」政治家として描かれ、個人的には「野心的」「社交的」、「高い教養を有した博識な人物」で、バプティストのクリスチャンだとされている。問題の「健康」については、五年前に「脳梗塞を発病」して以来、「彼はしばしば、一人で移動することができない」と記述されている。さらに、「その上、手に入った情報によると、彼は重い胃の病気（胃癌）を患っている」とまで、報告されている。

河野一郎については、過去の経歴、政歴がかなり詳しく報告されたうえで、「日本の巨大な水産企業と密接な繋がりを有する」人物として紹介され、きたるべきモスクワ交渉に臨むに当たって、「日ソ関係正常化の具体的枠組みに関しては、手に入った情報によると、河野は、日本の支配層の一部によって提起された、日本の全ての領土要求の充足を主張することは、日ソ交渉に障害をもたらすに過ぎないとみなしている」との注目すべき記述となっている。

文書には「極秘」指定がなされていたが、日本側から見ればほとんどが公開情報の寄せ集めだと笑うこともできよう。だが、交渉相手についての公開情報によく通じていること自体、大変な強味である。逆に日本側には——大使館が未開設なので——現地での情報入手手段がなかった。そのうえ、ソ連は徹底的な秘密主義の国であった。さらに、鳩山、河野、松本が異口同音に嘆いたように、日本外務省は鳩山内閣の日ソ交渉方針に面従腹背であった。ために、全権団への情報提供にも円滑さが欠けていた。これでは、相手国に対する情報入手ゲームで日本側に全く分がないのは明白であった。

65　フルシチョフ回想録の問題

観点を変えて、独ソ、日ソの国交回復交渉においてソ連側の最大のキーパースンであったフルシチョフが、それぞれの交渉をどう見たかを比較してみよう。そのための準備作業として、フルシチョフの回想録なるものについて、まずつぎのことを確認しておく必要がある。

一九六四年十月十四日にソ連共産党第一書記およびソ連首相の座から突如解任されたフルシチョフは晩年、自分の歩んだ道を密かに口述した長時間の録音テープを残した。のち、その一部が西側出版社の入手するところとなり、一九七〇年に米国、カナダで“*Khrushchev Remembers*”と題されて出版された。当時は冷戦厳しき時代だったので、その真贋をめぐって大議論があったが、出版に携わった編集陣は密かに精緻な声紋鑑定をも済ませて、テープの声の主がフルシチョフであると確信していた。同書邦訳『フルシチョフ回想録』は一九七二年二月、タイム・ライフ社から出版された。この過程で、ソ連当局の怒りを買ったフルシチョフは、自分は西側の出版社に録音テープを渡していないと虚偽の弁明を行なっていたが、それはともかく、この『回想録』には日ソ国交樹立交渉に関する回顧は含まれていなかった。一九五五年の独ソ国交交渉に関する記述も含まれていなかったが、後述するように、別の案件との関連でフルシチョフはアデナウアーについては興味深い論評を残していた。

一九七四年には同じ米加の出版社から、"*Khrushchev Remembers: The Last Testament*"が出版され、翌七五年五月にはその邦訳書『フルシチョフ最後の遺言』が上・下二巻本として河出書房新社から刊行された。『遺言』と題されたのは、フルシチョフが名誉回復のないまま一九七一年九月に死去していたからである。冷戦はデタント期を迎えていたとはいえ、米ソ、東西間の情報・諜報合戦は熾烈をきわめていたから、ソ連が『遺言』は本物だと認めるはずもなかった。ただ、西側世界ではこの『回想録・第二巻』に対しては、前出「第一巻」出版当時のような「にせもの」説はうんと下火になっていた。この『最後の遺言』では、フルシチョフはアデナウアー全権団の訪ソについてかなり多くを語っていた。ところが、鳩山全権団の訪ソをも含めて長く続いた日ソ交渉については、またもやなんの回想も含まれてはいなかった。

それから十五年以上が経過した一九九〇年、米加英の同じ出版社から、"*Khrushchev Remembers: The Glasnost Tapes*"が出版された。フルシチョフ回想の『第三巻』というわけである。同書の邦訳は『フルシチョフ・封印されていた証言』と題され、九一年四月に草思社から出された。グラスノスチ（公開性）とは、一九八五年に登場したゴルバチョフ政権がほどなく採用した政策の合言葉で、フルシチョフ回想も統制と秘密主義による封印を解かれていった。封印を解かれた『回想第三巻』の見どころの一つは、序文を寄せたストローブ・タルボットも指摘しているように、「（第二次大）戦後の日ソ関係についての内幕話」（邦訳、一四ページ）が語られていることであった。因みにタルボットは一九七〇年の『回想録』から第三までのすべての出版に緊密にかかわり、グラスノスチ時代が到来すると、フルシチョフの息子で、録音テープの由来および運命を熟知しているセルゲイと親交を結んだ。その後、タルボットはクリントン政権下で国務副長官を務めた。

「グラスノスチ版」の出版で、『フルシチョフ回想録』の出版は完了したと思われた。が、息子セルゲイにとってはそうではなかった。彼はロケット技術の専門家だったが、父が公職から解任されると、モスクワ郊外で父と一緒に暮し、父の無念さ、怒り、忘れ去られることへの焦りの一切をつぶさに知った。その結果、セルゲイは父の回想をなるべく詳しく後世に伝えることを自分のライフワークとする決心をし、のち、そのための最適の地・米国に移住、米国籍を取得した。（その間、ロシアではフルシチョフ回想録は解禁され、四巻本が出版された。ただし、一般の関心は強くない）。セルゲイの願望は、二〇〇四年から〇七年にかけて三巻本として米国で刊行された『ニキタ・フルシチョフ回想録（*Memoirs of Nikita Khrushchev*）』として実を結んだ。その邦訳は現時点では出ていない。全三巻の構成は、

Vol. 1: Commissar 〔1918–1945〕

Vol. 2: Reformer 〔1945–1964〕

Vol. 3: Statesman 〔1953–1964〕

である。それぞれ、「人民委員」、「改革者」、「国政家」というわけだが、収録されているのは単に活字化されたテープ録音稿だけではない。種々の解説、注釈、録音から出版にいたるまでの経緯、詳細な年表等が含まれているため、各巻がはち切れんばかりの大冊で、三巻の総計は二千九百ページを上回る。文字どおり、『フルシチョフ回想録』決定版と言ってよい。

ところが不思議なことに、第三巻「ステーツマン」の巻には、この巻がカバーしている年代に照らして当然あって然るべき一九五五／五六年日ソ国交回復交渉の回顧がない。他方、五五年のアデナウアー全権団の訪ソは、当

然のことながら、この巻で扱われている。では、前掲の『封印されていた証言』に含まれていた鳩山訪ソに関する回想は、セルゲイ版ではどこへ行ってしまったのか。怪訝に思って調べてみると、それはなんと「人民委員、一九一八―四五」の巻に入っている。なぜそんな不可解なことがあり得るのか。以下、私の推測を書いておく。

タルボットが手掛けた『回想録』、『最後の遺言』、『封印されていた証言』は、フルシチョフが残したテープ録音を西側が入手した順番にほぼ従って出版された。他方、セルゲイは残されたテープ録音の全体に通じており、西側での出版順にとらわれることなく、大きな主題ごとに巻・章の構成を決め、各テープ録音の配置を図った。だから、タルボット版とセルゲイ版とでは同じ部分的記述の置き場所が大きく異なることがある。それは個別事例ごとに説明するほかない。いずれにせよ、『フルシチョフ回顧録』にまつわるそういう事情を弁えたうえで、鳩山全権団とアデナウアー全権団の対ソ国交回復交渉についてのフルシチョフの回想を比較してみよう。

66　フルシチョフの日ソ交渉回顧

息子セルゲイは、父ニキタ・フルシチョフが鳩山政権との間で行なった一九五六年の日ソ国交回復交渉の回顧を、なぜ「国政家、一九五三―一九六四」の巻ではなく「人民委員、一九一八―一九四五」の巻に収録したのであろうか。その理由は、それが収録されている章の全体を通観すれば分かる。鳩山訪ソが登場するのは「大祖国戦争後の極東」と題される項――と言っても二十ページにわたるが――においてであるが、この項は「大祖国戦争」と題される章に含まれている十四の項のうちの一つである。「大祖国戦争後の極東」の項の主題は、第二次大戦末期および戦後初期においてスターリンと外相モロトフが極東政策、わけても対日政策で犯した不手際や失敗に対するフルシチョフの批判である。このことは、タルボットが序を寄せた「グラスノスチ版」の関連箇所、すなわち邦訳の「第三章　大祖国戦争」および「第四章　未完の仕事」を通読しても、ある程度は判明する。この邦訳版では「日本との国交正常化問題」は第四章中の一つの項となっている。

ここでフルシチョフが力説するのはまず、スターリンとモロトフの頑迷な対日政策の結果、日本は米国の対日政策によって取り仕切られ、ソ連は影響力発揮の道を自ら閉ざしてしまったという点である。つまり、極東の重要国・日本との正常な戦後関係の構築は、ソ連側の不手際で大きく出遅れてしまった、というのである。そしていわばその序でに、フルシチョフは十一年後の日本全権団の訪ソに触れるのである。そこまではセルゲイ版でも「グラスノスチ版」でも、ほぼ一致した叙述となっている。ところが、ソ連側のこの出遅れ挽回策となった鳩山政権との国交樹立交渉の記述となると、両書の記述は大きく食い違う。早いはなしが、「グラスノスチ版」では「鳩山」「河野」の名は登場する(邦訳、一五〇—一五一ページをみよ)。ところが、セルゲイ版では、そもそもこの両全権の名前が出てこないのである。そのくだりを訳出してみる。

そんなわけで、われわれは東京に大使館を開設し、日本政府との間で公式に講和を結んだ他の国ぐにと同等の権利を獲得した。これで正常な状態が回復され、さまざまな接触が良好に——いや、至極良好に、始まったのである。言っておきたいが、私は当時の日本首相の名前は忘れた。自由主義者だったが。この人物が政権を取ったとき、われわれをソ連に訪問したのだ。その農業・漁業大臣が首相と一緒にやってきたようだ。老人ではなかった。実際、それは若い男で、すこぶるエネルギッシュな人物だったと言えるだろう。結局のところ、われわれは日本との平和条約署名の可能性を討議したのだった。われわれが(日本)首相と、あるいは大変影響力のあった人物であるもうひとりの閣僚と、その件について語り合ったかどうか、私は思い出せない。思い出そうとするのだが、その件を記憶の中で再構成することはできない。また、いまの私は新聞を参照できる立場にもない（Vol.1 p. 689. 引用中の傍点は佐瀬）。

交渉で北方領土問題をめぐり日ソ双方の見解が一致しなかった点の記述などは、上掲の二つの版でほぼ一致している。しかし、鳩山、河野について、「グラスノスチ版」のつぎのような記述に出くわすと、同一のテープ録音に基づいているはずなのに、この差異はなぜかと訝るほかない。すなわち、「私は、わが国が（一九五六年に）東京に大使館を設置すると、自由主義的な鳩山一郎首相がソ連を訪問したことを記憶している。農相の河野一郎が鳩山に随行してきた。彼は若い男で、実に精力的だった。われわれは、ソ連が日本と平和条約を締結する可能性について議論した。首相の態度は前向きだった。彼は、われわれの語ることに耳を傾け、ソ連との正常化につとめた。結局、彼は日本内部の政治勢力に妨害されたが、主要な障害はアメリカの影響力だった。／もしこの人物がもっと長生きしてその権力を増していたら、おそらく世論は変っていただろう。だが、彼は訪ソしたとき（一九五六年十月）かなりの高齢で、ひどい病気にかかっており、日本に帰って間もなく死んだ」（『最後の遺言』、原著、p. 88、および邦訳、一五〇—一五一ページ。なお文中のカッコ内記述は原本どおり、傍点は佐瀬）。

鳩山、河野の個人名が明記、不明記という両版の不一致点は気に掛りはするが、しかし、両版を通じてつぎの諸点はほぼ一致しているとは言える。⑴半ば当局の監視下にあったフルシチョフは、記録や資料に依拠することができず、ほとんど自分のかなり曖昧な記憶を頼りに日ソ国交回復交渉を回顧した。その記憶には、上掲引用の傍点部が示すように、いくつもの誤りがあった。なかでも重要なのは、日ソ交渉の目的がなんであったかを、フルシチョフが正しく思い出せなかったらしいことである。念のために言うと、東京にソ連大使館が設置されていたならば両国は国交を開いていたはずで、それなら「国交回復交渉」なぞをやるはずがない。交渉の目的は正に国交を樹立することにあった。⑵そもそも、日ソ交渉の回顧は——先述したように——それ自体がフルシチョフの強い主要な関心事項であったというより、それは、スターリン、モロトフの第二次大戦の末期および直後の外交的不手際に対する厳しい批判の序でに、いわば副次的な産物として語られた趣きがある。そのこと自体、日ソ交渉がフルシチョフにとりどれほどの政治的比重を占めた問題であったかを示唆している。(3)ゆえに、現実の交渉経過に関する具体的回顧を、フルシチョフに望むのは無理であった。(4)日本の全権団に関するフルシチョフの記憶はすこぶる曖昧化しているが、しかし、鳩山や河野に対する罵倒や悪態に類する言葉はなんら使われておらず、おおむね友好的な記述に終始した。ただ、友好的といえば友好的な記述と言えるが、裏を返すと、日ソ交渉はフルシチョフにとりさほど歯ごたえのあるものではなかったと見ることができる。(5)フルシチョフにより悪役を割り振られたのは、一にも二にも米国であり、与党内の反鳩山派はその米国への追随分子として描かれた。

ところで、フルシチョフの回想録がわが国でも読めるようになったとき、鳩山も河野も世を去っていた。かりに二人が存命で、それを読んだら、彼らは喜んだだろうか。腹を立てただろうか。落胆しただろうか。彼らは驚いただろう、と私は思う。なぜなら、フルシチョフは鳩山が心血を注いだソ連抑留者帰国問題に一言半句も触れていないのだから。まるでそんな問題がこの世にあり得なかったかのごとくに。では、同じ問題を抱えて鳩山より一年前に訪ソしたアデナウアーの場合はどうだったか。

第XVI章

67　フルシチョフの独ソ交渉回顧

フルシチョフは一九五五年九月のアデナウアー全権団とのモスクワ交渉をどのように回顧しているか。本章は日ソ、独ソの交渉の比較を課題としているので、前章で日ソ交渉につき確認したのと同じように、これまでに出版された四種のフルシチョフ回想記で独ソ交渉というテーマがどのように取り扱われているかを、まず確かめておく。

西側でしか陽の目を見なかった『フルシチョフ回想録』(いわゆるタルボット版、英語版は一九七〇年、邦訳は一九七二年の出版)では、アデナウアー訪ソは扱われていない。ただし、フルシチョフは興味深いアデナウアー像を語っている(英語版、p. 517、邦訳五二五ページ)。それには後ほど、触れよう。つぎに、一九七四年に英語版が、七五年に邦訳が出版された『フルシチョフ最後の遺言』では、第十五章「西側との接触」の中に「アデナウアーのモスクワ訪問」の見出しの下、かなり詳細な記述がある。(英語版、pp. 357-368、邦訳、下巻、七三―七八ページ)。さらに、英語版が一九九〇年に、邦訳が九一年に出たいわゆる「グラスノスチ版」(邦訳では『フルシチョフ・封印されていた証言』)には、西ドイツに関する言及はかなりあるものの、それらはアデナウアー訪ソを扱ったものではない(大半は二種類のベルリン危機、すなわち一九四九年の「ベルリン封鎖」と一九六一年の「ベルリンの壁の構築」に関する回想)。

このように概観すると、『最後の遺言』版でアデナウアー訪ソに関するフルシチョフの回想はほぼ出尽くしたのだろうとみることができた。ところが、米国に移住した息子セルゲイが米国で編集した三巻本の『ニキタ・フルシチョフ回顧録』(二〇〇四―二〇〇七)が出版されてみると、その第三巻には概略としては『最後の遺言』と同じであるが記述分量が二倍近くに増えた「アデナウアーとの出会い(Meeting with Adeuauer, Vol.III-pp. 55-64)」が収録されていることが分かった。

この収録・配置関係を日ソ交渉との比較で眺めると、セルゲイ版においてアデナウアー訪ソは収録されてしかるべき箇所に収録されていると言うことができる。なにしろ、前章で指摘したように、一九五六年秋の鳩山訪ソは、本来それが収録されてしかるべき第三巻「国政家、一九五三―一九六四」にではなく、第一巻「人民委員、一九一八―一九四五」に収録されるという異様な配置となっていたのであるから。

なお、これに関連して前章で書きそびれた事柄があるので、ここで補筆しておく。ソ連消滅後、息子セルゲイは米国移住を決断する前、奔走した甲斐あって、モスクワで父の回想録のロシア語版の出版にまで漕ぎつけた。一九九九年刊の Nikita Sergeevich Khrushchev: *Vremia Liudi, Vlast.* (Moskovskiye Novosti. 4vols) がそれである。ロシア語版と英語版は内容的には同じであるが、四巻本と三巻本という差もあって、回想主題の配列には違いがある。鳩山訪ソはロシア語版では第二巻に入れられているが、(1)それは第二次大戦末期および直後のスターリン・モロトフの対日政策の不手際を批判したついでに取り上げられているに過ぎないこと、(2)鳩山の名前は、「思い出せない」ので不言及、河野の名も不言及であること、の二点は英語版と同じである(以上の点については、防衛大学校の角田安正教授の御教示に拠るところが大きい)。

このように、鳩山訪ソがいわば「事のついで」とばかりに、に意外な箇所で回想されているのに対して、アデナウアー訪ソは、「国政家」の巻(内容的には「外政家フルシチョフ」の巻と言うべきだ)の最初の章「西側との関係・

冷戦」の中で、「対オーストリア平和条約前後（一九五五年）」、「ジュネーヴ四大国会議（一九五五年七月）」に続けて「アデナウアーとの出会い（一九五五年九月）」として配置され、そのあとがフルシチョフ自身の「英国訪問」、「米国訪問の開始」と続く。いずれも共存外交に乗り出したソ連政権にとり重要、かつ画期的な外交ステップであり、その順に配列されている。だとすれば、「鳩山訪ソ」は、フルシチョフの「英国訪問」と「米国訪問」の間に配置されるべきであった。なぜそうなっていないのか。フルシチョフの回想に見られる日独首相の訪ソの配置場所の違いは、思うに、ソ連政権にとってそれぞれの重要度認識に大差があったことを暗示してはいまいか。

より注目すべきは、日独それぞれの全権団との出会いについてのフルシチョフの回想スタイルに見られる大差である。失脚したフルシチョフが参照すべき資料なしで、もっぱら記憶のみを頼りに回顧を進めたという事情は、日独につき共通している。だから、それぞれの場合にいくつかの単純な記憶違いが見られるのは、異とするに足りない。しかし、鳩山全権団との交渉の回顧がまるで臨場感に欠けているのに対し、独ソ交渉については臨場感溢れる回想となっている。具体的に言うと、日ソ交渉回顧については、一つの直接話法形の文章だにない。彼我いずれの発言にせよ、引用符付きのものは皆無。他方、独ソ交渉の場合、その内容の真偽はさて措くとして、引用符付きの、つまり直接話法形の発言がいくつも登場している。また、鳩山、河野の名前さえ憶えていたかどうかさえ怪しいフルシチョフ(この点については、すぐに後述)が、西独全権団の多くのメンバーの名前や役割をすらすらと、かつ正確に語っているのは、驚きである。「ドイツ問題」は当時のソ連政権にとり「日本問題」とは比較にならぬ重要事項だった。だから、それぞれの処理についての回想の生なましさに差があるのは不思議ではない。がそれにしても、眼前に現れた日独ふたつの全権団がソ連側に与えた迫力に大差があったことは、疑うべくもない。フルシチョフの回想に照らして、鳩山全権団には迫力が稀薄で、アデナウアー全権団には迫力があったことは間違いない。

その最もよい例証は、独ソ交渉がいったん決裂の瀬戸際まで行った光景の回顧である。それを眺めるが、あらかじめつぎの注意が必要である。ここでのフルシチョフの回想は一見臨場感横溢だが、しかし、筋書きはみごとにネジ曲げられている。独ソの言動が鮮やかにすり替えられているのである。鳩山訪ソ団についてのフルシチョフの回顧には、重大なネジ曲げはない。このコントラストを知っておくことは無意味ではない。

68　フルシチョフ回想録が無視しているもの——抑留者問題

アデナウアー全権団との会談をフルシチョフは、こう回顧している。

交渉が進むにつれて、双方はあらゆる可能な手段を用いてその目標と意図を達成すべく試みたが、成果はなかった。なにも達成されないとなると、交渉の決裂がやってきた。私はいま、そのニュアンスを思い出せない。が、最終段階で西独側はわが方が行なっていた提案を断固、拒否した。同様にわれわれもアデナウアーの提案に同意できない旨を告げた。彼は突然、適切な文書に署名できない以上、翌日に（モスクワを）離れるだろうと言い放った。私は彼らに言った。〝私は同情と遺憾の意を申し述べる。そういう出方は、われわれ両国の関係と、わけてもドイツ連邦共和国（＝西独）自身にとり有害となるだろう。だが、それはあなたたちの問題だ。どうぞお先に立ち去って下さい。しかし、あなたたちは損を蒙ることになるだろう。政治、経済の両面で。なぜなら、ソ連との経済的結びつきは、あなたたちにとりすこぶる利益のあるものだろうから。〟

われわれは、彼らが翌日になんの署名された最終文書も、なんの別れのセレモニーもないまま、（モスクワを）離れるのを受け入れる用意があった。が、まさにその同じ日、彼らがわが方との再度の会談を望んでいることが、われわれに分かった。わが国からこれみよがしに立ち去るぞとの脅しは、圧力行使の方法にほかならないことが判明した。われわれから協定を力ずくで奪い取ろうとする試み、われわれの立場が確固たるものかどうかをテストしてやろうとの試みなのだった。アデナウアーは、戦争状態が持続するとの考えでわれわれを驚かそうとしたのである（セルゲイ版、III-pp. 57-58, 傍点およびカッコ内挿入は佐瀬）。

長い引用になったが、この種の一見迫真の描写は日ソ交渉については一切ない。問題は、アデナウアーが「交渉決裂。ゆえに明日帰国」の脅し――それは脅しでもあったし、本気でもあった――に出たあと、再交渉の申入れを行ったのがドイツ側ではなく、ソ連側だったことである。私はなにもアデナウアーの肩を持つ必要を感じないが、それは史資料で証明できる事実であるし、当時においてもさんざん報道された事実経過でもある。事実はと言えば、第IX章の「39　交渉決裂の瀬戸際」ですでに示したように、独ソ交渉第三日目にアデナウアーが交渉継続を断念、事務方に命じて――盗聴防止措置付きの専用回線を用いてではなく――通常回線で自国に電話させ、帰国用のルフトハンザ機をモスクワに回すよう手配、すると同日夕刻、ソ連側から再交渉の申し入れがあったのである。電話を盗聴して慌てたソ連側が翌日のアデナウアー代表団の帰国を望まず、急遽、歩み寄りを示したのが真相である。つまり、フルシチョフの主張の逆が真なのだ。

だが、上述の引用箇所には、それにも増して不可解なところがある。これほど一見迫真の描写を残しながら、「交渉決裂」の淵まで行った原因がなにであるかを、フルシチョフは全く語っていないのがそれだ。緊張の原因は、ドイツ人抑留者帰国問題にあった。「交渉決裂か？」の顚末は、やや簡略ながら『最後の遺言』版でも語られていた。ところが、そのくだりを読んでも読者には対立原因がなんであるかは不明であるため、米国の同版編集者たちはその箇所にわざわざ注釈を付し、それが抑留者早期帰国問題での対立にあったことを記したほどであった

(『最後の遺言』、英語版、p. 359, 邦訳では下巻、七五ページ)。

ここで、前章で記した事柄が活きてくる。独ソ交渉とは違い、日ソ交渉についてのフルシチョフの回想は敵愾心剝きだしの語り口を全く残していない。そのかたわら、鳩山全権最大の念願事だった日本人抑留者帰国問題に関して一言半句の回想も語っていない。未帰還の抑留者の帰国問題に不言及というこの点で——だけ——は、フルシチョフの対日、対独交渉の回想には共通性がある。なぜだろう。ソ連国内向けにはそれまで、いや、それ以後も長らくこの問題の存在は隠されてきたことも一因で、権力の座から追われたフルシチョフにもその惰性が働いていたのかもしれない。それにしても、日ソ、独ソ交渉それぞれで抑留者帰国問題に頰被りするという、この共通性は、同じ意味をもつわけではない。

日ソ交渉の場合、鳩山にとっては抑留者帰国は最大の関心事だったが、交渉議題はそれ以外に領土問題、日本の国連加盟、大使館開設(国交樹立)等、いくつもあった。しかも、抑留者帰国問題は、前年の独ソ交渉で難航のすえ事実上決着した前例もこれあり、鳩山全権団のモスクワ到着時点で日ソ間にすでに最終合意の見通しははっきりしていた。事実、日ソ間モスクワ交渉では、両国全権団の間でこの問題をめぐる激論なぞ必要なかった。だから、フルシチョフが回想しなかったのも、あながち不自然とは言えない。が、独ソ交渉ではそうではない。分裂国家という特殊な事情から、平和条約問題も領土・国境問題も交渉しない——交渉してはならない——と決めていたアデナウアーにとっては、モスクワが望む国交樹立とボンが望む抑留者早期帰国とを交換取り引きすることが、唯一の交渉目的であった。だからこそ、この交換取り引きをめぐり交渉のテーブルを叩いての激論があった。であった以上、二つの交換要素の一方、つまりドイツ人抑留者の帰国問題を隠したままのフルシチョフ回想には何ほどの値打ちがあるというのか。

69　反事実と悪罵

フルシチョフの独ソ交渉回想を読むと、ドイツ人抑留者帰国問題などそもそも存在しなかったかのような完全無視の一方で、アデナウアーの訪ソ動機が復活した西独大資本層の利益代弁にあったとの主張はくどすぎるほど強調されていることに気づく。いわく、「明らかに西独資本主義の大物たちは、ロシアに向けて〝窓を開く〟必要を特に感じていたので、自分たちの政府に圧力を加えた。以前、ドイツは、革命前の旧いロシアやソ連邦との貿易で巨利を得ていた。ヒトラーが権力を握る以前、われわれはワイマール共和国との間で良好な貿易関係をもっていた。われわれの関係は安定しており、われわれとドイツの資本家たちとの間では〝巨大取引き〟が締結されたのだった」(セルゲイ版、Ⅲ-p. 58)。「当然、西独大企業の代表たちは、以前に彼らがもっていた関係の歴史と機会を熟知していて、もしわれわれの関係が正常化され、再びソ連邦とのビジネスが再開できるならば、われわれから何が引き出せるかを計算しつづけていた。アデナウアーはこれらビジネスマンたちからの圧力を感じており、自身、同じことを成し遂げるのを利益としていた」(Ⅲ-pp. 59-60)。

極め付きはこうである。「…西独は米国の抱擁からわが身を解き離すことを望んだ。西独資本はその強さを回復していたので、自国商品の販路とそれを発注してくれる顧客とを探していた。それこそが、なぜアデナウアーがソ連に向けての窓を開きたがったかの理由である。それが彼の主要動機なのであって、心中、いかなる共感も高貴な感情も持っていたのではない。利潤という考えが優越していたのである」(Ⅲ-p. 63)。

しかし、それは、フルシチョフがかくあってほしいと願望したアデナウアー像にすぎなかった。フルシチョフにとり、アデナウアーは西独大資本が生み出した政治家であり、この生みの親のためには何でもやるといった人物でなければならなかった。ところが、実際はそうではなかった。アデナウアーとて無論、西独経済界が独ソ国交回復後の独ソ貿易の急成長に強い期待を抱いていることを知らぬではなかった。が、自分の訪ソでドイツ人抑留者帰国問題がではなく、経済関係拡大こそが国交樹立と交換取引きされるかのような雰囲気が生まれることを、彼は極度に警戒した。それゆえ、アデナウアーは意図的に全権団に一人の経済人をも加えなかった。また、「西独経済の奇蹟」の立役者として内外で評判のエアハルト経済相・副首相をも全権団から外したのであった。

それにしても、アデナウアーとの交渉そのものに関するフルシチョフの回想には、前述した「抑留者問題」不言及以外にも、事実に反する主張がやたらと多い。本質的に重要なものを、二点だけ挙げる。まず、(1)「彼がソ連での会談を提案してきたのであって、アデナウアーによって取られたこのイニシアティヴは、われわれを大いに喜ばせた」(セルゲイ版、Ⅲ-pp. 55-56)という記述。繁雑にわたるのでいちいち記述箇所を示すことは避けるが、一九五五年初頭に独ソ交渉を呼び掛けたのはモスクワであり、ボンはこれを慎重に検討したのち、モスクワでの交渉に応じたのである。つぎに、(2)「主要な問題は、平和条約(つまり、ソ連とドイツの間の)の署名であった。アデナウアーはこれに賛成である旨を表明していた」(Ⅲ-p. 57)。アデナウアーは、モスクワが仕掛ける東独承認のワナにかかりかねない平和条約問題を交渉する気はまったくなかった。いわんや、その「署名」など論外であった。理論的に、独ソ間平和条約は「統一ドイツ」とソ連との間で締結されるべきものだが、「統一ドイツ」をいかに形成するかで、モスクワとボンの見解は対立したままだったからである。実際、モスクワ交渉でこの問題での立ち入った議論は皆無であった。

この二つの事例でのフルシチョフの回想は、ともに事実のほぼ正反対と言うべきだろう。なぜフルシチョフはこれほどの反事実の回想を残したのか。参照資料ももたないままの回想ゆえの単純な記憶違いなのだろうか。それよりも私はむしろ、こう考える方がよいのではないかと判断する。つまり、フルシチョフは、独ソ交渉をアデナウアーの方から提案してほしかったのだし、モスクワ交渉では独ソ平和条約問題を討議したかったのだ。だから、この自分の願望をアデナウアーの上に投射し、そこに浮かびあがるアデナウアーの幻像を語ったのだ、と。そう考えると、奇怪な反事実回想の説明がつく。すなわち、フルシチョフは、日ソの場合の鳩山のように、アデナウアーの方から独ソ交渉を行ないたいとの願望を表明してもらいたかった。また、その(西)独・ソ連間交渉では「平和条約問題を扱いたい」と言ってもらいたかった。が、注文どおりには事は運ばれなかった。ために、鳩山に対する当たり障りのない個人評とは違って、フルシチョフのアデナウアー評は罵倒、非難の連発となった。

フルシチョフは回顧している。いわく、アデナウアーは、ソ連の同盟国である「東独の除去」を狙っていた(Ⅲ-p. 56. 邦訳『最後の遺言』下巻、七五ページにも同様の主張あり)。いわく、アデナウアーは、「ポーランド国境のもっと東方への移動を最終的に試みようとしていた」し、それに成功していたら、「連鎖反応」が起きかねなかった(Ⅲ-p. 57)。いわく、「彼(アデナウアー)は共産主義の理念の相容れがたい敵、ゆえにまた、われわれの妥協不能なイデオロギー上の対抗者であり続けた。それがわれわれをためらわせたし、彼の側としても、(国交樹立後も)政府間チャネルを通じてわれわれとの緊密な接触を求めるようなことは一切しなかった」(Ⅲ-p. 62. カッコ内挿入は佐瀬)。

念のために言えば、フルシチョフは日本の鳩山首相も反共であったことは百も承知のはずだったが、彼をイデオロギー上の「敵」呼ばわりするようなことは、全くなかった。むしろ逆である。モスクワ交渉での「(鳩山)首相の態度は前向きだった。彼は、われわれの語ることに耳を傾け、ソ連との関係の正常化につとめた」という、「グラスノスチ版」でのフルシチョフの鳩山描写(原著、p. 88. 邦訳、一五一ページ)は、アデナウアーに対する悪罵とは何と大きく違うことだろう(このくだりは、フルシチョフが「当時の日本の首相の名前は忘れた」と述べているセルゲイ版にも、鳩山という名を挙げないで、やはり収録されている。セルゲイ版、Ⅰ-p. 689)。

70　敵ながら天晴れ

だが、フルシチョフはアデナウアーに対して悪罵しか浴びせていないのではない。罵倒づくめのように思えるフルシチョフのアデナウアー評を注意して読むと、数カ所、意味深長な語り口に出会う。最重要な一例のみを挙げよう。フルシチョフいわく。「…彼（アデナウアー）の知性と常識の豊かさに関しては、いまは亡き敵に対して、私は認めざるを得ない。西ドイツは再び世界大戦を起こそうというつもりなのではないかと、記者達に質問攻めにされたりすると、アデナウアーはいつも、悟りすました小キリスト然とした顔でこう答える。〝みなさんの言われる意味はわかりかねますな。また第三次世界大戦が勃発するとしたら、まっ先につぶされてしまうのは西ドイツですよ〟確かに、アデナウアーの言うとおりである。彼がそう答えるのを聞いて、私は嬉しかった」（『最後の遺言』、英語版、p. 361，邦訳、下、七七―七八ページ、このくだりは、表現を若干異にしながらも、タルボット版にも見出される。英語版、p. 517，邦訳、五二五ページ。ただし、セルゲイ版にはなぜか収録されていない）。

フルシチョフにとってアデナウアーの言葉はなぜ「嬉しかった」のか。それは、それに続けて述べられているように、フルシチョフの懸念する核戦争としての第三次世界大戦勃発の可能性に関して、アデナウアーの言葉がソ連にとっての「最大の敵」（つまり米国）のみならず、「第三の敵たち」に対しても抑制効果を発揮するだろうから、というのであった。分かりやすく言えば、核使用を伴う第三次大戦の危機が迫れば、アデナウアーはその防止のため全力を傾注しようとするだろう、というわけである。要するに、フルシチョフは罵詈雑言を浴びせながらも、アデナウアーを火遊び主義者とは見ず、その現実主義に信を置いたのである。

ところで、ここでフルシチョフが言うソ連にとっての「第三の敵たち」とは、何を指すのだろうか。ことは核戦争としての第三次世界大戦なのであるから、フルシチョフが回想を語った当時の米国以外の核保有国、つまり英仏および中国ということになるが、主として彼の念頭にあったのは毛沢東の中国だったと私は判断している。なぜなら、一九五五年九月のモスクワ交渉についてのアデナウアーの回想には、核兵器未保有の中国に対してすでにフルシチョフが抱いた恐怖に近い警戒感が紹介されているからだ。無論、フルシチョフは自分の回想中で、そんな告白をしたとはおくびにも出していない。が、アデナウアーの回想はこうである。

「フルシチョフはかなりむき出しに、こう言った。〝われわれはこの（中国にどう対恃するかという）課題を解決することができる。だが、それは極めて難しい。だから貴方にお願いするのだが、われわれを援けてほしい。中共をなんとかするため、われわれを援けて下さい。〟ためらいがちに、彼はこう付け加えた。〝米国と一緒になって……〟。／私のモスクワ滞在中にフルシチョフは、（対中関係で）自分を援けてほしいとのこの懇願を三回、語った。私は踏み込まなかった。そんなことをしたら、欧州と米国に対して不実を働くことになっただろう。ほかの自由世界との強固な繋がりもなく、この段階でソ連を援けるとは、虎口に首を突っ込むようなものであった。そんなことは、私には分かり切っていた」（『アデナウアー回顧録』、原著、II-p. 528）。

独ソ国交回復交渉は、独ソそれぞれの指導者の回顧によっても、このように丁々発止の真剣勝負に近いものだったのである。そういう緊張した雰囲気は、日本側が意図的に「円満」主義に立った一九五六年十月の日ソ交渉にはなかった。どちらがよいかの判断は分かれよう。ただ間違いなく言えるのは、クレムリンにとってアデナウアーは手ごわい相手だったし、鳩山全権団は御しやすい相手だったことである。フルシチョフの回想中で鳩山全権団の影が薄いのは結局、この御しやすさのせいだったのだろう。他方、フルシチョフは悪罵九割、評価一割のアデナウアー評を残したけれども、いやそれだからこそ、西独首相の存在感は強い。フルシチョフにとりアデナウアーは「敵ながら天晴れ」な交渉相手なのだった。

なお、鳩山全権団はクレムリンにとり御しやすい相手だったとの私の判断は、少なくとも二つの具体的根拠に立っている。次にそれに触れる。

第XVII章

71　突如示された「国際問題及び原子力問題」

前章で私はフルシチョフの回想録類を手掛りに、クレムリンにとって西独のアデナウアー全権団は手ごわい相手だったが、一年あまり遅れて訪ソした鳩山全権団は御しやすい相手だった、との判断を書いた。この判断は少なくとも二つの具体的根拠に基づいている。今回は、その二つの具体的根拠を示す。その第一は、両国全権団によって「国際問題及び原子力問題」と呼ばれた事案であり、今回稿ではこれのみを取り上げ、かなり詳しく叙述する。第二は、「捕虜・抑留者問題」と呼ぶべきものである。紙幅の関係からこの問題は次章の対象とし、ここでは予告するにとどめる。

さて、第一の「国際問題及び原子力問題」なるものは、鳩山全権団が訪ソしてはじめてソ連側から提示された。日ソ国交正常化交渉については今日までに、いや、今なお多くのことが語られたり書かれたりしてきたが、それらはおおむね「領土問題」と「日本人抑留者問題」に注目するものである。だから、「国際問題及び原子力問題」なる事案があったと言っても、それが何のことなのかは今日の専門的な研究者にとってすら見当がつかないのではあるまいか。それゆえ、まず基本的事実を略述しなければならない。

日本側全権団に対してソ連側は一九五六年十月十五日、両国「共同宣言案」を出してきた。そこには、突如として次のような第九項が含まれていた。長くなるが、全文引用する。

九、両国全権団は、各自の政府が現在の国際情勢に関する幾多の重要な問題について意見を同じくしていることを満足をもって認める。特に両国政府はそれぞれの国民の切実な利益を表現して、全般平和及び安全のために核兵器及び熱核兵器の製造、実験及び使用の禁止をめざす努力を払うものとし、これが、原子力を平和目的に利用し原子戦の脅威を一掃するために最良の条件をつくるものであると信ずる。／双方は前記の問題に関し、ソ連邦と日本国との代表の間で今後も有益な意見交換が可能であることについて意見の一致をみたのである(ソ連側提案の共同宣言案の全文は、松本俊一『モスクワにかける虹——日ソ国交回復秘録』に、付属参考資料として二〇八ページ以下に収録されている)。

これが、「国際問題及び原子力問題」と呼ばれたものである。念のために記すが、一九五五年一月に鳩山首相が日ソ国交回復に向けての両国間意見交換に取り組む意向を表明して以来、五六年十月の全権団訪ソに至るまでの長い交渉の中で、この問題は両国間で一度として論じられたことがなかった。文字どおりソ連側「共同声明案」で突如、浮上したのである。上の引用に一目瞭然であるが、これだけ読めば誰もが一年有余の交渉の中で国際情勢全般および核兵器問題に関して、少なくともある程度の意見交換は行なってきたのだなと考えるであろう。なぜなら、当時の重要国際問題に関して「意見を同じくしていることを満足をもって認める」というのであるから。また、これらの重要問題について両国全権団の間で「今後も有益な意見交換が可能であることについて意見の一致をみた」とあるのだから。

事前のそんな意見の交換や一致はなかった。そもそも日本側には、国交回復を正規の両国間平和条約、あるいは「共同宣言」方式（日本側で「アデナウアー方式」と呼ばれたもの）のいずれの枠組みで実現するにせよ、「国際問題及び原子力問題」での日ソ間意見調整が必要といった発想なぞまるで働いていなかった。では、このような「第九項」がソ連側案文に一方的に盛られたのはどういうわけか。この「共同宣言案」起草過程に関するソ連側文書資料が入手不能な現段階では憶測に頼るほかないが、ソ連側には「ダメモト」思考が働いていたのであろう。つまり、「第九項」を盛り込んでおいて、お人好しの日本側がそれを呑めばソ連外交の予想もしない大勝利になるし、「ダメならダメでモトモト」という抜け目ない打算である。裏を返すとそれは、鳩山全権団に対しては「ダメモト」策を試みても損はないとソ連側が踏んでいたことを物語ると言えるだろう。だから私は、ソ連にとり鳩山全権団は御しやすい交渉相手と映っていたと言うのだ。

西独のアデナウアー全権団に対しては、ソ連側はこのような相手をナメたような態度を一切示さなかった。繰り返すことはしないが、事前のモスクワ・ボン間の準備文書の交換過程でクレムリンはアデナウアー全権団が手ごわい交渉相手となるであろうことを十分に認識させられていたからである。そこで問題は、ソ連側のこのような「ダメモト」策に対して鳩山全権団はどう対応したかである。

まず結果から言えば、日本側が同意しなかったので、この「第九項」の趣旨は「共同宣言」中に採り入れられなかった。ソ連の「ダメモト」策は成功しなかった。かりに同項の趣旨が「共同宣言」中に盛られることにでもなっていようものなら、後述するように、それは日本国内で大紛糾を呼んだことは間違いないし、日米関係にも深刻な影響を及ぼすことになったであろう。その意味では、この問題は今日の日ソ関係史研究者たちによって見過ごされているとはいえ、鳩山全権団がソ連式「ダメモト策」に乗らなかったことの重要さはもっと注目されてよい。

ただ、ではソ連側「第九項」提案に乗らなかったことの重要な意味が鳩山全権団によってしかと認識されていたかとなると、はなはだ心もとない。「国際問題及び原子力問題」でのソ連提案を断ったのは、鳩山全権団のモスクワ交渉において日本側が発した唯一の「ニエット」(＝拒否)だったと言ってよい。私はアデナウアー流の「直言主義」と鳩山全権団の「円満主義」という対比で書き進めてきたが、ソ連側「第九項」提案に対して発せられた「ニエット」だけは、そのかぎりで「円満主義」の枠組みに収まらない。しかし、だからと言ってそれは「直言主義」なのかと言えば、そうでもなかった。それはどういうことなのか。

72　松本本の叙述の混迷

先述したように、松本俊一本には一九五六年十月十五日付のソ連側「共同宣言案」の全文が収録されている。だから松本本が自身の筆による交渉経過叙述中でその「第九項」、すなわち「国際問題及び原子力問題」の項に触れ、同項が結局はどのように処理されたかを記述しているのは、当然のことである。ただし、その記述はミニマムであり、かつ、一読しただけでは何が述べられているのか不明瞭である。巻末に収録されている「附属参考資料」類と根気よく突き合わせてみてはじめて、何が言われているのかが分かる。具体的にその事情を述べよう。

松本による交渉経過叙述文中では、この問題への言及は二カ所で見られる。登場の順番で言えば、その第一は十月十七日の鳩山・ブルガーニン会談に関わるもので、そこにはこうある。敢えてその文章を省略なく示す。「まず鳩山総理から、新党議により領土問題について発言する必要が生じたと述べ、ついで国連加盟問題、抑留者問題、国際問題および原子力問題、大使館設置問題等につき、用意してあった書簡(附属資料20)を読み上げて、わが方の希望を申し入れた」(一四六ページ、カッコ内も原文。傍点は佐瀬)。ここに並べられている幾多の問題が、「国際問題および原子力問題」を除いては、結果的にいずれも「日ソ共同宣言」中に取り込まれ、処理されたことは、関心層の間でよく知られていると言える。だが、「国際問題および原子力問題」となると一体何のことやら見当がつかず、しかも、ここでの松本の叙述からは、それがどう処理されたのかは全く分からない。巻末の「附属資料20」に当たってみてようやく、それが十月十七日に鳩山が交渉の場で読みあげ、翌十月十八日付でソ連側に手交した書簡のことであり、その関連箇所がつぎのとおりであることが分かる。すなわち、「四、国際問題及び原子力問題については閣下はこれを日ソ間正常関係回復後に討議することとし、これらの問題を国交正常化を律する今回の共同宣言より削除されたいとの私の要請に同意された」(松本本、二一五ページ)。

ここでようやく、モスクワ交渉で鳩山が「国際問題及び原子力問題」に関するソ連側のなんらかの提案を「共同宣言」に入れることを拒否——とは言うものの文言としては「削除されたいと…要請」——したらしいとの見当がつく。それでも、この案件がソ連側のいかなる文書にいかなる文言で提示されていたのかは不明なのである。というのも、巻末の附属資料中に収録されてはいるものの、松本の叙述中にソ連側の「共同宣言案」についての言及が全く欠けているからだ。頭に靄がかかった思いで読み進むと、「共同宣言」文作成に当たった松本・グロムイコ間の「小委員会」でこの問題が処理された旨の記述に辿りつく。それはこうである。「ソ連案の中には、日本とソ連との間に、国際情勢全般にわたって議論を交わして見解の一致をみた旨の条項があったが、これは日本側の主張でドロップさせた」(松本本、一五〇ページ。傍点は佐瀬)。念のために言うが、鳩山・ブルガーニン会談は松本・グロムイコ「小委員会」会合よりも後に開催された。ところが、松本は後に開かれた会談を先に開かれた会合よりも先に置いて、記述している。これでは、分かる事柄も分からなくなる。

くどいようだが、それでもこの記述ではソ連が何を提案していたのかは、依然として分からない。そこで附属資料中の先掲のソ連側「共同宣言案」の各条項に一つ一つ当たって行って「第九項」に辿りつき、ああ松本が言っているのはこの文書の、この箇所のことなのだなとようやく納得する仕儀となる。私には松本がこの問題でどうしてこれほどまで分かりづらい叙述に終始したのか、その理由が理解できない。考えられるのは、松本がこの問題を重大視しなかったのだろうということだ。ソ連提案を「ドロップさせた」と書くだけで十分、と思ったのだろうか。いずれにせよ、いかなるソ連提案だったのかが不明であるだけでなく、ソ連提案の「共同宣言」への取り込みに反対した「日本の主張」がいかなる構成のものだったかも不明と言うのでは、松本本を分析的に読む者にとっては大いに不満が残る。

松本自身の記述ではないが、松本本の附属資料にはこの「国際問題及び原子力問題」について、さらに二点の文書資料が含まれている。その一つは、「一九五六年十月十八日付鳩山総理のブルガーニン首相あて書簡」(二一五—二一六ページ)の第四項であり、もう一点は翌「一九五六年十月十九日付ブルガーニン首相の鳩山総理あて返簡」(二一六—二一八ページ)の第四項である。前者、すなわち鳩山書簡の第四項とは、以下のとおり。「国際問題及び原子力問題についてはこれを日ソ間正常関係回復後に討議することとし、これらの問題を国交正常化を律する今回の共同宣言より削除されたいとの私の要請に同意された」。念のために言うが、日本側が同案件の「削除」を求めた理由はここでも不明。他方、この短い第四項の前半にはきわめて重大な文言が含まれている。それは、前掲の十月十五日付ソ連側「共同宣言案」第九項を——今回は「削除」するが——日ソ国交回復後には両国政府間で「討議する」としている点である。この重大性を理解するためには、上記ソ連側「共同宣言案」第九項を熟読する必要がある。この点については、すぐ後に再論する。

さて、もう一つの文書である「ブルガーニン首相の鳩山総理あて返簡」の第四項とはどういうものだったのか。

四、国際問題及び原子力問題に関する問題——私はわれわれとしてはこれらの問題については日本全権団と共通の接触点と共通の意見とを見出しうるものと考えた次第を指摘いたしました。われわれはもし両国政府がこの点を確認するならば、右のごとき決定は全人類に裨益するものと考えたのです。しかしながら、貴大臣がこれらの問題を共同宣言から削除しこれを日ソ間の正常関係回復後に討議の対象とすべきことを要請されましたので、われわれは貴見に賛成したのです(傍点は佐瀬)。

つぎのことが指摘できる。ソ連側は「共同宣言案」第九項を事前の両国間調整なく、突如として出してきた。つまり、もともと「ダメモト」提案だった。だから、日本側が同項「削除」を求めると、呆気ないほどあっさりと削除に同意した。ただ、心中、「シメシメ」の思いだったろう。なぜなら、日本側が国交正常化後にはソ連提案を討議してよいと言ってくれたからである。こんなに人のいい事前約束をしてくれる国家や政府が非共産圏世界にあるとは、モスクワにとり嬉しい驚きだったに違いない。

フルシチョフ第一書記の時代となってソ連は西側世界との「平和共存」路線を喧伝していた。ただ、それは「第三次大戦も辞さず」の対決路線ではなかったとはいうものの、「西側と仲良く」という趣旨では全くなかった。「平和共存」で戦争を回避することが「国際的階級闘争」でソ連にとり有利をもたらすとの分析が、その根底にあった。そのことは、一方でスターリン弾劾をやり、他方で「共存」を説いたフルシチョフのソ連共産党第二十回大会(一九五六年二月)での言動に明らかであった。また特に、同じ党大会でミコヤン第一副首相・党中央委幹部会員がソ連の対外関係原則に関して行った重要演説に照らして、モスクワの「平和共存」路線なるものの論理構成がどういうものであるかは明瞭であった。平和共存路線に立って戦争を、核戦争を回避してゆきさえすれば、「共産主義の思想は、おそかれ早かれ、すべての国民の心に通じ、全世界に確立されるであろう」というのであった(ミコヤン演説全文の日本語訳は、欧亜協会編『中ソ論争主要文献集』、一九六五年刊、九七五—九九二ページ、に収録)。つまり、モスクワが唱える戦争反対、核戦争反対に非共産圏諸勢力を少しでも多く同調させれば、その分、共産主義の勝利が近づくという考えであった。

「平和共存」を唱えるソ連の「平和攻勢」がそういう意図にもとづくものであることは、東西冷戦の下、西側諸国ではよく知られていた。だから西側諸国政府でこの「平和攻勢」に呼応するような政府は一つだになかった。そのことは、モスクワも先刻承知していた。そこでソ連の「平和攻勢」は西側諸国内部の「平和諸団体」に向けられ、「全人類に裨益する」提案としてかなりな程度に成果を収めた。日本に対しても同じはずであった。ところが、鳩山全権団が訪ソするや、クレムリンはその誘いを日本政府に向けてきたのである。この点で厳しく言うと、鳩山全権団は国内の「平和諸団体」なみと見られていたと言えなくもない。

鳩山全権団はクレムリンの「ダメモト」戦法に乗せられはしなかった。ただ、日本の全権たちがこの「ダメモト」戦法の本性を見抜いていたかどうかは、はなはだ疑わしい。それは何よりだった。「国際問題及び原子力問題」削除の経緯についての松本の叙述は、上述のようにすこぶる不得要領であった。鳩山および河野一郎の回顧談となると、そもそもそのような一件があった旨の記述が皆無なのである。三人の回顧に共通しているのは、鳩山訪ソに九カ月先んじたソ連共産党第二十回大会、あの世界を震撼した大事件の意味と、その国際政治への影響とを分析したらしい形跡が全く認められないという、信じ難い事実である。

73　「国際問題及び原子力問題」をめぐる松本・グロムイコ間のやりとり

ソ連側「共同宣言案」第九項の「国際情勢に関する幾多の重要な問題」と「核兵器及び熱核兵器の禁止」の問題。換言すると「国際問題及び原子力問題」をめぐっては、三人の全権の回顧録において記述らしい記述がないだけでなく、当時の新聞報道においても、この問題への注目は見られなかったし、事後的にもこの問題は尾を引かなかった。私見では、それには二つの理由がある。第一、とにもかくにも同項は「共同宣言」から「削除」された。だから日本国内で争点化しないですんだ。第二、上述のように鳩山はブルガーニン宛書簡で、日ソ国交正常化達成後にこの問題を両国間で「討議することとし」たけれども、国交回復直後に鳩山は政界引退し、後継政権（短期の石橋湛山内閣、ついで岸信介内閣）はこの問題に関心を示さなかった。つまり、日ソ国交回復後にこの問題は立ち消えたのである。

ただ、交渉結果だけではなく交渉姿勢にも強い関心をもつ私に言わせると、この問題はそれでお蔵入りしたのではなかった。日本側がいかなる理由を挙げて同項の削除を求めたのか、それに対するソ連側の対応はどうだったのか。それを知り得るためには、新たな文書資料が必要である。この願いは、当時の外交文書の一部が近年に開示されたことで、ある程度まで叶えられた。以下、その点について述べる。なお、以下の叙述には史資料的価値があると思われるので、引用文はおのずから長くなる。

まず、「共同宣言文」を協議する小委員会の長に松本、グロムイコが指名されたことは先述したが、その第一回会合（十月十六日）の議事録は解禁された（文書番号〇一―二〇五―四）。手書き稿で、開示に当たって幾箇所かに墨塗りが施されているが、問題の第九項関係には塗り潰しはない。これは公刊された資料ではないので、長いが関連箇所を省略なく引用する。そこで問題の第九項について松本は言っている。

…次は貴方案第九項に関する修正です。元来共同宣言は両国間の国交再開について必要な決定を盛ったものでありますが、貴方案第九項に掲げられてあるような問題を共同宣言に挿入することは適当でないと考えます。茲に提案されている問題は従来ロンドンの交渉でも、モスクワにおける交渉でも一回も取りあげられていない問題であり、国交正常化とは直接関係のないことであります。私としては、この種の問題は国交正常化の後で、話しあうべき問題で、今回の共同宣言からは削除した方がいいと考えますので、此の第九項は今回の共同宣言からは是非削除してほしいのであります（傍点は佐瀬）。

他の諸項をめぐっても双方の見解を述べ合ったあと、グロムイコは第九項問題でこう述べた。

次は第九条（項）です。日本側がこれを削除した理由は伺いました。しかし、ソ連が各種の国際問題につき意見の一致がある点と核兵器、熱核兵器の製造、実験、適用禁止の点の二つを取り上げていますが、日本側はそのいずれも取り上げる譯にはいかないというのですか（引用文中のカッコ内は佐瀬、なお、文中「適用禁止」とあるのは「使用禁止」の意味）。

これに対する松本の論述は長い。以下、その全文。

この点については先程も説明した通りでありまして、われわれが討議している共同宣言は日ソ国交正常化を目的としたものであります。現在の一般国際情勢には直接関係がありません。従って先つ（づ）この点について、此の共同宣言中に規定することは不適当と考えます。／他の点、即ち核兵器、熱核兵器、つまり原子力の問題に関する点はロンドンにおいても、モスクワにおいても、兎に角今日迄の両国国交正常化の交渉には全然無関係の問題です。／今回鳩山総理がモスクワに来られたのもロンドンの交渉およびモスクワにおける重光大臣の交渉の継続として来られたことは御承知の通りであり、従ってこの問題を国交正常化を目的とする共同宣言中に挿入することは適当でないと考えます。／日本側としてはこれらの点は国交正常化の後両国間に正常な外交関係が樹立された後で充分審議した上で双方の意見をとりまとむべきものと考えます（カッコ内および傍線は佐瀬。斜線は改行箇所）。

再びグロムイコ。

私共の考えでは、この共同宣言がこれらの問題に関係ないものとはいえないと思います。／例えば原子兵器の実験の問題を取り上げて見ましょう。日本の国会はこの問題につき決議案を採択し、各国議会にこれを送達しました。これに対してソ連邦最高会議はこれを支持する旨の決議を行っているのです。ソ連はこの事実を考慮に入れたのです。日本の全国民および国会が関心をもっている問題としてこれを挿入したのです。貴全権も御賛同のことと思いますが、ソ連邦はこの問題に関する関心において決して日本に劣るものではありません。それで両国の関心事として茲に取上げた譯であります。

そこで三たび、松本。

私も国会議員であり、この決議案の審議に参加しております。のみならず、私は広島の生れでありますから、大きな関心をもっております。それで貴次官の申される趣旨はよくわかるのですが、今回の交渉はロンドン交渉および重光、シェピーロフ間交渉の引続きであり、鳩山総理も日、ソ間国交正常化のためにモスクワに来られたのであります。総理の来莫(＝モスクワ訪問)についても種々問題があります際、共同宣言の中に、従来討議されたこともない、新らしい問題が織り込まれるといろいろ困難が生ずる虞もあり、鳩山総理とも相談したのですが、今回の共同宣言からは貴案第九項を削除するよう強く希望する次第です(カッコ内は佐瀬)。

この会合での第九項問題をめぐる日ソ双方の見解開陳はこれで終わっている。

74　「ダメモト」でも粘るソ連側

松本とグロムイコを長とする小委員会で、ソ連側「共同宣言案」第九項をも含んで共同宣言作成の作業が進められた翌日（十月十七日）の午後、鳩山と河野はブルガーニン首相をクレムリンの閣僚幹部会室に訪ね、大所高所から共同宣言文について意見を交わした。会談にはソ連側からミコヤン第一副首相が同席した。その手書きの会談記録は大幅に削除および墨塗りを施されたうえで、文書番号〇一—三〇五—六として解禁されている。ただし、この鳩山・河野とブルガーニン・ミコヤン会談の記録は、河野一郎秘書を務めた石川達男が二〇〇五年に『政治記者ＯＢ会報』に提供した会談記録中に含まれているので、外務省開示文書では削除されている前半部分をこれによって補って示すことにする。『ＯＢ会報』（第九〇号、平成十七年三月十五日）によると、鳩山は「日ソ共同宣言」文案について合計五点につき日本側の考えを述べたが、その第四点が「国際問題及び原子力問題」であった。その箇所は次のとおり。

鳩山　第四は国際問題および原子力の問題であります。ソヴィエト側の宣言案中、第九項はこの問題に触れております。日ソ間の国交正常化交渉は終始一貫して両国国交回復に関係ある点に限ってまいりました。私が当地へ参りました目的も、両国国交の回復に当たってこれまで十分審議され、合意された諸問題を、どういうふうにするかということを相談するためであります。でありますから、私はこれらの新しい問題は国交回復後になってから討議する方が適当かと考えますので、これは削除していただきたいと思います。

ブルガーニン　（うなずく）

鳩山の五点にわたる見解表明を受けて、ブルガーニンもソ連側見解を逐一述べ、鳩山発言の第四点につき、前掲の外務省開示文書によるとこう述べる。ブルガーニンに重ねるように、ミコヤン発言も記録されている。すなわち、

ブルガーニン
…第四にはわたくしの方の宣言案第九項の問題であります。すなわち国際関係および原子力に関するものでありますが、これを入れたのは実は日本政府にとって有益だと考えたからであります。われわれは両国の世論はこのような宣言を歓迎すると思っていたのです。ただこのことだけを考えていたので、他の意図もありません。しかし、日本側で希望されないというのなら削除することに同意いたします。

ミコヤン　ブルガーニンの言うようにお気に入らないのなら書かなくてもよろしい。しかしわれわれは、日本が原子爆弾の最初の犠牲になった国であり、原爆禁止を大声で国際間に叫ぶことができる国民だと考えている。各国国会中禁止決議をした最初のものは日本国会である。われわれは日本とは戦争状態にあったにも拘らず、日本国会の決議を受諾したのである。日本政府がソ連の案を受け入れることは日本国会の採択した決議を受け入れたこととなるわけである。／われわれは別に固執するわけではない。ブルガーニンのいったように削除してもよいが、どうして反対されるか腑に落ちないのである。

鳩山・河野（同時に）　いや、そうではない。
反対ではないのです。先程も申上げた通り、国交正常化後この問題を取上げたいと申上げているのです（傍点は佐瀬、カッコ内は原本）。

ブルガーニン　では削除いたしましょう。

十月十七日の鳩山・河野とブルガーニン・ミコヤンの間での上記の意見交換を受け、同日夕方近くになって松本・グロムイコ「小委員会」が会合、ここでも再度、第九項問題が議論された。第九項関係だけを再現する。

グロムイコ

…次は核兵器・熱核兵器の製造、実験、適用（ママ、今日的表現では「使用」の意味）の禁止に関する問題でありますが、昨日貴全権はこの問題は共同宣言中に盛り込まないようにとの御提案であった。鳩山総理もブルガーニン議長にたいし、この問題につき同様趣旨を申出ておられる。ソ連としては、この問題は両国民の重大関心事ですから挿入したのですが、日本側で削除したいという御意向なら削除しないでもありませんが、今一度御考慮願えませんか（傍点は佐瀬）。

松本

…次にソ連案の共同宣言第九項につきましては昨日の委員会で申し上げた理由で、又本日鳩山総理が親しくブルガーニン議長に申上げた理由で、日本側としてはこの際は共同宣言の中から、第九項を削除することを強く要望する次第です。しかし、内容については勿論反対すべき筋ではないので、外交関係回復後充分ソ連と隔意なき意見を交換したいものです。今回の交渉ではこれを取りあげたくないのです。御承知の通り今日行われている交渉は日ソ間の戦争状態を終結して正常な外交関係を回復するためのものであり、直接関係のない本問題は削除するよう強く要望いたします。先程鳩山総理から承ったところではブルガーニン議長もこの削除についての日本側の要望を受け入れられたと聞いています。我々の委員会も削除方決定するよう強く希望いたします（傍点は佐瀬）。

グロムイコ　削除することにいたしましょう。

以上で、交渉のテーブルを挟んでの「国際問題及び原子力問題」をめぐる日ソ双方のやりとりは終わった。そのうえで日ソ両国首相の十月十八日／十九日の書簡交換(前掲)をもって、日ソ共同宣言中に「国際問題及び原子力問題」の案件は採用しないことを相互に確認し合ったのであった。この過程で日本側がいかなる理由づけで同条項削除を求めたのかは、ここに紹介した解禁外交文書なしでは不明であった。当時の関係者たちがその荒筋さえも説明しなかったからである。鳩山全権団がモスクワ交渉で発した唯一の「ニエット」を、なぜ胸を張って国内向けに説明しなかったのか。理解し難い。

鳩山全権団がこの問題で「ニエット」を言ったのは、無論、正しかった。ただ、その「ニエット」の言い方にはやはり、鳩山全権団の「円満主義」が少しは働いていた。要するに日本側は、全体で一年半にも及ぶ交渉の中でついぞ持ち出されたことのない案件、しかも国交正常化問題と直接関係しない案件を、交渉妥結の前夜になって突然出してくるようなことは受け入れ難いとして、「共同宣言」への採用を拒否したのであった。ソ連側のこの出方自体は、モスクワが日本全権団をいかに御しやすい相手と見ていたかを示唆するものであろうが、それはさて措き、鳩山全権団が踏ん張ったことは良かった。そして、鳩山全権団がなすべきはそこまでであった。ところが、そこで持ち前の「円満主義」が発揮され、鳩山はこの問題を「日ソ間正常関係回復後に討議すること」に同意してしまった。それを受けてブルガーニンは、それが「全人類に裨益するもの」だからとの美辞麗句を弄して、それを日ソ国交正常化後の「討議の対象とすべきこと」だと鳩山に返書したのであった。ただ「ニエット」を言うだけでは失礼だし、良くない、と鳩山や松本は考えたのだろうか。

かりに国交正常化達成後に鳩山政権がなお存続したとして、モスクワが鳩山・ブルガーニン往復書簡を根拠に「国際問題及び原子力問題」での日ソ間協議を申し入れてきたら、どうだったろうか。国内的紛糾もさることながら、日米関係はただでは済まなかったであろう。米国と防衛政策面での条約関係をもつ国で、ソ連からのそのような誘いに応じようとする政府があろうとは、考えられなかったからである。鳩山政権が日ソ国交回復交渉に乗り出したこと自体、すでに米国に疑心暗鬼を呼んでいた。そのうえなお、国際情勢および核兵器問題の討議で日本政府はモスクワに引き寄せられるのか。当時のワシントンがそう読むことは疑いがなかった。それがそうならなかったのはひとえに、日ソ交渉妥結後に鳩山が退陣し、短命だった石橋政権のあと、岸信介政権が日米関係緊密化に乗り出したからであった。

第XVIII章

75 「日本人抑留者」とは?

ほぼ一年という時間差をもってまとまった西独と日本の対ソ国交正常化交渉だが、モスクワに対する両国全権の交渉姿勢には「直言主義」と「円満主義」という顕著な差があった。ソ連側はアデナウアー全権団を手ごわい交渉相手と見たのに対し、鳩山全権団を御しやすい相手と見た、と私は判断する。私のこの判断には二つの具体的根拠がある。その第一は、日ソ交渉の最終段階でソ連側が日本に対して突如、「国際問題及び原子力問題」なる事案を持ち出し、それについて「意見を同じくしている」旨を「日ソ共同宣言」に盛るよう提案してきたことであった。「円満主義」の日本側全権団も、さすがにこの虫のいい提案を受け入れはしなかった。西独に対してはモスクワはそんな提案を持ち出そうとさえしなかった。この第一点は前章で扱った。第二の具体的根拠は、「捕虜・抑留者問題」での独ソ間、および日独間のやりとりに見られる顕著な差である。本章ではこの第二点を扱う。

日本にとっても西独にとっても、シベリア抑留同胞の早期帰国は大戦終結以来、切実な問題であった。とくに戦後十年も経過してソ連との国交回復の気運が生まれると、日本にとって抑留者帰国問題は、領土問題と並んで最優先の解決を求められることになった。この問題で、一九五四年暮の鳩山政権発足以前の日本政府は、日ソ国交がないからと言って外交的に無為に終始したのではなく、すでに吉田茂政権時代に、未加盟国ながらも国連を通じて間接的に問題解決を訴える努力を忘れなかった。それは、どういう努力であったか。

私の手許に、国立国会図書館・調査立法考査局が一九五五年十月に作成した『日ソ国交調整問題基礎資料集』がある。三十年ほど昔に古書店から入手したものだ。その作成時期よりして、動き出した日ソ国交樹立交渉用の参考資料として役立ったことが明らかである。そこには、「日本人抑留問題」として「一九五一年五月十四日附国際連合総会議長宛外務大臣書簡」以下、吉田政権時代の貴重な文書資料が収録されている。因みに、上記「書簡」の署名者は「外務大臣・吉田茂」である。吉田が外相を兼務していたからである。ここに収録されている諸文書を読むと、吉田政権時代に日本政府が抑留邦人問題でどのような論旨を展開していたかがよく分かる。荒筋だけを示す。

前記の吉田外相書簡はまず、ソ連の国連代表が五〇年十二月、同年四月二十七日のタス報道に依拠して「つとに日本人捕虜の送還は完了したといい、またソ連政府は本問題に関し秩序をたてて正式の資料を発表したと言明した」（傍点は佐瀬、以下同じ）旨を指摘。が、直ちにこう異論を唱える。すなわち、それは「日本政府の承知している事実乃至数字と著しく相違している」。「ソ連側のいわゆる『正式の資料』はそのいずれに於てもソ連軍の支配下に入った一般邦人の数とか情報についてなんら述べていない」。

翌五一年六月、「外務大臣　吉田茂」は再び国連総会議長宛に書簡を送り、ソ連がソ連には「（日本人）戦犯を除いては、抑留日本人はいない」（カッコ内は佐瀬、以下同じ）と主張していることに、日本側調査にもとづき改めて反論。しかも「ソ連における日本人捕虜の待遇」に関して、ソ連が取っている措置は――ソ連が調印している「捕虜の取扱いに関する一九四八年八月十二日のジュネーヴ条約」に照らして――「人道にもとるのみならず、国際法違反の行為」だと断ぜざるを得ない、と述べた。以上は、上記『資料集』の二〇八―二一七ページに依拠している。

この『資料集』には、鳩山政権が日ソ交渉に乗り出して以降の文書も一点、収録されている。一九五五年六月十七日付の外務省情報局発表文書「ソ連地域の邦人送還問題について」がそれで、その結論部分にはわけてもこう述べられている。「日本政府としては日ソ交渉が既に開始されているこの際、ソ連側が真に国交正常化の誠意を有すとせば、戦犯の名を冠せられると否とを問わず、これらのすべての抑留邦人が即時かつ無条件に釈放送還せられることを強く期待しており、また状況不明者についてはさらに綿密な調査が遅滞なく実施せられ…ることを期待している次第である」(同上、二一九ページ)。

いま、ここで抑留者帰国問題の歴史そのものを辿ることはしない。私が指摘したいのは、上記諸引用中の傍点部分が物語るように、日本政府がこの問題では当初からソ連の言う「捕虜」、「戦犯」等の概念適用に疑念を抱きつつ、どう見てもこの種の概念に該当しない抑留軍人、一般抑留者といったカテゴリーをも重視していたし、ソ連側が口を閉ざしてきた「状況不明者」の運命にも無関心でおれなかったという点である。この日本政府の態度は当たり前すぎるほど当たり前の態度だったと言うべきだろう。では、数次にわたった日ソ交渉の場で、この問題で日本側はモスクワに対しどう迫り、どういうかたちで決着をつけたか。

時間的順序を逆にして、国交正常化交渉を締めくくった「日ソ共同宣言」の該当条項をまず眺めてみよう。第五項がそれで、その全文は次のとおり。「五、ソヴィエト社会主義共和国連邦において有罪の判決を受けたすべての日本人は、この共同宣言の効力発生とともに釈放され、日本国へ送還されるものとする。／またソヴィエト社会主義共和国連邦は、日本国の要請に基いて、消息不明の日本人について引き続き調査を行うものとする」（傍点は佐瀬、文中の／は改行箇所）。ここに明らかなように、日本で「抑留者問題」と呼ばれたものについて、「共同宣言」には(イ)ソ連で「有罪判決を受けた」者と、(ロ)「消息不明」者の二つのカテゴリーしか見出すことができない。ところで、鳩山訪ソの時点で日本人抑留者とはこの二種に尽きるものだったのか。

76 「抑留者帰還」の手順問題

私が最も注目するのは、鳩山全権団が訪ソ時にこの問題でどのような姿勢を示したかであるが、その考察に入る前に準備作業としてつぎの事柄を確認しておかなければならない。

鳩山にとって、抑留者の帰還問題こそは日ソ交渉で最優先解決が図られるべきものであった。鳩山『回顧録』を読むと、そのことがよく理解できる（たとえば同書、一七八ページ）。ために鳩山の意を受けて第一次、第二次のロンドン交渉に臨んだ松本俊一全権は、（当初に追求した）日ソ平和条約締結による国交正常化に先立って、まず抑留者帰還問題を解決しようと努力した。その証拠とも言うべき文書が、第一次ロンドン交渉で松本がマリク全権に手渡した一九五五年八月十六日付の日本側「平和条約案」である（同案は松本本、一八六―一九〇ページ）。そこに「抑留者」問題に関する条項が含まれていないのは、言ってみればそれが「抑留者帰還をまず実現して、それから平和条約を締結する」との発想の所産だったからである。

ところが、日本側が期待したそのような「事前履行」に応ずる用意は無論、ソ連側にはなかった。「日本人捕虜の送還は完了した」といった類いのスターリン時代の公式言辞とは裏腹に、ポスト・スターリン期のモスクワにとって抑留者問題は、日本に国交樹立を呑ませるうえで重要な交渉カードだったからである。モスクワのこの姿勢は、一九五五年九月の西独・ソ連間国交正常化交渉でも明瞭であった。アデナウアー全権団はソ連抑留ドイツ人の迅速な帰還と引き換えに独ソ国交樹立に応じたのであった。この事例を目の当たりした松本はやがて、「国交回復と引換えに抑留者問題を解決」するほかないと判断を変更するにいたった（松本本、五八ページ）。やがて、この「平和条約による国交回復と交換の抑留者引揚げ」という取り引きは、河野一郎訪ソ（五六年五月）時のブルガーニンによる「アデナウアー方式」推賞の影響で、重光全権団のモスクワ交渉の失敗のあと、「平和条約によらず、共同宣言方式での国交回復との交換で抑留者即時帰還」という考えに取って代わられることになった。

以上が、鳩山全権団訪ソ以前に見られた国交正常化問題と抑留者問題との関係の概観である。この間、松本の関心はもっぱら両問題解決の前後関係をどう設定するかに向けられていたようであって、未帰還抑留者の「カテゴリー問題」――つまり、「捕虜」、「有罪者」、「一般抑留者」、「消息不明者」など――でさほど頭を使った形跡は見られない。鳩山にいたってはこの点で一層鷹揚であった。すでに「共同宣言方式での国交樹立と交換での抑留者帰国の実現」という線で腹を決めた鳩山は、自らの訪ソを閣議決定したその日（五六年十月二日）、首相談話でこう述べた。「戦後十幾年かを經て、今なお異境に抑留されている數多くの人達とその家族の心情を察する時斷腸の思いであります。…抑留の是非や責任論などの理くつを超越して、一刻も早くこれら犠牲者達の歸還の實現を計ることこそ、政治家の任務であると思います」（『鳩山一郎回顧録』一九八―一九九ページ。傍点は佐瀬）。

もともと抑留者帰還問題を平和条約締結に先んじて解決したいと望んでいたほどの鳩山政権であるから、松本俊一、マリクの両全権によるロンドンでの日ソ交渉の滑り出しから数えてもすでに一年四カ月が経過してなお未解決だったこの問題を「一刻も早く」解決したいと考えたのは、無理からぬところだった。ただその際、鳩山が「抑留の是非や責任論などの理屈を超越して」とまで述べてしまったことは、少なからず問題であった。なぜならそれは、それまでの日本政府の姿勢に少なくもとつぎの二例で合致するものではなかったからである。

第一例として、それは、先に示した一九五〇年代初頭の吉田茂政権時代の抑留者問題に関する主張とは明らかに食い違うものであった。吉田政権は、日本側として日本人抑留者問題でのソ連側の公式言辞を承服しがたい旨を、未加盟国の身でありながら国連の場で訴えたのであった。もっとも、この第一例については、それは吉田政権時代のことなのであって、吉田と激しく対立して政権の座についた鳩山が吉田路線を修正して新方針を打ち出したまでであり、それをそれほど問題視するには当たらないのではないかとの見方もあり得よう。では、次の第二例はどうか。

先述したように、鳩山の意向を受けて全権として日ソ交渉を手掛けることになった松本は、第一次ロンドン交渉(一九五五年六月初頭—九月中旬)でも第二次ロンドン交渉(五六年一月—三月)でも、平和条約締結に先んじて抑留者問題が解決されるべきである旨を、ソ連側に対して説いた。すなわち、松本自身の回顧によると、第一次交渉では早い段階で松本は交渉の基礎となる七項目をソ連側に示し、その第一項目で、「本交渉開始とともにソ連政府が残留日本人の送還を開始し、出来うる限りすみやかに残留者全部の無条件送還を完了すること、及び抑留日本人に関する一切の情報を提供することを要望する」と主張したのだった。しかも松本は追い撃ちするようになお、「右の七項目のほか、(1)の抑留日本人の送還に関する問題については、日本において抑留者遺族の団体の強い要望もあり、私としてはほとんど交渉の全期間を通じて、この問題を優先的に切り離して解決することを強く要望したのであった」と記している(松本本、二九—三一ページ)。

このような記述に照らして、この段階で松本がスターリン時代のソ連側主張——「つとに日本人捕虜の送還は完了した」——の反真実性を自明の前提としていたことは明白である。ただ、以上の記述からだけでは、松本が「抑留者」に関してどのような概念構成をもってソ連側に問題解決を迫ったのかまでは、明らかでない。しかし、第二次ロンドン交渉に赴いた松本は、五六年一月十七日のマリク全権との「第十六回会談」において、こう述べたと記述している。いわく、「日ソ間の戦争状態は、ソ連側の中立条約侵犯によるもので、日本軍は一度もソ連に侵入したことはない。このことはソ連の欧州における戦争と根本的に事情を異にしている。抑留諸外国人中日本人こそは最も早く帰国せしめられるべきものと考える。ソ連側リスト以外で残留しているものについては、早急に調査送還ありたい。さらに死亡者は日本側の推定によれば五万に達するが、ソ連側から通報を受けたものはわずか六名に過ぎない。ソ連側は国交回復に関する誠意を具体化し、本問題を交渉のかけ引の具として使うことなく、至急一切の残留日本人を釈放送還されたい」（松本本、七七―七八ページ）。

厳密に言うと、この記述からも松本がソ連の用いてきた抑留者カテゴリー――「捕虜」、「有罪者」など――にどう反応したのかは、やはり明らかではない。だが、「日ソ間の戦争状態は、ソ連側の中立条約侵犯によるもの」、「日本軍は一度もソ連に侵入したことはない」などの言辞に照らして、松本がソ連に対して正面から「物申す」態度を取ったことは疑えない。その意味で、抑留者帰還問題で松本は吉田政権時代からの方針を踏襲しようとしていたと見て、大きな狂いはない。それは松本の個人的考えに基づくものではなく、大きく言えば鳩山内閣の、より厳密に言えば松本に訓令を発した重光外務省の方針であるはずであった。

ところが、いざ自分で訪ソし、国交正常化を交渉すると決意した鳩山は、抑留者問題でソ連に「物申す」どころか逆に、「抑留の是非や責任論などの理屈を超越して」と「物分かりのいい」姿勢を事前に明示してしまったのである。その結果、鳩山全権団によるモスクワ交渉では、この問題はまことに不可解な経過を辿って、先掲の「共同宣言」第五項に見る表現に行きつくことになる。その経過を辿ってみよう。

77　鳩山全権団は「抑留者」概念論争を断念した？

鳩山が自ら訪ソ意志のある旨をブルガーニン・ソ連首相宛に書き送った一九五六年九月十一日以降、「抑留者問題」で両国間にどのようなやりとりがあったかを、交換され、かつ発表された外交文書類を手掛りに、順次眺めている。

○鳩山が訪ソに先立って、ブルガーニンに宛てた五六年九月十一日付書簡。鳩山は「領土問題に関する交渉は後日継続して行うことを条件とし」て、モスクワ交渉では、「(一)両国間の戦争状態終了、(二)大使館の相互設置、(三)抑留者の即時送還、(四)漁業条約の発効および(五)日本国の国際連合加盟に対するソ連邦の支持の五点について」、ソ連が同意する場合に「交渉に入る用意がある旨」を通報した。

○この鳩山書簡に対する同九月十三日付のブルガーニンの鳩山宛返簡。ソ連邦政府は鳩山提案に即応して「平和条約を締結することとなしに」、日本側の挙げた五項目にそって「ソ日関係の正常化に関する交渉」に応じる用意を確認した。が、その際、鳩山提案中の問題の第三項だけはこう書き換えられていた。いわく、「三、ソ連邦において刑を宣告された、すべての日本国民の釈放および送還」。

両国首相のこのような書簡交換のあと、松本俊一全権がいわば先遣隊としてモスクワに派遣され、ソ連外務省のグロムイコ第一外務次官と事前交渉、そして有名な松本・グロムイコ往復書簡が交換される。そこでは両国の正式の全権団による交渉の結果、外交関係が再開された後においても「領土問題を含む正式の平和条約に関する交渉」が継続される旨を相互に確認した。しかし、その際、なぜか双方は「抑留者」問題についてはともに言及しなかった。そのあと、鳩山全権団はモスクワ入りし、正式の国交回復交渉が始まる。その第一回正式会談は十月十五日に開かれ、両国首相はそれぞれに冒頭陳述を行なう。その際、「抑留者」問題はどう扱われたか。

○五六年十月十五日のブルガーニン首相の冒頭陳述。ソ連首相は前記の両国首相の交換書簡で「われわれの間に相互理解が成立し、日ソ間の外交および善隣関係回復の基礎が事実上すでに打ち立てられた旨」を述べはしたものの、「抑留者問題」についてはなんら言及しなかった。これに対して、

○同日の鳩山首相の冒頭挨拶。鳩山は自身のモスクワ訪問に至るまでの経緯を要約的に述べたうえで、上記九月十一日付のソ連首相宛書簡で示した五項目につき再度言及した。その第三項目はいうまでもなく、「三、抑留者の即時送還」であった。因みに、この冒頭挨拶で鳩山は、両国全権団の間で「円満なる交渉が行われ、双方に円満のゆく解決に到達しうることを念願する」と述べた。

同日、ソ連側はソ連側の「共同宣言案」を日本側に手渡し、これに対して翌十月十六日、日本側は日本側の「共同宣言案」をソ連側に手渡した。それぞれの案文で「抑留者問題」はどのように記述されていたか。

○十月十五日のソ連側提案「共同宣言案」。その第五項の表現はこうであった。「五、ソヴィエト社会主義共和国連邦において有罪の宣告を受けたすべての日本人は、この共同宣言の発効とともに釈放され、日本へ送還されるものとする」。これに対して、

○十月十六日の日本側提案「共同宣言案」。その第五項の表現はこうであった。「五、ソ連邦において有罪の宣告を受けたすべての日本人は、この共同宣言の効力発生と同時に釈放され、日本国へ送還されるものとする。ま

た、ソ連邦は、日本国の要請に基いて、消息不明の日本人について引き続き調査を行うものとする」。

既述のように、十月十七日には鳩山・ブルガーニン会談(河野全権も同席)が行なわれ、その際に鳩山はブルガーニン宛に、また翌十九日にはブルガーニンが返書として鳩山宛にそれぞれ書簡を発した。そこでの「抑留者問題」の取り扱いは次のとおり。

○十月十八日付の鳩山のブルガーニン宛書簡。両国全権団が扱った五項目に関して言及するかたちで、「私は昨日の閣下と私の会談は左記の内容を有したものと解しています。(一、二、は省略)

三、ソ連に残留中の本邦人の送還問題については閣下は消息不明の者の調査を引き続き行われたいとの私の要請に対し同意を表された。(四、五、も省略)」

○翌十月十九日付のブルガーニン首相から鳩山首相への返簡。前日の鳩山書簡中の五項目を復唱するかたちで、とくに上述の第三項につき、「三、日本人の送還問題——私は有罪の判決を受けた軍人ふ虜を含むすべての在ソ抑留日本人を日本に引き渡すため措置する旨を声明いたしました。／われわれはまた、われわれが日本側に交付したリスト中に含まれていない日本人の発見(ウイヤヴレニエ)のため手配すべき希望に関し共同宣言のテキストに追加することに同意いたします」(カッコ内は日本側作成訳文中にあり。傍点は佐瀬)。

以上が、鳩山全権団の訪ソ時に「抑留者問題」に関連して日ソ両国間で交わされた文書類に見られる文言のすべてである。これらはすべて、松本俊一全権の回想『モスクワにかける虹』の巻末に「附属参考資料」として収録されている。これらの文書が書かれるに至った背後には無論、両国全権団の間で口頭による交渉があった。その点についてはすぐに触れるとして、交換された文書類を一瞥するだけですでに指摘できる重要事項がある。それは、鳩山が十月十五日の「冒頭挨拶」で「抑留者の即時送還」と言いながら、同日にソ連側から手渡された「共同宣言案」中に「(ソ連で)有罪の宣告を受けたすべての日本人」とあるや、従来わが国の内部ではそのような文言で議論がなされたためしがなかったにも拘らず、翌十六日にソ連側に手渡した日本側「共同宣言案」ではすんなりとこのソ連側文言を受け入れていたことである。それは、知られている限りで、口頭での交渉なしでの一方的な受け入れであった。日本側全権団がやったことはと言えば、そのうえで、「消息不明の日本人について引き続き調査を行う」ことをソ連側に「要請」したことだけであった。そしてブルガーニンは日本側のこの「要請」を受け入れてみせたのである。「抑留者」の内容をめぐる文言合戦はなきに等しかったと言える。

長い間、「抑留者」概念問題では、これだけのことしか分からなかった。鳩山や河野一郎の回想は大雑把なものだったし、松本の回想が唯一の手掛りで、そこからも以上のことしか判明しなかったからである。交換された文書以外に、口頭での交渉の記録は読めなかった。それが読めるようになれば、もっとはっきりとした事情が摑めるはずだ。私はそれを望んだ。それは今日、可能となった。

第XIX章

78 「会談記録」で判明した口頭でのやりとり

鳩山首相訪ソ時に「日本人抑留者問題」をめぐってどのような交渉があったかについては、前章に「77 鳩山全権団は『抑留者』概念論争を断念した?」で示した以上のことは、長い間、摑みようがなかった。簡単に言うと、この問題で日ソ両国全権団が交した文書に残された記述がすべてであり、文書作成にいたるまでの口頭交渉の内容は不明であった。それは、口頭交渉を行なった鳩山一郎も河野一郎も、それぞれの回顧録中で具体的なことをなぜか書き残さなかったからである。また、もう一人の全権であった松本俊一は、すぐ後に見るように、鳩山訪ソ以前の時期についてはこの問題で注目すべき記述を残しているのに、この問題に決着をつける肝心の鳩山訪ソ時に限っては口頭交渉について沈黙を守ったのである。

しかし、二〇〇五年三月に至って、それまで秘められていた鳩山訪ソ時の両国全権間交渉の会談記録が『政治記者OB会報』に発表された。このことによって、「抑留者問題」をめぐり、両国全権間にどのような口頭でのやりとりが交されたかが、ある程度まで明らかとなった。この「会談記録」によって確認できるのは、つぎのような事柄である。

まず第一に、十月十六日付の日本側文書「共同宣言案」がなぜすんなりと第五項で、前日にソ連側が出してきた文書「共同宣言案」中の文言、すなわち「ソ連邦において有罪の宣言を受けたすべての日本人」の釈放という文言を受け入れたのか、その事情は依然不明である。それは日ソ間の口頭による交渉の結果ではなく(この時点でその種の交渉はまだ始まっていなかった)、従ってソ連側案文受領後の日本側全権団の内部協議の結果だったはずだが、その内部協議に関する記録は——当然存在するだろうが——公開されていない。想像するに、この問題でソ連側と文言合戦を戦うことは止めて、「消息不明者」についての「調査」継続をソ連側に「要請」するだけにとどめようとの方針で、全権団内部の意志統一が図られたものと思われる。

ここで、十月十六日には日本側全権団内部で抑留者問題についても協議が行なわれたはずであり、この内部協議に関する記録もあるはずだとの推測につき、若干補論しておく。当時随員を務めた後年の重光晶駐ソ大使は、一九九五年に『産経新聞』の取材を受けて次のように答えている。『産経』の関心は、当時の日本の国連加盟問題での交渉はどうであったかにあったのだが、それに対して重光は言う。「われわれにとってはシベリア抑留者帰還の方が大問題で、それに議論の大半を費やした。だから加盟問題は議論にならなかったと言ってもいいぐらいだ。そりゃ日本側の案で出したし一項目にも入った。そして『加盟を指示する。ただし、共同宣言を批准してから』というのがソ連側の主張だった。しかし、こっちも『もっと早くしてくれ』とか『無条件で』とか言うほどの暇がないんだよ、抑留者問題で」(『産経』一九九五年十一月十日付、〔戦後史開封〕(四五二)国連加盟〔四〕)。

重光晶の記録からは、抑留者問題に関する限りなにが、どのレベルで議論されたのかが明瞭でない。おそらくは、松本とグロムイコの下に置かれた「小委員会」での十月十六日の議論を指すのであろう。この「小委員会」記録は、今日では一部墨塗りが施されて公開されているが、抑留者関係部分は元本どおり読むことができる(外交史料館、解除文書番号〇一―三〇五―四)。ただし、この「小委員会」で厳しい応酬はなんら交わされていない。「共同宣言」第五項が、ソ連文言どおりの前段と日本側の要望した「消息不明の日本人」調査に関する後段とで構成される旨で了解がなったことだけが記録されている。とすれば、重光晶の言う抑留者問題での忙殺とは日本全権団内部での議論を指すものにほかならない。全権団内部の協議に関する記録は存在するのかどうか不明で、いずれにせよ読めない。ただ、鳩山が抑留者問題では「理くつ」を争わずの大方針を日本出発前に打ち出していたのだから、全権団内部で盛んな議論があったにせよ、それは「消息不明者」の件でグロムイコがその存在を改めて否定する際に備えての反論準備の類いでしかなかったことだろう。

第二に、同じ十月十六日のフルシチョフ第一書記とのさしの第一回会談で、河野全権は「抑留者問題」につき若干言及した(「若干」というのは、河野の主たる関心は「領土問題」にあったから)。前記「会談秘録」によると、河野はつぎのように述べている。

河野　…昨日いただいた議定書、共同宣言の二つをよく検討した。／お話の通り、領土以外は非常に満足すべきものである。／ただ、抑留者についてソ連の名簿以外の人の調査をしていただきたいとの日本国民の希望なので、その点を書き加えられたい。…

これに対するフルシチョフ発言。

フルシチョフ　抑留者については私の知っている限りでは、実際分かっている者についてはリストは渡してあるのだ。あなたが強く要望されるならばあなた方の立場を救うため、もう一度調査をやり直すということにしても差し支えないと思う。しかし、重ねて言うがソ連にはもうリスト以外にはだれも残っていないのだ。残っていることが分かればいつでもこれを日本へ送還することにしている（傍点は佐瀬、以下同じ）。

そのあとの河野、フルシチョフのやりとり。

河野　今言われたようなことを文書の中に書き加えていただけたら幸いです。

フルシチョフ　これは反対はないと思う。あなた方は、国内事情もあるということだが、われわれの方は残っている者は全部返している。…死亡者もあるだろうが…この点ははっきり申し上げておく。

以上のやりとりに見られるように、フルシチョフとの直接交渉で河野は、前日にソ連側から提示された「共同宣言案」第五項中の文言、すなわち「ソヴィエト社会主義共和国連邦において有罪の宣告を受けたすべての日本人は、この共同宣言の発効とともに釈放され、日本へ送還されるものとする」については一言半句の論評をも加えることをせず（つまり、それをそのまま受け入れ）、ただ「消息不明者」の「調査」の件を書き加えてほしいと要請しただけであった。フルシチョフとしては、河野がソ連側原案中の文言自体には最早異議を唱えなかったのであるから、追加的に行方不明者についての「調査」要請を受け入れることには何の抵抗も感じなかったはずである。

そして翌十月十七日午後、鳩山・ブルガーニン会談（河野、ミコヤン第一副首相同席）で鳩山が前々日提示のソ連側「案文」に言及、「抑留者問題」についてはつぎのようなやりとりが展開された。まず鳩山。

鳩山　…第三の点は抑留者に関するものであります。あなた方の宣言案中には抑留日本人の送還について記されていますが、日本側では河野君が私の代わりに十六日フルシチョフさんに会ってご賛成をいただいた通り、あなた方の案文の次に「また、ソ連邦は、日本国の要請に基づいて、消息不明の日本人について引き続き調査を行う」ということを付け加えさせていただきたいと思います

ブルガーニン　（うなずく）

鳩山の五点にわたる論述を聞き終えると、ブルガーニンは各点につきソ連側の見解を述べた。「抑留者問題」に関するブルガーニン発言はこうであった。

ブルガーニン　第三には日本人の問題である。われわれはソ連に残っている日本人捕虜を返すため出来るだけのことをいたしましょう。消息不明者について書き加えることを受諾いたしましょう。

鳩山　ありがとう。

79　そもそもからの虚偽ではなかったか

鳩山・ブルガーニン間の以上のやりとりから判明するように、鳩山もまた前日の河野同様に、ソ連において「有罪の宣告を受けたすべての日本人」というソ連側文言について一言半句の異論も唱えなかった。いや、唱えられるわけがなかった。もしこの場で鳩山が異議を唱えたりしたなら、それは鳩山による河野批判、したがって日本側全権団内部での不一致を意味したはずだからである。こうして十月十七日のこの鳩山・ブルガーニン会談をもって「抑留者問題」に関しては決着はなり、合意が達成されたはずであった。ところがそうではなく、まだおまけが残っていた。それは、翌十月十八日の河野・フルシチョフ第三回会談で判明する。この第三回会談は、日ソ国交正常化後に「領土問題を含む平和条約の締結」のための交渉を継続するという日本側「共同宣言」案文から「領土問題を含む」の文言を削除するようフルシチョフが頑強に主張し、やむを得ず河野がそれを日本側全権団に持ち帰ることになった会談として有名である。が、その点でのやりとりが終わったあと、「公開秘録」によると河野・フルシチョフ間では「抑留者問題」をめぐりなお次のような一幕があった。

河野　もう一つお願いがあります。（フルシチョフちょっと緊張）／実は東京から言ってきている。／漁業者約百名ほどがソ連に抑留されているのだが、この際調印したら、両国関係を友好にするために釈放していただきたい。

フルシチョフ　よろしい。私は政府で釈放方努力することを確言します。その他リスト外の抑留者についても日本側の要請により調べた結果、若干の日本人（ここでフェドレンコが『ごく少数の』と脇から口添えする）…ごく少数の…を発見したので、本人らが希望すれば日本へ返します（カッコ内は原文、傍点は佐瀬）。

このやりとりは極めて奇妙と言うほかない。と言うのも、上述したように、フルシチョフが河野に向かって、「ソ連にはもう（残留日本人）リスト以外にはだれも残っていない」とか、「われわれの方は残っている者は全部返している」とか言い張ったのは、この第三回会談のわずか二日前のことであったからだ。しかも、一日前の鳩山・ブルガーニン会談ではソ連首相は「消息不明者」発見についてはまだ何も語っていない。ならば、河野との第一回会談後、フルシチョフが直ちに「消息不明日本人」の調査を部下に命じたので、その一日半後ぐらいには早くもフェドレンコ外務次官がリスト外の「ごく少数の」日本人抑留という新しい調査結果を握ったと言うのか。これは極めてありそうにないシナリオである。しかも、フルシチョフはこの「朗報」を河野との第三回会談でいそいそと自分のほうから披露したのではない。上のやりとりが示すように、それは、河野が新たに「漁業者約百名」の釈放を要求したので、それを応諾したフルシチョフがほとんどその序でにとでも言えそうなかたちで付言したまでであった。

河野・フルシチョフ間のこの極めて奇妙なやりとりの背後には、おそらくつぎの真実があったのではないか。すなわち、「日本側に渡してあるリスト外の残留日本人は居ない」とのソ連側主張は、最初から虚偽だった。最初からソ連側は、より多くの残留日本人の存在を把握していた。しかし、それを早々と認めてしまう必要はない。「調査をしたら、新たに残留者が発見された。無論、その残留者たちも、本人が望めば日本に帰国させる」と答えて、交渉上の不利は生じない――。私がこれこそが真実ではないかというのは、ほぼ一年前にアデナウアー西独首相をモスクワに迎えたとき、ソ連側はこの戦法を取っていたからである。同じ戦法をモスクワは日本に対しても適用したまでではないか。

ただし、これに対する日独の対応姿勢は二つの点で大きく違っていた。第一には、残留者数把握の難易度という点で、日独間には大きな差があった。ドイツの場合、抑留民間人の多くは歴史的にソ連・東欧地域に定住していたので、抑留後の事情把握も比較的容易だった。また、抑留軍人たちはほとんどが戦闘地・ソ連内で捕虜になったのであって、捕虜として遠距離から抑留キャンプまで強制移動させられた例は少なかった。だから、その把握もさほど困難ではなかった。他方、日本の場合、民間人たると軍人たるとを問わずそのほとんどが満蒙の地からシベリアへと遠距離強制移動させられたのであって、途中の事故や病没も多く、日本国内からは生存者の把握、抑留地の確認にも困難を伴った。その意味で日本の方が悪条件下にあったので、その点を責めてみても意味はない。

第二には、日独の対ソ交渉者の姿勢の違いである。アデナウアーも鳩山もともに抑留者の全面帰国を実現して対ソ国交樹立を果たした点では同じであろう。ただ鳩山はみずからの訪ソ決意を語った五六年十月二日の首相談話で——すでに示したように——いみじくも、「抑留の是非や責任論などの理くつを超越して」可及的すみやかに抑留者の帰国を実現すると述べていた。国際法に照らしての抑留の是非とか違法行為の責任論といった「筋」論は、この際、問わないというものであった。これに対してアデナウアーは——すでに示したので反復は避けるが——敗戦国の指導者でありながらソ連指導者の前でも「筋」は曲げられぬと考え、かつ、そう振舞ったのであった。彼は、抑留者に関するドイツ側調査に基づきソ連側主張はウソだと述べた。手を焼いたソ連側は結局、むにゃむにゃと自説を撤回した。鳩山や河野はソ連首脳に対して、「抑留者数に関して日本側の掌握しているところに照らして、ソ連側の主張は疑わしい」とは一度も言わなかった。ひたすら「再調査」を懇願し、「早速再調査してみたら、リスト外の抑留者がごく少数発見された」とのできすぎた答を得たのである。

80　松本はなぜ沈黙に転じたか

モスクワ交渉に臨んだ鳩山・河野のこの流儀との関連で、もう一点、どうしても指摘しておきたい記録がある。それは、松本俊一が回想『モスクワにかける虹』に残した抑留者問題に関する記述である。私は先刻、松本は鳩山訪ソ時の抑留者問題の扱いについては自分の考えを何も述べていないと書いた。それはそのとおりなのだが、松本本にはそれ以前の一九五六年一月のいわゆる「第二次ロンドン交渉」で、自分が日本側全権として抑留者問題でどういう態度をとったかにつき、次の記述が残されている。

…私は一月十七日の私とマリク全権との間の第十六回会談で、まず引揚者問題を取り上げた。そして次のように書いている。

「日ソ間の戦争状態は、ソ連側の中立条約侵犯によるもので、日本軍は一度もソ連に侵入したことはない。このことはソ連の欧州における戦争と根本的に事情を異にしている。抑留諸外国人中日本人こそは最も早く帰国せしめられるべきものと考える。ソ連側リスト以外で残留しているものについては、早急に調査送還ありたい。さらに死亡者は日本側の推定によれば五万に達するが、ソ連側から通報を受けたものはわずか六名に過ぎない。ソ連側は国交回復に関する誠意を具体化し、本問題を交渉のかけ引きの具として使うことなく、至急一切の残留日本人を釈放送還されたい」(松本本、七七―七八ページ)。

一読にして明瞭なように、これは鳩山、河野が訪ソ時に取った戦法、すなわち「抑留の是非や責任論などの理くつを超越して」という「円満主義」的なアプローチとはひどく違う。抑留者問題に関しても日本全権として最低限度、言うべきは言うという姿勢である。それは、吉田政権時代に日本政府が――未加盟ながら――国連に向けて主張していたところと、ほぼ軌を一にしていた。その松本が九カ月後に鳩山全権団の一員として三たび日ソ交渉に臨んだときの抑留者問題をめぐる両国間のやりとりにつき、自分なりの記述を何ら残さなかった奇妙さは、いったいどう理解すればよいのか。

推測するほかないが、松本は意図的に沈黙を守ったのであろう。沈黙しない場合、松本には「抑留の是非や責任論などの理くつを超越して」という鳩山、河野流を是認するか批判するかのいずれかしかない。批判すれば全権団内部の不一致を語ってしまうことになる。逆に率先是認したら、では九カ月前のマリク全権に対するタンカはどこに失せたのだ、と非難される。鳩山、河野あっての松本なのだったから、この際、松本は文字どおり「黙認」するほかなかったのであろう。

私は抑留者問題で鳩山全権団はソ連指導部に対し「抑留の是非や責任論などの理くつ」を、少なくとも一度は正面から持ち出すべきであったと考える。鳩山、河野としては、そんなことをしては話がこじれ、「抑留者全員の一日も早い帰国実現」に支障が生じ、下手をすれば国交回復にも悪影響が及ぶと考え、「円満主義」を貫いたのだろう。そしてこの「円満主義」はそれなりに実を結んだ。しかし、私に言わせると、鳩山全権団が抑留者問題でもっと「理くつ」に拘っても、この問題の解決は遠のくことはなかったはずである。そのことは、一年先んじたアデナウアー西独首相訪ソの先例に照らして、ほぼ間違いない。アデナウアーは抑留者問題での「理くつ」に大いに拘りながら、その解決に成功したのだった。昨今のドイツの研究では、当時のソ連指導部はドイツ人抑留者帰国問題では東独政権との関係もあってボンに歩み寄る方針をほぼ固めていたとの説が有力で、当時のアデナウアーの対ソ「直言主義」の効果に対する幾分冷ややかな評価も出ているほどである。が、その点はとも角、鳩山全権団は「アデナウアー方式」で日ソ国交樹立を達成したと言いながら、抑留者問題をめぐる交渉態度の点でもアデナウアーとは極めて対照的な「円満主義」に終始したのであった。

「日ソ共同宣言」は、批准を必要とすることが第10項で定められていた。批准国会では、平和条約問題および北方領土に関する第九項が議論を呼ぶことは予想されていたが、抑留者帰国問題を扱う第五項の文言、「ソヴィエト社会主義共和国連邦において有罪の判決を受けたすべての日本人」をめぐっても紛糾する可能性があった。と言うのも、鳩山流の日ソ国交回復方針に最も批判的だった吉田茂前首相は、一九五六年七月に全権としてモスクワに赴いた重光葵外相に激励かつ注文の書簡を送り、抑留者問題についてこう書いていたからである。「捕虜、未帰還問題も長きに亘り、抑留するが不法にして、戦後九年、戦犯に藉口して拘束するの不法不正を世界の世論に力訴すべく、哀訴嘆願すべきにあらず」（同書簡は、吉田茂『回想十年』第四巻、新潮社、一九五八年、一八五ページ以下に収録）。与党・自由民主党内の吉田派は、まさにこの見解を持っていた。

ために政府としては、この点でも批准国会に備える必要があった。そこで外務省は短時間のうちに厖大な想定問答集を用意した。当時のこの「極秘」文書、すなわち「日ソ共同宣言関係擬問擬答」は先年、「秘密指定解除」されたので、今日、外務省外交史料館の史料として読むことができる（文書番号、〇一―九九八―一）。その第一九問から第二五問までが「共同宣言」第五項関係であるが、私が問題視してきた点を扱っているのは想定問答第二四問である。その問答はつぎのとおり。

問　「有罪の判決を受けたすべての日本人」うんぬんと規定していることは、ソ連による判決をその訴追事由のいかんを問わずわが国が承認したものであるか。
答　この規定は、単に現実の事実を述べたにすぎず、この事実に該当する者の釈放、送還を定めたものであるから、所問のごときことはない。

これは典型的な肩すかし答弁というべきであろう。抑留中の日本人がソ連で「有罪の判決を受けた」ことは事実であり、第五項規定はその事実だけを記述しているに過ぎない、と言うのである。「所問のごときことはない」とは、ソ連側の挙げる訴追事由が正当であろうと不当であろうと、わが国がそれを承認したことにはならない、ということである。これで辛うじて、「なぜ不当な訴追事由まで承認したのか」との非難はかわすことができる。ただ、「では不承認なのか」と問われると、この「政府答弁」では苦しくなるはずであった。

81　抑留者問題の後日譚

繰り返すが、日本政府はもともと、ソ連抑留者問題ではソ連政府の主張に異議を唱えていた。だから、敗戦後十一年、訪ソした鳩山首相は日本側主張の「筋」を通すべきだった、と私は考える。ただ鳩山全権団はこの問題での交渉方針を転換して、円満、穏便に解決を目指すことにした。そして解決に到達した。「円満主義」は、少なくとも失敗ではなかった。鳩山、河野の戦法は、その意味では功を奏した。そのこと自体は評価されるべきであろう。

ただし、やや長い目でみるとつぎのような側面があったことも忘れてはならない。その第一は、帰国した抑留体験者たちの間でやがて反目が起こり、抑留期間の補償問題をめぐって対立する二つの民間団体が結成され、政府を悩ませることになったという事実である。つまり、鳩山訪ソは抑留者問題を日ソ間では解決した。が、日本の内部はその後遺症に悩んだのである。両国全権団が調印した「日ソ共同宣言」第五項で日本側はソ連において「有罪の判決を受けたすべての日本人」というソ連側提示の文言になんら留保をつけることなく、これを受け入れ、「消息不明の日本人」についてのみ引き続いての調査を要請するにとどめた。ついで同第六項で、ソ連が「一切の(対日)賠償権を放棄する」一方、両国は「(一九四五年九月八日のソ連の対日開戦以来の)戦争の結果として生じた」国、団体、個人の相手方に対する「すべての請求権を、相互に、放棄する」と約した。

「抑留者」の多くは抑留自体が不当だと考えていた。不当な抑留に対する補償要求が起きるのは当然である。また「抑留者」の内容は、ソ連側の言う「捕虜」、「有罪判決を受けた戦犯」から非軍人の民間抑留者に至るまで、すこぶる複雑である。ところが、「日ソ共同宣言」で読むかぎり、同宣言にもとづく帰国者は「有罪の判決を受けた日本人」か、あるいは新たに発見される「消息不明の日本人」かでしかない。本来が複雑な要素を単純に括ってしまったことが、やがて反目し合う二つの抑留者団体を生むことになった遠因の一つである。抑留者の早期帰国を熱願した鳩山首相にとって、帰国した抑留者たちがやがていがみ合いを演じることとは、残念至極であっただろう。

ドイツでは、アデナウアー訪ソで抑留者帰国が実現したあと、帰国者たちが対立する二団体に分かれていがみ合うといった悲しい光景は生まれなかった。一つには、既述のように、独ソがなんの合意文書も作成することなく、この問題を解決したからであった。ソ連指導部の「誓いの言葉」だけを拠りどころとしたアデナウアーに諫言を試みた全権団構成員もいたが、結果的にはアデナウアーの読みが優ったのであった。もう一つには、アデナウアー政権が国全体にわたるきわめて大規模な「戦争負担調整法」の法体系をつくり、ソ連からの帰国者に対する補償問題をもその枠組みの中に組み込んだからである。だから、話半分として聞いても、帰国した抑留者たちはアデナウアーへの感謝を語りつづけた。一九五七年の総選挙でアデナウアー率いるCDU／CSU(キリスト教民主・社会同盟)はドイツ選挙史上空前絶後の単独過半数を獲得するが、いずれの史書を見ても、抑留者帰国問題でのアデナウアー流の成功が大勝の主要因として挙げられている。

鳩山流の抑留者帰国問題解決に第二の留保を付すべきである理由は、つぎの事実にある。一九九一年末にソ連邦が消滅したあと、九三年十月十一日から十三日まで継承国家・ロシアのエリツィン大統領が訪日した。この機会に日露首脳間で重要な合意文書「東京宣言」が署名されたのであるが、エリツィン大統領は日本滞在中にいくども、「(日本人)シベリア抑留問題を(ソ連)全体主義の悪しき遺産と位置付けると共に、ロシア政府・国民を代表して、この非人間的な行為に対して謝罪の意を表明」(十月二十五日の日露首脳共同記者会見における細川首相の冒頭発言)した。これで、大戦後にソ連が抑留者問題との関連で唱え続けてきた「捕虜」とか、「有罪判決を受けた戦犯」とか、「極く少数」を除けば「残留日本人はいない」とかの言い草には根拠がなかったことが明らかになった。日本側の主張こそが正しかったと確認されたのだが、それまでの四十八年間に日本側の主張が翳ったときが一度だけあった。言うまでもなく、モスクワ交渉に臨むに当たって鳩山首相が「抑留の是非や責任論などの理くつ」にこだわらないとの交渉戦術を取ったときが、それであった。

エリツィン露大統領の訪日から十一年後の二〇〇四年三、四月、民主党所属の谷博之参議院議員が政府に対して「シベリア抑留問題に関する質問主意書」、「再質問主意書」を提出した(第一五九国会質問主意書第九号および第一八号)。二度にわたる質問主意書の主たる狙いは、長期抑留体験者に対する補償問題についての政府見解を問うことであった。ただ、そのための順序として谷議員は設問二として、「旧ソ連が、武装解除した捕虜を不当に移送し、長期間抑留し、無報酬の強制労働を強いたことは…国際法に反する重大な人権侵害であった。この違法行為の事実を政府が認識したのはいつからか」と質問していた。この質問では「共同宣言」第五項第一段が「捕虜」に関する規定であるかのように捉えられているが、質問者のこの理解の当否はここでは問わない。

政府答弁はこうであった。「いわゆるシベリア抑留は、人道上問題であるのみならず、当時の国際法に照らしても問題のある行為であったと認識しており、『日本国軍隊ハ完全ニ武装ヲ解除サラレタル後各自ノ家庭ニ復帰シ平和的且生産的ノ生活ヲ営ムノ機会ヲ得シメラルベシ』とするポツダム宣言第九項に違反したものであったと考えられる。／我が国政府が具体的にいつからかかる認識を有するに至ったかを特定することは困難であるが、我が国政府は、終戦直後より旧ソヴィエト社会主義共和国連邦（以下「旧ソ連邦」という）の事実上の支配下にある地域において終戦を迎えた邦人の安全に重大な関心を払い、これらの邦人を早期に帰還させるべく、我が国の外交権が連合国総司令部により全面的に停止されたという困難な状況下で、種々の活動を行った」。そして、その「種々の活動」の例として、鳩山政権下での日ソ国交回復交渉なこの問題での「累次にわたる困難な交渉」が挙げられた。再質問主意書に対しても、政府は同趣旨の答弁を行なった。

これで、その認識の発端はともかく、日本政府は、ソ連による多くの日本人の「シベリア抑留」を「当時の国際法に照らしても問題のある行為であった」との認識を早い時期から有していたことを確認したのであった。この確認内容自体は、当然すぎるほど当然の事柄であった。鳩山政権にもこの認識があっただろうことを、私は疑わない。ただ、残念なのは、この当然の認識が鳩山訪ソ時には肝心のソ連に向けて明確に語られなかったことである。

82　半世紀前の渡辺善一郎論文

鳩山全権団が抑留者問題で採った「円満主義」に対する私の批判は、ここまでにしておこう。ただし、本章を閉じるに当たり、八カ月ほど前に気づいた事実にだけは触れておきたい。

第IX章で私は、訪ソしたアデナウアーが抑留者問題でソ連側の独善的、かつ事実歪曲的な主張に猛然と嚙みつき、自分の見解を述べて一歩も引かなかったことを紹介した。その際に述べたように、このアデナウアー発言はドイツではその年のうちに印刷されて誰でも読むことができたのだが、日本では当時、そのことに気付いた人がいなかったのだろうと私は考えていた。が、それは私の勘違いであった。実は『毎日新聞』の渡辺善一郎記者が一九五六年の夏前に欧州取材の旅に出た際、ボンでこの独ソ交渉記録を読み、この「アデナウアーの反論」を『中央公論』五六年八月特大号に紹介していたのである。それは、重光外相訪ソが実を結ばず、鳩山が自分の訪ソを最終決断する直前の、きわめて重要な時期のことであった。この古い渡辺論文の存在を知ったのは、のちに抑留期の補償請求問題で抑留体験者が対立する二組織に割れ、論争していた過程を私なりに復習していたときのことである。

抑留体験者の筆になるおびただしい出版物のうち、少なくともつぎの二文献には、上記渡辺論文への言及とかなり長い引用が含まれている。すなわち、志田行男『シベリア抑留を問う』(勁草書房、一九八七年)と石崎誠一『シベリア抑留者』(全貌社、一九九七年)である。二人の著者はそれぞれ、アデナウアーの毅然たる主張を高く評価している。そこで私も早速、半世紀前の渡辺論文を読んでみたが、そこには拙論第Ⅸ章で述べたのとほぼ同じ評価がすでに語られていた。

当時、少なからぬシベリア抑留体験者が共感を込めて読んだと思われる渡辺善一郎記者のアデナウアー外交紹介論文を、鳩山は、河野は、松本は、そして彼らへの助言者たちは、読まなかったのであろうか。それとも、読んでなお、自分たちはアデナウアー流とは違う「円満主義」をとるのだと決意したのだろうか。

第XX章

83　鳩山外交は米国にとり望ましかったか、うとましかったか

本稿もいよいよ最終ストレッチに差しかかる。そこでどうしても触れておかなければならないのは、日独それぞれにとって対ソ国交正常化交渉と、両国にとり死活的重要性をもった対米関係とが無理なく両立するものだったのかどうかという点である。逆に言えば、東京とボンそれぞれの対ソ交渉を眺めるワシントンの眼が好意的であったかどうか、である。

まず日本から始めよう。吉田、鳩山という戦後日本の二代にわたる保守政権は、ソ連との冷戦に臨む米国政権、わけてもアイゼンハワー・ダレス政権にとっては、それぞれに好ましい面と苛立ちを感じさせる面とを持ち合わせていた。吉田茂首相はなんと言っても親米、あるいは親アングロ＝サクソンの外政家で、だからこそダレス外交と提携してサンフランシスコ平和条約を仕上げたし、当時の日本の安全を米国に委ねる(旧)日米安全保障条約をも締結した。ただ吉田には、戦後日本の弱体な経済を理由に、ダレスの再軍備要請を拒絶する頑固さがあった。

他方、鳩山は追放期間中の身でありながら、一九五一年二月に訪日中のダレス特使(まだ国務長官に就任していなかった)と会い、「自由を護るという國民の熱意が日本國内で足りないこと」、「日本は赤の侵略を防ぐに十分な國力を備える必要があること」を語っていた。つまりは吉田とは逆に日本再軍備必要論を唱えたのである(『鳩山一郎回顧録』、八七ページ、九一―九二ページ)。その上で翌五二年九月に追放解除。政界復帰の第一声で――既述

のように——憲法改正(再軍備)と日ソ交渉の必要を力説したのである。憲法改正、再軍備の側面は、米国政権にとり疑いもなく歓迎できるものであった。だが、日ソ交渉への熱意を隠そうとはしない鳩山は、ワシントンには要警戒と映っていた。

鳩山は米国との安全保障上の結びつき(鳩山用語では「集團體制」)が必要であることを否定しなかったが、しかし、だからと言って吉田のように向米一辺倒の外交をよしとしたわけではなく、自主外交志向をもっていた。米国は米国で、サンフランシスコ平和条約で日本の独立を認めた以上、日本の自立外交を正面切って批判はできないが、さりとて対ソ冷戦の文脈からは、実質的な保護国であるはずの日本が西の陣営の結束を乱しかねない自立性を発揮することを許容できるはずがない。こう見るならば、鳩山政権の日ソ国交回復交渉は、これを日米関係の文脈でみると、保護者と被保護者という非対等者間の奇妙な相互牽制のゲームとなっていたと言うべきだろう。

アイゼンハワー・ダレス米政権が鳩山政権の日ソ国交正常化志向に対して放った最も強烈な牽制球は、一九五六年九月七日付の対日「覚書」であった。同日にダレス国務長官が谷正之駐米大使に手交したこの「覚書」(その原文は *Foreign Relations of the United States, 1955–1957*, Part 1. Japan, p. 226に収録)の全文和訳は、今日では外務省の発行する『われらの北方領土』の各年度版に必ず収録される。今日の外務省の記述では、この米国務省「覚書」は北方領土問題での「我が国の立場を支持しています」となっている。だから今日の読者は、「それは対日牽制球ではなくて、日本頑張れの応援歌ではないか」と訝るだろう。しかし、上記の外務省文書が米国は「我が国の立場を支持」と書いているのは、北方四島の帰属関係について言っていることに過ぎず、米国側覚書の全体についての評価ではない。しかも、同覚書発出当時においては、四島は「常に固有の日本領土の一部をなしてきたもの」という米国側認識の表明さえもが、対日応援歌であるのか対日牽制であるのか、にわかには判断がつきかねる代物なのであった。

84　米国の五六年九月七日付・対日「覚書」

米国覚書は、「最近のロンドンにおけるダレス国務長官との会談に際し、重光外相からなされた要請に応じて」、米国側が検討した結果を日本に伝えるものだ、と書き出されている。その重光・ダレス会談とは、重光全権によるモスクワ交渉が不調に終わったあと、引き続いてロンドンでのスエズ問題会議に出席した同外相がダレス長官と重ねた二回にわたる日米外相会談（一九五六年八月十九日および二十四日）を指している。このとき重光はモスクワ交渉の不首尾――ソ連側の領土問題での拒否的態度、加えて刀折れ矢尽きて「二島返還で交渉決着」を決意したところ、東京からの拒否――で傷心状態にあった。そこで八月十九日にダレスに事情を話してみたところ、取りつく島がなかった。ダレスは不機嫌で、サンフランシスコ平和条約第二十六条を楯に取って、もし日本が領土問題でのソ連案を受諾する場合には、米国も（当時まだ未返還の）沖縄の併合を主張し得ると述べたのである。二十四日の再度の会談ではダレスの不機嫌は直っていたが、言葉使いはどうであれ、ほぼ九月七日付覚書と同趣旨の考えを示した。

ただ重光自身はこの件について何も書き遺してはいないと思われる。後年に伊藤隆、渡邊行男編で刊行された『続重光葵手記』（中央公論社、一九八八年）には、モスクワでの日ソ交渉からロンドンでのスエズ問題会議の時期についての「日記」が収められているが、ダレス長官との会談に関してはなぜか一切記載がない。何も書き残したくない気持ちがよほど強く働いたのだろう。関連記録も公開済みの外務省史料中には含まれていない。もっとも、米国側ではこの両国外相会談の概要記述文書は公開済みである。また、日本側でもとくに一回目の重光・ダレス会談内容は報道陣の知るところとなり、大きく報道されひどく物議を醸した。それもあって、モスクワにもロンドンにも同行した松本俊一は回想『モスクワにかける虹』で、ダレスとの第一回会談の場から戻った重光の悲痛な告白をこう伝えている。「ダレスは全くひどいことをいう。もし日本が国後、択捉をソ連に帰属せしめたなら、沖縄をアメリカの領土とするということをいった」(同書、一一七ページ)。

ロンドンでの重光・ダレス会談から九月七日付米国覚書にいたるまでの過程をより詳細に追跡したものに、久保田正明『クレムリンへの使節――北方領土交渉一九五五―一九八三』(文藝春秋、一九八三年)がある。久保田は『産経新聞』特派員として重光外相のモスクワ、ロンドン訪問に同行、重光自身や全権団からの取材をもとに日ソ交渉と日米外相会談との関係を分析している。久保田も指摘していることだが、二回の日米外相会談でのダレス発言と九月七日米国覚書とを並べてみると、米国側の言葉使いはかなり軟化し、ことと次第では米国の「沖縄領有もありうるぞ」との直接的な「脅し」の側面は後退している。とは言え、変化した修辞の背後にあるサブスタンスについては、変化がないと言ってよい。

私見では、米国「覚書」には日本外交にとり三つの意味合いがある。(1)支持ないし支援、(2)叱咤、(3)牽制である。「覚書」は七段構成であるが、(1)の「支持ないし支援」に該当するのは、(イ)第三段の「いわゆるヤルタ協定なるものは、単にその当時の〔米英ソ・三国〕首脳が共通の目標を陳述した文書に過ぎない」し、「領土移転のいかなる法律的効果を〔も〕持つものではない」とのくだり、および(ロ)第六段の「択捉、国後両島は(北海道の一部たる歯舞群島及び色丹島とともに)常に固有の日本領土の一部をなしてきたものであり、かつ、正当に日本国の主権下にあるものとして認められなければならない」とのくだりである(引用文中の〔 〕内は佐瀬、( )内は原文)。この二点のうち(イ)は日本自身の主張ではなかったが(日本の主張は、ヤルタ協定は日本が加わって作られた協定ではないから、日本を縛らない、というもの)、日本にとり有力な追風となるものであった。(ロ)は文字どおり日本の主張であった。欲を言えば、日本のため米国はもっと早くこの(ロ)の結論を表明すべきであった。

⑵にいう「叱咤」の側面とはなにか。それは第二段に関係する。第二段は、「米国政府は、日ソ間の戦争状態は、正式に終了せしめられるべきものであると信ずる。元来この戦争状態は、ソ連邦がサンフランシスコ平和条約の署名を拒否した一九五一年当時から、つとに終了せしめられていなければならなかったものである。日本はまた日本が加盟の資格を完全に有する国際連合に久しい以前から加盟することを認められていなければならなかった。さらにまた、ソ連邦の手中にある日本人捕虜は、降伏条項に従って久しい以前から送還されていなければならなかったのである」というものであった。一読にして明らかなように、それは日本に対してと言うよりソ連に向けられた批判であった。だが、ではなぜそれが日本に宛てられた「覚書」に盛られたのか。と考えると、それが、日ソ交渉に臨む日本に向けられた叱咤にほかならないことが理解できよう。戦争状態終了、国連加盟、在ソ抑留者の帰国などの諸点で、日本は正論を曲げるな、というのであった。

問題は⑶の「牽制」の側面である。残る第四段、第五段、第六段がそれに当たる。第四段は、対日平和条約は日本が放棄した領土の「主権帰属を決定して」いないし、主権帰属の問題は対ソ平和条約とは「別個の国際的解決手段に付せられるべきものとして残されている」と述べていた。これを受けて第五段は、「いずれにしても日本は、同条約で放棄した領土に対する主権を他に引き渡す権利を持っていない」と釘を差すものであった。では、その権利を欠く日本が「放棄した領土に対する主権」を他に引き渡すあかつきにはどうなるのか。第六段の登場である。すなわち、「それは、米国の見解によれば、サンフランシスコ平和条約の署名国を拘束しうるものではなく、また同条約署名国は、かかる行為に対してはおそらく同条約によって与えられた一切の権利を留保するものと推測される」（傍点は佐瀬）。

問題は、第六段のこの傍点部の抽象的な文言の意味である。重光・ダレス第一回会談に関する報道を読んだ者にとっては、それがサンフランシスコ条約第二十六条の規定にかかわる言い回しであることは疑いようがなかった。八月十九日の重光との会談でダレスは同条を挙げて、日本が領土交渉で対ソ譲歩に踏み切る場合の米国の「沖縄領有」の可能性に言及していたからである。第二十六条には、「日本国がいずれかの国との間で、この条約の定めるところよりも大きな利益をその国に与える平和処理又は戦争請求権処理を行ったときは、これと同一の利益は、この条約の当事国にも及ぼされなければならない」との規定が含まれていた。対日講和条約への署名を拒否したソ連だけが、いま日本との交渉で日本が放棄した千島列島および「樺太の一部」に対する領有権を獲得するという「利益」を得るのなら、既署名国が「これと同一の利益」を得るのは当然ではないか、というわけであった。

このように、沖縄や第二十六条への名指しの言及というどぎつさは消えたものの、対日「牽制」というサブスタンスは「覚書」においても不変であった。それが今日のように、米国「覚書」は日本の立場を「支持」していると外務省文書に記述されるようになったのは、次の理由による。「覚書」にはもともと、(1)対日支持ないし支援、(2)叱咤、(3)牽制といった三側面があって、そこから(1)の側面のみを引用すれば、「支持」文書と映るのは当然である。それにも増して重要なのは、第二次大戦で米国によって占領された沖縄・小笠原の対日返還がその後に実現してしまったので(小笠原諸島は一九六八年四月、沖縄は一九七二年五月)、ことと次第では「沖縄領有」といったかつてのダレスの「脅し」が今日では「牽制」効果を失っていることである。それでも、「いずれにしても日本は、同(サンフランシスコ)条約で放棄した主権を他に引き渡す権利をもっていない」との「覚書」第四段が、今日でも日本に釘を差していることに変わりはない。

さて、以上長々と一九五六年七月の米国「覚書」問題にかかずらわってきたのは、それが鳩山政権による日ソ交渉と日米関係とのかかわり状態をあますところなく浮き彫りにしていると思われるからである。約言すると、鳩山政権は吉田前政権の親米路線を批判して日ソ国交回復という自主外交を自負するあまり、米国がそれにどう反応するかという点では無頓着であった。ソ連と厳しく対立しつつ日本をおのれの保護下に置いていると考えていた当時の米国が被保護者のひとり歩きに厳しい目を光らせていたのは、当然であった。ダレスの「脅し」や上記の米国「覚書」は、鳩山訪ソの直前になって突如生まれたものではなかった、紙幅の関係で詳論は避けるが、それらにかなり長い伏線があったことは、今日では広く知られている。ここでは、鳩山政権内部で知米、親米をもって任じた——それゆえ、鳩山、河野とはソリが合わなかった——重光外相が、ダレスとの二度の会談のあとに吐いた「繰り言」を、久保田正明の前掲書から引用するにとどめる。いわく、「状況は非常に複雑になってしまった。だからアメリカからあれこれ言われないまえに(二島返還で手を打って、日ソ平和条約を)モスクワで調印しておけばよかったのだ」(久保田前掲書、一六六ページ。カッコ内は佐瀬)。久保田はこれを重光から直接聞いたものと思われるが、重光のこの「繰り言」は、裏を返すと、日ソ国交回復をめぐって日米間の意思疎通がいかにお寒い状態にあったかを暴露している。

85　アデナウアーは米国の信用を得ていた

アデナウアーの訪ソと当時のワシントン・ボン関係とはどういう関係にあったか。要点のみを列挙するにとどめるが、第一に西ドイツは、米国を含む西側三国による国家的承認を得ていたが、しかし、講和後の日本とは違って主権を完全に回復してはいなかった。戦勝西側三国が幾多の面でドイツの主権を制限していたのである。信じられないかもしれないが、ドイツ(西ドイツではない)が主権を完全に回復したのは、冷戦が終わり、米英仏ソ・戦勝四国と「二つのドイツ」とが結んだ一九九〇年九月の「ドイツ最終規制条約」においてである。アデナウアーが訪ソを決意したのは、それまで欠落していた主権事項のうちでも最重要な国防主権の回復(一九五五年五月)が成ったことによってである。それまで、アデナウアーはソ連に顔を向けようとはしなかった。国防主権の回復が決まったので西ドイツは再軍備に着手、そのうえで同年五月六日にＮＡＴＯ（北大西洋条約機構）に加盟した。この過程でアデナウアーを督励したのは、米国のダレス外交であった。

第二に、つぎの点が重要である。アデナウアーはダレス外交と二人三脚を組んだからこそ、訪ソに乗り出すことができた。米国との事前の調整を重ねて、アデナウアーは親米政治家としていわばダレスの信用を得ていた。ただ、誤解を避けるために言うが、当時のアデナウアーの親米性とは、それが自国の国益に適うとの確信から出ていた。言い換えると、国益に適わぬと判断する場合には、親米ではなくなるということだ。後年、アデナウアーはそれを実践した。一九六一年にケネディ米政権が「ベルリンの壁」出現を座視し、むしろ米ソ共存の模索に走ったとき、アデナウアーはドイツ問題解決の熱意を米国が失いはじめたと判断、フランスのド・ゴール大統領に接近、「ドイツのゴーリスト」と呼ばれることも怖れはしなかった。要するに、前後十三年に及んだアデナウアー外交は「ドイツ問題の解決を断念しない」という国益観に貫かれていて、それが一九五〇年代のワシントン・ボン間の「目的あっての蜜月」を成り立たせていたのであった。

第三に指摘すべきは次の点である。この時期にアデナウアーが迷わず米国との二人三脚を選択したのは、正解であった。西側三戦勝国のうち英国とフランスが邪険にあしらわれたわけではないが、この両国には米国がボンに提供した最重要なもの、つまりドイツの安全を保障する能力に欠けていた。ＮＡＴＯ加盟後は形式的にはこの西側同盟が西ドイツの安全を保障するのだが、実質的にはそれは米国による保障にほかならなかった。自国の再軍備着手と米国軍事力による後ろ盾があってこそ、アデナウアーはクレムリンでソ連指導部と渡り合えたのである。

このような背景の下で実行されたアデナウアー訪ソに対しては、西側三国は事前になんら懸念の表情を示さなかった。少なくとも懸念を表明することはなかった。いや、正確を期そう。少なくともつぎの一点を除いては。

つまり、上に述べた第一点だけが曲者であった。かりにアデナウアーが自国の不完全な主権国の地位を忘れ、「全体としてのドイツ」に関する戦勝国の留保事項を無視してソ連と取引きする場合、西側三国、分けても米国の逆鱗に触れる可能性がなくはなかった。これは、すでにサンフランシスコ平和条約を締結して国際法的に独立を回復していた日本とは、全く事情が違う点である（日本の場合と若干似ているとすれば、前述した平和条約第二十六条の留保条項を挙げられようが、問題の深刻さには大差がある）。

86　ボーレン米大使の罵倒とアイゼンハワー大統領の理解

アデナウアーは、自分の訪ソが米国の信頼を得ていると考えていた。ところが、モスクワでの交渉の第三日（九月十二日）のあと、嵐がやってきた。既述のようにこの日、アデナウアーは抑留者問題でソ連の不誠実な対応に業を煮やし、一旦は会談決裂を決意、帰国の航空機の手配まで命じたのだが、クレムリンが態度変更に出たので、夕刻に空気は一転、ドイツ人抑留者全員の帰国（ただし、その旨を謳う外交文書は作成せず、ソ連側指導者の「誓約」の言葉だけが頼り）と引き換えに、両国は国交を樹立するとの合意達成が見通せることになった。同夜、その旨が西ドイツ全権団の一員であるブランケンホルン（当時は駐NATO大使）によって西側三国の駐ソ大使に説明された。このように、訪ソ中にもアデナウアーは三国との関係を重視していたのである。

だが、三国大使はこの説明に納得しなかった。なかんずく米国のチャールズ・ボーレン大使はほとんど激怒した。アデナウアーの裏切りだと言うのである。要するに、西ドイツ首相は抑留者の早期帰国を望むあまり、ドイツ問題で毅然たる態度をとらず、ソ連との間に外交関係を開いてボンとモスクワに大使館の相互開設に踏み切る決意らしいが、その場合、モスクワには東西「ふたつのドイツ大使館」が出現するわけで、それは「ドイツ再統一の断念」で、「全体としてのドイツ」に対する責任という四国合意に逆らう行為だ、と息巻いたのであった。ボーレン大使の怒りはそれだけでは鎮まらず、その日のうちに米国国務省に宛ててアデナウアー罵倒の電文を送った（同電文は、*Foreign Relations of the United States, 1955–1957*, vol. 5, p. 579に収録）。一国の大使が友邦の指導者をこれほどに痛罵した類似例を私は知らないが、とりも直さずそれは当時の米国・西ドイツ関係がいかに圧倒的に保護者・被保護者関係にあったかを裏書きする。被保護者に裏切られた――と感じた――保護者の怒りは、しばしば常軌を逸する。

ただし、紹介すべき事柄はこれですべてなのではない。より重要な部分が残っている。ボーレン大使が激昂した夜が明けて九月十三日、つまり独ソ会談第四日の会議開催前、こんどは同大使がアデナウアーを宿舎に訪問、アイゼンハワー大統領からの個人的伝言を伝える書面を手渡した。そこにはこうあった。「アイゼンハワー大統領は連邦首相（＝アデナウアー）をその決意へと導いた諸理由を理解し、かつ尊重いたします。大統領は、どのような決断が下されようと、連邦首相を支持いたします」（『アデナウアー回顧録』（原著）、Ⅲ–p. 547. カッコ内は佐瀬）。自国の現地大使がモスクワでのアデナウアーの言動にどのように不信の目を向けていようと、米国大統領は西ドイツ首相を信頼していたのである。

ボーレン大使の面目は丸潰れといってよかった。この件がよほど腹に据えかねたと見えて、同大使は後年、その回想録（Charles Bohlen: *Witness to History 1929–1969*, 1973）の「共存・東と西」の章でたっぷり二ページを費して（pp. 385–387）、アデナウアーの訪ソ自体を批判している。彼は書いている。「ソ連の主目標がドイツ分断の形式を整えるため、ボンとの完全な外交関係の設定であったという点で、私の心中にはなんの疑いもなかった」。この筆致にはどこか、自分の予測の正しさを誇りたいような雰囲気がある。

それはボーレンの回顧録の出版が一九七三年だったからではなかろうか。アデナウアーはソ連との国交樹立に当って、それが西ドイツのドイツ単独代表権というボンの法的立場の変更を意味しない旨を述べた一方的書簡をソ連首相宛に発出していた（この点については既述）。つまり、「二つのドイツ」論を拒否したのである（ボーレンはこの点には全く触れなかった）。が、一九五五年秋のボンのこの立場表明にも拘らず、それから十五年も経過すると、つまり一九七〇年代初頭には、「二つのドイツ」の存在という現実は動かし難いと見られるようになった。すなわち、六九年秋の西ドイツ初の政権交代で登場していたブラント社民・自民連立政権は、この現実を尊重する方向へとドイツ政策を転換し（いわゆる「東方政策」）、七二年十二月には両独間にボンの用語に言うところの「一民族・二国家」の基本条約が結ばれるに至った。いろいろ理屈はつけられたものの、それはボーレンの言う「ドイツ分断の形式を整える」に近く、ソ連の戦後ドイツ政策の成就とする評価が国際的にも一般的であった。ボーレン回想録の出版はまさにこの時代に当たっていたので、ボーレンが「それ見たことか」とばかり、一九五五年のアデナウアー訪ソ自体を誤りと記述したのは、あながち理解できないことではなかった。

しかし、ボーレン回顧録の出版から十七年後、東ドイツはボンに吸収合併されてドイツ統一が成った。この過程を承認したゴルバチョフ政権は最後のソ連政権となり、翌九一年にソ連が自ら姿を消した。この観点から見れば、第二次大戦後のソ連のドイツ政策はむしろ失敗であった。そこまで見届けていたならば、アデナウアー訪ソに関するボーレンの回顧はおのずからもっと抑制的、かつ自省的なものとなっていたであろう。

それはとも角、ボーレン米大使との鞘当てのあと、アデナウアーがこれをどう回顧したかを眺めておきたい。アデナウアーは米大使から直接面罵されたわけではないが、矢面に立ったブランケンホルンから詳しく事情を聴いていた。そして立腹したようである。そのことは、アデナウアーが米国報道陣に対して、米大使の言動は交渉の雰囲気を「毒する」ものだと語ったとボーレン回顧録に書かれている（Bohlen, p. 387）ところから判明する。しかし、詳細なアデナウアー回想録には、ボーレン大使がアイゼンハワー大統領の伝言を文書のかたちで届けてきたことは記されているが、同大使のアデナウアー訪ソ批判については一言半句たりとて書き遺していない(それと裏腹と言うべきか、ボーレン大使はたっぷりとアデナウアー訪ソを批判するかたわら、大統領伝言を届け――させられ――た件については完全に沈黙している)。

私が重要と考えるのは、先掲の米大統領伝言文を紹介したのに続けて、アデナウアーがこう書いていることである。「この伝言は、下さなければならない決定の重要性に鑑みて、きわめて価値ある支援であった。私は大統領のこの態度とこの伝言に対して大変に感謝した」(『アデナウアー回顧録』(原著)、III-p. 547)。これと同じような趣旨の、米国の理解に対する感謝の言葉をわれわれは、一九五五年春に始まり五六年秋に終わった日ソ国交回復交渉に多少なりとも関与した日本側関係者の誰からも聞いたことがない。

最終章

87　帰国前のアデナウアー「記者会見」

本章では、訪ソして ソ連との国交正常化で合意した日本と西ドイツの首相がそれぞれの外交成果につき、どのように国内的承認を取りつけたか、その過程を比較、考察する。時間的順序で、まずアデナウアー首相から始める。

ドイツ人抑留者問題がこじれて、一九五五年九月十二日の両国全権団による全体会議が荒れ、アデナウアー首相が交渉決裂を覚悟、会談を打ち切ってホテルに戻り、翌日帰国のためルフトハンザ機の手配を命じたことは、

1963年6月26日、ケネディ米大統領による西ベルリン訪問時のアデナウアー西独首相、右側は当時のウィリー・ブラント西ベルリン市長。（筆者撮影）

すでに紹介した。ところが、同日の夕方、ソ連側が態度を変え、予定されていた同夜のパーティーを利用して「抑留者全員」のドイツ帰国に同意する旨をアデナウアー首相に伝え、その結果、翌十三日にはすべての抑留者の帰国と引き換えに両国間に国交樹立することで合意が成ったこと、このことも既に述べた。さらに、つぎのことも既述である。すなわち、(イ)会談を踏まえて両国全権団が共同で作成、発表した文書としては「最終コミュニケ」と名付けられたさほど長くないものが一通のみであり、(ロ)さらに外交関係樹立に関する両国首相間の交換書簡（各一通）があり、(ハ)加えてアデナウアー首相がブルガーニン首相に宛てた「一方的書簡」があったこと。

念のためにもう一度繰り返すが、上記三種の文書中には、ドイツ人抑留者の「ヨ」の字も、ドイツ人「戦犯」の「セ」の字も、全く見出せない。表面上、そういった問題はまるで存在しなかったかのごとくである。なぜそうなったのか。ソ連側がいずれかの文書でそれらに触れることを頑なに拒否したからである。では、(ハ)のアデナウアーの「一方的書簡」は、なにを内容としていたのか。

それは、独ソ国交の樹立が「ドイツの国境の最終的確定」とは無関係で、この最終的確定は戦勝四国と「ドイツ」の間で締結されるべき「平和条約」のために留保されていること、両国間外交関係樹立が国際関係面での西ドイツ政府の「法的立場のいかなる変更をも意味しない」こと(平たく言えば、「二つのドイツ」の存在を認めないこと)を述べたものであった。この「一方的書簡」においてさえ、アデナウアー首相は抑留者帰国問題に言及することを断念したのである。

アデナウアー訪ソが自国民抑留者の帰国と引き換えにソ連との国交樹立に応じることを目的としていたのは天下周知であった。である以上、上記のような会談の形式的結果は異常と言うべきだろう。実際はと言えば、これも既述したところだが、アデナウアー首相は抑留者帰国問題でソ連側と火花の散る激論を交わしたのち、ソ連指導部の「誓いの言葉」(ブルガーニン首相)にすべてを賭けたのであった。首相のこの決断には、全権団内部においてさえ猛反対(ブレンターノ外相)もあれば、強い危惧もあった。だとすると、全権団帰国のあかつきに西ドイツ国民は、アデナウアー与党は、連邦衆議院は、連邦政府(当時は連立政権)の閣僚たちは、一体どう反応するか。

これは、その一年後に「アデナウアー方式」に則ったとやらの鳩山全権団があじわう必要のなかったリスクであった。と言うのも、この一年間にソ連国民は多数のドイツ人抑留者の帰国を知り、ソ連指導部は日本との間の抑留者問題でもうんと動きやすくなっていたからである。それはともかく、ここで問題は、ソ連側の「誓いの言葉」にすべてを賭けたアデナウアー首相がこの事情を自国に向けてどう説明したかである。当然、それはソ連側にも作用し、その影響ははね返ってくる。アデナウアー首相が抑留者問題でソ連側と猛烈な激論を交わしたところまでは現地からの報道で西ドイツ国民は知っていたが、一夜にして合意が成ったことは、最後の全体会議が九月十三日午後九時十分まで続いたこともあって未発表であり、自国民はまだ知らない。早く知らせるに越したことはないが、下手をするとソ連側がツムジを曲げ、「誓いの言葉」が破られる怖れもある。

そこでアデナウアー首相は十四日午前、モスクワを去るに当たり空港で記者会見を行ない、その中で「抑留者帰国問題」の決着についても触れた。今日、この記者会見の全文を読み返してみると、アデナウアー外交のしたたかさに改めて舌を巻く思いを禁じ得ない。なお、それは「記者会見」とは呼ばれたものの、実際にはモスクワ交渉の経過と成果についてのアデナウアーの一方的モノローグであり、西ドイツでは重要な外交文書として扱われた。

その冒頭、アデナウアー首相は、「当地での交渉は三つの文書を作りあげた」と述べ、つぎの三段に分けて説明を加えた。

一、合意内容については、まず連邦衆議院の賛成が必要である。

二、ドイツ問題に関するボン政府の主張――国境確定には平和条約が必要、ドイツ再統一は戦勝四国の責任事項――は不変であり、この点に関しボン・モスクワ間に「秘密の合意事項」はない。他面、外交関係樹立により、独ソ両国間の不正常な状態は終わり、それは「欧州における平和の安定化要素」となる。

三、抑留者の帰国。この第三段は前段に「抑留者の帰国」の見出しが打たれ、後段が「交渉の雰囲気」(Klima.英語なら climate)となっている。

一と二については、先述の「最終コミュニケ」や交換書簡および「一方的書簡」の内容に照らして、「記者会見」でのアデナウアー発言に問題はない。問題でもあり注目すべきでもあるのは、「三、抑留者の帰国」である。なぜなら、「記者会見」冒頭のアデナウアー発言からは、この問題に関しても両全権団の間で「文書」が作成されたか、存在しているかのような印象を受ける。だが、そんな「文書」はない。実は他の二段に較べて「三、抑留者の帰国」は最も長い陳述なのであるが、そこにはこの問題で文書が作成されたとも、残念ながら作成されなかったとも書いてない。また、ソ連指導部の「誓いの言葉」だけが拠りどころであると告白されているわけでもない。

述べられているのは、「ソ連政府が、しかもブルガーニン、フルシチョフ両氏が、交渉の中で、ソ連にはドイツの戦争捕虜は最早いない、いるのは九千六百二十六名の有罪判決を受けた者――彼らの表現では戦争犯罪者だということだが――だけだ、ときわめてはっきりと言明した。全員がきわめて短時間のうちにソ連を離れることになろう」とか、「昨夜、ブルガーニン首相が私に、われわれが(今日)ボンに帰着するよりも前に、これら(全員)の帰国作業が始まるだろうし、その旨を私が皆さんに語ってよい、と言明した」とか、両氏が自分たちは知らないが、もしその他にかなり多数のドイツ人がソ連に残留しているというのなら、そのリストを出して欲しいし、ドイツ側の要請に応えてその人びとの早期帰国の実現を図りたいと約束したとか、である。それらは激論と一夜にしてのソ連側の態度変更との結果ではあるのだが、しかし、後日発表された記録に照してアデナウアーの要約にウソがあるわけではない。その意味でアデナウアーは正直であった。が、同時に、ズルくて巧妙でもあった。次の発言がそれを物語る。「われわれが獲得したこれらの言明に基づき、ソ連が厳粛に表明した約束を履行するであろうことを、私は疑わない。だからわれわれの次の課題は、(ソ連側が知らないと言っている)これらの人びともいまや故郷に帰ることができるよう手配することであろう」(引用文中のカッコ内補足および傍点は佐瀬。なお、アデナウアー首相の「記者会見」発言の全文は、既出の *Dokumentation zur Deutschlandfrage.* Hauptband I, pp. 390–393, あるいは、*Keesings Archiev der Gegenwart,* 1955, pp. 5362-5363)。

なにが巧妙かと言って、これを読む西ドイツ国民はモスクワ会談で「抑留者」問題に関する合意文書はできたのか」と詮索するよりは、アデナウアーの言う「われわれの次の課題」の方を重視するであろうことが確実だったことである。事実、そうなった。

「抑留者問題」でソ連側との間に激論があったことも、無論、アデナウアーはこの「記者会見」で隠さなかった。「激情の言葉や厳しい言葉」の応酬があったし、「昨日の午前中には私はまだ、会議はまったく成果なしに散会するだろうと信じた」し、「(帰国)機を予定より早く呼び寄せた」ほどだったと、彼は明かしている。しかし、アデナウアーはこの問題でソ連側にしこりを残すような言葉づかいを一切していない。それどころか、アデナウアー発言を読んだソ連首脳たちは、自分たちを立ててくれているその穏かな説明ぶりに満足を感じたことだろう。そこにアデナウアー外交の巧妙さがある。と同時に、だからと言ってアデナウアーはソ連首脳たちにすっかり気を許したわけではなかった。むしろ心中には対抗心を持ち続けた。そのことは国交正常化後のアデナウアーの厳しい対ソ外交が物語る(その点については後述)。当面重要なのは、ソ連首脳が口頭でのみ約束した「ドイツ人抑留者全員のドイツ帰国」を履行させることであった。アデナウアーの口調が穏かだったのは、そのためだったのだろう。その意味では彼はずる賢くもあった。

モスクワ空港でこの「記者会見」をやっておいてアデナウアー首相がケルン・ヴァーン空港に帰着すると、空港はその訪ソ「成果」を讃える群衆でごった返した。国民は「記者会見」内容をすでに知っていたからである。空港での帰国歓迎行事ののち、出迎えたゲルステンマイヤー連邦衆議院議長と車に同乗してボンに向かった首相は沿道でも歓声をあげる人波を眺めつつ、車中でこう語った。「本当ならいま、選挙をやるべきなんだな」(Werner Kilian: *Adenauers Reise nach Moskau*, p. 207)。

このときのアデナウアー首相は七十三歳だったが、引退を考えるどころか、二年後の総選挙のことをすでに考えていたらしい。しかし、まず取り組むべきは訪ソの成果を連邦衆議院に承認させる作業であった。

88　連邦議会による承認――SPDも民意に逆らえず

モスクワから一直線に帰国したアデナウアー首相は、訪ソ成果について国会の承認を取りつけるため精力的に動いた。条約に匹敵する「共同宣言」をまとめた日ソ国交回復のケースとは違って、独ソ間には短い「最終コミュニケ」がつくられただけだったから、法的な意味での「批准」行為は必ずしも必要でなかったのだが、国交樹立に伴い大使館が相互設置されるし、とくに西ドイツの場合、モスクワには東ドイツ大使館が既存で「二つめのドイツ大使館」開設というデリケートな事情があるため、「最終コミュニケ」でアデナウアーは「連邦内閣および連邦衆議院による同意」の必要をソ連側に呑ませたのである（これに対してソ連側は「ソヴィエト最高会議幹部会による同意」を条件とした）。

「連邦内閣による同意」、つまりは閣議による承認はさほど困難ではなかった。ドイツでは当時の閣議議事録はすべて公表されており、それを精査したキリアン前掲書によると、アデナウアーは野党SPD（ドイツ社会民主党）議員で全権団に加わったカルロ・シュミット教授を閣議に招いて承認の必要を弁じさせた。異論が皆無だったわけではない。「全ドイツ問題相」（そういう名称の閣僚ポストと省とが当時はあった）のヤーコプ・カイザーが、モスクワには東ドイツ大使館が既存なのだから、「二つのドイツ」論に屈したとの誤解を避けるためにも、大使ランクより低い事務取扱い職で臨むべきではないかと唱えたのが、それである（キリアン前掲書、p. 209）。が、結局、閣僚たちは全員一致でモスクワ会談成果に同意を与えた。

より注目されたのは連邦衆議院による同意・承認がどうなるかであった。アデナウアー首相は帰国から九日後の五五年九月二十二日に国会で訪ソに関するきわめて長い「政府声明」演説を行なった（そのほぼ全文に近いものは、

AdG. 1955, pp. 5373-5375に収録されている)。ここでそれをなぞることはしない。要するにそれは、モスクワで作成された三文書――「最終コミュニケ」、両国首相「交換書簡」、アデナウアー首相の「一方的書簡」――の内容にたっぷりと肉付けを加えた後、三文書では全く触れられることのなかった「抑留者全員の帰国」に関する口頭合意の経緯と内容を語るものであった。

翌二十三日に連邦衆議院はモスクワ交渉の成果に関する承認、不承認の投票を行った。それは二つの決議案への賛否投票となった。すなわち、(1)ドイツ人抑留者の釈放問題、(2)モスクワ交渉での連邦政府による留保事項、がそれである。(1)については、「連邦衆議院はこの(ソ連側の)約束が直ちに実現されることへの確実な期待を表明する」かどうかが問われた。(2)は、ドイツ問題に関する連邦政府の従来からの立場がモスクワ交渉で損われなかったか、また、東ドイツの主張の根拠のなさが確認されているかどうか、を問うものであった。投票結果は、上記二つの決議案につき全会一致の賛成を表明するものであった。その限りで、アデナウアー首相の訪ソ結果は立法府により反対なく承認されたと言える。

連邦衆議院による票決結果がそうなることは、帰国したアデナウアー首相に対する西ドイツ国民の爆発的歓迎ぶりに照らして、ほとんど疑うことができなかった。国民はなにより、「抑留者全員のドイツ帰国」の約束を――たとえ口頭約束にすぎなかったにせよ――ソ連指導部から取り付けた首相に感謝したのである。この感謝の洪水の中で、国会で反対票を投じることは、与野党を問わず国会議員のよく成し得るところではなかったと言うべきだろう。

ただ、連邦衆議院による全会一致の承認にも拘らず、アデナウアーの対ソ外交は全面的成功でもなんでもなかった。そのことは、国会での上述の二種の決議案に賛成票を投じはしたものの、最大野党SPD(ドイツ社会民主党)がアデナウアー訪ソの成果については全く別の評価を下したことに現れている。国会での票決後にオレンハウアー

SPD党首は、モスクワで達成された合意が成功であるとすれば、それはボンや西側の成功なのではなく、「ソ連側の成功」なのだと語り、「われわれがこの具体的一歩に賛成票を投じるのは、連邦政府の従来の外交政策に対するわが党の拒否的立場を完全に堅持したうえでのことなのだ。われわれの賛成票は、連邦政府の今後の外交政策に対する白紙委任状でも信任表明でもない」と強く釘を差したのである(オレンハウアー表明全文は、*AdG*. 1955, p. 5375)。

読者のため若干補足説明を加えると、SPDはそれまで、西側陣営への西ドイツの統合を第一優先事項としたアデナウアー外交は——口先でなんと言おうと——ドイツ再統一を実際上困難にするものだ、と批判し続けたのであった。アデナウアーとSPDの対立は「西側への統合の優先」か「再統一の優先」かと要約できるが、SPDの見解では、モスクワに「二つのドイツ大使館の出現」が避けられなくなったいま、再統一はより困難化し、それはソ連外交の勝利にほかならない、と言うのであった。そして実際、その後三十年以上にわたり、ドイツ再統一の可能性はますます遠ざかっていった。

しかし、SPDの主張にも泣きどころがあった。いくら「再統一が困難化する」と絶叫しても、西ドイツ国民は「ソ連抑留者全員の帰国」をモスクワに確約させたアデナウアー外交に歓声をあげ、自国の西側陣営への編入をよしとしたからである。だから、アデナウアー訪ソから五年もすると、SPDはこの民意に抗しきれず、自国の再軍備、西側陣営へのより緊密な編入をつぎつぎに受け容れる。それからさらに十数年たつと、ブラント首相の下のSPDは「ベルリンの壁」(一九六一年)という現実の下、事実上の再統一の断念、「二つのドイツ」の事実上の承認へと大きく傾斜してゆく。では、一九九〇年にドイツ統一が実現したのはなぜか。それは、一つにはソ連の「二つのドイツ」政策が失敗したからであり、もう一つには、アデナウアーが後回しにはしたが断念したわけではなかったドイツ再統一を、「アデナウアーの孫」を自認したコール首相が本気で手掛けたからである。

だが、ここまでくると本書の枠組みをはみ出すことになるから、これ以上は述べない。ただ、つぎのことは強調しておきたい。以上述べたところから明らかだろうが、西ドイツの対ソ国交正常化交渉には、日本のそれがまったく考える必要もなかった複雑かつ厄介な要素がいくつも付きまとっていたという事実である。鳩山政権が「アデナウアー方式」に則って日ソ国交樹立をなしとげたとのわが国の定説(?)は、私にはあまりにも皮相なものと響く。「アデナウアー方式」とはアデナウアー外交にしか適用できないものであった。そのことを知り抜きながら、ブルガーニン・ソ連首相はそれを日本に推奨し、鳩山政権はそれに乗ったのである。

89　補足——東ドイツの役割

補論的につぎのことを書いておかなければならない。それは、ボンとの国交樹立を望んだモスクワの手中には、東ドイツという意のままに使える駒があったことに関してである。

抑留者の帰国と引き換えに独ソ国交正常化を呑む決意を固めた西ドイツ政権は、抑留者問題でもモスクワが東ドイツという駒を使ってくるのではないかとの懸念をもち続けた。抑留者帰国問題を討議してよいが、帰国先は東西両ドイツであるはずだから、討議はソ連および両ドイツの三者間で行なわれるべきだとモスクワが提案したら、どうするのか。その兆候はたっぷりとあった。その場合、両ドイツ代表は同等の資格で同じ交渉のテーブルに着くわけだから、外国の目にはボンが東ドイツを対等の交渉参加者として容認したと映る。「二つのドイツの存在」の容認と受け取られるのではないか。アデナウアーはこの不吉なシナリオをも検討して、万止むを得ない場合には三者会談をも受け容れる覚悟を固めていたとされる。ただし、その場合でもそれは「二つのドイツの存在の容認ではない」と苦しい言訳を付して。結局、モスクワはそういう形では東ドイツという駒を使わなかったのだが。

ところが、アデナウアー訪ソから数えて三十五年後、つまり一九九〇年七月になって驚くべき事実が明らかになった。なんと一九五五年七月十四日、つまりアデナウアー訪ソのほぼ二カ月も前に、フルシチョフ第一書記が東ドイツの党国家指導部に抑留者問題で重要書簡を送っていたことが、東ドイツ党機関紙『ノイエス・ドイッチュラント』によって報道されたのである。その報道当時（一九九〇年七月七／八日号）、前年十一月の「ベルリンの壁崩壊」で東ドイツは西ドイツによる吸収合併ですでに消滅直前であったのだが、全文掲載された五十年前のフルシチョフ書簡は、訪ソするアデナウアーがドイツ人抑留者の釈放を求めてくるだろうから、ソ連は国交樹立と引き換えに両ドイツに向けてその帰国を認めるであろうとの方針を東ドイツ指導部に対して通知していた（キリアン前掲書、pp. 81-83）。

なんのことはない。ソ連はこの問題ですでに腹を決めたうえで、アデナウアーと激論を交わしたのである。アデナウアーをできるだけ「二つのドイツ」の事実的承認へとおびき寄せんがために。では、アデナウアーの健闘は無意味だったのか。無論、そうではない。ソ連指導部がすでに腹を決め、その旨を東ドイツに通報していたことなぞ、アデナウアーにとり不可知であった。だから交渉決裂をも覚悟して激論を挑み、その結果、ソ連が目論んだ「ソ連と両ドイツ」の三者会談を開かせることなく、「モスクワ・ボン」の二者間で「抑留者問題」と「国交正常化」の交換取り引きを達成したのである。この段階でワリを食ったのはむしろ、「三者会談」への出番を待っていた東ドイツであった。このエピソードが教えるのは、ソ連外交の権謀術数の凄まじさである。スターリン時代にもフルシチョフ時代にも、それは変わりなかった。このこととの関連で指摘するが、アデナウアーが抑留者の帰国をソ連に呑ませたという前例がある以上、クレムリンが日本のそれに応じないはずがなかった。ただ、鳩山首相にはソ連の「人質外交」に対する認識が希薄で、主張すべきは主張するという気力を欠いていた。

もう一点、補論しておきたい。独ソ合意を発表した「最終コミュニケ」には、両国間の外交関係樹立が「ヨーロッパの平和と安全の利益においてドイツ連邦共和国・ソ連間の相互理解および協力に役立つであろう」旨が謳われた。では、独ソ国交樹立後、そういう光景が実際に現れたか。否である。「最終コミュニケ」では、国交樹立後に「通商関係の発展」に関して交渉が行なわれる旨が謳われ、実際、ほどなく通商協定が締結されたが、それを除けば、特に政治領域においては両国関係は冷たいままであった。モスクワに開設された(西)ドイツ大使館は、ただ存在するだけだと酷評された。冷たい関係が続いた原因は無論、双方にあった。ソ連ではアデナウアー訪ソから五カ月後にフルシチョフ党第一書記の「スターリン批判」秘密演説があったものの、「非スターリン化」が東欧衛星諸国の自立志向、モスクワ離れを促すと見るや、フルシチョフ自らがワルシャワやブダペストでその芽を摘み取るのに躍起となった(その最中に鳩山訪ソがあった)。分けてもハンガリーでイムレ・ナジ政権が「ワルシャワ条約離脱、中立」を宣言するや、ソ連戦車がそれを弾圧、抵抗したハンガリーは二万の死者と夥しい亡命者を出した。いわば向う隣でのこの光景を見た西ドイツ国民が対ソ友好親善に傾くわけがなかった。

が、アデナウアー首相はそういう国民感情のゆえにと言うより、むしろ自分の外交判断に基づいて、むしろ意識して対ソ友好の増進を目指さなかった。有名なはなしだが、「ハルシュタイン・ドクトリン」なる外交原則が産声をあげたのは、全権団機がモスクワを飛び立って直後、その機内でのことである。それは、モスクワに「二つのドイツ大使館」が出現する以上、「二つのドイツ」を承認する国が——とくに第三世界に——続出する可能性があり、それを防止するために案出されたボンの外交方針である。第三国の東ドイツ承認行為をボンに対する「非友好行為」として、当該国とは外交関係をもたないというドクトリンであった。ハルシュタイン外務次官(のちのEEC〔欧州経済共同体〕初代委員長)の名がこれに冠されたのはややあってのことだが、西ドイツ首相がすでに帰国の機中でその方針を固めたという事実そのものが、対ソ友好拒否の姿勢の固さを物語っている。やや乱暴に言えば、東ドイツに傀儡政権を擁して、ドイツ人の自由な自決によるドイツ統一を許さないソ連に対しては、抑留同胞の帰国さえ実現すれば友好なぞ必要ないというのが、アデナウアーの対ソ外交なのであった。

その分、アデナウアーは「西方外交」、つまり自国の西側統合に熱心であった。始まったばかりの再軍備を加速して、自国をNATOの真の一員にする必要があった。それが冷戦の中で自国の安全を保障する道だというのがアデナウアーの信念であった。モスクワへ赴いて抑留者全員帰国をソ連に約束させた老首相を、ドイツ国民は大歓声で迎えた。それを利用してアデナウアーが自国民を対ソ非友好方向へと引っぱったのである。逆ではない。国民はドイツ再統一問題を後回しにして自国の安全保障問題を優先したアデナウアーに嬉々として従った。その証拠がアデナウアー訪ソから二年後の一九五七年九月の連邦議会選挙の結果であった。アデナウアーの率いたCDU／CSU（キリスト教民主・社会同盟）は得票率五〇・二％、単独で議席過半数――議席総数四九七中の二七〇議席――を獲得、単独政権が誕生したのである。それは第二次大戦前、戦後を通じて空前絶後の業績である。このときアデナウアー首相は七十四歳。だがその四年後にも彼は総選挙をもう一度戦い、一九六三年秋になって首相を引退した。首相在任十三年。本書で述べた形でソ連抑留者帰国問題を解決した訪ソなくしては、これほどの長期在任が望めなかったことは間違いない。と言うのも、一九六七年にアデナウアーが死去したときのある世論調査によると、アデナウアー首相の最大の政治的功績として「抑留者帰国の実現」を挙げる声が断トツであったからである。

90　鳩山帰国と批准国会の結果

つぎに日本に移ろう。

鳩山全権団の帰国の経緯は、アデナウアー全権団のそれとはかなり違っている。フルシチョフ党第一書記の「共同宣言調印を一日延ばしてほしい」との要望を断り、五六年十月十九日に調印式を終えると、翌二十日午前、全権団はモスクワからストックホルム経由でパリに飛んだ。当時まだ東回り便はなかったから西回りの帰国だが、パリから先はロンドン、ニューヨークに立ち寄り、ハワイからの帰国便の羽田到着は十一月一日のことであった。「帰国後の政治日程があるから」との理由でフルシチョフの要請を断ったにしては、この長い道中はどういうわけだとの訝りが今日のわれわれにはあるが、その点には立ち入らないでおく。訪ソのクライマックスは、完成した「日ソ共同宣言」への署名式とそのあとの記念パーティー（それは盛大ではあったが、フルシチョフ不在のためか大きなスピーチはなかった）であったので、二十日のモスクワ空港では懇《ねんご》ろな別離の光景はあったものの、アデナウアーの空港「記者会見」のような重要な政治的意味をもつ行事はなかった。

大仕事を終えた鳩山首相は疲れていた。ロンドンでは鳩山の希望を容れて旧知のイーデン首相が会ってくれたが、懐旧談に終わったようである。米国では首都ワシントンには立ち寄らず、ニューヨークでは日米協会の歓迎レセプションには出た。ワシントンを割愛したのは、米国が対日講和の主役であり、さらに（旧）日米安保条約というつながりがあることに照らせば、かなりぎこちない光景というべきだろう。鳩山政権の日ソ交渉を詳しくフォローした久保田正明はその著『クレムリンへの使節――北方領土交渉一九五五―一九八三』にこう書いている。「三日間の（米国）滞在中、米国政府からはロバートソン国務次官補が（ニューヨークに鳩山首相を）表敬訪問し、ダレス（長官）の言葉として『忙しくてこれないから、よろしく』と伝えただけであった。鳩山は日ソ交渉にたいする米国政府の不快感を改めて感ぜざるを得なかった」（二一九ページ。カッコ内補足は佐瀬）。

帰国の翌日（十一月二日）午前中に鳩山以下三人の全権が揃って、訪ソ結果につき記者会見を行なった。その席で「首相の引退問題について」質問が出ると、鳩山は「前から…早くやめた方がよいと思っている」から「一週間くらい」で結論を出すとの考えを示した（『朝日新聞』、昭和三十一年十一月二日付夕刊）。この言葉は誰をも驚かせなかった。それは訪ソ前から既定路線と見做されていたからである。鳩山自身、自分が「具体的に引退を決意した…の…は、…モスクワ行きを決心したその日のことであった」と書き、モスクワでの日ソ交渉を果し終えての引退が「私の念願」だったと書いている(『回顧録』、二二一ページ)。鳩山はこのとき七十三歳、健康問題もあり、政権担当二年で疲れのみえる鳩山の引退に反対する声はなかった。誰もが鳩山にとっては訪ソが引退の花道だと見たのである。鳩山にとり残された仕事は、国会による「日ソ共同宣言」の承認、そして日ソ間での批准書交換だけであった。

衆参両院での「共同宣言」審議は、臨時国会冒頭での首相の所信声明、重光外相による外交演説(ともに十一月十六日)を踏まえて、十一月十七日から始まったが、本会議のほかに衆議院では「日ソ共同宣言案特別委員会」、参議院では常設の外務委員会が審議の場となった。今日その審議のすべてを両院の「会議録」で辿り直してみると、一風変わった審議情景だったなとの思いを改めて禁じ得ない。なぜ一風変わっていたか。両院による速かな承認を求めた首相、外相に対して、野党(社会党、共産党、および参院での緑風会)が叱咤激励調を取ったのに対し、与党たる自由民主党からは応援団調と批判調との交錯現象が見られたからである。

先に結果を示してしまうと、衆議院では十一月二十七日夕刻、「全会一致」で「日ソ共同宣言」は承認された。もっとも、この「全会一致」とは投票がすべて賛成票(白票)であったという意味で、その賛成票数は三六五票にすぎなかった。自民党からは八十二名が欠席し、これは実質的には反対票(青票)にほかならなかった。欠席したのは旧吉田派、石井光二郎派、旧改進党系の議員であって、そのかなりの部分は反対票を投じようとしていたが、大磯から出てきた吉田茂前首相が最強硬反対派の池田勇人、佐藤栄作を説得したことで、反対票を投じるのではなく欠席をもって反対意志を示したのである。

参議院での賛否投票は約一週間後の十二月五日午後に行なわれ、その結果は、投票総数二二七、賛成二二四、反対（青色票）三、であった。衆議院とは違って、ここでは自民党以外から三人の議員が反対票を投じた（緑風会、純粋無所属、無所属クラブが各一）。反対票を投じた純粋無所属の八木幸吉議員は、投票に先立っての賛否表明演説で両院通じてただ一人「反対」を表明し、同時に「欠席は卑怯であります」と欠席戦術をも批判した（第二十五回国会・参議院会議録第十一号、昭和三十一年十二月五日、による）。

このように、鳩山全権団の訪ソ成果をめぐる国会審議のありようは、西ドイツのアデナウアー全権団の場合とは著しく違っていた。鳩山帰国に際しての歓迎ぶりは、アデナウアーの場合とさほど違わなかったが（違いは、前者の場合には各種の団体による組織的歓迎色が濃厚だったのに対し、後者の場合はもっぱら抑留者問題のせいで自然発生的な色合いが強いことであった）、議会の反応ぶりには日本と西ドイツで大差があった。西ドイツでは国民の間から湧き起こった「アデナウアー首相、有難う」の声に圧倒されて、連邦衆議院の場で野党が「最終コミュニケ」承認反対の声をあげることもできなかった。日本では、関係者レベルではともかく、国会審議では抑留者帰国問題ははっきり言って影が薄かった。議論の焦点は、もっぱら「日ソ共同宣言」での領土問題の取り扱い、および日本の国連加盟問題に合わせられていた。しかも、とり分け前者の問題では与党内の対立こそが最も先鋭であり、それを遡ると、鳩山訪ソを是とするか否か、いや、そもそも日ソ交渉に着手することは是か否かの議論にまで行き着くのである。

91　批准国会の倒錯した光景

では、両院での批准審議はどのように進められたか。

臨時国会の冒頭、鳩山首相は十一月十六日午後にまず衆議院、ついで参議院で同文の所信表明を行い、これに重光外務大臣によるやはり同文の外交演説があった。鳩山演説は驚くほどに短かったと言ってよいだろう。「日ソ復交こそは、わが内閣成立以来の最大公約であ」ったと述べたうえで、「(モスクワ)交渉の成果は、必ずしも十分満足すべきものとは思っておりません。しかしながら、私は、国際関係の現実を冷静に見詰めながら、わが祖国と国民の将来を深くおもんばかりまして、意を決して妥結の道を選んだのであります」と、自らの外交的決断を説明した。

重光外相は鳩山首相の数倍の時間を使って、前年六月にモスクワで始まった日ソ交渉以来の経緯の概略を説明し、自らが松本俊一全権とともに臨んだ五六年夏のモスクワ交渉が「平和条約の締結を目途として進められた」のだが、領土問題での両国の対立から、「平和条約の方式をもってしては妥結をはかることは不可能であると認められるに至」ったので、「領土問題に関する交渉はこれを将来に残して、その他の問題について話し合いをまとめて直ちに国交を回復するという暫定方式」がとられることになった、と述べた。鳩山首相がみずから乗り出した今次のモスクワ交渉ではこの方式が採られ、「領土問題以外の問題については、従来交渉済みの線に沿い、きわめて順調に進捗し、妥結を見るに至りました」というのが、概括的評価であった。合意をみた諸問題として「抑留者の送還」、「消息不明者の調査」、「国際連合への加入」等々が言及された。なお、「ただ、領土問題については、歯舞、色丹の引き渡しはこれを認めるけれども、他日正式の平和条約が締結され、領土問題の全部についいて解決がついたときに、その引き渡しを実施することになったのであります」(傍点は佐瀬)とのくだりは、今日なお注目を惹く。その上で外相は、国会による「日ソ関係四案件(「共同宣言」、「貿易・最恵国待遇に関する議定書」、「漁業条約」、「海難救助協力協定」)」承認が速かに実現するよう要望して演説を閉じた。

翌日からの両院での代表質問、そしてやがて委員会審議が始まると、異様な光景が現れた。与党たる自由民主党からの発言は分裂、野党勢力はほぼ一致して政府方針を支持したのである。審議がもたつくと、社会党議員がいくども「議事進行」発言を求め、類似の質問の重複を回避するよう委員長に促した。抑留者の「年内帰国」を実現するためにも、批准の早期実現が必要だと言うのであった。この点、多少誇張すれば、与野党の役割の逆転現象があった。自民党議員が政府批判の質問を重ねると、野党席から「（自民党）代議士会でやれ」の野次が飛ぶ始末。

とは言え、野党、わけても社会党議員の発言は単なる賛成の表明、つまりは政府激励に終わるものではなかった。先にそれを「叱咤激励」と要約したが、むしろ「我田引水」的な賛成表明と評する方が正しい。類似の例はほかにもあることを指摘したうえで、「我田引水」の典型的な実例を示そう。鳩山首相の所信表明、重光外相の外交演説の翌日（十一月十七日）、衆議院本会議で社会党を代表する二番バッターとして質問に立った左派系の穂積七郎議員は、鳩山首相の日ソ外交が与党を「四分五裂」状態におとしいれ、米国からの「牽制」にもあい、ために「日本の外交は世界の物笑いの種にされ」たと前置きしながらも、「しかしながら、老首相は、最後に、われわれ社会党の陰に陽にわたるてこ入れをたよりとされて、みずから痛軀をかってモスクワにおもむき、不完全ながら、次善の策として、いわゆる暫定方式による日ソ共同宣言その他に調印して帰られたことについては、われわれはその労を多といたします」（傍点は佐瀬）と評価した。日ソ国交を「大いに歓迎する」と言うのである。

が、領土問題が置き去りにされていることに照らしても、国交樹立だけで満足してはならない。穂積説はこうだ。「われわれの信ずるところによれば、サンフランシスコ条約第二条並びに第三条において、北における南樺太、千島列島全体並びに南におきましては小笠原、沖縄列島の一切の領土権を放棄しておりますが、この際、このサンフランシスコ条約第二条、第三条を改訂いたしまして、これらの四つの島に対する領土権放棄を取り消し、しかも、その上に安保条約を廃棄して、日本本土を初めとし、今後日本に返ることが予想されるいずれの島にも米軍基地を置かないという、真に独立と平和の外交政策を打ち立てるならば、ソ連もまた、必ずや、すなおに、ポツダム条約の線に返って、南千島のみならず、全千島列島の領土権の返還を約し得るものと考えております。ソ連も、領土欲によって千島問題に執着するのではなく、現在の日本の政策がアメリカと組んで、領土を対ソ攻撃の軍事基地に使おうとしているところに問題があるのでありますから、われわれが、政治的に見て――条約上は違いますが、政治的に見て、千島列島全体の領土権は沖縄の領土権返還と見合って必ず返し得ると主張するのは、ここにあるのでございます」(第二十五回国会、衆議院会議録第四号、昭和三十一年十一月十七日)。

この穂積の主張には、事実関係の認識で怪しいところがある。沖縄、小笠原の「領土権放棄」がそれである。それは領土権ではなく施政権の問題であり、鳩山首相により直ちに指摘された。「ポツダム条約」と言っているのも、何のことやら分からない。が、ここで問題なのは、そういう細部よりもむしろ、日ソ国交樹立の上はサンフランシスコ平和条約の「改訂」、日米「安保条約」廃棄に向かうべきだとの、外交政策の基本姿勢の方なのである。もう一つ指摘しておくべきは、当時の社会党の有力論客たちが「南樺太、千島列島全体」を返還対象とすべきだと主張していたことである。この点に関しては答弁に立った松本俊一全権が両地域はサンフランシスコ条約では放棄したが、ソ連に対しては放棄していないと穂積をたしなめたが、それはともかく、社会党は「南樺太、千島列島全体」の返還を将来はソ連に対して求めるべきだとの主張をその後、音もなく消してしまった。

これらの主張に明らかなように、当時の社会党の外交思考は信じ難いほど現実感覚を欠いていた。それは五年前の「多数派講和か全面講和か」の論争以来の社会党の伝統であり、しかもその現実感覚欠如はわが国の「進歩的」知識層によって共有されていた。鳩山首相の日ソ国交正常化はけっして現実感覚欠如の産物ではなかったのだが、幸か不幸か、現実感覚欠如層の支持によって達成されたのである。社会党が日ソ交渉開始前から鳩山首相に支持を約束し、「共同宣言」批准審議でも賛成を明言したことで、同首相は事態を乗り切ることができたのである。だが、現実感覚欠如の議論には、もう一つ別の側面もあった。それは、サンフランシスコ平和条約の「改訂」とか、日米(旧)安保条約「廃棄」とかの大風呂敷は広げるものの、抑留者問題のアフターケアといった地味な問題には関心希薄だったことである。先に「共同宣言」批准審議の場で抑留者問題の影が薄かったと書いたが、その原因はここにあった。

社会党が批准審議の場で執着を示した問題としては、鳩山訪ソの際にソ連側から突然持ち出された、「共同宣言」への「核兵器禁止」条項盛り込み提案(既述)があった。なぜその盛り込みを拒否したのかと言うのである。また、鳩山首相が「アデナウアー方式」をとったのはいいが、対ソ国交正常化後の西ドイツ政府が採った冷戦主義への回帰、対ソ関係発展の拒否を真似てはならないとの「忠告」もあった。前者についての政府答弁は、ソ連提案の趣旨には反対ではないが、国交回復を謳う「共同宣言」への盛り込みは場違いであるというのであった。要するに、社会党はいなされたのである。後者の問題については、去りゆく鳩山首相にそういう釘を差してみても、あまり意味がなかった。と言うより、アデナウアー首相がなぜソ連からの誘いを受けて国交樹立に応じたかが、日本の社会党には分かっていなかったのである。同首相はソ連内のドイツ人抑留者の帰国を実現するためにのみ国交樹立に応じたのであって、当時の国際情勢下で独ソ関係の発展を望んだからでは毛頭なかった。

92　中曽根「賛成」演説の全文削除

「日ソ共同宣言」批准国会では、最後になって予想されなかった事態がもち上った。一九五六年十一月二十七日午後、衆議院で批准の賛否を問う投票に先んじて、各党代表が順次、自党の態度を表明した。最初に自民党を代表して演壇に立ったのは、若き日の(当時三十八歳)中曽根康弘であった。ところが、中曽根が語りはじめるとすぐに社共両党の議員たちが騒ぎ出し、議場は騒然、演説はほとんど聴こえなくなった。中曽根が冒頭、五年前のサンフランシスコ講和条約締結時の「全面講和」論を批判し、講和会議でソ連が日本に課そうとして唱えた過酷な諸要求を列挙して、それらが通っていたならば（つまり、ソ連の参加する「全面講和」があったとするならば）、「今日の日ソ交渉妥結」はなかっただろうと論じたからである。

社共は、中曽根が冒頭に「自民党を代表して賛成」と唱えなかった点にもこだわり、中曽根演説が記録から削除されない限り議事進行には応じない、と息巻いた。そうなると批准日程に狂いが生じかねない。この騒動に岸信介幹事長以下、自民党執行部は困惑、三時間ほどかけて社共を宥め、中曽根演説全文を会議録から削除することに同意した。当時の記録（第二十五回国会・衆議院会議録第七号、昭和三十一年十一月二十七日）を繰れば分かるが、「中曽根康弘君」の発言箇所には立棒が一本引かれているのみ、本会議再開後の冒頭、益谷秀次衆院議長がこう発言している。「先ほどの中曽根康弘君の演説については、自由民主党から全部を取り消す旨の申し出がありました。議事運営委員会はこれを諒承いたしましたので、議長は、同君の演説全部を取り消し、これを会議録から削除いたします」。長文の演説が部分的にではなく全部削除されたというのは、戦前も含めて日本の議会史上、空前絶後である。かくて、「共同宣言」など日ソ関連四案件は衆議院では形式上、与党の賛成演説なしで承認されたのである。

中曽根演説削除というハプニングは直ちに報道された。ところがその二日後、世間はその全文を知ることになった。『讀賣』の正力松太郎社主（当時、科学技術庁長官でもあった）が中曽根議員の要請を受けて、自社紙にその全文を掲載したからである。だから無論、それは今日、『讀賣』縮刷版でも読めるが、手っ取り早くは、〈http://www.yatchan.com/seiji/tenchi/t2003/0814.html〉でも入手できる。かくて中曽根演説は社共の目論見に反してかえって世間に知られ、語り継がれることになった。

中曽根演説が「自民党を代表して賛成」と言っていないではないかとはウソで、中曽根は演説末尾で「命がけで、国民に対する公約を果し異郷で苦しんでいる同胞を救わんとした鳩山首相」の訪ソを讃え、「鳩山首相のご健康を祈り、自由民主党を代表して本案に対する賛成の意を表するものである」と結んだ。それはともかく、今日中曽根演説を読む者は、当時の自民党をも二分した賛否両論をも含めて、鳩山訪ソとその成果につき他の発言者には見られない論旨が展開されていたことに驚くのではあるまいか。

前述のように中曽根は演説冒頭で「多数派講和」を是としながらも、サンフランシスコ条約および(旧)安保条約と「日ソ共同宣言」との違いをこう述べている。前者は「占領下与えられたものであり、決して寛大な条約ではない」。後者は「これに反し作られたものである」。ならば、後者は歓迎できるのではないか。いや、中曽根に言わせると、領土問題、抑留者問題が長年解決を見なかった事実と、十一年前の日ソ開戦事情を回想すれば、後者は前者以上に「過酷な宣言である」。続けて、他の論者からは聴こえてこない声が聴こえてくる。いわく、「にもかかわらず、これに承認を与えようとするのは国際政治の現実が冷酷無残の権力政治の横行である事実の前に、国家と民族の将来のために、止むに止まれず、これらの条件に拘らずこの道を選ばざるを得ないからである。日本国民は、正義の支配に随順するが故に日ソ共同宣言に承認を与えるものでは断じてない。現実の力の支配の前に同胞に対する愛情とわが民族の発展を図るためにかくせざるを得ないから止むを得ず承認を与えるのである」(傍点は佐瀬)。

中曽根は日ソ交渉における鳩山、河野の「円満主義」を正面から批判はしていない。だが、次の言葉は、鳩山、河野が決して口にしなかったものであった。「わが国は十一年前のソ連の突如たる中立条約の侵犯を断じて忘れ去るものではない。ソ連軍が満州、樺太で行なった暴虐行為の数々も民族の記憶から決して消え去ることは出来ぬ」。中曽根の「直言主義」である。そしてこう繋いだ。「にもかかわらず、われわれがここに承認を与えようとするのは、息子の帰りを十数年待ちわびる年老いた母の涙を見て、われわれは唯々かくせざるを得ないからである。私はここに、これらの宣言、条約の背後に何百万の英霊と同胞の犠牲が累積されつつあることを思い、静かに頭を垂れ、黙とうをささげつつ承認を与えようと思う」。

93 「日ソの季節」はそそくさと去った

十二月五日には参議院が「日ソ共同宣言」案を承認した。もっとも、ここでも小さないざこざがあった。こんどは緑風会の梶原茂嘉議員が冒頭、「緑風会の多数の意見を代表いたしまして賛成」と言ったのに対して社会党席から猛烈な野次(「多数とは何だ、会派の代表じゃないか」)が起こり、立往生した同議員は自分の発言を取り消し、「緑風会を代表して賛成」を表明したのである(同二十五回国会・参議院会議録第十一号、昭和三十一年十二月五日)。投票では先述のように、緑風会からも反対票が一票出た。

が、これで国会による承認は終わり、十二月十二日には東京の日本外務省で両国の批准書が交換された。同十八日には日本の国連加盟も総会での満場一致をもって承認された。二日後、日ソ国交正常化という宿題を果たした鳩山は内閣総辞職を発表、みずからの引退声明とした。鳩山は『回顧録』でそのときの心境を「本當に明鏡止水の心持ち」と記した(同書、二二二ページ)。が、内閣総辞職の挨拶では、宿題を果たし得たのは「(国会の)諸君が、与野党を問わず、全会一致して日ソ復交を支持して下さった結果」だと述べた(十二月二十日の「引退声明文」は、堀徹男『「さようなら。みなさん!」——鳩山日ソ交渉五十年目の真相』、一八二—一八三ページに所収)。上述の実際の経緯に照らしていささか苦しい言い分だが、誰もそれを咎めなかった。と言うのも、賛否両論で割れたはずの与党にとって「日ソ」の季節は早くも終わり、鳩山以後の党総裁ポストをめぐる攻防戦こそが自民党にとってもマスコミにとっても関心の的となっていたからである。

事前の予想に反して、年末の十二月十四日には石橋湛山通産相が岸信介幹事長を決選投票で破り、党新総裁に選出され、二十三日には石橋内閣が誕生した。石橋は戦後に追放された経験も共通していて、鳩山の長年の同志であった。だが、ほどなく病の床に就くことになり、一九五七年二月三日の初の施政方針演説は岸信介外相、臨時首相代理によって代読された。この首相施政方針では、対ソ外交への言及は実質的にゼロだった。ソ連という国名は一回だけ登場したものの、それは「さきにソヴィエト連邦との間に国交を回復することによって（わが国は）東西の外交のトビラを開き」（カッコ内は佐瀬）と、過去の出来ごと扱いされていた。国交樹立後の両国関係をどうするかは最早、まったく語られなかった。

岸外相自身の外交演説では無論、日ソ関係への言及はより多かった。とは言え、主要地域別・国別での言及順としては最劣後に置かれたと言ってよかった。しかも、国交樹立後に処理されるべき各種の実務問題については、「これを段階的に処理していく」との方針が語られはしたが、積み残された最重要の「領土問題を含む」平和条約締結問題については、もっと腰の引けた言及しかなかった。すなわち、「平和条約の交渉については、国際情勢の動向をもにらみ合せ、わが国にとり適当な時期と方法によってこれを進める考えであります」。

これは、実務問題の処理ではともかく、政治的に日ソ関係を動かす気はないと語っているに等しかった。かくて、鳩山首相の退陣、石橋政権の誕生とともに日ソ関係の季節は終わっていた。その石橋政権には首相の病ゆえに発足から六十五日で終止符が打たれた。後を襲った岸首相の下で始まったのは日米外交の季節であった。対ソ国交樹立から一年を経ずしてこのように対ソ関係への関心が急速に低下した点で、日本は西ドイツに似ていた。アデナウアー外交の轍を踏んではならないとの声が日本国内には小さくなかったにも拘らず。しかし、冷戦という大きな枠組みの下での国益という見地からは、日本と西ドイツに見られたこの共通現象はむしろ自然なものであった、と私は判断している。

あとがき

八十の坂を越えてこのような習作を出すことになった背景を手短に記しておきたい。

当時まだ東京・杉並に住み、成蹊大学経済学部助教授であった私に、三宅正樹・神奈川大学助教授（現在明治大学名誉教授）がひとつの翻訳ばなしを持ち込んできた。それは一九七〇年晩秋にゲルト・レッシング『ヤルタからポツダムへ——戦後世界の出発点』（原著名 Gert Ressing: *Versagte der Westen in Jalta und Potsdam?* Akademische Verlagsgesellschaft Athenaion, Frankfurt a. M., 1970）を訳してみないかとの提案であった。

私はふたつ返事でそれを引き受けた。というのも、一九六一年冬学期から三年間を「壁」で分断されたベルリンで過ごした人間として、第二次大戦後の「分断国家」ドイツの誕生の経緯を描く書物の翻訳を手掛けるのは、ほとんど研究に携わる者の義務とも思われたからである。

このとき、同書の出版を快諾してくださったのが南窓社の岸村正路社長である。このレッシング本を私は、一九七四年に移籍した防衛大学校で国際政治史の副読本として使うことになった。懐しい翻訳作業である。ご縁ができた翌年から岸村氏と私の間には年賀状が交換される関係が続いている。昨年暮に年賀状を書く段になって、頭をよぎったのは「安保研報告」をまとめて出版できまいかとの考えである。

やがて岸村社長からは快諾する旨の返事を頂戴した。久しぶりに今年六月二十三日に東京・神田に南窓社を訪ねて懇談することになったが、岸村正路社長が卒寿を超えておられることを知り、私は仰天してしまった。カクシャクというのは岸村氏のような人を指すのであろう。その出版意欲にはいささかの衰えも見られない。爾来、南窓社にはいくども足を運び、前記の翻訳から四十五年を経て本書を世に問うはこびとなった。この間、「安保研報告」から適稿だけを本書に収録するという面倒な作業を引き受けてくださったのは、松本訓子さんである。岸村、松本のおふたりにまずもってお礼を申し上げたい。

＊

本書に収録されているのは安全保障問題研究会の会報「安保研報告」に掲載された拙稿である。

安全保障問題研究会は一九七〇（昭和四十五）年に故末次一郎氏（一九二二―二〇〇一）の熱意によって創設された。当時の国民の関心は、一九六〇年に発足した日米安保体制の行方にあった。岸信介政権によって締結された日米安保条約は、一九七〇年に一応の条約期限を迎えることになっていたからである。そこで末次氏は、日米の有識者によって構成される「京都会議」をもって両国間の意志疎通を図ることを思いつき、久住忠雄（旧陸軍参謀）、衛藤瀋吉（東京大学教授）、猪木正道（当時・京都大学教授）、高坂正堯（京都大学教授）といった人々を集め、日本側の対応チームとした。

このとき、「安全保障問題研究会」という名称が使われていたかどうかは、はっきりしない。はっきりしているのは、ソ連がこの日米有識者間の交流システムになみなみならぬ関心を示したことである。やがて狸穴のソ連大使館から永田町にあった末次事務所に打診があった。日ソ間でも同様の有識者間対話を試みたいというのであった。

それまで末次氏はソ連大使館との間になんの接点ももたなかった。それどころか狸穴は同氏を「反ソ屋」と見ていた。と言うのも、末次氏がシベリアの抑留者の早期帰国を求めて、ソ連大使館前で座り込みをやる人物だったからである。

けれども、ソ連側からの打診を受けた安保研事務局長・末次氏はほとんど二つ返事で、それに応じることにした。と言うのも、懸念された日米関係は「七〇年安保」を無事乗り越えたのに、日ソ関係には北方領土問題が未解決のまま残されていたからである。しかし、ソ連側との対話の道が開かれると見るや、末次氏は果断に動き、一九七三年に「日ソ専門家会議」を設け、日本側の対応組織として「安全保障問題研究会」を生み出したのであった。

この日ソ間有識者対話にはソ連側から「世界経済国際関係研究所」、「アメリカ・カナダ研究所」、「東洋学研究所」といったソ連科学アカデミー中でも最有力な研究機関が参加することとなった。末次氏に誘われて私はその第二回対話から参加することになったが、われわれにはソ連側参加者の社会的、あるいは学術的ステイタスがどれ程のものか、まるで見当がつかなかった。

「世界経済国際関係研究所」の所長ニコライ・イノゼムツェフ、「アメリカ・カナダ研究所」所長ゲオルギー・アルバートフ、一九七七年から「東洋学研究所」の所長を務めたエフゲニー・プリマコフといった人びとが「安保研」との対話を率いるソ連側の大物だった。われわれは彼らをアカデミシャンだと信じて疑わなかった。

ところがミハイル・ゴルバチョフがソ連共産党書記長に就任し、「ペレストロイカ路線」を歩み始め、イノゼムツェフの後を継いだアレクサンドル・ヤーコブレフを主たる助言者として起用すると、わが国では想像もつかない情景が繰り広げられることとなった。ヤーコブレフ自身はクレムリンに入って、「建て直し（ペレストロイカ）」路線の担い手となり、プリマコフはプリマコフでまずソ連共産党中央委員、ついで一九八九年六月にはソ連最高会議・連邦会議議長、一九九一年一月にゴルバチョフ・ソ連大統領の補佐官と昇進（?）を重ねたからである。

＊

やがてソ連邦は崩壊過程に入る。一九九一年十二月末にゴルバチョフはソ連の初代大統領（一九九〇年三月就任）のポストを投げ出す。そしてボリス・エリツィンの時代が始まった。そのロシア共和国大統領就任は一九九一年

安保研報告

題 字・末次 一郎

平成 28 年（2016）年 5 月 28 日発行

安全保障問題研究会
発行人：袴田 茂樹
編集人：吹浦 忠正
東京都文京区春日 1-5-6 ラヴェンナ文京富坂 701 号室
TEL 03-6699-9978　FAX 03-6699-9982
E-mail：anpoken-cnsp@pop12.odn.ne.jp

末次一郎氏のことども

安全保障問題研究会前会長
防衛大学校名誉教授
佐瀬　昌盛

戦後初期

末次一郎氏は一九二二年一〇月一日に佐賀県に生まれた。戌どし生まれである。私は一回りした一九三四年に生まれている。同じく戌どし生まれである。末次氏は一九二二年の戌どし生まれ組を集めて「ワンワン会」というグループをつくっていた。そしてわれわれ三四年組を「チビワン会」と呼んでくれた。そういうユーモアの持ち主だった。

戦中に陸軍中野学校二俣分校を卒業し、戦後には青年の健全な育成をライフワークの一つとし、一九四九年八月には日本健青会の設立に指導的役割を演じた。これは後年（一九六六年）創成された社団法人・青少年育成国民会議の母体となった組織である。しかし末次氏が青少年育成に寄せる情熱はそれだけにとどまらなかった。

七月のことであった。するとプリマコフはエリツィン政権入りし、一九九六年夏にはロシア外相、九八年九月にはロシア共和国首相と要職をつぎつぎにこなしていった。

これは日本側のわれわれにとっては想像もつかない光景であった。学術研究と政治が癒着している！

しかし末次一郎氏はそういう異質の世界とどう付き合うべきかを心得ていた。もともと末次氏はイノゼムツェフとの間に信頼関係を築き上げていた。幾度もイノゼムツェフ家を訪問。イノゼムツェフの没後、私は末次氏と同道して、吹浦忠正氏（後出）らと同家を訪ねたことがある。驚いたことに、マクシモヴァ夫人は末次氏の書を故人の遺影と並べて安置していた。

末次氏とプリマコフとの親交も同様であった。二〇〇一年七月十一日に死去した同氏の墓を、かつてロシア共和国首相を務めた人物が訪ね、わが国の風習に従ってその墓石に水を打ったのである。

吹浦忠正氏がそのときの光景をブログに収録している。ヤーコブレフとの関係もそれに劣らず親密であった。

＊

「安保研報告」は末次時代に生まれた。今日まで続く同報告の題字は、末次氏が書いたものである。そこに登場する書き手は時代によって変わってきた。今日の筆者たちをアイウエオ順で示すと、神谷万丈（防衛大学校教授）、木村汎（北海道大学名誉教授）、斎藤元秀（杏林大学名誉教授）、西原正（元防衛大学校長）、袴田茂樹（新潟県立大学教授）、兵頭長雄（元ベルギー大使）、吹浦忠正（ユーラシア21研究所理事長）、村井友秀（前防衛大学校教授、現在東京国際大学教授）といった人々である。

「安保研報告」を出しつづけるには、財政問題という困難があった。これは一種の同人誌、いや同志の継続的小冊子と言うのが適当であろう。それが末次時代から今日まで途切れることなく続いているのは、袴田茂樹・邦子御夫妻の「身ゼニ」を切るに似たご尽力あってのことである。たかだか一五頁程度の月刊小冊子であるが、国会図書館にも登録されていないこの出版物に私は誇りをもっている。

本書を、末次未亡人に捧げる。

二〇一六年九月　鎌倉にて

佐瀬昌盛

佐瀬昌盛（させ　まさもり）

昭和９(1934)年大連(現・中国)生まれ。東京大学教養学部教養学科卒。西ベルリン自由大学留学(1961-64年)。東京大学教養学部助手、成蹊大学助教授を経て防衛大学校教授。2000年退官。防衛大学校名誉教授。拓殖大学・海外事情研究所長。現在に至る。

二〇一六年十月三十一日　発行

対ソ国交回復交渉の軌跡
――戦後日本の政治風土――

著　者　佐　瀬　昌　盛
発行者　岸　村　正　路
発行所　株式会社南窓社
東京都千代田区西神田二丁目四番六号
電　話　〇三－三二六一－七六一七
ＦＡＸ　〇三－三二六一－七六二三
振　替　〇〇一一〇－〇－九六三六二
E-mail　nanso@nn.iij4u.or.jp

ISBN 978－4－8165－0435－8

袴田茂樹 著

ロシアの本質

―― 国家、心性、宗教 ――

冷戦が終了し、多くの人たちの懐いた甘い期待／ユーフォリアは裏切られた。すなわち、国家対立の時代は終わった。国民国家を超えた欧州連合 EU のような新たな人類共同体、より民主的で安定した世界秩序が広まるという幻想に対して、現実はきわめて厳しい回答を突き付けたのである。

中露の大国主義、中近東やアラブ世界、さらには EU の混乱は、単なる国際政治の表面的現象ではなく、各国と国際社会の本質に目を向けるように我々に強く迫っている。

ロシア研究者としての著者は、クレムリノロジーとか時局的政治論ではなく、ロシアの政治、社会の本質を把握するという変わらぬ問題意識に基づいて国際問題に目を向けてきた。潑剌たる30代の論文に始まる、著者の一貫した視点による待望の論文集。

〔近　刊〕